我们为何结婚，又为何不忠

性、婚姻和外遇的自然史

［美］海伦·费舍尔 著
倪韬 王国平 叶扬 译

中信出版集团 | 北京

图书在版编目（CIP）数据

我们为何结婚，又为何不忠 /（美）海伦·费舍尔著 .
倪韬，王国平，叶扬译 . -- 北京：中信出版社，2020.3（2025.4重印）

书名原文：Anatomy of Love: A Natural History
of Mating, Marriage, and Why We Stray

ISBN 978-7-5217-0919-3

Ⅰ. ①我… Ⅱ. ①海… ②倪… ③王… ④叶… Ⅲ.
①婚姻—家庭关系—研究 Ⅳ. C913.13

中国版本图书馆 CIP 数据核字 (2019) 第 283086 号

我们为何结婚，又为何不忠

著　　者：[美]海伦 • 费舍尔
译　　者：倪　韬　王国平　叶　扬
出版发行：中信出版集团股份有限公司
（北京市朝阳区东三环北路27号嘉铭中心　邮编　100020）
承 印 者：嘉业印刷（天津）有限公司

开　　本：880mm×1230mm　1/32　　印　　张：16.375　　字　　数：330千字
版　　次：2020年3月第1版　　印　　次：2025 年 4 月第 14 次印刷
京权图字：01–2017–4017
书　　号：ISBN 978–7–5217–0919–3
定　　价：68.00元

谨以此书

——

献给世界各地相爱的人们，并借此缅怀

雷·卡罗尔。

——

婚姻的枷锁如此沉重，要两个人承担才行，

有时得要三个人。

——

王尔德

前言

这就来爱吧！

记者：您的写作为何只涉猎情感关系方面的话题？

诺拉·艾芙隆：世上难道还有其他话题？

前段时间在新几内亚旅行时，我搭乘一辆皮卡翻山越岭，坐在车后兜里，我与一名娶了3个老婆的男子攀谈起来。我问他想要几个老婆，他顿了一顿，用手揉揉下巴。我好奇地想：是5个？ 10个？还是足足25个？然而他却靠过来对我耳语道："一个都不要。"

人类是异性相吸的物种，世上约85%的文化体对"一夫多妻"持许可态度，不过真正做到妻妾成群的男人少之又少。要想多娶老婆，男人就得牛羊成群、田多地广、腰缠万贯或坐拥其他可观的资源。即使符合条件，娶不止一个老婆也可能徒增烦恼。

妻妾间会争斗，有时甚至会毒害对方的孩子。人类生来就是男女搭配养育后代——当然身旁缺不了一群帮手。

本书讲述的不光是爱情这一人类非凡情感的故事，也回答了人类基本繁衍策略的所有衍生问题：我们如何求爱？会选择怎样的伴侣？如何结合到一起？为何有人出轨有人离婚？爱情的冲动如何滋长？我们为何需要庞大的亲友团来帮忙带孩子？男女为何如此不同？随着农耕用具的问世，两性关系和男女交往发生了怎样的剧变？最后一章则阐述了对未来两性关系的新看法。

当 W.W. 诺顿出版社邀请我参与这本书的再版工作时，我欣然答应，深感这是我的荣幸。我花了整整十年写就了第一版；此次的修改工作也许只要十天时间。然而读了读旧版后，我很快意识到几乎全部内容都需要更新。

于是，我新增了大量的数据与观点，具体如下：当人处于浪漫爱情、被人拒绝和长久相处这三种情境时，对他们进行脑部扫描实验而得出的数据；我收集的针对个性形成的生物学原理，以及为何某人会爱上甲而不是乙的新数据；关于偷情、爱恋成瘾、性选择和配偶选择方面的新资料；世界各地离婚情况的最新数据；我个人提出的关于人一生道德发展的理论；我关于现代人约会习惯的假设——我称其为“慢爱情”；与 Match.com[①] 合作收集的预测未来两性关系的海量新数据。同时，我还为新增内容补充了注

---

① 所有“单身美国人”的资料均是 Match.com 的资产，本书中出现的这些资料为 Match.com 以及海伦·费舍尔所提供。海伦·费舍尔为该企业的首席学术顾问。——作者注（全书若无特殊说明，均为作者注，完整的文献来源可见书末的英文参考文献）

释，保留了原先大部分注释，并附了两份调查问卷。

记者大卫·格根曾称我为“美国最后一名乐观主义者”。世间有许多令人垂泪的事，也有不少值得赞美的事——其中就有我们永不枯竭的爱情冲动。技术正在改变我们求爱的方式，却无法改变爱情本身。浪漫的情感和爱恋受控于人脑中最原始的区域，紧挨着管理口渴和饥饿感的反射区。另外，正如柏拉图在《会饮篇》（*The Symposium*）中精妙的论述：“爱神栖于爱欲之国。”爱是一种需要、一股热望、一份想要找寻人生至宝——一位爱侣——的渴求。我们为爱而生。此言不虚，如果人类生生不息，一百万年后我们仍会坠入爱河，比翼双飞。

本书追溯了人类坚不可摧的情欲的发展轨迹，并在高潮处画上了休止符。我坚信，倘若在人类进化过程中我们有机会结成恩爱伴侣，眼下正是时候。

这就来爱吧！

海伦·费舍尔

（Helen Fisher, PhD）

爱情始于惊鸿一瞥，并在微笑中走向成熟。

——

巴西谚语

目录

第一章

人类的游戏

求爱

受到爱的驱使，
世间万物寻到另一半，
这才成就了一个完整的世界。
——皮埃尔·泰亚尔·德·夏尔丹

有这么个故事，也不知是真是假。一次，英国著名的遗传学家 J.B.S. 霍尔丹的同事问他："霍尔丹先生，既然您是研究自然界的，您能跟我说说上帝是怎么回事吗？"霍尔丹答道："他对甲虫情有独钟。"诚如斯言，全世界共有 30 多万种甲虫。

我想补充的是，"上帝"喜欢玩人类配对游戏，因为没有哪种人类行为比求偶来得更加复杂、微妙而又无处不在。尽管对待两性关系的策略因人而异，人们求爱、恋爱、相爱直至踏入婚姻殿堂的基本过程也是千变万化，但它仿佛镌刻于人性深处，是时间推移、自然选择和人类进化的产物。

这个过程始于男女两情相悦之时，也就是我们暗送秋波之际。

身体会说话

德国人类行为学[①]家伊雷诺伊思·艾布尔·艾贝斯费尔特注意到了女性调情行为中的一种奇妙模式。艾布尔·艾贝斯费尔特使用过一款带有隐藏镜头的相机，当镜头对准前方时，真正拍摄的其实是侧方。通过这种方式，他得以聚焦眼前景象，用胶片留住周围人们毫不做作的面部表情。在萨摩亚、巴布亚新几内亚、

① 行为学（ethology）这个词的词源是希腊语里的"民族气质"（ethos），意思是"举止"或"行为"。一般认为，行为学是对动物在自然环境下行为表现的观察和分析。其基本前提是，某一物种独特的行为模式的产生过程与外表特质的形成过程是一致的，二者均是自然选择的产物。达尔文研究过不同物种的行为模式，譬如咆哮等面部动作，堪称行为学这一学科的奠基人（Darwin，[1872] 1965）。

法国、日本、非洲和亚马孙河流域的旅途中，他记录了大量人们打情骂俏时的神态。回到位于德国慕尼黑附近的马克思普朗克行为生理学研究所后，他仔仔细细、一帧一帧地查看每一个求爱片段。

这些片段揭露了女性调情时的通用手法。纵然这些女性来自不同地方，比如亚马孙丛林、巴黎的沙龙，抑或是新几内亚岛的高地，女人们调情时的神态却别无二致。

她先是向爱慕者微微一笑，迅速地抬一下眉毛，很快变为睁大眼睛看着对方。随后，她垂下眼帘，低下头转向身侧，目光移至别处。她常常还会用双手遮住脸蛋，躲在手掌后面不自然地咯咯笑。这一连串调情动作具有鲜明的特点，艾布尔·艾贝斯费尔特因此确信这是她们骨子里就有的，是女性用来表达性暗示或爱慕之情（二者必占其一）的求偶套路，早在上古时期就已形成。

人们使用的其他求爱妙招同样源自古代。比如故作羞涩，做这个动作的女性会绷着脸，害羞地抬头看着追求者。雌性负鼠也会这么做，面向追求者昂起尖长的嘴，并直视对方的眼睛。动物常常以向后仰头来吸引注意，恋爱中的女人时不时也会这么做，她们耸肩，弓背，利落地甩一甩头发。信天翁求偶时会脖颈后缩，不时地点头，同时还会撞击彼此的喙部；美国淡水龟则会伸缩头部，把鼻子凑近对方。由此可见，女人还真不是唯一用头部来示爱的物种①。

男人采用的求爱技巧与其他物种类似。你走进老板办公室的

---

① 关于肢体语言和面部表情的跨物种相似性，参见 Givens，1986，1983；Goodall，1986；Darwin，[1872] 1965。

时候，是否留意到他靠着椅背，双手握拳，抱于脑后，抬肘挺胸？抑或他曾经从办公桌旁站起身，含笑向你走过来，弓着背，探身向你逼近？如果遇到过上述情况，你可要小心了，他或许是在下意识地宣示对你的领导权。如果你是女性，他还可能是在向你传情达意。

这一“挺胸”姿势是动物王国中基本肢体语言的一种——为的是显得“身形高大”。占主导地位的生物都钟情于“大身板”。鳕鱼会鼓起鳃，张开腹鳍；蛇、蛙和蟾蜍会胀大身体；羚羊和变色龙喜欢侧过身，凸显个头；骡鹿则总是斜着眼，好让人看到它的犄角；猫会竖起背上的毛；鸽子全身羽毛蓬起；龙虾以虾足走路，抬起上身，伸出一对张牙舞爪的大钳子；大猩猩经常捶打胸部；男人则挺起胸膛。

面对比自己强大的动物时，许多生物会“认怂”。人类的反应是脚趾内扣，双肩收紧，脑袋低垂；狼会夹着尾巴悄悄溜走；比对手弱时，龙虾选择伏地平趴。还有许多物种的对策是“俯首称臣”。遭到攻击的鳕鱼会向前屈体；蜥蜴则上下扭动身躯；态度恭敬的黑猩猩快速且不住地点头，灵长类动物学家称之为“行屈膝礼”。

这些在许多生物身上可以见到的“趴地匍匐”和“充大个儿”的姿态，在求偶过程中同样适用。我曾经在一本欧洲杂志上看过一组漫画。第一幅里，一个穿着游泳裤的男人孤零零地站在一片空旷的沙滩上——脑袋耷拉，肚腩凸起，胸膛低陷；第二幅里，一个漂亮女人沿着沙滩散步，经过男人时，后者瞬间昂首挺胸收腹；最后一幅画里，女人走了，男人又恢复了原先无精打采的样子。为了彰显自己卓尔不群、弱不禁风或易于接近，男人女人挺直腰杆或者蜷成一团的情况真是司空见惯。

情爱的凝视

凝视是人类求爱套路中最打动人心的部分，眼睛是会说话的。在西方文化中，两性进行眼神交流无伤大雅。男女的目光往往会牢牢地锁定在潜在伴侣的身上，逗留个两三秒钟，其间瞳孔可能会扩张——这是他们“春心荡漾”的标志，而后则垂下眼帘，望向别处。[①]

眼神交流似乎能起到立竿见影的效果。凝视的动作会刺激人类大脑中控制最原始欲望的区域，唤醒两种基本冲动——要么前进，要么退缩。你无法对他人落在自己身上的目光视而不见，有必要做出回应。你可能会报以微笑，开始与人攀谈；或是望向别处，慢慢朝门口移动。不过在这之前，你恐怕会先捏捏耳垂，整理一下毛衣，伸个懒腰，摆弄摆弄眼镜，抑或做些其他无意义的动作。这是一种“减轻社交焦虑姿势”，以便缓解内心的焦虑，顺便考虑一下该如何回应对方的邀请，是逃之夭夭，还是留下来共赴求爱游戏。

动物行为学家管这种眼神叫作“情爱的凝视”，它很可能植根

① Eibl-Eibesfeldt，1989。

于我们不断进化的行为里。黑猩猩和其他灵长类动物会瞪着敌人以示威胁；打斗后还会深情地与同类对视，以求和解。倭黑猩猩在交配前也会使用这种眼神，所谓倭黑猩猩，也叫侏儒黑猩猩，是普通黑猩猩的近亲。它们体形虽小，却可能比黑猩猩更聪明。这些动物像极了人类，圣地亚哥动物园里就养了好几只，公的母的都有。它们的交配很有规律，不过在交合前，公猩猩和母猩猩会深情地四目相对，凝视良久。[①]

◆◆◆◆◆

狒狒求爱时也会凝视对方。它们或许早在2500万年前就从人类进化过程中分离了出来，然而这种求偶过程中和人类的相似之处却保留了下来。人类学家芭芭拉·斯马茨曾这样描述生活在肯尼亚伊布鲁悬崖（Eburru cliffs）的狒狒的求爱“序曲”：“看起来就像单身酒吧里的一对恋爱新手。”[②]

爱情始于一个夜晚。雌性狒狒塔利亚转身看见年轻的雄性狒狒阿利克斯正看着她，他们之间大约相隔4.5米。见状，阿利克斯立马移开了目光。这时轮到塔利亚盯着阿利克斯了——直到他扭头望向她，可塔利亚却专心拨弄起自己的脚趾来。就这样，每当塔利亚看向阿利克斯，他就故意看别处；每当阿利克斯盯着塔利亚，她又摆弄起脚趾。最终，阿利克斯总算抓准了塔利亚盯他

① De Waal，1987。

② Smuts，1985，1987。

的瞬间，开始“你来我去的凝视”。

阿利克斯双耳紧贴脑袋，眯缝着双眼，咂起嘴来。这是狒狒世界里表达友谊的最高形式。塔利亚站着没动，许久，她才与他四目相对。只有经过这种深层次的眼神交流后，阿利克斯才接近塔利亚。这时，她开始给他整理毛发——这是一段友情与性关系的起点，即便6年后斯马茨重返肯尼亚调查狒狒交友行为，这段关系仍然坚如磐石。

也许最初感受到爱情的器官并不是心脏、生殖器或是大脑，而是眼睛，因为凝视对方（或者是盯着看）的行为往往能引得人莞尔一笑。

◆◆◆◆◆

诗人威廉·布莱克曾写道：“笑既传递爱意，笑也源于欺骗。”事实上，人类起码有18种不同的微笑[①]，而在求爱时我们只会用到其中几种。男女都会使用一种抿嘴式的“简单微笑”与相熟的路人打招呼。该表情的要领是，闭唇、咧嘴，但不露齿；与之相伴的常常还有点头致意。如果遇到别人这样对你微笑，便意味着对方并不会停下脚步与你进一步加深了解。

人们“嘴角上扬微笑”，标志着对对方产生了更加浓厚的兴趣。该表情的特点是，露出上排牙齿，显示积极的姿态，这通常会伴随1/6秒的眉毛上挑，随后又迅速归位。艾布尔·艾贝斯费

① Ekman，1985。

尔特曾在欧洲人、巴厘人、亚马孙流域的印第安人以及非洲南部的布须曼人身上见到过这种笑容，他认为这种笑容通用于各种表示友好的人际交流中——其中就有调情。黑猩猩和大猩猩嬉戏时常挂着似笑非笑的表情，不过它们露出的往往是下排牙齿而非上排。该表情能掩藏它们如匕首般锋利的上排尖牙以及示威时所露出的犬齿。

“咧嘴笑”指的是嘴唇朝两边充分咧开，上下两排牙齿俱现。我们常用这种笑容来“勾搭”彼此。美国前总统吉米·卡特的笑容就非常典型——他常以此来拢民心、拉选票、聚民意。倘若他的“超级微笑”再配以一连串挑逗动作、忸怩表情、头部后仰、胸部挺起或是深情凝视，那么他的意图会沾上明确的性意味。

“不安的社交性微笑”则是另一种“咧嘴笑”，但其效果在求爱过程中却明显适得其反。这种表情源于远古哺乳动物在遇险时露出牙齿。我参加过一档电视节目，其间恰好目睹这一幕。主持人遭到一位嘉宾的言辞攻击，她既不好发作，也不能离席而去。只见她嘴角后收，露出两排紧咬着的牙齿，然后，她便一动不动，任不安的笑容在脸上凝固。

黑猩猩在遇到比它强大的同类时，就会使出这种不安的社交性微笑，即“露齿而笑”。它们的这一表情，既流露了畏惧，也表达了友善和讨好。我们人类在面对社交困局时也会采用这种不安的社交性微笑，但断不会在求爱时这么做。所以，倘若一位你暗恋的人牙关紧锁地对着你笑，可以肯定的是，他或她想的不是要对你眉目传情，而是怎么比较委婉地拒绝你。

尽管人类与其他动物在求爱动作上有着明显的相似性，但证明这一点，还是花了人们一个多世纪的时间。达尔文是探究人类面部表情与身体姿势遗传性问题的开山鼻祖。他猜测，男女在表达最基本的人类情感时，都会摆出同样的手势和姿势。为了印证这点，达尔文于 1867 年将载有问题的信函寄往远在美洲、非洲、亚洲和澳大利亚偏僻地区的同事们。

他有关当地土著行为的诸多问题中包括："一个人怒气冲冲或气势汹汹时，会不会皱眉，头和身体绷直，挺起胸膛且紧握双拳？""一个人表达厌恶的神情时，是不是下唇下沉，上唇微抬，并伴有突如其来的叹息？""当一个人兴致较好的时候，眼睛是否炯炯有神，眼睛周围的皮肤是否会微皱，嘴角微翘？"①

来自世界各地的科学家、记者、传教士和友人们对达尔文的问题都予以肯定的回答，由此达尔文确信，人类普遍用以表达喜悦、悲伤、快乐、惊奇、害怕以及其他一些感觉的姿态，源自共同的进化史。这些非语言类信号就包含人类的笑容，正如达尔文日后在《人类和动物的表情》（1872 年）一书中写到的那样："所有人类，不分种族，表达高兴时的样子似乎是一致的，这一点很容易看出来。"

100 多年后，心理学家保罗·艾克曼和他的同事们印证了达尔文的结论，即全世界不同人种都有着相同的基本面部表情。他

① Darwin，［1872］1965。

将美国人面部的照片展示给新几内亚的福尔部落、砂拉越的砂隆村村民、巴西人和日本人看，让他们辨别图中人物的表情，这些毫不相干的男男女女十分轻易地就辨别出了悲伤、惊奇、厌恶、畏惧和愤怒的表情，包括露齿而笑。[①]

似乎微笑是我们与生俱来的本领。一些婴儿出生后 36 小时内就开始模仿母亲的笑容，而所有婴儿在 3 个月大时都会开始进行社交性的微笑[②]。哪怕是失明儿童，也会不时绽放灿烂的笑容，尽管他们从未在身边人的脸上观察到这种表情。

同微笑一样，一连串调情动作：忸怩的神情、摇晃的脑袋、起伏的胸部以及深情的凝视恐怕是标准人类姿态大全的组成部分，当用在特定情境中时，会起到吸引异性的作用。

◆◆◆◆◆

那么有没有这种可能，即上述求爱信号是人类求偶之舞的一段插曲？

提出这一主张的是人类学家大卫·吉文斯和生物学家蒂莫西·佩珀。两位科学家曾在美国的鸡尾酒酒吧里花了几百小时，观

---

① 利用解剖学教程、摄像机和镜子，心理学家保罗·艾克曼和同事学会了如何随时随地令个体面部肌肉收缩。在不知道用的是哪块肌肉的时候，他们把一根穿了线的针插入特定肌肉，将各自的活动区隔开。艾克曼表示，人类的“开怀笑容”是复杂程度最低的表情之一。只要用“嘴角轮匝肌”“酒窝肌”和“面颊肌”，就可以露出开怀、大方的笑容。表现愤怒的表情有 96 种，相应需要用到几百块不同的肌肉群，具体要视强度而定。参见 Ekman，1969，1980，1985；Goleman，1981。

② Field 等人，1982；Trevathan，1987。

察男女间相互勾搭的过程。吉文斯的调查工作在华盛顿大学西雅图校区周边的酒吧里展开，而佩珀则选在新泽西、纽约州和加拿大东部的梅恩布雷斯（Main Brace Lounge）、霍姆斯代德（Homestead）的酒吧里呷着啤酒，留意着年轻的单身男女，不时做着记录。这两位科学“偷窥狂”发现人们在求爱过程中所使用的手法大同小异。[①]

据其所言，美国单身酒吧内上演的情爱戏分为几个阶段，每个阶段都有其特定的“升华点”。我将其分为五个阶段，首先是“引起注意”。男女们一踏入酒吧，一般会建立属于自己的领地，比如找个座位坐下，或者倚靠在哪里，或者凑近吧台、门口或舞池。一落座，他们便开始吸引他人目光。

策略多种多样。男人们往往扭动肩膀、舒展身躯、挺直腰杆，并且不停地变换支撑脚。他们的动作时常还很夸张，晃动杯中物时，靠的不是手腕的抖动，而是在用整条胳膊摇，仿佛在翻搅泥浆水。会心大笑时，整个身子都跟着颤，笑声还特别响，好引起周围人的注意。就这样，简单的动作变得花里胡哨。

男人们来回踱步时，总是一副神气活现的派头。东非草原上的公狒狒在预感自己将邂逅一段“艳遇”时，也会做出这番姿态。一头雄性大猩猩在用余光瞥见一头雌性大猩猩时，会装模作样地来回走个不停。这种步态，在灵长类动物学家口中俗称“盯梢”。不少物种的雄性还有搔首弄姿的习惯。男人会抚弄自己的头发、整理衣服、抚摸下巴，或者是做出双手交叉或梳理妆容的动作，

① Givens，1983；Perper，1985。

让身子动起来，好消除自己的紧张感。

年长的男性常常会使用不同的“道具”，譬如以昂贵的佩饰、衣服等彰显其成功人士身份的标志，来表明自己还是单身。不过，所有这些信号都能浓缩成一句由三个“我”组成的基本信息：“我来了；我可不一般；我没有恶意。”要同时释放这两种信号——地位显赫以及可以接近——是何其困难，可男人就是能得手，就是有女人会频频贴上来。

“被他人看个遍总比被人看扁要好。”梅·韦斯特如是说。女人都懂这句话的含义。她们开启“引起注意”阶段的手法和男人如出一辙：在她们的“领地”上展露微笑、紧盯目标、扭动身体、来回摇摆、搔首弄姿、舒展身躯、不停移步，以此来吸引他人的目光。她们还常常摆出一系列颇具女人味的姿态，比如用手指拨弄秀发，脸侧向一边，同时腼腆地抬起头，咯咯地笑，眉毛上扬，舔舔舌头，舔舔上唇，满脸绯红，最后还会挡住脸。这一切的一切，都是为了表明：“我来了。”

有些女人在卖弄风情时步态会很特别，她们弓起背，挺起胸，摇摆着臀部，步履轻健。无怪乎不少女人会穿高跟鞋。这一特殊风俗的发明者是生活在16世纪的凯瑟琳·德·美第奇。其动作要领是背部不自然地后屈，臀部扭动，胸部挺起，显露女性的风情万种。而高跟鞋啪嗒啪嗒敲击地面的响声也有助于吸引注意。

伴随着高跟鞋踩出的步伐、噘起的双唇、忽闪的明眸、跃动的柳眉、外翻的手掌、内收的脚趾、摇摆的身躯、扬起的裙摆以及一口皓齿，女人向男人表明自己尚未“名花有主”。

互诉衷肠

第二阶段，也就是“认知”阶段，始于目光交汇。接着，潜在的情人要么莞尔一笑，要么身体微微扭动。然后两人便靠近彼此，进入交谈的距离[①]。这或许是一段浪漫爱情的开端。

不过，这么做的风险系数要比接下来的一大“升华点”小多了：即第三阶段，开始交谈。这段东拉西扯、往往毫无意义的谈话俗称“互诉衷肠”，它的特征是，说话人的嗓音会抬高，但语调变得更轻柔，具有歌唱的韵律——人们还会用这种音调来表达对孩子的喜爱，以及对那些需要关心的人的关切。

“互诉衷肠”的起初，双方会说些无关痛痒的话，比如“你喜不喜欢你的 iPhone 手机啊”或者“饭菜还可口吗”。打破沉默的手段和人类想象力一样丰富，无论是赞美，还是提问都是很好的打开话题的方式，因为二者都需要予以回答。另外，谈话的内容往往没有讲话的方式来得重要，这点很关键。你一开口讲话，语调的变化和音高就暴露了你的意图。一句高亢、柔和与悦耳的

① 人类的空间地域：人类将空间分成 4 大类。美国人认为，“私密空间”一般指距离头部约 18 英寸（1 英寸 =2.54 厘米）的范围。你只会允许亲密的伙伴或宠物进入这片私人领地，且不会做时间限制。“个人空间”则是身边 2 到 4 英尺（1 英尺 =30.48 厘米）的范围。你在工作或社交场合与他人互动时会用到这一空间。“公共空间”是指距离身体 9 英尺开外的所有范围。不同的社会，对于身体周围空间的测量办法各异，但是都拥有一套涉及距离的规则。详见 Hall，1966。

“你好”通常说明你对对方有意思，而一句短促、低沉、平淡或敷衍的“嗨”则多半意味着没兴趣。假如一位潜在的伴侣总是不顾场合，笑得太频繁的话，那么他或她极有可能是在暗送秋波。

交谈是有风险的，这么说是因为一条重要的依据。人类的嗓音好比第二种签名，其折射出的不仅是你的意图，还有你的出身、受教育程度，以及性格中的一些无形特质。这既可能吸引一位潜在伴侣，也可能招人厌烦。演员、公开演讲者、外交官和撒谎成性的人很了解嗓音的作用，因此时不时会变声。电影演员在念台词时，会刻意提高一个八度，为的是在拍情戏时显得音调更加婉转悦耳。而老到的骗子会避免电话行骗，因为通过电话这一纯粹传递声音的媒介，人们很容易捕捉到讲话人在重音和音高上的一些细微不一致。还是孩童的时候，我们就被教育要控制表情，比方父母让我们对长辈微笑。然而，我们中的大部分人对于嗓音的作用却一无所知。

我和 Match.com 网站在 2013 年对超过 5000 名单身美国人进行过一次调查，其间提出下述问题：“您是否根据以下几个方面为约会对象打分？”答案是肯定的，排得最高的是对方的谈吐（有 83% 的人选了这点），然后是自信心（78%），再接着是牙齿（76%）。谈吐很能反映一个人的修养；自信心折射出的是心理稳定；从牙齿则能看出年龄和健康状况，无怪乎嗓音在搭讪过程中如此重要。而嗓音迷人的好处多多：声音动听的男女大多异性朋友也比别人多[①]；声音好听的孩子也会得到更多的爱抚。[②]

① Hughes 等人，2004。

② Apicella 等人，2007。

据吉文斯和佩珀观察，不少情事在双方开口没多久后便已告吹。[1]不过，如果情侣们能经受住这一波感性的冲击——并且积极地倾听彼此——他们往往会进入第四阶段：身体接触。[2]

◆◆◆◆◆

身体接触始于“意图暗示”——比方说身子前倾；搁在桌上的手朝对方挪一挪；倘若两人都站着，那就伸脚凑近些；还有摸自己手臂的，就好像摸的不是自己的，而是对方的。然后就是高潮：一个人摸摸对方的肩膀、前臂、手腕等一些并不私密的部位。一般是女人先摸，手在追求者的身上游走，看似漫不经心，实则拿捏有度。

这种身体接触乍看不足为奇，但其实异常重要。人类的皮肤就像一片草地，每一株草都是高度敏感的神经末梢，哪怕是最轻微的触碰，都会在人的脑海中形成瞬间记忆，男性立刻就会接收到这条

---

① 谈话式求爱策略：恋人开始交谈后，会寻找共同的兴趣爱好，尝试建立匹配度。他们或许会表示不同意见，借此试探对方，然后观察后者如何应对这一不顺心的情况，目标是形成信任。一方或许会暴露缺点，但会将其掩盖在正面的个人形象之下。在这段情的开头，他们没准还会请对方帮个小忙——依旧是试探。三股微妙的暗流对这一系列互动起到至关重要的作用。人们极力想要“留下好印象”；他们渴望吸引对方的目光；还会故意卖萌装嫩，或做出其他孩子气的行为。与此同时，他们尽力展示自己的一堆优越条件，其中包括性情稳定、自控、聪慧、和善、体贴、包容、能干、可靠、勇敢、幽默，当然最重要的莫过于单身状态。详见 Eibl-Eibesfeldt，1989。

② 我们的祖先在还是婴儿的时候，就一直被抱着，睡觉时紧挨着母亲的胸部，因此，人类天生就活在肌肤之亲中。在某些文化体中，婴儿因为总被抱着，连爬都不会；他们对这个世界最初的独自探索始于蹒跚学步。因此，除非受过训练，否则我们生来就喜欢肢体接触，不管是主动还是被动。详见 Hall，1959；Montagu，1971；Henley，1977。

信息。如果他踟蹰不前，那么勾搭可以就此结束；如果他往后缩，哪怕动作小到几乎难以察觉，信号发起者也应该就此收手；如果男性无视抛来的“绣球”，发起信号的女性也许会再触碰一次。不过，如果他探身向前，微笑，或者“礼尚往来”，同样有目的性地还以抚触的话，两人便跨越了动物界中一道著名的主要障碍。

大多数哺乳动物在求偶时都会有肌肤之亲。蓝鲸用鳍互蹭彼此，雄性蝴蝶在同雌性交配时，会抚弄和摩擦伴侣的腹部。海豚则互相啃来啃去；骡子会互相摩擦鼻子；狗会给对方舔毛；黑猩猩会亲嘴、拥抱、爱抚、牵手。通常，哺乳动物在交合前都会抚摸对方，为其理毛，或者互相依偎。

身体触感被誉为一切感官功能之母。这么说无疑是有道理的，因为不同国家的文化都有属于自己的一套规矩，明确了哪些人可以接触、什么时候接触、何种场合下接触，以及触摸过程应当注意哪些事项。这些抚触游戏是人类求偶过程的基本组成部分，它们形式丰富、充满想象力，而且需要审时度势。因此，如果一对情人不间断地聊天，并有身体接触——来回摆动、脑袋后仰、凝视彼此、绽开笑容、晃动身体、打情骂俏——的话，他们往往会过渡到求偶仪式的最后一个阶段：身体同步。

步调一致

身体同步是搭讪过程中最有意思的一个环节。潜在的情人在适应环境以后，会转动身躯，直到与对方双肩相接，四目相对。这种姿势也许会出现在两人开始交谈前，抑或交谈几个小时后。不过，再往后，男女便会逐渐保持步调一致，刚开始时比较短暂。他举起酒杯时，她也会跟着举起来。接着两人就又不同步了，可过不了一会儿，他们的动作会越来越像。男的跷二郎腿，女的也会跷；男的往左靠，女的也往左靠；男的捋头发，女的也捋头发。两人的动作会出奇地协调，同时深情地注视对方的双眸。

这种爱、性和永恒的人类繁衍的节奏，随时都可能被打断。不过，倘若二人有意延续人类生命香火的话，他们会找回中断的节奏，接着跳求爱之舞。那些完全实现身体协调同步的情侣则会双双离开酒吧。

男女是否都会遵循这一“五步搭讪法”？我们不得而知。很明显，并非世上所有人都会表现出吉文斯和佩珀在美国单身人士聚集地所揭示的那种行为模式。大多数社会里，酒吧或俱乐部并不是人们邂逅的地方。有些人甚至都不会公开追求对方；相反，他们的婚姻是包办的。另外，很少有人类学家对其他文化体中男女互动时所采取的姿势、手势和表情展开过研究。

可是，有大量辅助证据表明，这些规律中的一部分放之四海而皆准。

举例而言，在婆罗洲，一位杜顺族女子常会侧过脸，盯着心上人。聚会时趁给后者递米酒的间隙，她还会假装无心地摸一把男子的手。[1] 实际上，多数旅行者都清楚，不谙当地语言也不妨碍

① Givens，1983。

他们调情成功。全世界的人谈情说爱时似乎都少不了凝视、微笑和轻柔的抚触。

人类求爱时身体都会同步这一点似乎还有其他证据。在几乎所有男女有权自行选择伴侣的社会里，单身的人往往会在聚会或节庆期间相遇，翩翩起舞。舞蹈本身不就是有节奏感的动作，或者说是身体的同步运动吗？

新几内亚的传统梅尔帕人（Medlpa）甚至为这种模仿行为创造了一套仪式。这些人中的未婚女子在叫作“Tanem Het”的房间——也就是父母家里的公共休息室——与可能的另一半相见。新人们身披华服，成双成对地坐在一起。随着小两口开口唱歌，“晃脑袋”活动就开始了。有机会结为连理的人摇着头，摩擦额头和鼻子，反复相互鞠躬。这一系列动作的频率之快，令人应接不暇。对于梅尔帕人，同步意味着和谐，他们相信，一位伴侣越能踩准另一半的节奏，这对新人就越般配。[1]

事实上，身体同步是不少社交互动的基础——求爱只是其中一类。人类学家爱德华·霍尔的一名学生曾抱着一台相机，来到美国中西部某地的一个操场内。他蹲伏在一辆废弃汽车背后进行观察和拍摄，用胶片记录下孩子们在课间休息时肢体动作的互动。在仔细分析了这些片段后，霍尔留意到孩子们的动作反映了一种统一、协调的韵律。很显然，所有孩子玩耍时都是步调一致的，像是踩着某种节奏。另外，一个十分好动的小姑娘满操场地蹦蹦跳跳——她起到了带头作用，其余孩子只是在不自觉地跟着

① Eibl-Eibesfeldt，1989。

她动。[1]

这种人类模仿行为俗称互动式同步，早在婴儿时期就已形成。新生儿出生第二天后，就开始伴随人类嗓音的律动感协调其肢体动作。如今众所周知的一点是，生活在许多其他不同文化环境下的人们在相处愉快的时候，也会产生这种韵律感。不论社会如何多元，在咖啡馆、火车站、超市、鸡尾酒会等公共场合所拍摄的人物照和慢动作镜头均揭示了人类具有模仿彼此姿势的倾向。

这种节奏持续不断。比方说，对两位好朋友进行脑电波扫描，检测各自大脑活动的结果显示，两人在相谈甚欢时，就连脑波的轨迹都是一样的。如果在餐桌旁留心观察，会发现家人边吃边聊时，仅仅通过手势就能参与交流，家人之间咬字较重的音节多半相同。不止这样，连冷场都是同步的：一个人抹嘴巴时，另一个人会伸手去够调料——不出所料吧？休止符与切分音、压低的嗓音、抬起的肘关节，这些都象征着生命与爱的脉动。[2]

人类渴望找准彼此节奏的需求反映了一种有规律的模仿行为，这在许多别的动物身上也不难见到。有好几次，灵长类学家沃尔夫冈·科勒在走进一个灵长类研究中心的黑猩猩笼中后，发现一群公猩猩和母猩猩会以几乎相同的节奏围着一根柱子转圈。据科勒称，这些动物边摇头边往前晃悠，每踏出一步迈的都是同一只脚。同样，黑猩猩在交合前，偶尔会左右摇摆，双眼凝视对方。

① Hall，1976。

② Douglas，1987。

在动物界的求偶行为中，没有什么比有节奏的肢体动作更基本的了。猫会转圈，马鹿会腾跃，吼猴发情时会用舌头打节拍，棘鱼会呈Z字形游动。大至熊、小至甲虫的动物在发情时都会通过富有节奏感的仪式，表达爱欲。

跳舞是一种天性。因此我认为，将身体同步视为人类求爱过程中普遍存在的阶段的观点不无道理：随着我们被彼此吸引，我们打起了相同的节拍。

信息传递爱意

人类求爱与生物求偶还有别的相似之处。一般来讲，人类两情相悦的过程比较缓慢，而这份谨慎在蜘蛛身上体现得尤为显著。举例而言，雄性狼蛛只有在进入雌性狼蛛巢穴，并爬过一段又长又暗的通道后，才能觅得求偶和交配的机会。雄狼蛛慢吞吞的，如果它操之过急，就会被雌性吃掉。

男女在求爱初期太过主动的话，也会碰一鼻子灰。要是靠得太近、过早上手，或者说个不停，失败的可能性就比较大。同狼蛛、狒狒等许多生物一样，人类的勾搭行为需要依靠信息传递。在这一仪式的每个重要节点，双方都必须做出正确的回应，否则就会以失败告终。

实际上，佩珀逐渐在这一信号交换中发现了一种奇特的分工。美国女性一般是求爱的发起者——刚开始是微妙的非语言暗示，譬如轻微变换姿势、莞尔一笑，或是深情凝视。据佩珀观察，2/3的勾搭行为都是由女人发起的。此外，他日后访谈的女性都很清楚，自己在有意识地吸引潜在追求者与她搭讪，小心翼翼地触碰他的一些部位，装出一副风情万种的模样，同时还借助提问、赞美和插科打诨，令他凑得更近。

我的“单身美国人”专题研究始于2010年，之后每年进行一次。我同Match.com合作，从美国人当中（非该网站会员）遴选了一批具有代表性的样本。这项研究清楚地显示，今时今日，不同年龄、种族、性取向和地区的女性依旧是勾搭的发起者①。而且她们变得更加大胆了。2012年，2700多名受访男性中，有65%的人表示曾有至少一名女性约他们外出约会（92%的男性对此欣然接受）。有更多的女性恐怕至今仍在沿用她们永不过时的调情套路——仰首、抚弄头发、眼神忸怩、含情脉脉地凝视、弓背、挺胸、穿着暴露服饰、脚蹬高跟鞋、说话时声音装得婉转

---

① 2010至2014年间，我每年都会联手网恋平台Match.com对全美单身人士做一番调查。我们设计的问卷包含150个问题，共计覆盖超过5000名单身男女。我们的抽样范围并不包括Match.com会员，而是基于美国人口普查，收集了全国范围内具有代表性的样本数据。黑人、白人、拉丁裔、亚裔；男同性恋、女同性恋、异性恋；21至70多岁的人；生活在农村、郊区和城里的人；美国各地区的男女。各类人群都在调查之列。25000余名男女中，没有一个人是订了婚的，或者有同居伙伴，或者已确定男女关系的。起初，我们向参与者提了几个常规问题，询问他们的宗教信仰、政治归属、性倾向、住址、家庭收入、就业状况、工作和受教育程度，甚至还有每天晚上的睡眠时间。这之后，我们进入实质性部分。譬如伴侣身上哪一点“必不可少”？是否经历过一见钟情？（超过1/3的人表示经历过）是否爱上过一开始并不中意的人？（35%的人回答说是）晚饭谁买单？恋爱时撒过什么谎？与熟悉的伴侣做爱时达到高潮的比例多高？初次约会时，会否幻想将来与对方在一起？（56%的男人表示会，女性的这一比例则为48%）就我所知，这算得上是对全美甚至是全球单身群体最全面的科学调查了。

悦耳。

随着互联网的兴起，可供女人使用的挑逗手段更加丰富了。在我们2013年的“单身美国人”调查中，40%的女性表示，她们曾发送过具有性暗示的短信或电子邮件，另有36%的人发过涉性图片。与此同时，有62%的受访男性表示曾从女性那里收到过含有明确性元素的消息，而61%的男性则收到过女性发来的色情图片。女性在脸书等社交网站的个人页面上放满了露骨的图片、性暗示的话以及装可爱的表情包——往往是为了开启一段情缘。

话说回来，女性主动这点并不是美国独有的现象。1950年代，克莱伦·福特和弗兰克·比彻这两位著名的跨文化性行为研究者就曾确认，尽管多数国家的人都认为男性在性关系中是主动的一方，但实际上各国女性在情事和房事上的积极性不遑多让。

实际上，令人称奇的是，西方人依旧抱着旧观念，认为男性是发起攻势的一方，而女性只是忸怩被动的受体。这种错误的观念多半源自我们农耕社会的历史。那时，女性在举办婚礼时是烦琐的财产交换中的一枚棋子，她们的价值大小取决于其“是否贞洁”。因此，女孩子会受到严格的督导，被责令守身如玉。时至今日，西方女性已重获性自由，从被卖身为娼和在床上逆来顺受的世界中获得解脱的她们常常对性充满了欲求。

不过，最终要想关系更进一步，男人就必须对女人送来的秋波有所回应。正如一位女性对佩珀说的那样：“某一时刻，男人应能听得懂暗示，并有所行动。”

◆◆◆◆◆

男人似乎能感知这种两性关系的换位，佩珀称之为“主动性让渡”。这种情况一般发生在一对情侣离开酒吧、夜总会或派对之后。这时轮到男人开展其“攻势”了——比如用手搂着女人，吻她，把她哄得欲火焚身。

有趣的是，男人似乎对其功能心知肚明。佩珀曾请31位男性受访者讲述他们的罗曼史经过，除了3个人之外，其余的都跳过了“前戏”——也就是女性“导演”的部分。只有一位男性还记得诸如是谁先开口、谁抚摸的谁、什么时候抚摸的，以及谁先对对方有意思等细节。然而，这31个人全都能滔滔不绝地描述自己的“戏份”，他们是怎样开始亲吻和爱抚女伴，又是怎样把她们骗上床的。

那么，谁是猎人，谁又是猎物？很明显，双方都很关键。要是哪方错失了一条重要暗示，勾搭就会戛然而止。当所有发出的信号都有去有回，双方都能给出正确的应答，这出情爱戏就会演下去。正如发情中的动物，人类伴侣必须“及时”表现，勾搭方能成功。

◆◆◆◆◆

说来有点怪，美国单身酒吧很像是某些鸟类的“单身俱乐部”——亦称“lek”，这个词的词源是瑞典鸟类学术语，意思是雄鸟和雌鸟相遇、接触和交配的地方。选在这种地方交配的鸟类并不多，其中就有北美艾草松鸡。每年3月上旬，东加利福尼亚、蒙大拿和怀俄明等地能见到雄性艾草松鸡的身影。在历年筑造“爱巢”的露天草坪上，每只雄鸟都会找一块地方，建立属于自己的狭小舞台。之后的6周时间里，每天黎明之后，它就会不停地展示自己，过程持续几小时——昂首阔步、梳理羽毛、“咕咕”作声、鼓起身体，好向走过身旁的雌鸟说明：我可不是只普通的鸟。

雌性艾草松鸡飞抵迁徙地的时间要晚于雄鸟。雌鸟到达后会先沿着雄鸟领地间的边界来回走动，借机考察其主人，这一过程或耗时2到3天。在相中合它心意的异性后，雌鸟会在后者的地盘上安顿下来。很快，“本地人”和“外来户”就跳起了情爱之舞，它们努力适应彼此的节奏，并在正式交配前四处高调“秀恩爱”。

人们在鸡尾酒会、教堂社交、办公室午餐会以及酒吧和夜总会里的那些个小动作和鸟类在繁殖地上那番腾跃有什么本质区别吗？作为人类学家，我觉得难以忽视的是，人类和艾草松鸡都会搭建自己的舞台，都会表现吸引异性的风范，都会在交配前做到心有灵犀。很明显，自然界有着一套基本的求偶规则。

浓情晚餐

谈情说爱的另外两条普世特色是：食物和歌唱。对于西方的准情侣而言，恐怕再没有什么仪式比一同进餐来得更重要了。规则如今在变化，我们当中的多数人都会为究竟该由谁买单而犯愁。但是，如果男人是主动的一方，一般仍由他来买单；倘若如此，女人几乎凭直觉就能猜出对方在向她示爱。实际上，全世界的求爱套路中，使用最频繁的莫过于为换取性好处而提供食物。鱼、肉、糖和啤酒是男人创造出来讨好异性的无数珍馐之一。[①]

这种招数不只男人会用。黑尾麻蝇常在森林地被上捕捉蚜虫、长腿蜘蛛或家蝇。雄麻蝇抓到一只异常美味的猎物时，位于腹部的腺体会释放一种分泌物，随风飘散，等于在宣告自己刚刚狩猎成功。通常，一只路过的雌性麻蝇会停下来，享用美餐——不过常常是边交配边进食。雄鸟也会给潜在的伴侣喂食，雄性普通燕鸥常会衔一条小鱼给雌性吃，公走鹃则叼着一条小蜥蜴。生活在东非坦噶尼喀湖周围的雄性黑猩猩在抓住或杀死幼年瞪羚、野兔等动物后，会分一块肉给雌性。处在发情期的雌性享用完馈赠后，会与提供者进行交媾。[②]

俗话说，“想要得到男人的心，就要先征服他的胃”，也许此言不假。一些雌性哺乳动物的确会向伴侣提供食物，女性正是其中之一。然而环顾全球，发情期的女性喂食男性的情况要远远少于男性喂食女性的比例。[③]食物若没那么讨巧或有吸引力的话，男人送给女友的东西就换成了香烟、珠宝、衣料、鲜花等一些体积不大但价值不菲的礼品，这既表达了爱意，也算是为享受温柔乡付出的一点代价。

---

① 求爱喂食：可能是对母亲喂养婴儿的一种模仿，会让男性变得更体贴，激发他们的保护欲；女性则会撒娇发嗲，二者的关系因此变得更紧密。参见 Eibl-Eibesfeldt，1989。

② Goodall，1986；Teleki，1973a。

③ Ford 和 Beach，1951。

这一风俗名为“求爱喂食”，早在恐龙出现之前就已有之，因为这有着重要的生命繁衍功能。通过向雌性提供食物，雄性展现了他们作为猎人、供养者和体面的生产伙伴的能力。

◆◆◆◆◆

“如果音乐是爱的源泉，那么请继续吧。”莎翁曾以动人的文笔歌颂了最后一种原始求爱技巧：音乐。全世界的人都会通过唱歌或演奏乐器来吸引爱侣。在美国西南部的霍比印第安部落里，男人历来会为心上人献上一首复杂的情歌。同样这么做的还有西太平洋的萨摩亚人、美国西南部的奇里卡华人以及华盛顿州东部的山波依尔族的男子。一位阿帕奇印第安男子想要吸引一个姑娘的话，会为其吹奏笛子；而在菲律宾吕宋岛中部伊富高部落的男女则会用竖琴来让爱人生出爱意。[1]

或许一直以来受到音乐感染最深的就是我们当今的社会。从大街上年轻人随身携带的iPod，到几乎每个公共场所都放得震天响的音乐，只要是有男女聚集的地方，就会有音乐。当你受邀前往“他”或“她”家做客时，你可以肯定主人不仅会拿出比萨或者牛排来款待你，除此之外还有音乐。

可以预料的是，人类求爱的乐章与动物种群的歌声之间存在共鸣。你只需在一个炎热的夏夜，走到户外，便能听到各种杂音。蛙鸣、蝉鸣、猫叫、虫鸣，豪猪会发出一种尖厉的嘶叫，短吻鳄

---

① Ford和Beach，1951。

则会低吼。纵观动物王国，雄性的求偶叫声——从小口鳕鱼鼓气囊的响声到大象轻声的咕哝，再到微型壁虎的窸窣声——都是十分显著的求爱信号。

几十年前，丹麦语言学家奥托·叶斯柏森甚至推测，早期人类求爱的声音对语言进化起到了刺激作用。“语言，”他声称，“诞生于人类发情时期。我暗自思忖，世间最早的只言片语，怕是介于屋顶小猫的夜间爱语和夜莺的悦耳啁啾这二者之间吧。”[①]他的话听着挺牵强附会的。史前男女之所以需要先进的沟通方式，恐怕是有原因的。可是情歌如同国歌，的确能令人“血脉偾张”。

◆◆◆◆◆

我倾向于认为，如果“他”或“她”在拿一位口碑不佳的政客开涮、对世界经济发表一番高论，或者在评价近期一部话剧或体育比赛时妙语连珠的话——总之既风趣又智慧——那么说明求爱过程揭开了序幕。不过，爱恋开始的标志可能是轻轻一晃头、深情凝视、温柔的抚触、轻柔的吐字、在一家高档餐厅吃一块烤牛肉，或者在跳摇摆舞时哼一首小曲儿。

接着，身体往前冲，然后留给头脑去解开这种恋慕情绪的由来：“为什么是他（她）？”

---

① Jespersen，［1922］1950。

第二章

为什么是他？为什么是她？

爱的冲动与伴侣选择

两个人的相遇就像两种化学物质接触，一旦发生了反应，两者皆发生改变。

——卡尔·荣格

“只需一眼，我已无言，笨嘴拙舌，浑身哆嗦，肉躯之下，暗火烧灼。”2500 年前，生活在希腊莱斯博斯岛的诗人萨福将这样几句诗作为一首歌颂爱恋的诗的开篇。

浪漫的爱、执拗的爱、热烈的爱、身陷爱河、深深迷恋，或者随便怎么形容——几乎所有人都懂这种感觉，那种幸福感，那份煎熬，那些个无眠之夜与坐立难安的日子。被喜出望外或惴惴不安的情绪所包围，你在课堂或办公室里做着白日梦，忘记取外套，开车时错过拐弯的路口，频频查看手机，心里盘算着该说什么好——就像着了魔似的，期待着下一次与“他”或“她”邂逅。而后，当你们重逢时，他哪怕最微小的动作都能令你的脉搏停止跳动；她的笑容令你神魂颠倒。你做傻事，说痴话，捧腹大笑，晒自己的糗事，整晚不停说话，拂晓时还在踱步，不时与爱侣又抱又亲——你已深陷狂热，喘不过气来，沉醉于无比的幸福之中，整个世界都已抛之脑后。

◆◆◆◆◆

尽管自耶稣基督诞生以来，成千上万的诗歌、歌曲、书籍、歌剧、戏剧、芭蕾舞剧、神话和传说均将浪漫爱情作为素材，尽管无数男女曾抛下家人朋友，因爱自杀或是杀人，为伊消得人憔悴，科学家却很少对这种情感进行必要的研究——这种情况直至最近才改变。

有人认为，爱慕是一种受到阻遏与拖延的性冲动，但弗洛伊德并不认可。哈夫洛克·蔼理士将异性相吸称为“有性加持的友谊”，这种对爱慕的描述令人无法苟同。许多人认为，浪漫爱情是神秘、无形、难以解释，甚至是神圣的体验，自然法则解释不了，学者也琢磨不透。

然而，现如今，有关这种情感的科学数据正不断聚积。

坠入爱河

眼下，异性相吸常常与一系列心理、行为和生理特征相关①。这方面的数据收集工作始于多萝西·滕诺夫在其著作《爱与纯爱》（*Love and Limerence*）中对这一疯狂情绪的经典剖析②。

滕诺夫围绕浪漫爱情拟了大约200道题，然后在康涅狄格州港桥大学内及其周边向400名男女进行询问，看他们对这200道题的反应，是选对还是选错。后续她又另找了几百人回答问卷。从这些受访者的答案入手，再结合他们的日记和个人经历，滕诺夫发现“恋爱中”的人存在一些共性，她称其为“纯爱”。

浪漫爱情的第一个戏剧性元素就是开端，即某人对你有了“特殊的意义”。你的目光锁定在他（她）身上，科学家管这种现象叫作“突出性”。这可以是指对一个老朋友有了新的认识，抑或是他变得十分陌生。不过正如滕诺夫的某位受访者所言：“我的整

① Liebowitz，1983；Fisher，1998，2004；Hatfield，1988；Hatfield和Sprecher，1986；Harris，1995；Tennov，1979。

② Tennov，1979。

个世界都变了，有了一个新的中心，这个中心就是玛丽莲。”

浪漫爱情后来发展了一套以“入侵式思维”为首的特色模式。对于爱慕对象的种种想法逐渐闯进你的脑袋。他说过的某件事萦绕在你耳畔，你看着她微笑的样子，回忆起她说过的话、某个特别的时刻、某句不动声色的暗讽——并乐在其中。你好奇心上人会如何看待你正在读的书、刚看过的电影和在工作中遇到的问题。而你俩共度的每一段短暂时光都变得沉甸甸的，供你在闲暇时细细品味。

一开始，这些突如其来的遐想会不期然地出现。但很多人表示，随着痴迷程度的递增，他们每天要花上 85% 甚至将近 100% 的时间夜以继日地沉湎在这种思维活动中，宠溺那个特定的人。的确，伴随这种依恋情绪，恋人们会失去关注其他事物的部分能力，比如日常任务、工作、学业，注意力也会越来越不集中[①]。

此外，他们渐渐将目光聚焦到心仪对象最为琐细的方面，并通过所谓的“结晶化”过程放大这些特质。“结晶化”与理想化不同，仰慕者确实知道偶像的弱点所在。事实上，滕诺夫的所有受访者都能细数心上人的缺点，但却对此视而不见，或是说服自己这些缺点恰恰独特而迷人。正如乔叟所言，“爱情是盲目的”。

滕诺夫的受访者都会做“爱情白日梦”，这其中出现最多的三种感受分别为渴望、期盼和不确定感。但凡心上人给了哪怕一丁点积极反馈，追求者就会在连着几天“发梦”时反复回放这些珍贵片段。而如果他（她）拒绝了某人的表白，不确定感可能转化为绝望与无精打采（也被称为“快感缺失”）。追求者会一直闷闷

① Van Steenberger 等人，2013。

不乐、陷入忧思，直至为此次挫败找到理由并再度发起追求。

主要的刺激因素有逆境和社会障碍，它们对罗曼蒂克激情与渴望具有促进作用——我给这种现象取名为“挫折的诱惑”[①]。当与心上人分开时，爱慕者还要遭受分离的焦虑。所有这些焦虑和狂喜背后则藏着深深的忧虑。一位 28 岁的卡车司机说出了绝大多数受访者的心声：“我感觉自己非常紧张。”他说道，“这有点像怯场，仿佛正登台面对观众。去她家找她时，按门铃的手会抖；给她打电话时，我感觉自己太阳穴的跳动声比电话铃声还要响。”

神经紧绷（轻躁狂）是浪漫爱情的另一个核心特质。着了迷的恋人表示自己有过身体发抖、面色苍白、脸红、全身虚弱、过度笨拙、说话结巴等迹象，此外还伴有一种或多种交感神经系统反应，包括出汗、痉挛、心悸和寝食难安等症状。

有些人甚至感觉丧失了一些最基本的身体机能与技艺。19 世纪，法国小说家司汤达将这种感觉描述得非常到位。回忆起他与所爱之人共同漫步的那些午后时光，他这样写道：“每每我向莉诺伸出手臂，总觉得自己要摔倒了，不知该怎么走路。”[②]

害羞、期待、害怕遭拒、渴望对方“投桃报李”，以及想要获得这个特殊之人的强烈动机，是浪漫爱情的其他主要感受。恋人很容易吃醋，有些人为了保护刚刚开始的恋情，不惜走极端，动物行为学家称之为“保卫配偶”[③]。

总之，滕诺夫的受访者传递出了无奈的情绪，不由得让人觉

① Fisher，2004。

② Stendhal，［1822］1975。

③ Buss，2000。

得这份执着缺乏理性、不由自主、没有计划且不受控制。一名50岁出头的商业主管在谈及他的办公室婚外情时如下写道："我越来越觉得，对于艾米丽的爱是一种生物性、本能般的行为，它不受意愿或逻辑的控制……它指引着我。我拼命想要挣脱它，降低它对我的影响，想办法排解（比如通过性行为），一方面否定它，一方面又享受它。还有，没错，真该死，我希望她有所表示！尽管我很清楚艾米丽与我绝无可能一起过日子，但还是会着了魔似的想着她。"①

浪漫爱情看似是一系列激烈情感的总和，就像坐过山车一样，从高到低，起伏不定。心里牵挂着的唯一的那个他（她）左右着你的言行，以至于你对身边一切熟视无睹——包括工作、家庭和友情。

而这种不由自主地将念想、情感与动机拼凑起来的做法与性的关系并不紧密。参与滕诺夫访谈的恋人们渴望与心上人发生性关系，但一种更为深切的渴求超过了他们的欲望。他们期盼心仪之人能给他们打电话、写信，约他们出去，最重要的是，能够回应他们的爱。对痴男怨女们而言，情感上的结合高于性欲的萌动。事实上，滕诺夫的受访者当中，95%的女性与91%的男性在看到"爱情最甘美的莫过于性"这句话时都打了叉。

除此以外，这些感情在任何年龄都会爆发。我在设计浪漫爱情调查问卷，并收集了337个美国人和402个日本人的数据过程

① Tennov，1979。

中，也发现了这点[1]。年龄在45岁以上和25岁以下的人，在回答82%的问题时并没有表现重大的差异（见费舍尔爱情量表）。

浪漫爱情的强烈感觉通常来说始自青春期，不过，就连幼童也会有暗恋或早恋的经历[2]。我见到过的最年幼的痴情者是一个两岁半的小男孩，每当某个小女孩去他家玩，他就会坐在小女孩身后，抚弄她的头发；女孩离开后的两小时里，他的心情都很低落。这个小姑娘太特别了，他已经迷上她了。

我们为什么会爱上雷而不是比尔？爱上苏而不是塞西莉？为什么是他？又为什么是她？哲学家布莱兹·帕斯卡曾经说过："心有它的道理，理智对此一无所知。"不过，学者们还是能为这股情感飓风做出一些合理的解释。

体味诱惑

爱情可能部分是被我们与生俱来的特质之一的嗅觉所触发的。每个人身上的气味都略有不同，我们每个人都有属于自己的"气味印迹"，同我们的嗓音、双手与才智一样独一无二。刚出生的婴儿可以通过气味识别自己的母亲，长大以后则能够辨别出万余种不同的气味[3]。因而如果我们追随本性，很可能被气味所诱惑。

---

① Fisher，2004，2006。

② Hatfield 和 Rapson，1987。

③ Ackerman，1990；Russell，1976；Hopson，1979。

许多生物使用气味来引诱异性，对此，19世纪法国生物学家让·亨利·法布尔再清楚不过。法布尔曾找到一只漂亮的天蚕蛾茧，将它带回自己的乡间小屋，当晚将其留在书房内。第二天早上，一只雌性天蚕蛾破茧而出，蜕变使它美丽异常。法布尔将它置于笼中。令他惊奇的是，那晚有40只雄性天蚕蛾鼓翼挥翅，从打开的窗户外飞进来，向这只单身雌性求爱；而后的几晚，又有超过150只雄性天蚕蛾前来求偶。这只雌性天蚕蛾膨胀的腹部释放了一种肉眼看不见的分泌物——一种信息素，正是这种味道招来了乡间方圆一英里①之外的追求者②。

自法布尔的实验之后，又有250余种使用气味诱惑异性的昆虫和许多其他动物陆续被发现。其中一些气味，在形形色色的人身上都能觅得其踪，如古希腊人、古印度人以及中国古代人，他们利用这些气味，将心上人迷得神魂颠倒。举例而言，这些气味中有取自俄罗斯和加拿大海狸身上腺体的“海狸香”，来自东亚麝香鹿身上红色胶状信息素麝香，来自埃塞俄比亚麝猫身上蜂蜜状分泌物麝猫香等。

不过人类体内可能也会制造一些厉害的刺激嗅觉的成分。不论男女，在乳头附近的腋窝处和腹股沟处都有顶泌腺，青春期时会变得很活跃。这些“香盒”与覆盖了大部分身体并产生无味液体的汗腺不同，它们的分泌液在皮肤表面与细菌相结合，散发具

① 1英里=1.609344公里。——编者注

② 弗洛蒙（也称信息素）这个词最早诞生于1959年，可以用来指生物分泌的任何一种化学物质，其作用是发出信号，并从其他生物处获取特定且天然的反馈。尽管有的生物分泌信息素是为了驱赶外敌，或者有其他用处，信息素这个词一般是指性引诱剂。参见Shorey，1976。

有强烈刺激性的臭汗味。

波德莱尔认为，人类的灵魂居于情欲的香汗之中。19 世纪法国作家乔里·卡尔·于斯曼曾跟随田间的女性，闻她们身上的味道。他写道，女人腋下的气味“轻而易举就能释放男人心中的野兽”。拿破仑对此深表同意。据传拿破仑曾写信给他的情人约瑟芬，说道：“我明晚到巴黎。别洗澡。”①

通常在希腊和巴尔干半岛的部分地区，有些男人在节日期间会在腋窝下夹块手帕，并将这带有他们体味的象征赠予心仪的舞伴，因为他们坚信女人会点头答应。实际上，全世界都曾用汗水作为调制春药的一味配方。在莎士比亚所在的时代，女性会将削了皮的苹果夹在腋下，直到体香渗进苹果里，随后会将这只“爱果”送给情人吃。此外，一份由美籍加勒比裔移民编写的食谱这样写道：“准备一份汉堡肉饼，用自己的汗水将之浸湿，烹调后给心仪之人享用。”②

◆◆◆◆◆

不过，男人的体味真能唤醒女性身上的罗曼蒂克情愫吗？

也许真的可以。男性身上的新鲜汗味能使女性体内促黄体素水平上升，从而激发性欲。而女人身上被称为“催情素”的阴道分泌物气味，则能增强男性的睾酮活性，触发男性的性欲——尤其是女

① Hopson，1979。

② Gregersen，1982。

性排卵期间产生的分泌物，效果更佳。而后，随着体味打了头阵，在性爱过程中对于生殖器的刺激会促使大脑中掌管爱情的部分增加多巴胺的循环，进而有可能将人推入爱情的大门，坠入情网[①]。

男性或女性的体味还能勾起人的许多记忆。吉卜林的诗《利希滕贝格》中就曾浓墨重彩地描写了这种气味记忆。他在诗里写道，被雨水浸润的金合欢树散发出的气味，让他想起自己的故乡。毫无疑问，你记得住秋叶的芬芳、圣诞树的气息、家里小狗的气味，甚至是前任情人的体香——以及这些气味所唤醒的感觉。所以说，在对的时刻散发对的体味可以勾起令人愉悦的鲜活记忆，且有望点燃爱慕之情那震慑人心的最初时刻。

“气味汤”

然而，美国人、日本人还有许多其他地方的人觉得体味会令人不快，大多数情况下，汗味更容易令人退避三舍，而不是诱人靠近。有些科学家认为，日本人之所以极度讨厌体味，是受到了长期包办婚姻传统的影响：男女被迫与自己并不喜欢的伴侣亲密接触[②]。为什么美国人讨厌体味我不清楚，可能是受了除臭产品广告商的影响。

不过恋人身上要是飘散着商业香氛的味道，势必很讨人喜欢。我

① Fisher，1998，2004。

② Eibl-Eibesfeldt，1989。

们花高价入手香气馥郁的香波、香皂、须后水和香水。食物的味道、新鲜的空气、烟草味、办公室和家里的味道都和我们身上自然的体味融为一体，形成一锅“气味汤”，一张无声的标签。人们对此会有所反应。“香水基金会”发起的一项调查中，男性和女性都认为体香是性诱惑的重要元素——这项评比总分 10 分，其中“体味”一项得了 8.4 分[①]。体味能够勾起性欲，这方面人类和天蚕蛾没什么区别。

不同文化对于汗味的看法天差地别。气候、穿着、是否每天洗澡、对干净的定义、成长经历等诸多社会变量，都会决定一个人对于体味的偏好。另外，人类体味和对于浪漫爱情的渴望两者之间是否存在明确关联，至今仍未有定论。

不过，我有如下主张：当你遇到一个很吸引你的陌生人时，很可能会“喜欢他身上的味道”，这有助于你进入恋爱状态。之后，浪漫情欲一旦开花，心上人的体香就好似一剂春药，持续性为爱情“加油”。这可能也是某些女性喜欢穿着男友 T 恤睡觉的原因，也是 19 世纪的男子常常嗅情人手帕的理由。

爱情地图

人类被“他”或“她”迷住，主要是缘于一项比体味重要得多的身体机能，那就是所谓的“爱情地图”。早在你把目光锁定在

① Givens，1983。

雷而非比尔，苏而非塞西莉身上之前，你就已经在脑海中形成了一幅地图，一份下意识列出的理想伴侣全部特征的清单[①]。

儿童在 5 至 8 岁间（甚至更早）会根据所处家庭、朋友关系、个体经历和一些偶然的联系而绘就这些爱情地图。举例来说，你在幼年时习惯了家里总是吵吵闹闹或死气沉沉，习惯了母亲倾听你、训斥你、爱抚你的方式，习惯了父亲开玩笑、走路和说话的样子。朋友和亲戚身上特有的脾性让你觉得他们很有魅力；还有一些则会让你联想起不好的经历。渐渐地，这些记忆在你脑海中形成一种模式，一种潜意识里让你性欲退却或激增的模板。

长大以后，无意识的爱情地图开始成形，心中对理想爱侣各方面拼接起来的最初形象显现出来。到了青春期，满脑子装的都是性欲，这些爱情地图于是固定下来，变得更加具体，比如对方的体型、年龄、兴趣爱好、怪癖、幽默感和个性等细节。你在心中勾勒出理想伴侣的形象，还会构想一片优雅的场景，不论是你们之间的交谈，还是性互动，都能激发你的兴致。

所以，你在教室、购物中心、办公室、咖啡店、派对或活动中遇见真爱很久之前，其实已经设定了理想爱侣的一些基本特质。一旦你发现有谁符合这些要素，你就会爱上他（她），并将心上人与你独一无二的爱情地图进行比对。一般而言，心上人与真正的理想伴侣相去甚远，但你却对这些矛盾之处视而不见，执着于自己的设想。

这些爱情地图因人而异。有人会被西服或医生制服所撩拨，

① Fisher，2004；Zentner，2005。

有人会因大胸、小脚或爽朗的笑声而“性起”。她的嗓音、他的笑颜、她的情感联系、他的耐心、她的率性、他的幽默感、她的兴趣爱好、他的抱负、她的协调能力、他的个人魅力——许许多多既明显又微小且潜意识层面的因素共同作用，使某人比其他人更具吸引力。

对于未来潜在爱侣身上应具备哪些令人倾心的特点，我们都能说出一二来，而潜意识里则可以发掘更多。

长相很重要

然而，美国人对于伴侣的喜好有一定模式可循。在一项针对怀俄明大学 1031 名在校白人学生进行的测试中，男女生均列出了他们认为具有性诱惑力的特质①。他们的回答证实了你的预测。男生偏爱金发、碧眼、肤白的女性；而女生则喜欢肤色较深的男人。不过测试结果也有令人意外的地方：很少有男生喜欢“波霸”或身材苗条、假小子般的女性身形，也几乎没有女孩子喜欢特别夸张的“肌肉男”。实际上，不论男女都更喜欢平平常常的人。太过矮小、太过高大、太瘦弱、太“健美”、太苍白或太黑——单方面过于突出都会遭到嫌弃。

普通人胜出了。其实最近心理学家挑选了 32 张美国白人女

① Feinman 和 Gill，1978。

性面孔的照片，通过电脑，对她们的面部特征进行了平均化处理，随后将这些合成后的图像给校园里的同龄人看。在94张真实女性的面部照片中，仅有4张被认为比合成照片更具吸引力①。

你可能猜到了，怀俄明大学白人学生对于理想对象的标准在全世界并不具有普遍意义。欧洲人最初踏足非洲时，他们的金色体毛和白皙肤色让不少非洲人误以为这是一群可怕的白化病患者。非洲南部传统那马部族（Nama）视外凸下垂的女性阴唇为一种美，因此部族里的母亲会一丝不苟地按摩幼女的外阴，到了青少年时期，它们就能以诱人的姿态悬垂在体外。美国女性往往通过节食来保持苗条身材，可玻利维亚的西里奥诺（Siriono）女子向来靠不断进食来维持肥胖的身材。

对人体进行修饰以触发浪漫爱情的方法不胜枚举：拉长脖子、塑头型、磨牙齿、穿鼻环、疤痕累累的乳房、烫伤或“晒黑”的皮肤、让人寸步难行的女士高跟鞋、某些新几内亚部落男人套在阴茎上的0.6米长橙色葫芦质保护套，以及伊丽莎白时代的名士们染成紫色的胡子。“情人眼里出西施”这句话真是有道理。

是否好看、是否具有性魅力的标准虽然千差万别，但人们对于点燃浪漫爱情的因素还是有一些广泛共识的。全世界的男女都喜欢面容清秀的人，都会被将自己捯饬得白白净净的对象所吸引。

---

① Bower，1990。

多数地方的男性都喜欢丰乳肥臀的女性，而不是瘦巴巴的[①]。

长相很重要。

有钱也很重要。

通过一项对来自33个国家的37名受访对象的调查，心理学家大卫·布斯揭示了男女在性倾向上的鲜明区别[②]。从祖鲁村落到巴西城镇，男人都喜欢朝气蓬勃、体态匀称的青春玉女，反观女性，她们则偏爱家底殷实的有钱男人。美国人在这点上也不例外。年轻女孩往往会迷上开靓车的小伙子，年纪较大的女性会更看重男人是否有房有地或其他财产。由此可见，对许多女人来说，温文尔雅的诗人不及迟钝却富有的银行家来得更有魅力。

◆◆◆◆◆

这种男女不同的偏好恐怕是内生的。爱上一个能生下健康后代的女人，对男人传宗接代是有好处的。年轻、光洁的皮肤、一对明眸、一头秀发、一口皓齿、体态丰盈，再加上活泼的个性，无不说明身体健康——这份活力对男人传承香火极为重要。而女人爱上的男人如果有资源、有能力养得起她和她未来的孩子，对女人传宗接代也是有好处的。正如16世纪法国散文家蒙田总结的那样："不管嘴上怎么说，结婚不光是为了我们自己，还为了后代，甚至主要是为了后代。"

---

① Ford和Beach，1951；Frayser，1985。

② Buss，1989。

追　求

但还是得有些神秘感。一定程度上的陌生感对于热恋至关重要，一项对于以色列基布兹集体农场的调查显示，人们几乎不会爱上太过熟悉的人①。

在基布兹，父母白天去工作时，小孩子会和同龄人待在一起。10 岁之前，这些孩子的玩耍过程经常会有性接触；但进入青春期后，男孩女孩们反而变得拘束放不开。到了青少年时期，他们之间形成了强烈的“兄弟姐妹”情谊，几乎没有人会与圈子里的同龄人谈婚论嫁。经过对 2769 对集体农场里的婚姻进行调查后，研究者发现，仅有 13 对夫妻是同龄人，而这 13 对中，夫妻有一方在 6 岁前已经离开了这个社群，这点无一例外。

很明显，在孩提时代的一段关键时期，大多数人会完全丧失对经常见面对象的性欲和爱欲。

反之，障碍越多，就越会激起疯狂的爱欲。越难获得的人反倒会激发追求兴趣。事实上，征服欲往往是浪漫爱情的核心元素，也被称为“罗密欧与朱丽叶效应”。如果阻碍确实存在，它们很可能会使人情欲大增②。

---

① Shepher，1971；Spiro，1958。

② Fisher，2004。

无怪乎人们会爱上已婚人士、外国人，或是因为似乎无法逾越的障碍而不得不分开的人。当然了，也有人在最初萌生的浪漫爱情升级为迷恋情绪之前，就已得偿所愿，尽管其可能性十分渺茫。

时机对于浪漫爱情亦至关重要[①]。当人们一心想要冒险，迫切渴望离开家庭，在异国他乡感到孤独、流离失所，踏入人生新阶段，或是经济上和心理上都准备好与他人共度此生或组成家庭的时候，他们就会变得敏感。

亲昵的关系因此成了一种推动力。正如诗人埃兹拉·庞德所言："啊，她在我左右，我似有魔法傍身。"时机一旦成熟，我们趋向于爱上身边的人。

童年时代的经历肯定也有影响。有心理学家认为，我们会因为还残留有恋父（母）情结而喜欢上与父母相似的人，或者迷恋上那些像母亲一样让我们依恋的人，抑或是追求与儿时好友有相同价值观和志趣的对象[②]。大多数人则青睐能够帮助我们拓展兴趣爱好、开阔思路、丰富阅历、加强自我认知的人，这个过程也被称为"自我膨胀"[③]。

最终，人们会倾心于和自己同族，有相同社会经济背景，同等智力水平、教育水平，长相姣好，并有着相同价值观与繁衍后代目标的人[④]，人类学家称之为"门当户对"。

---

① Tennov，1979。

② Pfaff 和 Fisher，2012。

③ Aron 和 Aron，1996。

④ Fisher，2009；参见 Pfaff 和 Fisher，2012。

但你也有可能走进一间房间，里面的人与你背景相似，和你一样好看、聪明，受教育程度相仿，有着与你近似的社会目标与价值观，可你就是看不上他们中的任何一个。这又是为什么呢？

这个问题驱使我去探索生物学在择偶过程中的作用。

“我们之间产生了化学反应！”

人的个性是由两方面基本特性组成的：文化和经历所带来的特性，以及与生俱来的生物性基础与气质。气质是可以遗传的，在整个生命过程中相对稳定，与特定的基因、激素及神经传递系统有关。实际上，你个性中40%至60%来源于你的生理状况和天性。

因此，为了了解生物性是不是人们不自觉地被特定伴侣吸引的原因，我从学术文献中查阅了人类个性与脑系统联系方面的资料。

我发现只有四种大脑系统与特定的个性特征存在清晰关联：多巴胺系统、5-羟色胺系统、睾酮系统和雌激素/后叶催产素系统[①]。我随即设计了一份包含56道问题的问卷，来评测大家对与此四种大脑系统相关特质的反映程度。

然后，我将这份问卷挂到了美国交友网站Match.com旗下的

① Fisher，2009，2010；L. L. Brown等人，2013。

一个叫作 Chemistry.com 的网恋平台以及另外 39 个国家的 Match.com 上，如今这份问卷有了个新名字：费舍尔气质量表（Fisher Temperament Inventory，FTI），参与调查者已逾 1400 万人。我和同事们还完成了两项脑部扫描实验，结果显示这份调查问卷确实能够反映这四种神经系统对个性特征的某些方面产生的影响[①]。

有意思的是，纵观 Chemistry.com 上 10 万名参与调查的男男女女所得的分数，我发现，所有人对这 56 道题目给出的回答不尽相同。这一发现令我颇为激动：我从未遇见过两个相同的人，就连我的双胞胎姐妹和我也不完全一样。不过人的天性与个性背后都有规律可循。而对于本书最为重要的是，在查看了 Chemistry.com 上 28128 名匿名男女是如何选择约会对象后，我发现了大自然的某些原理。

确实，天性在选择爱慕对象的过程中发挥了作用[②]。

---

① 这项调查中，费舍尔气质量表（FTI）被用在参加两项脑部扫描实验的参与者身上。从问卷结果来看，好奇 / 活跃度这一项所取得的分数，与大脑黑质的活性形成正比，这一发现，符合这一性情维度反映多巴胺系统活性的预测。而在谨慎 / 社会规范兼容方面取得的分数，则与腹外侧前额叶皮层的活性呈正比，这一区域控制的是对社会规范的服从，与 5- 羟色胺系统存在关联。在分析 / 意志坚定这项上所取得的分数，则与枕叶和顶叶皮层的活性呈正相关，这一区域控制的是视觉灵敏度和数学思维，与睾酮存在联系，睾酮还对上述区域的大脑结构搭建有益。在亲社会 / 移情这一项上取得的分数与额下回、前岛叶、梭状回这些区域的活性有关，它们控制的是镜像神经元和移情作用，这一特点取决于雌激素 / 后叶催产素系统等区域，要知道，雌激素是对大脑结构有利的。上述研究结果在两项实验当中均有显现，这说明：FTI 测量的是四大神经系统的影响力，另外，这些气质量表的维度和神经组织在性格形成方面起到了基本作用，而且对于异性相吸和关系形成也有影响。参见 L. L. Brown 等人，2013。

② Fisher，2009；Fisher，Rich 和 Island 等人，2010；Fisher，2012。

择偶生物学

那些在多巴胺系统方面表现得尤为突出的男男女女，倾向于喜欢与自己相似之人——他们同样有一颗好奇心、富有创造力、积极主动、充满活力、猎奇求新而又思想开明，这些人生而爱自由。他们想要的是一个能奋力脱离世俗、同他们一起去冒险的伴侣——可以是深入山林、行走沙漠、漂泊海上或在城市闯荡。其他人则希望伴侣能陪他们看电影、观芭蕾、赏戏剧或听歌剧。有人想要探索大自然，有人渴望了解新事物，或是眼下让他们着迷的东西。柏拉图称这些男女为“匠人”。我称这种思维与行为方式为“好奇心强 / 精力旺盛”，还给这些男女起了个绰号——“探索者”（Explorers）。

探索者往往会寻找其他的探索者——那些（在生物学上）和他们非常相似的人。

而那些主要在 5- 羟色胺系统方面表现了明显个性特征的人，也倾向于中意与他们相像之人。他们思想传统、冷静、谨慎，喜欢熟悉的事物；他们遵守规则、尊重权威，按计划、循常规、照日程办事。他们为人谦逊、有条有理、认真负责。这些“社会栋梁”就是柏拉图口中的“卫士”。我管这种思维和行为模式叫“谨慎 / 适应社会规范”，并为他们贴上“建设者”（Builders）的标签。

建设者也搜寻其他的建设者——那些与他们同样传统的人。

但是，当“探索者”们最初彼此吸引，“建设者”们相互青睐，那些睾酮和雌激素特征最为明显的男女，却会迷上对方——也就是彼此的对立面。

以史蒂夫·乔布斯为例，他就是典型的睾酮特征突出的人。从他的面相就能看出来：高额头、宽眉骨、高颧骨以及尖下巴基本上都是这种雄性荷尔蒙的产物。不过，睾酮亦会塑造一系列性格特点，特别是在空间感和数学能力方面——具体可以是精通电脑、工程学、音乐或机械设备等。这种人往往很有创造力，爱唱反调，爱吹毛求疵，喜欢公开与人论争，为人直率、决断、坚强而又果敢，追求卓越是他们的人生信条。柏拉图称其为“理智者”；我则用科学术语“善于分析 / 坚强”来形容他们，并管他们叫“独裁者”（Directors）。这个群体的成员多数是男性，不过玛格丽特·撒切尔和希拉里·克林顿也表现了许多该方面气质。

撇开性别差异，“独裁者”青睐与他们异质之人：拥有较高雌激素水平的人群，我称其为“磋商者”（Negotiators）。

“磋商者”们最重要的特点是，他们表现了雌激素及与之密切相关的神经化学物质后叶催产素的特质。这些人拥有大局观念。我还特地发明了一个词来形容这群人：具有“网络思维”[1]，他们看待所有事物都会持有一种通情达理的态度，全面而又长远的眼光。他们善于言辞、精于人际关系、想象力丰富，同时也相信直觉、善解人意、轻信他人、善于情感表达。柏拉图认为这群人就

---

① Fisher，1999。

是“哲学王”，而我将其置于“亲社会/具有同理心”的性情维度之中。该群体绝大多数是女性，不过我怀疑比尔·克林顿的雌激素水平就很高。全世界都知道他能言善道、社交水平一流，经常把“我能体会你的痛苦”这句话挂在嘴上，而在长达957页的自传中，他曾这样写道：“健全的心智异常重要。”上述气质都与雌激素紧密相关。

然而，不考虑性别因素的话，一部分的“磋商者”易被“独裁者”吸引。你们都见过这二者的结合：要么就是絮叨而迷人的女子嫁给了坚强却寡言少语的男人；要么就是贴心、体贴而耐心的男人娶了个强势、富于进取的女人。

当然，我们身上都会表现所有四种性情维度。不过，每个人在某一项上的表现会比其余的更突出。一个人的基本思维和行为方式似乎左右了罗伯特·勃朗宁所谓的“初唱时那份无忧无虑的惊喜”，也就是指浪漫爱情[①]。

浪漫爱情：普遍特征

时机、障碍、神秘感，背景、智力、长相和价值观的相似相

---

① 近期一项研究中，研究者趁男男女女端详不认识的潜在伴侣的照片时，对他们进行脑部扫描。用不了多久，他们就会在一场“快速约会”活动时相见。脑部活跃的区域显示，这些男女对照片进行快速评判的标准有两个：外表吸引力和可能的性格，特别是是否讨人喜欢。参见 Cooper 等人，2012。

近，相匹配的“爱情地图”，你的大致基本生理思考和行为风格，甚至还有正确的气味，在这一连串要素的催情下，你很容易便会爱上他 / 她。之后要是潜在的伴侣朝你颔首、微笑，或含情脉脉地注视你，浪漫爱情就会像潮水一样，漫过你的胸腔。

这股强大的吸引力并非西方人独有。

在 12 世纪的法国，阿基坦的埃莉诺女公爵门下有一名叫安德烈亚斯・卡佩拉努斯的修士，他曾就浪漫爱情写道：“爱是某种与生俱来的苦楚，源自对异性之美的关注和过度的思慕，它使每个人渴望他人的拥抱超过了一切。”[①] 自打那时起，一些西方人便相信，浪漫爱情是游吟诗人的一项发明。所谓游吟诗人，指的是那些生活在 11 至 13 世纪法国的侠客、诗人和浪漫派，他们在谈到爱情的变迁时总会诗兴大发。

然而，浪漫爱情的范围绝不局限于欧洲。《印度爱经》是一部关于爱情的梵文经典著作，作者筏蹉衍那生活在公元 1 至 6 世纪之间的印度，他肯定对男女之间的风花雪月有过触及。他甚至详细传授了情侣应如何求爱、拥抱、亲吻、爱抚和行房的细节。

尽管长久以来，儒家思想所强调的孝悌之道浸淫中华文明，但是早在 7 世纪，便有故事讲述悲情男女的凄苦。他们被困在对父母的孝和对情人的爱之间，左右为难[②]。而在崇尚传统的日本，薄命情人在发现自己被许配给了别人时，有时会选择双双殉情。

---

① Capellanus，1959。

② Jankowiak，1992。

田纳西州东部切罗基人相信，要是年轻男子在午夜时分对姑娘唱情歌的话，她会不由自主地想起他，终究会为他心动；西伯利亚东北部的尤卡吉尔族（Yukaghir）姑娘会坐在白桦树上写情书；巴厘岛的男子相信，要是在一片特定的叶子上画上“巨阴神”的模样，再让姑娘将叶子吃下肚的话，追求者就能俘获她的芳心。

就算有些人嘴上说自己不懂“爱情”或“恋爱”为何物，实际做起来却是另一套。波利尼西亚的曼加阿人（Mangaian）在性事上很随便，但偶尔也会有痴情少男因为父母不同意他迎娶女友而自杀的故事；居住在新几内亚高原的 Bem-Bem 人虽然不承认自己对爱有感知能力，但是姑娘有时会回绝父亲为她挑选的夫婿，并和“真爱”私奔；非洲的提夫族（Tiv）没有正式的浪漫观念，他们管这种情感叫“疯狂”[①]。

爱情故事、神话、传说、诗歌、歌曲、春药、爱情魅力、爱侣间的争执、幽会、私奔和殉情，这些都是全世界传统社会生活的一部分。事实上，人类学家威廉·杨科维亚克和爱德华·费舍尔在对 168 个文化体进行调查后发现，尽管这些地方的人们天差地别，但有直接证据表明，其中 87% 的人都存在浪漫爱情。[②]

---

① 同上。

② Jankowiak 和 Fisher，1992。

同性恋

浪漫爱情的感觉十分强烈，同时又是人类天性的根本，因此我们所有人都会经历——不管这份爱的对象是异性还是同性。可以预料到的是，男同性恋和女同性恋都会谈情说爱。

之前也提过，我收集了 2010 至 2014 年间从美国抽样获得的数据。这一抽样涵盖 25000 余名男女，他们种族背景、年龄和所在地不同。据悉，同性恋者的恋爱频率与异性恋者基本一致，他们同样也会一见钟情，而在对深层次关系的渴望度上也别无二致。①

---

① 同性恋有多种形式。有些人在大学里尝试过，也有些发生在监狱里。20 世纪，一些男性移民曾经有过断袖之爱，直到他们把“旧国家”的老婆带到美国。可是，从小或者少年时期就表现了同性恋倾向的男女，基因会与常人有别。有证据表明，男同性恋在下丘脑的部分位置结构与常人略有不同（LeVay，1991）。1993 年，遗传学家迪恩·哈默（Dean Hamer）与他的同事声称，他们在 X 染色体上发现了一种可能对男性性取向有影响的基因（或多种基因）（Hamer 等人，1993）。涵盖 400 名男同性恋兄弟的数据也表明，X 染色体上的这些基因的确起到了作用（Sanders 等人，2015）。除此之外，不管是对同性恋开绿灯的社会，还是在谈同性恋色变的社会，同性恋都存在，且比例大致相等（Posner，1992）；而且家族内部也存在同性恋（Hamer 等人，1993）。

如今，某些科学家却认为“男同基因”是一组“爱慕男性的基因”。这种看法认为，携带此种基因的男性会爱上其他男性。然而，继承这一基因组合的女性初涉性爱和罗曼蒂克的时间却要早于多数女性；她们生育的子女数量也更多，因为她们的性欲超强。事实情况是，男同性恋的女性亲属所生子女，是男性亲属性取向正常的女性所生子女数量的 101.3%（Camperio-Ciani 等人，2004；Camperio-Ciani 和 Pellizzari，2012）。这些女性具有生殖上的优势，这也解释了为何“男同基因”在进化中会得到青睐。当然，也可能存在“爱慕女性的基因”，尽管暂时未有这方面的证据。要是男性也继承了这组 DNA 的话，他们最耐人寻味的是，近期一项脑部扫描研究发现，不管是同性恋还是异性恋的男女，当他们一边看情人照片，一边躺着做扫描时，同一片基本脑部通路都有活动，这部分控制的正是炙热的浪漫爱情。①

这份疯狂、这份纯爱、这份罗曼蒂克的魅力，乃至这份迷恋和狂喜都是一种人类共性。②

的求偶时间也会提前，所生子女也会更多，而携带有此类 DNA 的女性则会爱上别的女性。就这样，“女同的基因”就随着性欲超强的男性被传给了后代。

由于荷尔蒙对于成长期的大脑的作用，子宫内的生活对同性恋也起到了影响。最初的 3 个月里，在胎儿雄激素和雌激素的作用下，男性或女性生殖器以及胎儿的脑部开始成形。泡在这个荷尔蒙“浴池”里，一点变化都有可能改变某人在日后的性取向。压力和出生顺序或许也对男性性欲有所影响。要是母亲在怀孕期内面临巨大的压力，或者她之前生过几个男孩，她肚子里的男性胎儿有较大可能将来是个男同。实际上，一个男孩要是有哥哥，他成为同性恋的概率就会增加 1/3。某种理论认为，母亲的身体会对影响其腹中男婴大脑发育的蛋白质做出免疫反应。关于女同，这方面的知识要少些，但有一点耳熟能详，那就是，倘若女性的胚胎接触到高浓度的胎儿睾酮素，所生女孩成为女同的概率也可能更高（Golombok 和 Tasker，1996）。

某些研究者和外行依然相信，男同出身的家庭，父亲一般总是不在家、态度冷淡或满不在乎；母亲则是专横跋扈、盛气凌人，或者说家里只有女性。但是据一项经典研究显示，同性恋和异性恋的家庭生活基本是一致的，哪怕是在女同家庭里长大的孩子，成年后成为女同的概率也不高（Golombok 和 Tasker，1996）。

关于同性恋的记载已经汗牛充栋，且大多数是对其背后原因的探究。但是我认为，对于人类，最言简意赅的回答就是“直接选择”。在“单身美国人”的问卷中，我们询问男同和女同是否与异性发生过性关系：34% 的男同和 47% 的女同回答发生过。此外，在今天的美国，大概 37% 的女同、男同、双性恋和变性人都养育了孩子，其中大约 60% 是他们自己的亲骨肉。过去的一千年里，同性恋的子嗣可能更多，因为多数社会里这些人是“见不得光的”，他们会结婚和繁衍。

我再补充一句，同性恋在自然界是司空见惯的。某些老鼠就是同性恋；与公猫分开饲养的母猫会表现所有同性恋者亢奋时才有的行为规律；雌性野鸥有时会与别的雌鸟结合；雄性大猩猩会凑在一起，展现“断袖之爱”；雌性倭黑猩猩定期会与别的雌性互动。夏日早晨，一些在厨房里围着你的桃子“嗡嗡嗡”飞来飞去的雄性果蝇就是同性恋（Bailey 和 Zuk，2009）。超过 60 种物种存在同性恋的记录。实际上，同性恋在其他物种中十分普遍，而人类的同性恋不是因为泛滥，而是因为罕见才令人诧异。

① Zeki 和 Romaya，2010。

② Jankowiak 和 Fisher，1992；Fisher，1998；Hatifield 和 Rapson，1996。

动物的磁场

爱恋也许并不只存在于人类身上。[①]

最早催生我这一推测的是一份关于“托托”（Toto）这头家养美国大猩猩的人类学文献。托托在月经中期一般会有 3 天左右的发情期。据说她还迷上过人类男性，上个月是园丁，这个月就是司机或管家，她会睁着一双明显害了“相思病”的眼睛凝视着他们。[②]

不过，关于某种动物迷恋上其他动物的最有意思的故事，发生在一头麋鹿身上，它似乎爱上了佛蒙特州的一头奶牛。[③]这头为爱沉醉的食草动物在其“偶像”身后一路尾随，一跟就是 76 天，最终还是放弃了它的求爱姿态。诗人罗伯特·赫里克说：“人在恋爱时是糊涂的。”因此就连麋鹿都会犯错。

精力、专注、恒心、占有欲和爱意普遍存在于我们一身绒毛或羽毛的朋友们身上。[④]求爱期的狮子在雌性发情期间会对彼此表现极大的温存；长颈鹿在交配前会轻柔地互相摩挲；母狐狸发情的两周内，公狐狸对其“穷追不舍”，光盯着不算，还会一路不停

---

① Fisher，2004。

② Givens，1983。

③ Fehrenbacker，1988。

④ Fisher，2004。

地跟着母狐狸，喂它吃的、舔它，为其提供保护，直到最后共筑爱巢，抚养幼崽；母象受孕期内，公象经常会紧挨着对方，一待就是好几小时，其间不断用象鼻子抚触对方。另外，狒狒、黑猩猩等高级灵长类动物都会对特定的对象表现明确的爱意，哪怕雌性并不处在性开放期，这段友情一样也会维持下去。

确实，没有哪种野生鸟类或哺乳动物会逮到谁就与之交配，它们都有自己中意的对象。它们既会被接纳，也会遭到嫌弃——即便是在发情期高峰。这种挑三拣四的做法在熟悉它们的科学家那里得到了许多别名，包括择偶、偏好、性癖好、个体偏好和选择性知觉。[①]

此外，多数动物都会马上形成这一偏好。

一见钟情

这种才见面没多久（甚至是见面前的网聊时）就对别人心生好感的能力是不是人的天性？达尔文相信，这种心动的感觉可能转瞬即逝。他在谈到母绿头鸭时这样写道："这很明显就是一见钟情，因为它亲热地在新来的鸭子周围游来游去……满怀爱意。"[②]

① Fisher 等人，2002；Fisher，2004；Fisher 等人，2006。

② Darwin，1871，745 页。

伊丽莎白·马歇尔·托马斯也感受到了这份情愫，她写道：“从她的目光落在他身上起，她就迷上了他。她只想要接近他，用浓浓的爱意包围他，于是他去哪儿，她就去哪儿，他的嗓音让她痴狂。”[①] 她豢养的小巴哥犬“薇奥莱特”就爱上了一只叫“宾果”的同类。

除此之外，灵长类学家比鲁特·加尔迪卡斯在写到婆罗洲丹绒球洞保护区里的一头雄性红毛猩猩时，文字描述也差不多：“从‘喉囊’尾随她的样子来看，‘普里希拉’很有魅力。‘喉囊’几乎对她一见倾心，目不斜视。她挡不住的魅力令他沉醉，连东西都不吃了。”[②]

这种磁场般的吸引力好似一只沉睡的猫，瞬间能被唤醒——于是也就有了一见钟情这种事。

一见钟情或许还有重要的适应性功能。

举例而言，到了交配季节母松鼠需要繁殖，与豪猪交配无利可图，可要是见到一只健康、精力充沛且富有雄性气息的公松鼠的话，她是不会错过机会的。也许对于许多生物来讲，一见钟情不过是内在本能，目的是促进交配过程。而在人类祖先身上，这种动物之间瞬间“看对眼”的能力逐渐转变为今天的一见钟情。

可是，大自然是如何创造这种表达爱慕的生理感觉的呢？这个叫作爱情的东西究竟为何物？

---

① Thomas，1993，46 页。

② Galdikas，1995，144～145 页。

爱情的大脑通路

1996 年的时候，我启动了一个项目，想要弄明白人们在发了疯似的深爱着他人时，脑部会有何种反应。①

我首先设计了实验内容。参与者是热恋中的男女，在他们分别从事两件事的时候，我趁机收集其脑部活动数据（运用功能性磁共振成像）。其中一件是看着爱人的照片，另一件是看着另一个既不让人讨厌也不让人动心的人的照片。而在看不同照片的间隙，参与者还会接受另一项旨在分散注意力的考验。具体过程如下，我先在大屏幕上打一串数字（比如 6137），然后请参与者以 7 为单位倒数。我希望这么做能清除大脑在接受爱人的信息和接受“中性刺激”期间所涌生的强烈情感。接下来我会对这三种情况下产生的脑部活动进行比较。

我的假设是什么？首先，我推测，我能在大脑的多巴胺网络里发现脑活动加速的迹象——多巴胺是一种天然兴奋剂——因为这部分大脑系统会产生能量、欣喜、渴望、专注和动力，而这其中大部分都是浪漫爱情的核心要素。②

我还提出假设，相互联系的神经化学物质去甲肾上腺素或许

① Fisher 等人，2005；Aron 等人，2005。

② Fisher，1998。

会加剧这份“狂热”，因为神经传递素也可以产生专注力和动力，除此之外还能催生部分与浪漫爱情有关的生理反应，譬如神经质地发抖、膝盖颤抖以及口干舌燥。我还觉得，5–羟色胺系统的低活跃度也许会造成入侵性、强迫症式的浪漫爱情观。

最后，据我估计，许多别的神经化学系统或许也参与其中——它们一同作用，形成了一系列浪漫爱情中常见的感情、动机、认知和行为。①

但我还是把赌注押在了多巴胺上。

这之后，我协同神经科学家露西·布朗、心理学家阿特·阿隆等人，将17位新近沐浴爱河的人送进了脑部扫描室：其中女性10人，男性7人，他们都处在疯狂的热恋期，平均相恋时间在7个月零12天。

研究结果出来的那一刻令我难以忘怀，我那时站在阿尔伯特·爱因斯坦医学院黑漆漆的实验室里，真想一跃而起。因为就在我眼前，扫描图像显示，对象脑部的中脑腹侧被盖区（VTA），存在表示活动迹象的斑块。这是一座小小的“车间”，位于大脑底部，其功能是分泌多巴胺，并将这一天然兴奋剂送至脑部许多区域。②

我们在大脑其他部分也发现了活动迹象，但是VTA这一块尤其重要。③这片“车间”是人脑奖励系统的一部分，这部分大脑网

① Fisher，1998，2004。

② Fisher，2005；Aron，2005。

③ 集体激活发生在脑部奖励系统的几块区域，其中包括腹侧被盖区（VTA）和尾状核（Fisher等人，2003，2005；Aron等人，2005）。这些区域控制的是愉悦、亢奋、注意力集中以及追求和获取奖励的动机。在当中起到协调作用的主要是多巴胺系统的活性和脑岛（Schultz，2000；Delgado等人，2000；

络控制欲望、意图、渴望、精力、专注力和动机。

无怪乎恋人们可以整夜整夜地聊天和爱抚，也无怪乎他们会变得如此心不在焉、神魂颠倒、乐观、合群和充满生机，是大自然让他们“提速”了。

男人对这种情感的感受与女人一样强烈。滕诺夫谈及800多名受访者时曾表示，男女双方对这一强烈情感的感受“大致相同”。我和同事们如今证实了这点，我们针对幸福的年轻情侣的功能性磁共振成像研究表明，面对浪漫爱情，男女的VTA以及其他神经通路会表现同等水平的活跃度。

除此之外，我的同事还曾在中国重复这一脑部扫描实验。参与者的VTA等多巴胺通路里也发现了同样的情况——这些都是控制欲望的神经化学通路。① 在这点上，几乎全世界人都不例外。

爱的冲动……天然的瘾

实际上，由于VTA所在位置靠近反射口渴与饥饿的原始大脑区域，我逐渐意识到，浪漫爱情是一种人类基本冲动。② 我的脑部

Eiliot 等人，2003），后者是焦虑情绪的脑部反射区。除此之外，在对以上17名男女进行主成分分析之后，我们发现了伏隔核有活动的证据（未发表资料）。脑部奖励系统的这些区域与许多以毒品滥用为题的研究中出现的上瘾情况直接相关（Fisher，2014）。

① Xu 等人，2011。

② Fisher，1998。

扫描搭档露西·布朗补充了这一看法，她认为浪漫爱情是一种与对水的渴望一样重要的生存机制。

这股冲动、这一生存机制也是一种瘾。在对资料进行重新分析后，我们发现脑部伏隔核有活动迹象（未发表资料）。这一区域隶属于奖励系统，由多巴胺提供养料，且与所有的瘾都有关联——包括对海洛因、可卡因、尼古丁、酒精、安非他命、赌博、性和食物的渴望。

此外，我们也并非唯一遗传了爱情这一化学反应的物种。雌性橙腹田鼠开始向雄性表达心意后，其体内奖励系统内的多巴胺水平会激增50%；[①]母羊爱慕异性时，脑部多巴胺水平也会上升。[②]这样说来，这种异性相吸的神经反应原理势必也存在于许多鸟类和其他哺乳类动物身上——其作用是使个体偏爱并聚焦特定伴侣，从而省下宝贵的求偶时间和精力。[③]

然而，对于多数物种而言，这种异性相吸十分短暂，仅仅持续几分钟、几小时、几天或者几周。人类则不然，炙热的早期浪漫爱情可以维持很长一段时间。[④]

① Gingrich 等人，2000。

② Fabre-Nys，1998。

③ Fisher，1998，2004。

④ Acevedo 等人，2011。

爱之盲目

这种体验总是有变化的。多巴胺（以及去甲肾上腺素和5-羟色胺）的基线活动因人而异——这很有可能会左右某人坠入爱河和保持恋爱关系的倾向，但影响浪漫其实不止这一种大脑系统。

比如，某些自称从未感受过浪漫爱情的人是因为患有垂体机能减退症。这是一种罕见的疾病，病因是婴儿期时脑垂体出现功能障碍，扰乱了荷尔蒙分泌，从而造成"爱情盲目"。这些男女的生活很正常，一些人会与他人结为连理，但是爱的激情、爱的心痛对他们犹如天方夜谭。此外，精神分裂症、帕金森病等疾病也会改变多巴胺通路。事实上，我在本书最后一章"未来的性关系"里将会阐述自己的理论，为什么说若干提高5-羟色胺水平的抗抑郁药，譬如百忧解、左洛复和新型5-羟色胺增强剂，会抑制多巴胺通路，使感情麻木，并且存在磨灭浪漫爱情的可能。[①]

你的经历也会对浪漫程度施加影响。还是孩子时，你就开始喜欢或不喜欢周围环境里的气味；你学着对某种幽默做出反应；你逐渐适应了家里的宁静或狂躁，你开始凭借自身经验绘制一份爱情地图。到了青年时期，你参军，上大学，或者无所事事，诸如这些以及许多别的文化事件决定了你爱的对象、时间和地点。

---

① Fisher和Thomson，2007。

可是在你找到那个特别的他 / 她之后，是大脑中的多巴胺等天然神经化学物质控制了你对爱情的观感。和往常一样，文化和生物学总是相伴相随。

我们读的情诗、听的情歌、感受到的爱情魔力，我们听过的关于爱情的神话和传说，观看过的世上的伟大戏剧、话剧和芭蕾剧，还有我们读的小说、看的文章、发的博客、看的电视节目，以及关于爱情的励志类书籍，为纪念爱人而建的宫殿和庙宇，甚至是掩藏在互联网表情符号和表情包背后的甜蜜爱情信息：所有这些都在人类祖先逐渐进化出巨大的大脑皮层（也就是思考问题时用的脑外壳）上留下痕迹。

然而，控制浪漫爱情的基本脑部原理藏在意识深处，深藏在那部分反射欲望、企图和动机的原始大脑区域内。

可它能维持下去吗?

爱情的轨迹

“爱情追求时最炽热，友情拥有时最强烈。”爱默生相信，最初的狂喜和执着发展到一定阶段会开始衰退。对于青少年来讲，动情时间也许只有一周。由于远隔重洋，或者已同他人订有婚约，无法经常见面的恋人有时可以维持好几年的热恋期。

关于这份炽热情怀的一般长度，倒是可以找到一些资料。滕诺夫以被爱情击中那一刻到对恋人变得“不咸不淡”这段时间作为一个周期，测算了浪漫爱情的持久度。她的结论是："最普遍的间隔以及平均间隔在18个月到3年之内。"

但是数据各有差异。一项反映血液内5-羟色胺活动的研究显示，这种陶醉状态可持续12到18个月。① 而在2012年，我同Match.com合作的"单身美国人"研究显示，超过5000名不同年龄、背景和性观念的男女当中，有29%的人声称爱情维持了2至5年；8%的人经历了6到10年的热恋期；还有18%的人表示自己的热恋期长达10年以上。②

这种狂喜和执着是如何减退的，没人知道。我推测，要么是传导多巴胺和相关神经化学物质的神经通路对这些天然刺激物太习以为常了，要么就是它们的分泌和分配功能退化了。正如精神病专家迈克尔·列博维茨总结的那样："要是你希望你和长期伴侣依然对彼此充满热情，你必须朝这个方向努力，因为从某种程度上讲，这是在和生理反应掰手腕。"③

当然，并非人人皆是如此。我们都知道，有的夫妻在结婚数年后宣称他们依旧爱得如胶似漆。这点难以令人信服。于是，由心理学家比安卡·阿策维多牵头，我们共同实施的另一项脑部扫描实验将17位结婚多年的男女送进了功能性磁共振成像室，其中女性10人，男性7人。④ 他们的平均婚龄为21年，多数人都育有子女，且所有人均表示自己仍爱着另一半。

---

① Marazziti 等人，1999。

② SIA 2012（未发表资料）。

③ Liebowitz，1983，200页；Bowlby，1969。

④ Acevedo 等人，2011。

结果令人吃惊：不管是结婚多年的恋人，还是新近交往的男女朋友，他们在 VTA 等与早期热恋相关的基本大脑区域表现的活跃度完全相同。

只有一个例外：新近谈恋爱的受访者在出现焦虑时，大脑的对应分区显得比较活跃；与之相反，对于老夫老妻，他们的焦虑反射区并不活跃，倒是与冷静和克制痛苦相联系的这部分大脑区域存在活动迹象。阿策维多和同事们相信，老夫老妻能够持续感受强烈、专注和富于性冲动的浪漫爱情，不过执着而醉人的狂喜感会逐渐消退。[①]

“爱情就像发烧，来去不以人的意志为转移。”司汤达在谈及早期炽热的浪漫爱情时，曾留下这样的句子。浪漫爱情为何会起起落落？人类爱恋的脉动同我们不少求爱举动一样，兴许是大自然计划的一部分——在时间、进化和远古人类结合模式的作用下，被烙进了我们的头脑中。

① O’Leary 等人，2011。

第三章

一夫一妻制符合自然规律吗？

关于人之结合与背叛

人类由两部分构成；
一部分是天性，一部分是艺术。
——罗伯特·赫里克，《论人》

达尔文使用“适者生存”这个词的时候，并不是指你长得多好看，或者你银行卡里有多少钱，而是指你的子女数量。如果你的孩子生了孩子，你就是自然界的适者。因为你把基因传给了下一代，从生存的角度来讲，你胜利了。就这样，男女双方陷入一场求爱之舞，无法自拔，并不断调整各自的动作，以配合对方。只有步调一致，男女才有可能繁衍后代，令人类生命的律动生生不息。

这段求爱之舞——亦是人类最基本的繁衍策略——早在很久以前就已上演，那时我们的世界才刚刚诞生，我们的远古祖先进化为男人和女人。

性有何用？

不同物种自我复制的方式不尽相同。其中一些已做到无性繁殖，譬如一种鞭尾蜥蜴。这些小型爬行类动物栖息在美国西南部干旱的灌木丛地区。一到发情期，每只蜥蜴能产下 8 到 10 枚未受精卵。这些卵会自行孵化，破壳而出的幼蜥与母体长得一模一样。这种无性繁殖——亦称单性生殖、孤雌生殖，具有实际意义。尽管鞭尾蜥蜴之间也会摆出交配姿势，以刺激排卵，但它们不会耗费时间和精力求偶。它们不必像公麋鹿那样，拖着沉重的犄角，与其他求偶者打斗；也不会像雄孔雀那样“开屏”，以吸引雌性。不同于一些交配时易受攻击的生物，鞭尾蜥蜴从不引起掠食者的注意。最最重要的是，它们不会将自己的基因与其他可能携带劣质基因的同类混合，它们的后代百分之百继承了母体的DNA。

那么两性之间需要培养感情吗？对于沙漠草原上的鞭尾蜥蜴、某些蒲公英、黑莓、白杨或者雌雄共体的野草而言，的确是不需要。这些物种甚至连求偶的过程都省略了[①]。

可是，尽管无性繁殖在进化论上有着巨大的优势，但我们的祖先同许多其他生物一样，还是选择了走有性繁殖这条路。进行交配的个体赋予后代一项重要资产——多样化。一只牧羊犬和一只贵宾犬通过杂交而生的小狗可能既不像牧羊犬，也不像贵宾犬，这或许会造成不良后果，有时杂交的产物是四不像。然而，通过基因重组，可以创造出全新的基因“个性”。其中一些会死亡，但另一些会存活下来，并在大自然不断的优胜劣汰进程中胜出。

生物学家提出了一种更加精妙的意见，用以阐释我们的远古祖先为何会进化出有性繁殖能力：其目的是为了迷惑天敌[②]。这一见解俗称“红皇后假说”，其来源是刘易斯·卡罗尔的小说《爱丽丝梦游仙境》中的一个片段。

书中，红皇后抓着爱丽丝的手臂，两人就这样手牵手一阵疯跑，但跑着跑着又回到了原点。皇后向爱丽丝解释出现这种奇异现象的原因，她说：“喏，你瞧，只有拼了命地跑，才能使你保持在原地。”套用进化论的逻辑，这句话的意思就是，频繁变化的生物不易遭受微生物、病毒等可能致命的寄生虫的伤害。就这样，

---

① Daly，1978。

② Van Valen，1973。

抗衡有害细菌的有性繁殖应运而生[1]。

但为什么是两性呢？为什么是公与母？我们的远古祖先为何没有选择另一种繁衍策略，好让任何个体（无论同性或异性）之间都能交换基因？

微生物就是这样的。它们集结在一起，交换 DNA。A 同 B 结对，B 又同 C 配对，然后 C 又和 A 结合，所有菌之间都能结合，细菌可不分性别[2]。然而，不同于微生物，早期人类（及诸多其他物种）的祖先进化为两种迥异的类别：一种是能分泌储存 DNA 以及丰富营养物质的卵子的雌性，卵子较大，但活性不足；另一种则是能分泌精子的雄性，精子虽小，但活性强，且只携带遗传基因。

没有人知道，这两种独立的性别在远古时期是如何进化的。一种意见是，从外观来看，我们最初的有性别祖先有点像微生物，但比微生物要大，而且具有多细胞的生命形态，能产生蕴藏一半 DNA 的生殖细胞（也就是配子）。同细菌一样，每个个体产生的配子能与任何其他配子结合。不过，有些微生物散播的大型配子周围存有大量营养细胞质，有一些则会喷射出体积略小的生殖细胞，其外围的营养物质也较少。除此之外，还有一些微生物排出的配子十分细小，且几乎不含任何养分。

所有这些有性生物都会将生殖细胞排入洋流中。可是，待两个细小的配子结合后，它们会缺乏足够的维持生存的养分；而大

① Hamilton，1980；Hamilton 等人，1981。

② Dougherty，1955。

一点的生殖细胞结合后，一样也很别扭，难以存活。但是，当一枚轻盈、细小、无外部负担的配子（原始精子）与一枚较大、富含营养液的配子（也就是原始卵子）成功配对之后，新的微生物就能挺过最初的危险期。随着时间的推移，两个独立的性别就诞生了，一个分泌卵子，一个携带精子[①]。

这一理论以及其他假设是有问题的[②]。此外，令人遗憾的是，世上并不存在能够反映人类最早的有性祖先生命路径的活体微生物。但是，不管怎么说，十几亿年前，两个互补的个体就这样产生了，两性随之出现。它们不断变化的后代生生不息，代代繁衍，跨越了人类躁动而多变的历史长河。

我们祖先忽略的性别道路

我们粗鲁的祖先没有选择像草莓那样的无性生活，实在是令人百思不得其解。和小型鞭尾蜥蜴一样，草莓也是无性繁殖，可

---

① Parker 等人，1972。

② 两性的起源：关于两性是如何产生的有若干理论。某些原始蓝藻具有两种交配型，分别为“+”与“-”，这是因为无法分辨两个类型的性别。一种理论认为，这些藻类进化出两种交配型，是为了避免近亲交配（Daly 和 Wilson，1983）。“遗传修复”理论提出，性繁殖的结果是产生新的组合，这可能会修复 DNA 物质在先前因为细胞分裂时造成的变异性伤害（Michod，1989）。还有一种俗称“寄生假设”的理论认为，两性产生的过程与现代病毒寄生宿主细胞的过程无异：病毒将自身 DNA 注入宿主细胞之后，宿主细胞在自我复制的同时，也会复刻病毒 DNA。作为雄性祖先的细小配子就这样侵蚀了个头更大的雌性配子。参见 Daly 和 Wilson，1983；Gray 和 Garcia，2013。

它们也会有育种的过程。当草莓有安全感、土地未经开发、环境一成不变时，它们就会自我克隆。还要性做什么？只有在空间不足，迫使草莓把“家”搬到未知的土地里时，它们才会开花育种。结出第一批果实后，它们又开始自我克隆。

蚯蚓的性别也不同寻常，这些生物是雌雄共体，可以自我受孕。但是，大多数雌雄共体的植物和动物都会竭尽所能地避免自我受孕，这一过程隐含着有性和无性繁殖的双重劣势。

或许，用人类的标准来衡量，最稀奇的繁衍方式当属那些能够变换自身性别的物种。这其中就有澳大利亚大堡礁地区的鱼类——清洁工鱼。这种鱼的学名叫 *Labroides dimidiatus*，它们为珊瑚礁进行“养护”，群居，一般是一条雄鱼对五六条雌鱼。要是唯一的雄鱼死了或者不见了，那么雌鱼中的“老大”就会开始变性。用不了几天，“她”就会变成“他”。

要是男女能自我克隆，要是我们能雌雄同体，抑或要是我们能在几小时内来个大变身，彻底改换性别，我们恐怕是不会进化出“情爱的凝视”、“风骚的挑眉”、四大思考与行为方式，以及控制浪漫爱情的脑生理学了吧。但是人类祖先同绝大多数别的物种一样，并没有选择类似克隆草莓、雌雄同体的蚯蚓或者变性鱼那样的无性生活。相反，我们分化为男性和女性这一对派生物种。如若不融合基因，就只能归于沉寂。

◆◆◆◆◆

话虽如此，交合并不是你我确保基因遗传的唯一方式。有性别微生物传播DNA的第二种方式是所谓的亲缘选择[①]。这一理论源自自然界现实：每个个体都与血亲有着同样的基因组。孩子从母亲那里继承了一半的基因，又从父亲那里继承了另一半。如果一个孩子有亲兄弟或亲姐妹，那么他的基因有一半和他的亲兄弟或亲姐妹是一样的，并且他的基因中，有1/8同表兄弟的相同。依此类推，如果一个男人或女人毕生都在养育直系亲属的话，那么他或她实际上是在壮大自己的DNA。如果亲属活下来，你也会活下来——因而也就有了“内含适应性”的概念[②]。

难怪世界各地的人都会与直系亲属亲近。

◆◆◆◆◆

不过，要想子孙满堂，最保险的做法就是传宗接代。事实上，所有事关求爱与交配、结婚与离婚的人类仪式，都可以被视为一个个脚本。男男女女根据这些脚本，互相诱惑，目的是自我复

---

① Hamilton，1964。

② “广义适合度”和利他主义：最早抛出“广义适合度”理论的人是达尔文。他于1859年指出，自然选择的作用范围可能是家庭，而不是个人。1930年代，英国遗传学家J.B.S.霍尔丹也曾提出过广义适合度的概念。不过，这一理论正式问世是在1964年，提出的是英国人口遗传学家威廉·D·汉密尔顿，目的是为了解释利他主义形成的原因。假如一位原始人为救溺水的兄弟而牺牲自己的话，他其实是在拯救属于自己的一半的DNA，于是也就救了他的部分利他天性。因此，衡量某人的适合度，要看其本人和存活下来的亲缘关系者的基因数量。有了汉密尔顿提出的“广义适合度”概念，许多别的社会行为就变得好理解了：动物会保卫共同的领地；动物懂得分享与合作；人们有民族主义思想，因为他们帮助亲缘关系者的话，会延续自己的DNA（Wilson，1975）。如今，“广义适合度”及亲缘选择的相关概念是我们解释某些动物行为规律时的常规手段。参见Barish，1977；Hamilton，1964；Gray和Garcia，2013。

制——生物学家管这叫繁衍策略。

那什么才算配对游戏呢？

男人有一些基本选择，女人也是；男女的选择都很简洁，很容易通过数人头加以区分。男人可以一次和一个老婆结为连理，是谓“一妻制”（monogyny）。这个词的词源是希腊语里的 mono（“一”的意思）和 gyny（女性）。他也可以同时坐拥好几个老婆，是谓“多妻制”（polygyny），poly 就是多的意思。摆在女人面前的选项也差不多：一夫制（monandry）或者多夫制（polyandry）。此外，一夫一妻制（monogamy）的意思是“只有一名配偶”，且不明确性别；而多偶制（polygamy）的意思是“有好几名配偶”，同样也不明确性别[①]。最后一个选项是集体婚姻，又名多夫多妻制（polygynandry）。出现这种繁衍策略的条件是两名及两名以上的男性与两名及两名以上的女性结为夫妻，并受到社会认可。

正如您将在本书中看到的那样，我们大体上是一个崇尚“一夫一妻制”的物种——我们结对抚养幼儿。但是，学界认为“一夫一妻制”并不必然等同于忠贞不贰。不仅如此，偷情行为常与一夫一妻制等繁衍策略并存[②]。

---

① 繁衍策略：这一专有词汇的内涵尚未定型；一夫一妻制的两种变体——一妻制和一夫制——不是用来描述人类婚姻制度的。结果，男女各自的繁衍策略大体上被忽略了。举例而言，我们常说，尼日利亚东部的阿菲波族奉行一夫多妻制。也就是说，个别阿菲波族男子有好几个老婆。但是，阿菲波族女性一次只嫁给一名男性，也就是一夫制。因此，存在两种婚姻模式，多妻制和一夫制，这要看你是在说男性还是在说女性。社会学家描述一个社会是多妻制社会的时候，他们其实忽略了女性的繁衍策略。

② Trivers，1985；Mock 和 Fujioka，1990；Westneat 等人，1990；Hiatt，1989。

自然界里的偷情者

举例而言，雄性红翅黑鹂在发情期间会将大片沼泽地据为己有，几只雌鸟来到一只雄鸟的领地上，只会与“男主人”交配，起码说是这么说的。然而，科学家在鸟类发情期到来之前切除了一些雄鸟的输精管①。雌鸟照样和这些被阉割的雄鸟待在一起，并在其活动范围内筑巢——没什么不寻常的地方。

可是，许多雌鸟下的蛋都是受精蛋。很明显，这些雌鸟并未对伴侣忠诚。为了确认这一点，科学家从另一组 31 只雌性红翅黑鹂所生的雏鸟身上抽取了血样。几乎一半的鸟巢里都有一只甚至多只雏鸟并非“男主人”的血脉。多数雌鸟都和“游民”或“隔壁邻居”发生过关系②。

偷情在其他物种身上也很常见。全球共有 8000 余种鸟类，其中约有九成会结成伴侣，共同养育后代——也就是奉行“一夫一妻制”③。它们必须这么做，一只鸟需要长时间孵蛋，并且要依靠伴侣带食物回来，否则它就会饿死。不过，鸟类学家发现，在上百种奉行“一夫一妻制”的鸟类中，依然存在配偶外交配的行为，俗称“偷腥”。

---

① Bray 等人，1975。

② Gibbs 等人，1990。

③ Mock 和 Fujioka，1990；Wittenberger 和 Tilson，1980。

只有 3% 的哺乳动物会结对养育后代[①]，可这些动物也会拈花惹草。比如长臂猿，这是一种成双成对的小猿，栖息地位于中国、印度、印度尼西亚和其他东南亚国家的雨林中，比如苏门答腊岛、婆罗洲和爪哇岛。长期以来，长臂猿一直被视为“道德楷模”，但这一头衔其实名不副实。一些雌性长臂猿养育的后代和她们现任“配偶”之间并无血缘关系[②]。

确实，地球上的沼泽地、草场和森林遍布着偷情者。假使你从未见识过红翅黑鹂或长臂猿群体里既有“一夫一妻”又有“红杏出墙”的矛盾情况，想必你肯定留意过人类偷情的情况。

从本质上讲，美国的所有已婚男女遵循的都是一夫一妻制，同时拥有几名配偶是违法的。可是，据近期一些推测来看，有 20% 至 40% 的已婚男性和 20% 至 25% 的已婚女性曾有过婚内“出轨”历史[③]。而那些正处在热恋阶段的情侣中，约 70% 的人承认自己曾有过不忠行为[④]。此外，近期一项针对单身美国人的调查显示，60% 的男性与 54% 的女性承认自己做过“第三者”，也就是插足他人感情，再和出轨对象在一起[⑤]。“第三者”现象在其余 30 个国家也很普遍。[⑥]

上述数据准确与否几乎无从知晓，但没人会否认偷情行为在各国均有发生。

① Mock 和 Fujioka，1990；Wittenberger 和 Tilson，1980。

② Birkhead 和 Moller，1998。

③ Laumann 等人，1994；Tafoya 和 Spitzberg，2007。

④ Allen 和 Baucom，2006。

⑤ Buss，2000。

⑥ Schmitt 和 Buss，2001。

所以我的观点如下：对偶匹配只是人类最基本的繁衍策略中的一部分，婚外情与性往往在我们的混合或双重求爱技巧中扮演一个次要和补充性的角色。实际上，不忠行为在讲究一夫一妻的鸟类和哺乳类物种——包括人类——中十分广泛，历史悠久，以至于科学家如今形容一夫一妻的物种仅仅是在履行社会意义上的一夫一妻制。也就是说，伴侣双方展现一系列与对偶匹配相关的社交和繁衍行为，但与此同时却不一定做到忠贞不贰。

话虽如此，在我对人类偷情行为的无形纠葛展开探索之前，我想先分析一下比较明显的人类配对形式——婚姻制度。[①]

◆◆◆◆◆

或许，两性之间最有意思的共同之处是双方压根都不想结婚。

然而，婚姻几乎是一种普遍的文化现象，其地位在几乎所有社会里都难以撼动。2009年，83%的美国男性和88.5%的美国女性在49岁之前都已成婚[②]；而到了今天，有85%至90%的美国人预计会步入婚姻殿堂[③]。自1940年起，联合国统计局便从97个工业和农业社会的教堂登记簿、法庭记录、名录和婚姻档案中

---

① 婚姻的定义：许多人类学家都给婚姻下过定义。苏珊娜·弗雷瑟的解释较为合适："婚姻是一种关系，处在其中的团体会对性交和生育子女表示社会性的认可或支持。"（Frayser，1985，248页）人类学家沃尔德·古迪纳夫认为，婚姻的3大基本要素分别为法理/法律层面、性接触的优先性以及生殖资格（Goodenough，1970，12页）。

② 联合国统计局，2012。

③ Cherlin，2009。

调取有关婚姻的数据。2000 年至 2011 年，全世界范围内，平均 90.2% 的女性和 88.9% 的男性选择在 49 岁前登记结婚。[1]

在尚未有记录的地方，婚姻也是常态。在巴西的卡什纳华印第安人中间，婚姻是一件很草率的事。一位年轻姑娘要是急着嫁人，并且征得了父亲许可的话，她就可以邀请未来的丈夫在全家人熟睡时来到她的吊床上，一同入寝。破晓时男方必须离开。逐渐地，他将自己的财物搬到女方家里。不过，只有在女孩怀孕后，或者双方相处了起码一年后，婚姻才会被当成一件大事。与之相对的是印度人。在印度，家长有时会向女儿推荐未来夫君的人选，一旦后者同意，他们就开始操办繁复的婚事。婚礼仪式分好几步，在儿女完婚很久之后，新郎和新娘的家里人则会按照事先商量好的，继续交换彩礼。

嫁娶风俗因地而异。但无论是亚洲的大草原，还是西太平洋的珊瑚岛，大多数男女都只有一名配偶。事实上，在所有传统社会里，婚姻标志着进入成年的关键一步：老处女和单身汉都是稀罕物。

那么男女双方都有哪些婚姻策略呢？尽管我坚持认为一夫一妻制，或者说对偶匹配，是人类这种动物的一大标志，但不容置疑的是，某些男女参演的性与繁衍剧本另有出处。男人在两性关系中更加多变，所以我们先来谈谈男人。

① 联合国统计局，2012。

妻妾成群

一首歌谣唱道："男人结婚，女人也结婚，但男人是一夫多妻的。"事实情况是，记录在案的 853 种文化体当中，只有 16% 的文化体对一妻制有要求[①]，其中就包括工业社会，可是，我们只是少数派。多达 84% 的传统人类社会准许男人讨不止一个老婆，也就是实行多妻制。

人类学家花了大量笔墨阐述这种纳妾行为之所以被广泛许可的文化成因，但其实一条简单的自然规律就能给出答案：多妻制能给男人带来传宗接代上的巨大好处[②]。

有数据统计的最成功的纳妾者是摩洛哥皇帝，人称"嗜血暴君"的穆莱·伊斯梅尔。据《吉尼斯世界纪录大全》透露，伊斯梅尔和他的众多老婆共生养了 888 个孩子。但即便伊斯梅尔，也可能要屈居人后，一些"勤勉"的中国帝王御女上千，佳丽们在最易怀孕的时候被"翻牌"，送上皇帝的龙榻。话说回来，并非只有这些尊贵的一国之君才有资格供养三妻四妾。多妻制过去在不少西非社会也很普遍，大约 25% 的上了年纪的男人都同时拥有两三个老婆。

按照西方标准，关于妻妾成群，最别开生面的例子当属提威

① Murdock，1967；van den Berghe，1979；Betzig，1986。

② Betzig，1982，1986。

人（Tiwi）。他们的居住地位于距离澳大利亚北海岸约25英里的梅尔维尔岛上。

在这个老人统治的族群内，传统风俗规定所有女人必须结婚——即便是那些还没出生的，也算在内。于是，一个青春期的女孩在月经初潮后，就会告别在灌木丛中短暂封闭的状态，面见她的父亲和她未来的女婿。见过他们后，她立刻躺在草地上，假装睡着。这时，她的父亲会把一根木质长矛放在她的两腿之间，然后把这根礼仪武器递给同伴。后者又是抚摸，又是拥抱，还管长矛叫老婆。这一简单的仪式过后，女孩父亲的朋友——一个30来岁的汉子——就算是提前迎娶了这个女孩未来所生的所有女儿。

由于男人定的这门娃娃亲的对象尚未出世，因此男人直到中年才能与他们尚处青春期的妻子圆房。年轻人当然可以有性生活，情人们无时无刻不在钻灌木丛。但是，年轻人渴望婚姻带来的声望和权力，因此他们学着投机钻营，用承诺、食物和劳力来置换财富和未来的老婆。而随着老婆越讨越多，子女越生越多，男人对他们女儿的女儿也有了控制权，未出世的女孩将来会被嫁给男人的朋友，以换取更多的老婆[①]。到了70岁的时候，一位富有而聪明的提威族绅士或许已拥有了多达十房太太。当然，多数人要比这少得多。

这种传统的提威族婚姻制度一直到欧洲人到来后才寿终正寝。由于配偶之间年龄差距悬殊，男男女女都要再婚好几次。女人上

---

① 提威族的婚姻和女性的角色：传统的提威族女性可不是男人婚姻战争中的小卒子。相反，女性在协商婚姻事宜上起到了关键的作用。每位准女婿要迎娶自己的新娘，就必须满足丈母娘的要求。要是新郎给的礼物，或者他的工作微不足道的话，丈母娘也会撕毁婚约。因此，提威族女性是婚姻体系中强有力的节点，而且在社会的其他层面也扮演举足轻重的作用。参见Goodale，1971；Berndt，1981。

了年纪后，倾向于改嫁给年轻的丈夫。男人和老女人都对在操纵婚姻谈判当中挥洒才智和讨价还价的过程乐此不疲。提威人尝言，大家都很享受多样化的性生活。

◆◆◆◆◆

多数社会中的女性都试图阻拦丈夫讨小老婆，不过如果小妾是自己妹妹的话，抵触感则没有那么强烈。除了长期互相妒忌和争宠之外，嫁给同一个男人的女人们还会为了丈夫提供的食物等资源而明争暗斗。

不过，女人到了一定时候也会甘愿做妾——这破釜沉舟的时刻俗称多妻制门槛。①

这种情况出现在19世纪末北美北方平原的印第安乌足族人身上。那时战火连绵，死伤者甚众，因此适龄乌足族男丁十分稀缺。女人需要嫁人，与此同时，男人也需要多找几个老婆。过去猎杀水牛只能依靠双脚和弓箭，得益于从欧洲人那里买来的马匹和枪支，他们可以打到比过去更多的水牛。优秀的猎手需要更多人手来鞣制皮革——做买卖时就靠兽皮这一资本。这样一来天平便发生了倾斜，未出嫁的姑娘宁愿给有钱人做小老婆，也不愿嫁给穷人或是一辈子单身。②

---

① Verner 和 Wilson，1966；Orians，1969；Borgerhoff Mulder，1990。

② 多妻制和女性：共侍一夫的女性的生育能力通常比一夫一妻制婚姻下的女性要差（Daly 和 Wilson，1978）。然而，在丈夫有几房太太的女性中间，大老婆往往比小老婆更能生孩子，这很可能是因为她的工作并不繁重，而且食物充足（Isaac 和 Feinberg，1982）。多妻制还是家庭内部虐待现象、疏于关心和凶杀的元凶；老婆之间的争斗在多妻制家庭内部十分泛滥（Henrich 等人，2012）。

多妻制在美国同样存在。尽管纳妾在这里是非法行为，但一些摩门教男信徒出于宗教原因，讨了不止一个老婆。耶稣基督末世圣徒会由约瑟夫·史密斯创立于1831年，其元老坚称，男人应娶不止一个老婆。尽管摩门教在1890年正式摈弃了多妻制，部分虔诚的摩门派宗教激进主义者依旧沿袭重婚的旧习。这些三妻四妾的摩门教男信徒都很有钱，这点不足为奇。[①]

倘若说纽约、芝加哥和洛杉矶都对多妻制开绿灯的话，那么想必一个有着5亿美金资产的圣公会教徒或天主教徒同样能吸引很多女人自愿和其他女人分享他的爱——以及他的钱。[②]

---

① Bohannan，1985；Mealey，1985。

② 多妻制形式：动物群体中雄性“纳妾”的做法至少分4种，每一种都与人类有相似之处（Flinn和Low，1986）。多妻制常见于食物充足的巢穴、产卵地和繁殖地成群结片的物种中间。雌性普遍会集聚在这些地方，进食或繁殖，而要是一只雄性能成功霸占其中一片富饶之地，他只要赶走别的雄性，静候雌性到来，就能坐拥“三妻四妾”。这种策略名叫“资源防御多妻制”（Emlen和Oring，1977）。在肯尼亚的基泊西吉斯人中间，女性传统上会选择嫁给拥有大片田产和娶了好几个老婆的男人（Borgerhoff和Mulder，1990）。

一些物种的雄性会将一群雌性围起来，强行阻拦其他雄性的求爱，这就是俗称的“雌性防御多妻制”。要是澳大利亚的一位提威族丈夫怀疑自己的年轻老婆“偷腥”，他有时会打她，或者向其娘家人诉苦。要是一个小伙子和结了婚的青春女孩私奔，并且拒绝悔改的话，怒火中烧的丈夫或许还会起杀心（Goodale，1971）。这种保护行为令我们想起其他物种身上的雌性防御多妻制现象（Flinn和Low，1986）。

另一种策略是“雄性主导多妻制”。雄性艾草松鸡为了争夺“求偶场”上的“交配站”而争来斗去（参见第一章）。站在“求偶场”上，他们很容易被路过的雌性看到。雌性之后走到雄性身旁，蹲在“交配站”里，等着交配。年纪大、精力足的雄性会试着吸引多数路过的雌性（De Vos，1983）。在南部非洲卡拉哈里沙漠的昆族人中间，有些男性很有魅力，体格强壮，身体健康，他们偶尔会娶两个老婆，靠的不是资源，而是个性（Shostak，1981）。

红毛猩猩、麋鹿和黄蜂会坚持不懈地找出性成熟的雌性，与之交配，然后继续这一戏码；这一策略被称为“搜寻式多妻制”。这种纳妾形式的变体在卡车司机、四处游走的推销员、国际生意人以及“每个港口都有老婆”的海员身上体现得很鲜明。参见Flinn和Low，1986；Dickemann，1979。

所以说，男人倾向多妻制，这样好散播他们的基因，而女人愿意做妾的目的是获取资源，确保自己的孩子能活下来。但这些都不是有意识的动机。如果你问一个男的，他为什么还想再讨一个老婆，他或许会说，她聪明，有经济头脑，精力充沛，还长着一对美腿，这些无不令他魂牵梦萦。而如果你问女性，她为何愿意“分享”男人，估计她会回答，她喜欢他的长相，喜欢他笑起来的样子，喜欢被他带去各种高档度假胜地。

但是无论人们给出何种理由，多妻制让男人有了更多子嗣，符合条件的话，一些女性（特别是原配夫人）还能获得繁衍后代的好处。因此，很久以前，我们寻求多妻制的男性祖先和默许丈夫纳妾的女性祖先大批存活下来，这一无意识动机也随之加强，无怪乎三妻四妾的现象会泛滥成灾。

人类：奉行一夫一妻制的灵长类动物

由于多妻制带给男人的遗传优势，且太多社会都对多妻制开绿灯，许多人类学家因此认为，妻妾成群就是人类这种动物的一大标志。

我不同意上述看法，多妻制固然是一种次要的机会主义式的繁衍策略，可是，在大部分允许多妻制的社会里，只有 5% 至 10% 的男性同时坐拥几个妻子[①]。关于多妻制的讨论有很多，但真这么做的男性很少。事实上，全世界几乎所有社会里，大部分男女都是成双成对，一夫一妻制可谓最普遍的配对形式。[②]

在考察了250种不同文化后，人类学家乔治·彼得·默多克概括数据后得出结论："即便绝大多数人倾向于多妻制，且发生频率还挺高，但一位运用数量优势标准进行研究的中立的观察者却不得不承认，几乎所有人类社会都是一夫一妻制。"[③]

如今，全世界大部分男人一次只能娶一个老婆。而鉴于人类多妻制常常与等级和财富相关，那么一夫一妻制在我们漫长的狩猎－采集历史中应该是更加普遍的形态，因为那时断无财富积累的可能。[④]

◆◆◆◆◆

"男人结婚，女人也结婚，但女人是一夫一妻的。"不仅如此，女人还倾向于只找一个配偶——也就是一夫制。在所谓的一夫一妻制社会里，所有妇女一次都只能嫁一个丈夫，不可能同时有两个丈夫。而在所谓的多妻制社会，一名女性一次也只能嫁给一个男人，尽管她可能不是唯一的妻子。因为在全世界99.5%的文化体中，女性一次只能嫁一个丈夫，所以可以说，一夫制对于人类

① Frayser，1985；van den Berghe，1979；Murdock 和 White，1969。
② Marlowe，2000；Sefcek 等人，2006。
③ Murdock，1949，27～28 页。
④ Daly 和 Wilson，1983。

女性而言是占有绝对主导地位的婚配形式。

这并不是说，不存在女性同时有几个丈夫的情况。多夫制十分罕见，只有 0.5% 的社会允许一名女性同时嫁给几个男人。[1]但这种情况是有特定前提的——比方说女人特别有钱。

在欧洲人踏足阿拉斯加南部之前，当地的特林基特印第安人过着富足的生活。他们过去乃至今天都沿着全世界最富饶的渔场——阿拉斯加群岛——的海岸线而居。夏季，特林基特人捕捞三文鱼，在沿海森林里设陷阱捕捉大量猎物。女人和她们的丈夫一起打鱼狩猎，采集浆果和野生植物，并把抓到的猎物处理成鱼干、浓油、熏肉、毛皮，以及可用来交换、价值不菲的木头或贝壳类制品。入秋后，男男女女就沿着海岸线长途跋涉地贩售物品。

然而，特林基特人的商业行为与欧洲人有本质上的不同，因为负责做买卖的是女人，定价的是女人，讨价还价的是女人，敲定交易的是女人，最后赚了钱也归女人所有。女人往往处于等级制的顶端。[2]因此，一位富有的女性同时有两个丈夫的情况并不少见。

历史上，多夫制还出现在喜马拉雅山区，这在生态学上有成因。生活在尼泊尔里米（Limi）高原的富庶藏族家庭决心要守住家产，如果把田产分给后代，珍贵的土地就不值钱了。另外，夫妻需要生养好几个儿子，才能有人耕地、放牧（牛、牦牛和山羊），为领主干活。因此，如果一对夫妻养了好几个儿子，他们就会怂恿儿子们同娶一个妻子。从女性的角度来看，这就是多夫制。

---

① Murdock，1967；van den Berghe，1979。

② Klein，1980。

这些丈夫之间会产生矛盾，不足为奇。兄弟们往往年龄不一，要是妻子 22 岁的话，也许会觉得自己那只有 15 岁的丈夫少不更事，而他那 27 岁的哥哥更有性魅力。年纪较轻的男子如果想要继续留在家里，过着有珠宝戴、有地毯坐、有马骑的生活，也就是荣华富贵的生活，他就必须忍受这种性偏袒。

◆◆◆◆◆

多夫制在人类乃至其他生物中间之所以少见，有着充分的生物学原因[①]。雌性哺乳动物一生中只能产下数量有限的后代，怀孕是需要时间的。幼崽在断奶前往往需要额外的照料，而雌性再度怀孕又要过上好久。举例而言，女性一辈子一般最多能生 25 个孩子。这点上，纪录保持者是一位俄罗斯妈妈，她前后共怀孕 27 次，总计生下 69 个孩子，多数是多胞胎，但这种现象少之又少。大部分生活在狩猎 – 采集文化中的女性一生不会生育超过 5 个孩子[②]。多夫制或许会有助于提高胎儿的存活率，却并不能提高女性的生育率。

对于男人而言，多夫制可能意味着遗传意义上的“自杀”。雄性哺乳动物不会怀孕，也不会分泌乳汁。因此，所有男性都如同中国古代的帝王一样，存在子孙万千的可能性——前提是他们能找到一大堆俯首帖耳的性伴侣，同时还不至于亏损精元。由此可

① Alexander，1974；Finn 和 Low，1986；Goldizen，1987；Jenni，1974。
② Lancaster 和 Lancaster，1983。

见，如果一个男人成了某个女人的男宠之一，那么他便浪费了他的大部分精子。

群　居

比多夫制更少见的是“集体婚姻”，也叫群婚制，这个词的词源是希腊语，意思是“许多雌性和雄性”。这一性策略值得引起注意的原因不在于其罕见，而在于其揭示了人类配对的最重要特点。

仅用一只手就能算出有多少种族是行使群婚制的，其中包括印度北部传统的帕哈里部落。在当地，娶妻代价高昂，兄弟俩有时只能把各自的钱凑一凑，向一位姑娘的父亲支付“讨老婆的钱”，女孩被同时嫁给了哥哥和弟弟。这之后，要是兄弟俩有钱了的话，他们还会再买一个老婆。很明显，两个太太会和两个丈夫发生性关系。①

---

① 那亚尔族的婚俗：那亚尔人生活在印度马拉巴海岸喀拉拉邦，他们的婚姻形式难以归类。那亚尔人的家里只有兄弟姐妹和母亲。但一家之主是男的。女性的头婚是一场简短的仪式；仪式过后，她不必社交，也不必与丈夫同房。要是妻子想找别的情人，她完全有资格这么做。丈夫和情人只在夜里来拜访她；他们因此得名“访客丈夫”。女性可能同时拥有 3 到 12 个不等的情人。每年过节时，丈夫不再给妻子送礼了，也就标志婚姻走到了尽头。“妻子”怀孕时，有着体面社会地位的一个或者多个男人会急着表明自己是孩子的父亲，这可是头等大事。反观生父，他除了恪守日后不得乱伦的规矩之外，几乎啥也不干——前提是他知道孩子是自己的。对于那亚尔人而言，婚姻只会给孩子带来合法身份。参见 Gough，1968；Fuller，1976。

美国也有群婚，几十年来，大批“自由爱情”公社不断涌现。[①] 最经典的例子当属奥奈达（Oneida）社区。这片聚居地里发生的事诠释了人类求爱游戏最重要的本质。

这一前卫的聚居地诞生于1830年代，发起者是宗教狂热分子约翰·汉弗莱·诺伊斯。这个大胆而性欲旺盛的人渴望建立一个基督教乌托邦[②]。1847年，他的社区落户纽约州的奥奈达，并一直延续至1881年。在鼎盛时期，有超过500名男人女人和儿童生活在其中，耕种集体土地，生产卖给外部世界的钢质捕兽夹。所有人都住在一栋名叫“府邸”的楼里，其保存至今。每个成人都有自己的房间，但其他一切均需要共享，甚至是带进“公社”的孩子，所穿的衣服，乃至性伴侣，概莫能外。

诺伊斯是社区的统治者。在这里只对一个人产生浪漫情愫被认为是自私且可耻的，除非伴侣已经绝经，否则男人在交媾时被禁止射精。孩子绝不能被生下来。人人都有义务与其他人性交。

1868年，诺伊斯取消了生育禁令，而个别女性在征得特殊许可后，有了身孕。之后的几年里，该社区共迎来62个小生命，其中12个就是诺伊斯父子二人所生。但是，社区成员之间矛盾日深。年轻男子被要求与年长妇女做爱，而诺伊斯自己却能行使“初夜权”。1879年，人们揭竿而起，指控诺伊斯强奸数名年轻女子，他流亡天涯。几个月后，社区分崩离析。

---

① 关于“自由爱情”公社：对美国国内6个此类公社的研究表明，其成员其实并不享有“自由爱情”；相反，涉及交媾的规矩十分严格，性问题和社会角色等级森严，十分严密。参见Wagner，1982；Stoehr，1979；Constantine和Constantine，1973。

② 参见van den Berghe，1979。

奥奈达性试验最有趣的地方在于：尽管诺伊斯专行独裁，却未能阻止男女之间萌生爱意，并在私下结为连理。人与人之间的情投意合不是他的命令能够阻断的。实际上，在西方，没有一种群婚制试验能维系几年以上。正如玛格丽特·米德所言："不管发明多少'公社'，家庭总还是会悄悄地回来。"①

人类这种动物似乎在心理上就笃信一夫一妻制。

那么一夫一妻制是否符合自然规律?

没错。

例外情况肯定还是有的。要是给男人机会的话，他们往往会选择多讨几个老婆，潜意识里就是为了延续自身血脉。多妻制同样也符合自然规律，但老婆之间会打架，女人在权衡过后，发现利大于弊，就会愿意委身为妾。同理，多夫制也是符合规律的，但几个丈夫之间也会斗嘴。简言之，男女双方只有在钱财的诱惑下，才肯与人分享配偶。大猩猩、马等动物总会出现一夫多妻的情况，反观人类，多妻制和多夫制似乎仅仅是一个选项，是机会主义式的例外。

一夫一妻制才是正统。②人类几乎从来不需要被劝服进行配

---

① Bohannan，1985。

② 多妻制和多夫制是次要的人类繁衍策略：由于多妻制为男性提供了遗传便利，多夫制为女性提供了额外的资源，一些人类学家便认为，这些繁衍策略是人类的基本繁衍策略，男女会经历一夫一妻制，仅仅是因为男人拿不出娶几房太太的资源；女人无法同时吸引好几个男人，为其提供资源。有权势的男人搞多妻制，他们身上的这些充足的例证为上述看法提供了支持（Betzig，1986）。可是，变了味儿的一夫一妻制繁衍策略在与偷情共同作用后，可以提供类似的生殖优势；雄性有机会令多名伴侣受精；雌性可获得额外的资源。除此之外，不少人的身上既能看到一夫一妻制，也能看到婚外情。因此我认为，智人的基本繁衍策略是连续一夫一妻制搭配地下情，与之相对，多妻制和多夫制都是机会主义式、次要的繁衍策略。

对，这么做是自然而然的。我们卖弄风情，谈情说爱，陷入情网，步入婚姻殿堂。我们中的绝大多数人一次只会与一人成婚，对偶匹配是人类这种动物的一大标志。

包办的爱情

这并不等于说，所有妻子和丈夫在结婚时都对另一半倾心不已。在许多传统社会，儿子或女儿的第一门亲事都是由父母包办的。[①] 在一些地方，姻亲是一个家族与他人结盟的手段，一对新人或许只有到洞房花烛夜当晚才头一回相见。举例而言，姻亲过去在欧洲和北非的一些传统社会中很普遍，此外在工业化之前的印度、中国和日本也比较常见。如今一些地方依然盛行包办婚姻，但是婚事操办之前，还是会先征求一下男女双方的意见。

当代埃及人是绝好的范例。有可能结为亲家的双方父母会给子女安排一次相亲，如果两人互相看得上眼，家长就会开始筹划婚事。

有趣的是，这些年轻人中有不少真的会坠入爱河，这在印度有大量实例为证。印度孩子从小被教育说，以结婚为目的的爱情是生命的精髓。因此，男男女女常满怀热情走进婚姻生活，期待爱情开花结果。他们往往也得偿所愿。正如印度人所言：“我们先

① Whyte，1978，74 页；Frayser，1985，269 页。

结婚，后恋爱。”[1]对此我毫不诧异。由于触发爱情的往往是某个瞬间的惊鸿一瞥，部分包办恋爱会迅速转化为浪漫情缘，也就不足为奇了。

◆◆◆◆◆

那么我们处在何种位置呢？一夫一妻制和单独配偶是人类最基本的繁衍策略。此外，哪怕是男女与几名配偶同居，一般来讲总还是有一名伴侣会得到偏爱。而在自由的“自由爱情”公社里，男女多半会成双成对。即使是那种强行包办的婚姻，爱情之花依旧绽放——对此，巴金的小说《家》给出了有力的论证。

巴金在这部作品中描绘了一个20世纪30年代传统中国家庭的生活。一家之主的老太爷为人独断专行，几个孙子在中国古代孝道和现代个人价值观之间踌躇不定，艰苦地寻求生命意义。大少爷虽然接受了自己的命运和家里安排的婚事，心里依旧挂念自己的心上人。最后，他的心上人因为无法与他结合，郁郁而终。暗恋三少爷的婢女投湖自尽，以她的出身，是没有资格嫁给少爷的。她也不愿听从老太爷的吩咐，委身于一个糟老头。三少爷借着月光，偷偷离开家里的高墙深院，到浸淫着欧风美雨的大城市奔赴前程。自始至终，陪老太爷吃饭的都是他的小妾，那个他宠爱多年的女人。[2]

---

① Mace 和 Mace，1959。

② 作者所述内容与巴金原著有明显出入。——译者注

几百年来，中国传统一直试图打压浪漫爱情。年轻人被灌输了服从命运和听从家长的观念。此外，世上最痛苦的“时尚”——维系千年的缠足——将年轻女子固定在织布机旁，杜绝了其从夫家出逃的可能。[①]现如今，中国人已经不再讲过去那套“父母之命，媒妁之言”。他们看浪漫的言情小说，听感性的歌曲，与喜欢的人约会，自行选择配偶，感情不和就诉诸离婚。对于这番新气象，他们称之为“自由恋爱”。

是人就有求爱、相恋和成婚的意愿。然而，不少人采取的似乎是一种双重繁衍策略：既坚持一夫一妻制，又同时偷情出轨。为何我们中的一些人会背弃自己的誓言呢？

① 关于中国女性缠足的原因，此为作者一家之言。——编者注

第四章

为何出轨？

花心的本质

我们可以把这些可爱的人儿据为己有，
却无法掌控她们的各种欲望。
我宁愿做一只癞蛤蟆，
吸地窖里的湿气，
也不愿占住了自己心爱之物的一角，
让别人把它享用。

——威廉·莎士比亚，《奥赛罗》

亚得里亚海岸南部，意大利平坦的沙滩上山峦交错，一座座崎岖的山丘依海而立。巨石后方藏着人迹罕至的岩洞、浅塘和暗沙。20世纪中叶，年轻的意大利男子曾把自己在度假酒店、海滩、酒吧和迪厅里勾搭上的外国姑娘带到这儿幽会。也正是在此处，少男们在十七八岁的光景便失去了处男身，磨炼性技巧，细数“战绩”。出色的床技和热情的性格为他们博得了“意大利情人”的美名，他们终其一生都在对这一形象“精雕细琢”。

由于当地的意大利女孩被管束得很紧，没法得手，外加村子里没人从事妓女这一行，因此男青年在结婚前只能依靠季节性到来的旅客获得性教育。人到中年后，这些男人进入了一张全新的性关系网。这是一个十分复杂、半制度化的婚外情体系，出轨对象是当地村姑。时间久了，每个出轨者都学得小心谨慎，循规蹈矩，人人对之心照不宣。

心理学家刘易斯·戴安娜表示，在亚得里亚海中南沿海地区的小镇里，偷情行为不是例外，而是规则。几乎每个男人都有一个在工作日定期见面的情人，一般不是临近中午，就是在傍晚时分。这个时间点上，情人的丈夫们还在葡萄园、渔船或者小店里干活，有时他们也在“偷腥”。

通常，中产阶级或上流社会的男人会和与他们有着相同或相似社会地位的已婚女人维持长期的婚外情。有时，年轻男仆会和地主的妻子搞在一起，而有头有脸的男人偶尔会和自家用人或厨娘幽会。不过，最持久的那类出轨行为发生在有妇之夫和有夫之妇之间；这类婚外情有不少可以维持几年，甚至延续终生。

这些关系中，唯一的“雷区”是大龄未婚女性与同样未婚的年轻小伙之间的风流韵事——主要是因为后者喜欢吹嘘，嚼舌头说闲话可是大忌。在这些村子里，家庭是社会生活的经纬，闲言碎语可能会将婚外情网络公之于众，继而严重损害社区凝聚力，破坏家庭生活。因此，尽管成年人的不忠行为司空见惯——而且由于缺乏隐私，大多数人对此心知肚明——一种绝对沉默的规矩还是树立了起来，家庭稳定不容被破坏。

当一位自小生活在美国的退休意大利商人在一家男性俱乐部里宣称要把某个女人骗上床后，这种集体合谋就被打破了。所有听众当即陷入沉寂，接着一个一个起身离开。正如戴安娜所言："这个生意人犯了个大错，没有已婚男人会堂而皇之地谈论自己对其他女人的兴趣。这个雷池不可逾越。为了不让自己的风流债东窗事发，人们活得真是够累的。"[①]

◆◆◆◆◆

横跨大西洋，婚外情在亚马孙丛林一样很有市场，但这里的情形要复杂得多。传统部落库苦鲁族有160多人，他们居住在巴西丛林辛谷河流域的一个村庄里。库苦鲁族的男女往往进入青春期没多久就结婚了。不过有时新婚没几个月，小两口就开始各自找情人，土语里管"情人"叫Ajois。[②]

Ajois会让朋友代为安排幽会。之后，两个人瞅准时机，走出

① Diana，未标注出版日期。

② Carneiro，1958。

公共生活区，假装去打水、洗澡、捕鱼或打理花草。这对“野鸳鸯”碰头后，偷偷跑到丛林深处一块无人的地方，谈情说爱，交换小礼品，然后做爱。人类学家罗伯特·卡内罗透露，即使是村子里年纪最大的库苦鲁族男女，也会时不时在下午溜出去赴约。多数村民有 4 到 12 个不等的情人。

不同于意大利沿海地区的男人，库苦鲁族人很喜欢谈论风流韵事。就连小孩子都能像美国年轻人背诵 ABC 一样，脱口而出 Ajois 之间的关系。只有夫妻双方会对各自“摘野花”的经历守口如瓶，这主要是因为，一旦面对事实，一名配偶或许会感到有必要当众与“第三者”对质，没人想遇上这种麻烦和丢脸的事。要是一个女人到处炫耀她同情人的关系，或者老往村外跑，连家务活都给耽误了，做丈夫的有时的确会发火，然后就会爆发公开争吵。但是，库苦鲁人把性自由看得稀松平常，因为偷情而去报复的事实属罕见。

全世界男女婚外性行为之普遍，可以从诸多人种学研究中找到例证，遑论不计其数的正史和野史作品。① 尽管我们会调情、相

① 世界出轨模式：1940 年代期间，福特和比彻一项对于 139 个社会的调查显示，其中 39% 的社会允许男女在特定假日或者节庆期间与特定亲友发生婚外情，譬如和自己妻子的姐妹，或者丈夫的兄弟，又或者当时情况特殊。其余 85 个文化体当中，有 17 个对婚外情司空见惯，当事者基本不受惩处（Ford 和 Beach，1951）。1940 年代的另一项研究表明，人类学家乔治·默多克探访了 148 个社会，古今都有。他发现其中 120 个有关于通奸的禁忌，5 个对此毫不阻拦，19 个对于特定条件下的外遇持许可态度，另有 4 个虽然不赞成偷情，但并没有严格禁止婚外情（Murdock，1949）。然而，不管是上述哪种情况，默多克对通奸的界定均是和远亲或毫无干系的人发生性行为。这一区分很重要。他赞同福特和比彻的结论，认为绝大多数社会对于和存在一定亲缘关系的人发生婚外情是开绿灯的。日后，苏珊娜·弗雷瑟（1985）也证实了一点：在与不相干的人偷情这点上，世上存在普遍的禁忌。她表示，58 种文化体中的 74%

恋、结婚，但人类同时常常对伴侣不忠。因此，本章将要对我们双重繁衍策略的第二个层面进行剖析——“地下情”分为哪几类，以及人类偷情的癖好为什么会发生变化。

偷情的多重面目

过去，坦桑尼亚的图鲁族人在庆祝当地部落男孩进入青春期的仪式上会大行淫乐之事。节庆第一天，婚外情的当事双方在跳舞时模仿性交动作，放声歌唱，赞美阴茎、阴道和交媾。据图鲁族人称，要是这些舞不够色情，或者激情不足的话，庆典就算失败了。到了夜里，情人们便把暗示了一整天的事付诸实践。①

借妻，亦称“拿老婆做人情”。这是一些因纽特人的风俗，是一种源自亲缘观念的婚外情。如果做丈夫的迫切想巩固他与一位

禁止女性出轨或两性外遇。她指出，对于通奸者的惩罚因地而异。48 个社会中，有 83% 会对出轨的双方都实施处罚；40% 的社会里，男女所获惩罚力度相同；31% 的社会里，男性面临比女性更严酷的惩罚。没有社会在处罚男性的同时还会对女人的偷腥行为姑息；而且，对女性有禁忌的文化体要比对男性设限的文化体数量多得多。对于婚外情少有禁令、同时存在高频度婚外情行为的族群有以下这些：澳大利亚的迪埃人、亚洲东北部的吉利亚克人、北达科他的希多特萨印第安人、新爱尔兰的勒苏人、东非的马赛人、印度的托达人、巴西的凯恩冈部落，以及太平洋上的雅浦人（Ford 和 Beach，1951）。不过，斯蒂芬斯（1963）提出，即便是上述容忍出轨的文化体，男女还是会吃醋。不过，就 1970 年代一项覆盖 56 个社会的调查来看，其中 72% 的社会里，女性出轨的现象从轻微到泛滥，各不相同（van den Berghe，1979）。

① Schneider，1971。

狩猎搭档的关系，他可能会让自己的妻子提供性服务——当然必须征得她的同意。如果三方都表示接受，女方就会和丈夫的搭档维持几天甚至几周的性关系，不仅如此，她还会同访客和陌生人交欢。但是，在因纽特女子眼中，这些“红杏出墙”的行为其实是向永恒亲情的珍贵献祭，而非不检点的社交行为。[①]

最有意思的宣扬公开偷情的风俗或许源自西方传统。在若干欧洲社会，封建领主据说有权在臣民结婚当晚奸污他的妻子——这一风俗在拉丁文里叫 jus primae noctis，翻译过来就是“初夜权”的意思。这一仪式是否真的存在，是否泛滥，历史学家们莫衷一是。但似乎有证据显示，中世纪苏格兰贵族的确会睡自己臣民的老婆。[②]

这也就引出一个问题：到底什么才算偷情？

偷情的定义五花八门。在非洲的洛奇族看来，偷情不只包括性交。洛奇族的说法是，要是一个结了婚的女人走在路上，旁边有男的陪着，或者这个男的递给女人一罐啤酒或一把鼻烟，那么她就算出轨了，这听起来挺牵强的。但是美国人也不总是在偷情和性交之间画等号。要是一个美国生意人身在异乡，掏钱请一位颇具魅力的同事共进晚餐，并且与后者有了各种肌肤之亲，就差上床了的话，他或许会认为自己是在偷情——哪怕没性交也算。《人物》杂志做过一项民意调查，在 750 名受访者中，约有 74% 的人相信，性行为并非不忠的充分条件。[③]

---

① Gove，1989。

② Westermarck，1922。

③《人物》杂志，1986。

尼日利亚的科夫亚人对偷情的定义十分特别。一个女的要是对丈夫不满意，但又不想离婚，她有权再找一个情人，公开同居，而且还是在自己丈夫家里。科夫亚族的男人也享有这一特权，没人会将这种婚外情视作通奸。

《牛津英语词典》对通奸的定义如下：一位已婚人士与配偶之外的第三方进行性交。今天的美国心理学家拓展了这一概念的外延，使其不仅包含性背叛（不动真情的交欢），还包括感情上的背叛（互相搞暧昧，但没有发生关系），以及既有了鱼水之欢，又投入了真感情。[①]

偷情的双重标准

所有生活在前工业化农耕社会里的人肯定不会同意上述结论。在这些父系社会，通奸的罪名一般不会扣在男人头上，而被认为是女性专属。

在农耕文明的国家，与通奸的双重标准同时出现的还有男人要为家族“播种”的观念。生育后代、传承香火是他的责任。在亚洲许多地方，丈夫都被劝说纳妾。[②]在古代中国，男人依法只有一位正妻，但是小妾经常被带进家里的大院，分到私人房间，获

---

① Glass 和 Wright，1992。

② Bullough，1976。

赏奇珍异宝，并得到宠幸。此外，这些女人获得的尊重要比如今西方的“第三者”多得多——这主要是因为，小妾承担了一项重要职责：生儿子。而由于她们所生的子女身上流淌着父亲那一支的血，因此在过去，这类子女在中国都被认定具有合法身份。

在古代的中国或日本，男人只有在他和另一个男人的老婆睡过觉后，才会被认定是奸夫。这么做是很忌讳的，同已婚妇女发生性关系等于触怒了对方的丈夫及其先人。在中国，奸夫是要被烧死的。在印度，要是一个男人勾引他的师娘，等待他的惩罚可能是被强制坐在一块烧得滚烫的铁盘上，随后亲手剁掉自己的阴茎。而对于日本男人而言，唯一体面的下场就是自裁。在过去的亚洲农耕社会，也只有妓女、奴隶是可以肆意玩弄的玩物，与她们发生关系不会背负通奸的罪名。

在古代的印度、中国和日本，女性的性权利与男人有着天壤之别。衡量女人价值的方法有两种：一是看她是否具有旺夫运，是否能凭借出嫁时的嫁妆提升夫家的财富和声望；二是看她是否能怀上丈夫的孩子。由于女人一生的职责是为伴侣生养后代，她在结婚前就必须守身如玉，一辈子只服侍自己的丈夫。孩子必须是丈夫的孩子，这一点马虎不得，否则会玷污夫家的血脉。于是，一位出身良好的姑娘可能刚满 14 岁就被嫁作人妇，连接触隐秘追求者的机会都不会有。这之后，她就被关在丈夫家里，一辈子都活在婆家人的监视下。

在古代，女人的婚外性行为是严格禁止的，一位不贞的妻子不配活下去。印度男人有权杀死与人私通的老婆。在古代的中国和日本，女人犯了通奸罪，常常只能自杀。在这些传统父系社会，淫乱的妇人会对男人的土地、财富、名誉和地位造成威胁，他的祖先和后裔都会因此遭殃。

◆◆◆◆◆

最早记录这种通奸双重标准的，是西方文明的先行者们。公元前 1800 年至公元前 1100 年，古美索不达米亚城邑的民众将这些双重标准收录进了用闪米特语写成的法典，留存至今的部分涉及女性的法律地位、权利和义务。

正如其他农耕族群，这些生活在底格里斯－幼发拉底河谷的早期人类认为，女人必须“守妇道”。水性杨花的妻子可以被处死，或是被削掉鼻子。与此同时，只要他想，丈夫随时有资格与妓女私通，只有在他搞了别人的老婆或者破了同伴的女儿的身时，拈花惹草才构成一项罪名。只有犯了这些罪，他才会面临高额罚款、阉割或者死刑。

然而，正如今天的美国，世上的性规范可不止一套。一些古代的人在丰年祭期间会趁机滥交。对于他们，性爱笼罩着一层神圣的光环，性行为带来的不仅有丰饶，还有权力。总体而言，更严苛的性规范在西方文明的摇篮里占据了上风，可只有女人被要求对配偶忠贞不贰。在多数历史上隶属于农耕文化的亚洲民族当中，男性偷情本质上是对他人财产的侵占。另外，一如其他古代农耕社会，通奸并不被视为罪行，或是对上帝的冒犯。

这些终将发生改变。

“不可奸淫”

据史学家维恩·布洛称，西方历史中，最早将通奸与罪恶联系在一起的是古希伯来人。希伯来人流亡巴比伦之前，犹太教教义最初对性行为的规定十分简单，性行为很少与不道德画等号。但在流亡巴比伦后，也就是大约公元前516年至公元70年罗马人摧毁耶路撒冷的这段时间里，犹太人在性习俗上变得越来越敬神。根据摩西法典，女人在新婚夜之前必须守贞，从此在床上只侍候丈夫一人。但是，男人却被准许与妓女、小妾、寡妇和婢女厮混。唯一的禁忌是不能与已婚妇女有染。[①] 上帝有言：“不可奸淫。”

在《塔木德》颁布后的岁月里，也就是基督教兴起的最初几百年里，希伯来人在性问题上的立场越发鲜明。

据称，上帝有令，夫妻在安息日前夜要行房事。不同的社会阶层，具体要履行的基本性义务有哪些，当时是有目录可循的。有闲的士绅要在夜里同妻子交欢；工作并生活在同一座城里的劳动者应做到一周行房两次；而去异地行商的人应坚持一周行房一次；赶骆驼的车夫要做到一个月过一次性生活。而做学问的应在周五晚上履行婚姻的责任。[②] 婚内性行为是受到祝福、讴歌和礼

---

① Lampe，1987；Bullough，1976。

② Bullough，1976。

赞的。

“北风啊，兴起！南风啊，吹来！吹在我的园内，使其中的香气发出来。愿我的良人进入自己园里，吃佳美的果子。”这段话摘自《所罗门之歌》。作者以饱满的感情和愉悦的心情，赞美了夫妻之间的欢爱。公元100年前后，犹太人将《所罗门之歌》收录进希伯来《圣经》。妻子的头发、牙齿、嘴唇、双颊、脖颈、乳房在耶和华眼里都是赞美的对象。[①]犹太人把夫妻之间的欢爱比作以色列人和耶和华之间的情谊。但是，同性恋、人兽交、异装癖、手淫、与已婚妇女通奸（无论涉事者是男是女），都会遭到上帝的谴责。

希伯来人对通奸的看法，连同古希腊人的一些奇风异俗，都对后世的西方习俗产生了重大影响。

古希腊人常被称作史上第一个纵情淫乐的民族，在情色游戏中流连忘返。希腊的神沉湎于性事，凡人也一样。到了公元前5世纪，性嬉戏已经成为人们最喜闻乐见的消遣之一——当然仅仅对于男人而已。希腊男人自认为比女性高贵。出身良好的姑娘常在豆蔻年华就被嫁为人妇，嫁给比她们大一轮的丈夫。这之后，她们扮演的角色更像是被监护人，而非妻子：终日被禁足在家，不为别的，就为生儿子。丈夫在性事上唯一天理难容的过错就是与别人的妻子上床，为此他可能被处死。

然而，这些危及生命的私通行为似乎发生率极低。在古代雅典和斯巴达，大多数结了婚的士绅找乐子的方式都是追求合法的

---

①《所罗门之歌》，3:16。

婚外情。小妾会照顾他们的日常需求。受过教育的高级妓女会在家庭之外为男人制造乐趣。而一些男人，特别是上流阶层人士，则沉迷于与变童云雨。

早期的基督教徒对这种嗜好强烈抵触，但对其他希腊思想还是很尊崇的。尽管希腊人一般把性看得很美好，但也有人对性抱十分负面的看法，认为其肮脏、污秽、不贞[1]，真正圣洁的做法是独自生活。早在公元前600年，就有信徒开始倡导禁欲主义和独身生活。遵循希伯来传统的一些边缘群体就秉持上述观念。这些观念后来代代相传，影响了早期基督教领袖，并最终渗透进了西方男女的行为习惯。[2]

在古罗马，禁欲主义和独身思想依然存在，但在日常生活中趋于边缘化。古罗马人因放荡不羁而闻名。[3]到了公元前100年，许多罗马人对通奸的看法已堪比部分美国人对偷税逃税的看法——这是正当合理的。

当然，罗马人还是有禁欲主义的一面。许多人喜欢重提罗马的光辉过去，他们坚持认为，黄金时期的古罗马就是一个小村落，里面的村民有着高尚的道德情操，人人都展现了 gravitas 的精神，即尊严和责任感。罗马人的性格中普遍存在一种讲道德、重禁欲、倡节制的倾向。[4]罗马鼎盛时期，撇开皇帝和普通民众——不论男

① Lawrence，1989；Foucault，1985。

② Bullough，1976。

③ 性词汇的起源：到公元4世纪的时候，罗马的偷情泛滥成灾，官方开始对犯事者课以罚款。这部分税收数额极其庞大，以至于国家用这笔费用建造了维纳斯神庙。诸如舔阴、口交、手淫和卖淫等都来自古罗马的白话（Bullough，1976）。

④ Bullough，1976；Lawrence，1989。

女——的荒淫无度，一些哲人和教师仍然在这几百年里不遗余力地倡导和传播自我禁绝肉欲这门鲜为人知的希腊哲学。

◆◆◆◆◆

希伯来人认为，包括通奸在内的一些特定性行为在上帝眼中是恶。这种观念在与希腊－罗马禁欲思想合流后，对早期的基督教领袖产生了吸引力。

对于耶稣就性行为的训诫，人们的理解不尽相同。或许耶稣很看重婚内性行为。但在《新约·马可福音》（10：11–12）中，耶稣对通奸的表述如下："凡休妻另娶的，就是犯奸淫，辜负他的妻子；妻子若离弃丈夫另嫁，也是犯奸淫了。"就连离婚和再婚也被视为淫乱行为。

耶稣诞生之后的几个世纪里，基督教一些有影响力的领袖对各种形式的性交越来越敌视。尽管有人表示，信徒保罗或许算得上是希伯来传统中存在性意识的犹太人，但他肯定也对独身生活心驰神往。正如保罗在《圣经·哥林多前书》（7：8–9）中所言："我对着没有嫁娶的和寡妇说，若他们常像我就好。倘若自己控制不住，就可以嫁娶。与其欲火攻心，倒不如嫁娶为妙。"[①]

所以性，请走开。11 世纪前，并非所有基督教教士都被强迫终身不娶。但是，历经基督教早期一代代人的发展，性节制越来越有敬神的意味，而通奸等同于犯罪——这点倒是不分男女。

① 参见 Bullough，1976；Lawrence，1989；Brown，1988；Pagels，1988。

生于公元354年，卒于430年的奥古斯丁后来将这些圣训传遍了基督教世界。年轻时的奥古斯丁急于皈依基督教，却无法克制自己对情妇的欲望，也无法抛下与情妇所生的爱子。他在《忏悔录》这本讲述自己入教过程的基督教神秘主义经典著作中写道：自己一直对主祷告，“请赐予我忠贞和自制，但暂时不要”。[①]

在听从了他刚愎自用的母亲莫妮卡的吩咐后，奥古斯丁最终抛弃小妾，打算迎娶社会地位良好的女子为妻。但这桩婚事落空了。在待婚的两年间，他又给自己找了个露水情人。而这成了他人生的一道分水岭。良心有愧的他放弃了结婚计划，皈依基督教，并终身禁欲。没过多久，奥古斯丁的看法就大变样了：交合是恶行，情欲乃耻辱，一切涉及性的行为都是非自然的。[②]他甚至表示终身未婚乃至善，夫妻之间的鱼水之欢只能服务于生育这一目的，而通奸不论性别，都是魔鬼的化身。

自此，通奸对于两性均是道德罪孽的看法左右了西方社会的习俗。

在“您不忠实”的美国

不过，这套道德规范并未遏止西方世界的饮食男女——或者是任何其他社会的人们——背叛自己的伴侣，美国人在这点上也

---

① Bullough，1976，192页。

② Lampe，1987，26页；Lawrence，1989，125页；Pagels，1988。

不例外。尽管我们表面上斥责拈花惹草是不道德的，与情人幽会时心怀愧疚，或者会思考通奸势必会对家庭、朋友和前途造成的风险，我们却依然频频出轨。乔治·伯恩斯曾总结道："幸福就是在另一座城市有充满关爱、紧密抱团的一大家子。"①

我们永远也不会知晓到底有多少美国人有出轨行为。早在1920年代，性研究领域的先行者、精神病学专家吉尔伯特·汉密尔顿就表示，他发现100位受访男性/女性中各有28人和24人出过轨。②20世纪40年代末至50年代初十分著名的《金赛性学报告》也透露，在抽样调查的6427名男性中，逾1/3的丈夫曾背叛妻子；而在6972名已婚、离异和寡居的美国女性当中，有26%的人在40岁以前有过婚外性行为。③

几十年过去了，上述数据并未出现重大变化，纵然六七十年代的美国人对性的态度来了个180度大转弯。那一时期堪称"性革命"的高潮。70年代，莫顿·亨特经调查发现，691位受访男性中25%的人有过外遇，740位已婚、中产阶级女性中41%的人曾有过出轨行为。④尽管如此，有两个新趋势还是格外显著：两性幽会的年龄都早于前辈，双重标准正在消解。在50年代，25岁以下的妻子当中，只有9%的人会找情人；到了70年代，年轻妻子找情人的比例上升至25%。

到了80年代，通奸低龄化的趋势依旧明显。一项覆盖12000

① Burns，1990。

② Lawrence，1989，169页。

③ Kinsey等人，1948；Kinsey等人，1953。

④ Hunt，1974，263页。

名已婚人士的民意调查显示，有1/4的25岁以下的男女曾背叛过配偶。[①]

如今，上述数据变化甚少。位于芝加哥的国家舆情调查中心公布，约25%的美国男性与14%的美国女性在婚姻存续期间有过“外遇”。[②]其他关于美国已婚夫妻的研究显示，已婚男性和女性一生中曾有过一次婚外情的比例分别为20%至40%和20%至25%。[③]另有研究发现，有30%至50%的美国已婚男女存在偷情行为。[④]近期的一系列研究表明，50%的受访美国人透露自己曾尝试“偷猎”已婚的对象；80%的人曾有婚内被人勾引的经历；另有25%的人曾遭遇他人横刀夺爱。[⑤]

◆◆◆◆◆

“谁躺在我床上哪？”这是一则美国民俗故事里熊爸爸的一句话。没人知道美国的婚外性行为究竟发展到了何种程度——不管是现在还是过去，都无从了解。毕竟，偷情者不是霍桑笔下的女主人公海丝特·白兰，不会在衣服上缝个字母A，把自己的迎风待月昭告天下。而出轨很少闹到法庭上，也不会为人口普查员所知。

① Blumstein和Schwartz，1983。

② Laumann等人，1994。

③ Greeley，1994；Laumann等人，1994；Tafoya和Spitzberg，2007。

④ Gangestad和Thornhill，1997。

⑤ Schmitt和Buss，2001。

有件事我还是有把握的：那就是，撇开关于不忠的文化禁忌，美国人风流成性。社会习俗、宗教训诫以及亲友均敦促我们将一腔性欲与浪漫激情统统宣泄在一个人身上——也就是丈夫或妻子。但现实中，还是有相当数量的男女把时间、精力和感情用在了别人身上。

我们和他人没什么不同。

我读过42部描写古今不同种族的民族志，每一部都谈到了通奸。公寓楼、平房或茅草屋是其中一些男女的住处。一些人以务农为生，另一些是商贾；一些人很富有，另一些很贫穷；一些人信仰基督教、伊斯兰教或佛教，另一些崇拜太阳神、风神、石神和树神。不论他们的婚配传统如何，不论他们有怎样的离婚风俗，也不论他们遵循何种性文化习俗，所有社会都存在通奸者，哪怕通奸以死论处。世上还没有哪种文化是不存在通奸的，亦没有哪种文化条文或规范会湮灭拈花惹草的行为。确实，一项涵盖35个社会（同美国的情况相似）的调查表明，几乎每个社会都存在“第三者”，也就是积极勾引已婚人士的人。[①]

莎翁尝言：“友谊在所有其他地方都是永恒的，除了在办公室里和爱情方面。”拈花惹草似乎是我们远古繁衍游戏的组成部分，这点同千篇一律的调情、微笑、浪漫爱情萌发时的脑部生理反应，以及我们渴望结合、养育后代的心愿没什么两样。

① Schmitt，2004。

男女为何要“劈腿”？

奥斯卡·王尔德说过：“婚姻的枷锁如此沉重，要两个人承担才行，有时得要三个人。”公开鞭打、用烙铁烫、拳脚相加、陶片放逐法、宫刑、劓鼻割耳、砍足、削平臀部和大腿、休妻、离弃、被石头砸死、被火烧死、被水淹死、被人掐死、被枪打死、被刀捅死，世上的人会因为出轨面临上述各种残酷刑罚。可即便酷刑如斯，令人惊愕的是，人们居然还敢搞婚外情。可我们就是会。

当被问及为何出轨，偷情者往往会说，“因为情欲”、“因为爱”，或者“我也不知道”。一些人是有目的的，希望被捉奸，好了结一段婚姻；有的人出轨，是想满足自己在家里无法获得的那部分需求，从而改善婚姻关系。有人将出轨作为甩掉配偶的借口；有人是求关注；有人是谋独立；有人希望自己与众不同，受人倾慕，变得更有男人味或女人味，更富魅力或更被人理解；有人希望有更多交流，玩更多暧昧，或者仅仅是为了过更频繁的性生活。有人想要借此解决性问题；有人渴望体验偷情的戏剧性、兴奋度或惊险感；有人是为了报复；有人把自己的妻子当成偶像，却又喜欢和远远不如妻子的女人上床；有人喜欢玩三角恋，喜欢同时被两个人争夺的那种感觉；有人因为偷情的隐秘性而心潮澎湃；有人劈腿是为了证明自己依然年轻，想抓住风流的尾巴；有人希望找寻完美爱情；有人身陷包办婚姻，无从选择；有人则是觊觎偷情可能带来的好处——浪漫的约会、慷慨的馈赠和出游的时光；还有人就是喜新厌旧。

通奸之剖析

心理学家也能不假思索地罗列一串会导致背叛的心理、社会和经济因素。[①]

首先就是某人对其婚姻的满意度。你要是觉得自己的需求未获满足，觉得你的伴侣不爱你，不支持你，并认为性生活不尽如人意，你的出轨概率就会比较高。百无聊赖的人，很容易堕入婚外情。与配偶缺乏沟通，即便有的话也是积极的少消极的多，就会引发背叛。[②]要是觉得自己不结婚活得更好的话，也会增加出轨概率。与之相反，出于对丧失大笔家财、朋友或人脉的担心，出轨概率相应会降低。

自我膨胀的欲望也是出轨的诱导因素。人们通常会被一个能拓展他们兴趣、目标和自我价值的人所吸引。[③]这种自我膨胀发生在恋人刚开始相处的时候，他们彼此倾诉秘密，透露希望和梦想，并把伴侣的资源、想法和身份拿来为己所用。然而，随着某人自我膨胀倾向的减退，他或她或许会因为渴望思想或身体上的新冒

① 参见 Tsapelas 等人，2010。

② E. S. Allen 等人，2008。

③ Aron 等人，2001。

险而变得躁动，继而出轨。

童年时和父母很亲近的男女长大了多半也会与配偶建立稳定的关系，出轨可能性较小。反之，孩提时代便与父母疏远的孩子长大后更易水性杨花。[①]

比较擅长接受新事物的人出轨概率较高，同样，做事马虎、与人难相处、较为神经质的人也是如此[②]。要是另一半不是很好相处，或者态度冷淡的话，那么出现婚外情的可能性也较大。[③]而要是双方都是开放、认真、好相处且不太神经质的人，出轨风险则会降低。[④]在北美、南美、西欧、东欧、南欧、中东、非洲、大洋洲、南亚和东亚的人身上，这种关联均有体现。[⑤]

社会权力不平等也是出轨的诱因。那些在夫妻吵架中经常占据上风的人劈腿倾向也更明显。认为自己比另一半更讨人喜欢的男女，在性问题上容易犯些小错，婚后不久就会偷吃。酗酒者和抑郁症患者的出轨比例也要高于常人。有些男女很自恋，他们需要多找几个情人来炫耀自己多么光鲜靓丽。

受教育程度比丈夫高的美国女性出轨概率也较高。收入较高的人也可能比别人更风流。相反，要是在经济上需要依赖伴侣，那就不太可能出去偷情。离家工作的人有机会邂逅更多艳遇。那些因为工作关系，需要与客户进行身体接触、与同事或客户探讨

① Fraley 和 Shaver，2000；Hazan 和 Diamond，2000。

② Schmitt，2004。

③ Shackelford 等人，2008。

④ Orzeck 和 Lung，2005。

⑤ Schmitt，2004。

个人问题，或单独与同事共事的人，偷情可能性也较大。

配偶长期患病，妻子态度冷若冰霜，或者伴侣频繁出差，都会影响一个人的出轨风险值。[①] 女人怀孕期间，以及孩子出生之后的几个月里是男人出轨的高发期。此外，也许你另有看法，但宗教信仰有时无法阻止一个人拈花惹草，而某人的宗教教派也不会影响其偷情频率。

金赛和同事发现，蓝领阶层男性年轻时沉迷于“偷吃”，但到了 40 岁性欲会减退。反之，读过大学的白领男性 20 岁时不太会去招蜂引蝶，到了 50 岁却几乎以高达一周一次的频率开展“猎艳”。再来看看女性，她们“红杏出墙”的行为在 35 至 40 岁出头时达到峰值。如今，在 40 至 45 岁的已婚女性和 55 至 65 岁的已婚男性中间，出轨现象尤其泛滥，其他年龄段的人则相对好些。

性别不同，结果也不同。女性一般对情人爱得更深，并且希望以自己的媚态换取更多的亲昵度和对方的爱。对于女人而言，婚外情的投入度和发生率往往还与她们对配偶的不满程度有关。而在男人身上，不忠与核心关系之间的正相关性较低。

有关滥交的数据浩如烟海，其中最能反映问题的或许是格拉斯和赖特在 1985 年发表的一篇报告：出轨的人当中，56% 的男人和 34% 为的女人评价自己的婚姻“很幸福”或“十分幸福”。

既然婚姻美满，那全世界的男女何苦还要出轨呢？要知道，

① Tsapelas 等人，2010。

他们这么做，甚至可能会落得一无所有——婚姻、子女、社会地位、财务自由和身体健康，统统可能失去。这究竟是为了什么？

出轨生物学

出轨之所以在世上频发且顽固，背后很可能有生物学原理支撑。遗传学和神经科学的数据就为我们了解这些原理提供了一些线索。

想一下橙腹田鼠。这些小动物性成熟后不久就会结成终身眷侣，生一窝小鼠。这种对偶匹配直接反映在小鼠脑部的神经化学活动中。橙腹田鼠首次交配时，雌鼠的后叶催产素感受体（位于伏隔核中）和雄鼠的后叶加压素感受体（位于腹侧苍白球中）会被激活。这进一步刺激了脑部多区域分泌多巴胺，继而产生渴望、追求、专注、活力、喜悦和动力等情绪。这些毛茸茸的小家伙受其影响，心系特定伴侣，进行对偶匹配，并持久展现依恋行为。①

不过，由于雄性橙腹田鼠体内后叶加压素感受体里的特定基因组成各有异同，造成的结果是，雄鼠对偶匹配的力度也不尽相同。② 其中一项指标就包括雄鼠对雌鼠的性忠诚度。③

① Lim 等人，2004；Lim 和 Young，2004；Carter，1992。

② Hammock 和 Young，2002。

③ Ophir 等人，2008。

橙腹田鼠体内还有与出轨有关的基因？这和人类又有何种关系？答案是关系很大。人类和鼠类在后叶加压素感受体的基因相似。另外，近期科学家开展了一项调查，试图了解其中一种基因是否会影响552名瑞典男性的结对行为。[①]所有对象要么已婚，要么就与伴侣至少同居了5年。

结论令人大开眼界。有这种基因的男人，在回答“伴侣配对指数”这份旨在测量对配偶依恋程度的问卷时得分很低。不仅如此，分数的高低取决于基因数量的多少。拥有两条这种基因的男人，在答卷时得分是最低的；拥有一条基因的人，更善于表达爱慕之情；此外，不具有这种基因的人，对伴侣的忠诚度最高。同时，具有后叶加压素基因的人，在过去的一年中婚姻出现危机的次数较多，有些一度闹到要离婚的地步。这里再重申一遍，结论取决于基因数量的多少。最后，调查发现，具有一到两条上述基因的男人的配偶，在被问及婚姻满意度时，得分也较他人低得多。这项研究并未直接针对出轨，但其指出了可能诱发出轨的某种生物系统。

话说回来，别的基因很可能也发挥了作用。最近，由生物学家贾斯汀·加西亚和同事共同发起的一项覆盖181名年轻男女的研究显示，多巴胺系统内的特定基因同高频率未婚性行为——以一夜情为主——以及高频率性出轨之间存在直接关联。[②]

① Walum 等人，2008。

② Garcia，J.R，J.Mackillop，E.L.Aller 等人，2010。

汗味 T 恤实验

另一种生物系统或许是引发花心的“元凶”。“汗味 T 恤实验”如今已具有经典意义，参加实验的女人挑几件匿名男士穿过的 T 恤闻一闻，然后选出她们心中最性感的男人穿过的 T 恤。有趣的是，被选中 T 恤的主人身上有部分基因——存在于免疫系统中的特定区域，即主要相容性复合物——有别于女人体内的基因。[①] 女人潜意识里会被基因相异的男士所吸引，或许是因为，若是他们各自的免疫系统相似度高，会导致生殖和怀孕方面的问题。[②]

后续另一项调查生动地揭示，那些嫁给免疫系统基因重合度高的男人的女人，更加风流成性。女人身上的这些基因和配偶的重合度越高，她就越可能外出找情人。[③]

◆◆◆◆◆

脑部结构也可能是不忠的诱因。

我坚信，人类进化出了三种引导求偶和繁衍的基本脑系统：一种控制性欲，一种反射浪漫爱情，另一种掌管深深依恋的情

---

① Wedekind 等人，1995。

② Garver-Apgar 等人，2006。

③ 同上。

绪。[1]这三种最基本的神经系统之间有互动（也会与其他脑组织勾连），产生了大量灵活的组合，并酝酿了一系列调控复杂的人类繁衍策略所必需的动力、感情和行为。

可是，这三种脑系统之间的关联度并不总是很高。因此，一个人在对头号伴侣表达深沉的爱慕时，还会对另一个人产生强烈的罗曼蒂克爱情，这还不算，同时他或她还可能对更多的对象萌发性冲动。[2]"脚踏几条船"的情绪组合，在生物学上是可行的。这三类神经系统之间相对的生物独立性使我们能够在行使一夫一妻制的同时，偷偷摸摸地搞地下情。[3]我们的脑结构对出轨行为很是包容。

鉴于花心之人在世上泛滥成灾，鉴于其可用一大堆心理学、社会学和经济因素加以解释，又鉴于其与越来越多的生物学系统存在关联，我们人类的出轨天性很可能是在漫长的史前时期形成的。

为何要出轨?

从进化论的角度来看，男人生来多情这点很好解释。一个原始男人要是只同一个女人生孩子，从遗传学的意义上讲，他"复制"了自己。但要是他与另一个女人有私情，且凑巧也生了一个孩子的话，就

---

① Fisher，1998。

② Fisher，2004。

③ 同上。

算是对后代做出了双份贡献。[1] 因此，那些历史长河中滥情滥交的男人普遍子嗣更多。存活下来的子嗣继而把自己的基因组合传递给后人，这其中的某些元素始终在追寻诗人拜伦口中的“新鲜元素”。

可是，女人为什么也会进化出流盼的目光呢？女人不是每次和情夫上床就会怀孕，她只有在特定的排卵期才可能受孕。此外，女人怀胎九月，孩子出生后她要等上几个月甚至几年才能再度受孕。再就是原始时期的女性在养育自己孩子的时候，想必很需要有伴侣提供保护和食物（我在后面的章节也会提出这一看法）。因此，人类学家素来认为，我们的女性祖先对伴侣的忠诚度更高——并将这种忠贞的脾性传承给了现代女性。

那么是否男人天生就是花花肠子，女人则专一溺爱自己的丈夫？我猜测，经过进化，女人变得与男人一样风流——只不过个中原因并不一致。我能想到的有四条。

其中最明显的一条，昆族妇女妮萨曾对其有精辟论述，她今天或许依然生活在非洲南部的卡拉哈里沙漠。人类学家玛乔丽·肖斯塔克曾于1970年拜访妮萨，当时妮萨和她的第五任丈夫住在一起，靠狩猎和采集生活。妮萨曾有很多情人。肖斯塔克问她为什么要找那么多情人，妮萨答道：“一个女人要做的事太多了，她到哪儿都应该有情人跟着。要是她去串门，而且是独自一人，有人会给她面包，有人会给她送肉，还有人也会送吃的。回到村子的时候，她被照顾得很好。”[2] 妮萨用几句话就概括得出了

① Bateman，1948；Trivers，1972；Symons，1979。

② Shostak，1981，271页。

女人为何也会“朝三暮四”的完美答案——附赠的食物最终能让她的大批幼子活下来。

第二，出轨是原始女人买的“保险”。要是一个丈夫死了或者抛弃了她，她还能找其他的男人，让他们帮忙承担一些父亲应该做的杂活。

第三，要是一个原始女人嫁给了一个视力差、脾气暴躁，又不肯出力的穷猎户，她或许可以通过和另一个男人——“优良基因先生”——生出更健康、更漂亮的后代，来改良其血统。

第四，要是一个原始女人和一群男人生了孩子，每个孩子的基因都会有所不同。这种基因多样性，使得她的一些后代在遭遇不可预测的环境剧变时存活下来的概率变大了。

只要史前女性对她们的婚外情秘而不宣，她们就能为后世子孙觅得额外资源、生活保障、优质基因以及更多样的 DNA。[①] 于是，那些脚踏几条船的女人活了下来，并在后世几百年里，把女性大脑中鼓励出轨的那部分基因传承了下去。

女性出轨进化史

或许，女性秘密出轨的根源是她们更加开放的性欲。

女人生来性感。达到性高潮时，男人阳具里的血管会将血液

① Fisher，1992；Buss，2000。

等体液重新注回体内，阴茎一软，性爱过程也就结束了。许多男人要想再获得高潮，只能从头开始。对于女人而言，性生活或许才刚刚拉开序幕。女人的生殖器不会排净所有体液，要是她懂门道的话，很快就能再度达到高潮，而且只要她愿意，能做到高潮迭起。有时，高潮来得很快，一波一波间隔很短，难以区分——也就是连续高潮。

女性的这种高超的性能力，以及收集到的其他灵长类动物的数据，使得人类学家萨拉·赫尔迪提出了一种关于人类女性出轨原始开端的全新假设。[①] 赫尔迪指出，母猿与母猴会频繁进行不会受精的交媾。举例而言，发情期间，一只母黑猩猩会与除儿子之外所有附近的公猩猩交配，这未必就是为了怀孕。因此赫尔迪提出，雌性黑猩猩滥交有两种进化论上的目标：一是同公猩猩交好，否则他们可能会杀死她将要出生的幼崽；二是不明确父亲是谁，这样猩猩群里的每只公猩猩就都会慈爱地对待她的幼崽。

赫尔迪把这套逻辑套用在了女人身上。她将女性高超的性能力归结为远古的一项进化策略：通过与多名伴侣交合，获得男性在育儿方面的额外投入，同时也杜绝了杀婴现象。

也许我们最早的女性祖先生活在丛林中，与许多男性群交，目的是结识朋友，维持友情。之后，我们的祖先在400多万年前，被赶进非洲的林地和广袤草原，方便共同抚养后代的对偶匹配应运而生。女性也从公开淫乱变成了搞地下情，从情人那里收获了额外资源和多种基因（不管是好是坏）等好处。

---

① Hrdy，1981，1986。

◆◆◆◆◆

几百万年来，出轨很可能给两性都带来了传宗接代上的益处。然而，妻子在出差时和熟人上床，脱去衣服的时候，脑袋里思考的肯定不是传宗接代的问题；而丈夫也断不会想把他在圣诞派对上勾搭的同事的肚子搞大。即便如此，几千年来人类出轨的历史——以及出轨对传宗接代的好处——造就了全球性的人类出轨倾向。

谁更爱出轨：男人还是女人？

几十年来的研究显示，男人比女人有更多的一夜情、短期以及长期婚外情。许多当代研究者因此相信，男人比女人更花心。[①]

---

① 许多美国的门外汉和学者都坚持一种看法，即男人比女人更花心，而且科学界有句老话，想找的东西一般都能找到。对于偷情的科学分析很可能就符合这一情况。在一项如今很经典的研究中，科学家询问 415 名大学生是否愿意与匿名异性同学发生性关系。由于是理想化的情形，参与者被告知诸如怀孕、东窗事发和患病的风险均不存在。结果不出意料。男性无一例外地更倾向于回答“愿意”，这证实了流行的看法：男人对性事有着比女人更浓厚的兴趣（Symons 和 Ellis，1989）。不过问题来了。这项研究考察了男性出轨的基本遗传动机（为使年轻女子受孕）。但女性出轨的基本进化动机却并未被考虑在内，即对资源的获取。
要是这些研究者面对同样的男性参与者，换一种问法，改问“你是否愿意与附近养老院里的女性发生一夜情？”的话，情况又会有何不同呢？我不认为这些男性大学生还会如此“性”致盎然。此外，要是科学家改问：“要是一位电影明星送你一辆全新的保时捷，或者支付你的学费的话，你是否愿意与其发生一夜情呢？”几乎所有人的答案都是肯定的。进化论逻辑认为，女性和人上床，图的是其中的好处。除非科学家将两性深层次遗传动机考虑在内，否则我们永远也不可能弄清男女双方到底哪一方对性事更有兴趣。

那么这些男人出轨的对象都有谁呢？

男人都是唐璜，女人都是羞涩、忸怩的性爱受体的观点盛行于西方，但世上很多人对此看法不以为然。举例而言，阴蒂切除术，也就是割掉阴蒂（而且往往还附带周围的会阴组织），在一些非洲国家是一种传统，部分目的是压制女性极强的性欲。在基督教发展的早期，犹太法典《塔木德》的起草者就规定，丈夫有义务定期与妻子交欢，主要是因为他们觉得女人的性欲比男人更强。厄瓜多尔西部的卡亚帕印第安人认为，女人都是好色之徒。而在过去，安达卢西亚小镇上风流倜傥的西班牙花心汉也相信，女人危险、好色而淫荡。

如果你向克莱伦·福特和弗兰克·比彻这两位 1950 年代的性研究者提问，询问男女双方谁更风流的话，他们估计会回答说："在那些在性问题上不设置双重标准，且对私通许可的社会，女人同男人一样饥渴。"①

最古老的职业

事实上，女人很早以前就已经扮演不止一种性角色，不是偷偷摸摸搞地下情，就是公开行淫乱之事。亚马孙丛林的梅希纳库村里，性欲最强的是一名妇女，她和一连串情郎幽会，作为回报，

① Ford 和 Beach，1951，118 页。

她收到了鱼、肉和小首饰。[①] 一些传统的纳瓦霍女人选择不结婚，而是独居，靠为许多男性找乐子来收取报酬。[②] 在许多美国其他的印第安部落中，女人历来会在男人外出打猎时陪伴他们，回来时会带着肉，这是她们满足部分猎人性需求所获得的回报。[③] 在巴西中部的卡内拉，一位未婚姑娘如果想要获得食物或请人帮忙，会选中一名潜在的情人，并请哥哥帮忙撮合他俩约会。许多像这样的幽会后来演变为长期的生意关系。[④] “妈咪”在墨西哥的塞拉塔拉斯坎部落里可是大红人。这些上了年纪的女人手下有一群随叫随到的姑娘。[⑤] 每到夜晚，撒哈拉以南非洲的努普族妇女便穿戴得漂漂亮亮、打扮得珠光宝气地来到集市，售卖柯拉果，不过买家还能出钱和女人过夜。[⑥]

毋庸置疑，在许多国家，穷困潦倒的女人卖身纯粹是为了钱。但是，我在纽约访谈过的许多“中产阶级性工作者”表示，她们还喜欢这份自由和风流。

干这行的女人还真不是孤军奋战。动物王国多的是“浪荡女”。雌性黑猩猩等哺乳动物，以及不少雌性鸟类、甲虫和爬行类动物也会为了食物而勾引雄性，与之交媾。在澳大利亚灌丛蟋蟀等昆虫中，雄性给的食物就是“定情信物”。卖身的确配得上“世上最古老的职业”这一尊贵头衔。

---

① Gregor，1985。

② Reichard，1950。

③ Bullough 和 Bullough，1987。

④ Nimuendaju，1946。

⑤ Beals，1946。

⑥ Nadel，1942。

所有这些数据不禁令人猜测，一些女人找情人的那股热忱劲儿与男人不分伯仲。的确，随着性关系双重标准的式微，发达国家40岁以下男女出轨比例正越来越接近。[①]

一个小小的建议

“应奸淫。”由于1805年版的《圣经》出现错印，这一戒条一时成了出轨者的“圣旨”。该错版很快得名“邪恶《圣经》”。[②]不过，人类这种动物似乎受困于一对精神矛盾。我们寻求真爱，找到“真命天子”或“真命天女”，然后开始恋爱。可一旦保鲜期一过，就又开始心猿意马起来。几乎没有证据表明女人会排斥地下情（以及公开的性冒险）。相反，男女双方似乎都展示了一种混合繁衍策略：奉行一夫一妻制的同时，偶尔出轨。奥斯卡·王尔德谈及这点时曾说：“人生有两大悲剧，一个是得不到想要的东西，另一个是得到了。”

可惜，得到往往意味着人类繁衍策略的另一环节：我们的离婚趋向。

① Wiederman，1997；Brand 等人，2007。

② Lampe，1987，199 页。

第五章

离婚蓝本

“三年之痒”或“四年之痒”

这绝对是位一辈子有分量的妇人，

在教堂门口嫁过五次人。

——杰弗里·乔叟，《巴斯妇的故事》

“哦，请坚强点眼睛，你爱的人，转眼就离你而去。”生活在埃及西部沙漠的中年贝都因妇女萨菲亚强忍着泪水，在人类学家里拉·阿布－卢赫德面前背诵了这首伤感的小诗。[①]一年前的一天，她正在烤面包，共同生活了差不多20年的丈夫来到她跟前，告诉她：“我要休了你。”当时萨菲亚表现得很超脱，满不在乎。一年后，她仍装出一副无动于衷的神情，告诉卢赫德：“他说要休了我的时候，我根本无所谓，反正我从没爱过他。”然而，萨菲亚只是在掩盖她的绝望之情。只有这首小诗，才能寄托她内心的脆弱、渴望和不舍。

尽管贝都因人也有以儿女情长为题材的歌谣和传说，但是他们自古相信，浪漫爱情是可耻的。在贝都因社会，嫁娶之事完全听家里人的吩咐。痴情的对象只能是父母、兄弟、姐妹和子女——却不一定是配偶。因此，贝都因人很害怕在公开场合展现夫妻恩爱。而且，就算他们相信夫妻可以相濡以沫，体面人还是应当坚持 hasham。这个词是指在性问题上守分寸、知廉耻。奔放的爱情只会出现在短诗里。[②]

如今，这些游牧民族不再“逐水草而居”，而是过上了放羊、栽种无花果和橄榄树，或者从商的生活，但是他们继承了古代的爱情观。

在铁路和丰田皮卡到来之前，他们的祖先驾着装满沙枣等货物的大篷车，从沙漠里的绿洲出发，穿越整片北非沙漠，一路行至尼罗河谷的集市。他们身上有着阿拉伯部落的习性——热爱独立、重视荣誉、赞赏勇气、对女士殷勤、热情好客。除此之外，

---

① Abu-Lughod，1987，24 页。

② Abu-Lughod，1986。

他们也很记仇，不过最重要的特点莫过于好色、嗜酒和爱唱歌。[①]萨菲亚的短诗和所有贝都因人关于浪漫之悦与绝望之爱的诗歌一样，都让人回想起早已仙逝的沙漠情歌大师。

“我要休了你，我要休了你，我要休了你。”这些文字同样出现在前伊斯兰时代。女人在当时不仅受尊重，还是令人垂涎的商品。女人小的时候是家里的掌上明珠，婚后成了丈夫的财产，要是令丈夫不满意，是可以被休掉的。据11世纪伟大的知识分子和作家安萨里描述，在古代阿拉伯社会，离婚简直易如反掌。[②]谁想离婚只要发表三次离婚声明即可。

尽管如此，萨菲亚在丈夫离她而去时依然伤心欲绝。

离　婚

家家都有一本难念的经。但是，与配偶分手应该算得上是世上最难办的事之一了。这种事有办法办得圆满吗？

我觉得没有。不过，人们为结束婚姻关系还是想出来不少正式对策。在某些社会，离婚的调解由特别法庭或市政机构负责。有时，村里的族长会亲自过问离婚案子。多数情况下，离婚被认为是一桩私事，应由当事双方和家人出面解决。[③]这有时简单得就

① Farah，1984。

② 同上。

③ Murdock，1965。

像把吊床从一个壁炉旁移到另一个壁炉旁，有时则可能扰乱整个社区——就像印度曾经发生的一起案子。

《纽约时报》曾报道一起印度的离婚案，一个名叫甘加的印度女子与丈夫生活了5年，后来因为丈夫对她家暴而离家出走。[①]翌日，夫妻俩及其家人接受了与他们同种姓的长老的问讯。当日，超过500人聚集在村子旁的空地上，旁听案情。可是，当甘加指控她的公公和丈夫的叔父企图性侵她时，双方起了争执。言辞侮辱很快演变为肢体对抗，双方持棍斗殴，很快有几人被打倒在地，鲜血直流。只有在听说警察来了的时候，这场争斗才宣告平息。但之后双方唇枪舌剑，离婚官司依旧在继续。

不管是大打出手，还是心平气和，不管是繁文缛节众多，还是不费吹灰之力，离婚毫无疑问是人类生活的一部分。世上几乎所有国家都允许离婚，但在古印加帝国并非如此。罗马天主教廷也规定离了婚的夫妻不得再婚。而在一些文化中，离婚更是成了一件难事。[②]

从西伯利亚的冻原，到亚马孙流域的丛林，人们都为离婚感到遗憾，尽管这有时不可避免。离婚要走具体的社会或法律程序。除此之外，不同于许多西方人，一些传统的民族不会把离婚视为道德问题。

---

① Weisman，1988。

② 男/女的离婚权：乔治·彼得·默多克曾在1950年对40个传统社会中的30个进行调查，他发现，男女在提起离婚时具有同等权利；其中10%的文化体内，女性在涉及离婚时拥有更大的特权。他便总结道：两性享有大致相同的离婚权。在一项针对93个社会的调查中，怀特证实了默多克的看法，表示“到目前为止，我们认为同等离婚权是最普遍的规律”（Whyte，1978）。苏珊娜·弗雷瑟称，自己探访过45个社会，其中38%允许夫妻双方提出离婚；但在其余的62%当中，伴侣一方或双方想要离婚，还是挺难的。在许多比较闭塞的太平洋社会，离婚对于男女而言均易如反掌。在环地中海社会中，女性想要离婚会更难，但在不少非洲社会，男性离婚会更难。

生活在西伯利亚的蒙古人有一句话，可谓概括了全世界对于离婚的共同态度："要是夫妻没办法和谐相处，那还不如分了算了。"[①]

常有人问我："哪一方主动提出离婚的频率更高？男方还是女方？"

我们永远也不会知道答案。哪一方率先启动离婚官司往往由法律和风俗说了算。但是，谁率先启动情感、身体和法律意义上的分手，则难以评判。争吵后、眼泪流干后，有时连离婚双方自己都不清楚究竟是谁"甩"了谁。

人为何离婚？

大吵一架、双方说话没分寸、缺乏幽默感、老是看电视、听不进对方的话、喝醉酒、排斥性生活——男女对于为何离婚所给出的原因与他们一开始结合的动机一样多。不过，全世界的人选择离婚的原因总还是有一些共通之处。

其中，婚外情高居榜首。人类学家劳拉·贝齐格在研究了160个社会的情况后得出结论：明目张胆的出轨行为，尤其是妻子的出轨，是夫妻双方闹离婚的最常见的理由。排名次席的是不孕不育，位居全世界离婚理由排行榜第三位的是家暴，尤其是丈夫家暴。这之后还有一大堆原因，比如配偶性格不好，或者品行不端。其中一些包括脾气

① Murdock，1965，319页。

臭、爱吃醋、话多、唠叨、不尊重人、妻子懒惰、丈夫对家里不管不顾、不愿行房、爱斗嘴、经常不回家以及和情人私奔等。[①]

对于出轨和不孕不育排名最高，我并不惊讶。达尔文曾立论称，人们结合的首要目的就是生育后代。毋庸置疑，许多人结婚是为了寻找一个比较有财力的配偶，或者多生孩子，这样等他们老了就有人赡养；还有人结婚是为了巩固与亲戚、朋友的关系，或者找寻同伴一起对抗敌人；今时今日，不少人结婚是为了将爱情修成正果。但贝齐格证实了达尔文的看法：离婚的主要原因与性和繁衍密不可分。[②]

这样一来就不难理解，为什么多数处在生育年龄的离异人士会复婚，或者再娶。[③] 的确，大部分人都是这么做的。

---

① Betzig，1989。

② 作为繁衍策略的婚姻：默多克在 1949 年提出，鉴于性和生育的目的在婚外也能实现，两性之间的经济合作与分工因而是婚姻存续的基本原因。可是，在 1950 年探访过的 40 个传统社会中，他发现生育问题在离婚原因中占据显要地位（Murdock，1965）。弗雷瑟的走访则佐证了生育在离婚——以及婚姻——方面扮演的重要角色。经过对 56 个文化体的抽样调查发现，男人与老婆离婚，首当其冲的原因就是生育问题，其次才是不般配，第三才是妻子的不贞行为。而一项覆盖了 48 个文化体的调查显示，女性抛弃丈夫，最常见的原因是两人合不来；其次是丈夫没有尽到养家和照顾家里的义务；再次是家暴。参见 Frayser，1985。

③ 再婚：针对 37 个传统民族的研究表明，其中 78% 的社会对再婚持公开许可的态度；而再婚难度较高的地方（也就是其余 22%），通常是女性再婚难度高于男性（Frayser，1985）。再婚在前工业化的西欧社会里早已存在，但是一般是因为配偶一方亡故，而不是双方离婚所致。这是因为罗马教廷禁止离婚。这些民族当中，普遍流行着所谓“charivari”，近似“闹洞房”的传统。根据这一观念，寡妇再婚是不道德的。透过这一戒律，我们看到其背后是复杂的财物交易和遗产继承的制度，而寡妇要是再婚，势必威胁到这些安排（Dupâquier 等人，1981）。尽管过去几个世纪里，欧洲农民阶层对于寡妇再婚持反对态度，但是再婚依旧经常发生，并且十分广泛（Dupâquier 等人，1981；Goody，1983）。在前工业化的印度、中国、日本等农业民族内部，寡妇再婚一样很困难。不过，在有档案记载的社会里，处于生育年龄的女性的再婚率高居第一位。

如今，不少男女选择同居，或者结成其他形式的正式关系，却不会在离婚后再婚。不过，美国人口普查局的罗斯·克莱德却提出："多数人在首次婚姻破碎之后还会再婚。"[①] 有大量研究表明，离婚与再婚是一种普遍的跨文化现象。

尽管梦想破灭，对往日里的大吵特吵记忆犹新，而且势必意识到婚姻或同居关系烦人、无趣、痛苦，但是大部分离了婚的人还是会再度坠入爱河，要么复婚，要么与新伴侣重新开始新生活。我们似乎对下一位对象永远都持乐观态度。

塞缪尔·约翰逊将再婚定义为希望战胜了经验。美国人喜欢拿"七年之痒"开玩笑。人类学家管这种人类习惯叫"连贯式一夫一妻制"。不管叫什么，总之人类离婚和再结良缘的倾向全球共有，而其显露的几种形态令人惊异。

金钱万能

首先，在男女均拥有土地、牲畜、货币、信息或其他财物、资源的社会，离婚率较高。除此之外，夫妻双方都有权在近亲之外处置或交换个人财产的社会，离婚率也高。如果你在纽约市有家银行，如果澳大利亚内陆某地的一个小湖泊归你一人所有，如果你到尼日利亚的集市上贩卖粮食，所获财富用于积累、投资、

① Kreider，2006。

出售、以物易物或赠予等目的，你就是个富人。

在男女不需要彼此依赖以求生存的地方，糟糕的婚姻随时可能结束，而且往往如此。

谈到经济独立的力量，一个鲜明的例子就是卡拉哈里沙漠的昆族人。那里的男女大多结了不止一次婚。[①] 昆族妇女之所以拥有经济地位和社会地位，依我看绝非意外。

尽管昆族人正在迅速接受西方价值观以及21世纪的科学技术，但他们的高离婚率可不是什么近来才有的现象。早在1960年代，人类学家记录其生活方式时发现，昆族人到了雨季，会以10到30人为单位住在一起。之后，随着天气转好，十月的烈日晒干地表积水，昆族人就聚集在永不干涸的水塘周围，结成规模更大的社群。不过，即使昆族人散布在丛林里，男男女女还是会频繁地在不同生活区之间来回走动，从而串联起一张会集上百号人的流动亲缘网络。

昆族妇女要外出干活，倒不用每天早上都出门，而是每隔两三天一次。家里东西快吃光了，妻子就得出门找吃的。她们把还在吃奶的婴儿用披肩兜着，把年纪稍大的孩子托付给朋友和亲戚后，便和别的女人一道出门，穿行在灌木丛中。

每次出门觅食都是一次新奇的经历。有时，女人会带着猴面包树果实、野生洋葱、塔萨玛甜瓜和甜甜的蒙刚果回到家；有时，她采到的是酸梅、津豆、绿叶菜、水生植物的根；蜂蜜、毛毛虫、乌龟和鸟蛋也是日常收获。女人出去一趟常常还会带回有价值的信息。她们从动物的足迹可以判断出，这是哪种动物，何时经过，

---

① Howell，1979；Shostak，1981。

有多少数量，以及朝哪个方向走了。

昆族男人每周花两三天时间用于狩猎，追踪一群沙鸡、一只跳鼠、一头豪猪、一只羚羊甚至是一头长颈鹿。有时，丈夫带回家的肉，只够喂饱老婆孩子的；有时，男人们齐心协力杀死了一头很大的猎物，肉足够和狩猎搭档、亲戚和朋友一同分享。肉类可是美味佳肴，出色的猎手备受尊敬。但是男人带肉回家的频率仅仅是四天一次。

于是，女人几乎每晚都要包办晚餐一半（有时更多）的食材。此外，她们还享有沙漠水源的所有权，这种情况与拥有一家地方银行没有什么本质区别。处于生育年龄的妇女因为要养育后代，享有崇高的地位。上了年纪的女人还会成为萨满巫师，在社区事务中扮演领导角色。

因此，昆族女性很有权势。

所以，当夫妻过不下去的时候，双方总有一人会打包几件财物，然后动身前往另一个聚居地。

为什么会这样？因为他们有这个能耐。昆族夫妇在分手前常常会吵好几个月，互相放狠话，或者伤心痛哭。邻里总会拉架劝和，但最终，多数不幸福的婚姻都会破裂。1970 年代，社会学家南希·霍维尔曾对昆族妇女的婚姻状况做过调查。在参与调查的总计 331 对夫妻中，共有 134 对最终以离婚收场。[①] 离婚后的男女各自会再婚，有的昆族妇女连续再婚了 5 次之多。拥有财富意味着拥有权势。

① Howell，1979。

许多文化中都能见到这种经济自立与离婚率之间的关联。[1] 举例而言，在西非的约鲁巴人中间，女人传统上掌控着复杂的销售体系。她们种庄稼，收割后一周一次去赶集——集市完全由女人经营。结果，约鲁巴族女人不光会带主食回家，还会带回钱和贵重物品，这些财富都只归女性处置。约鲁巴人的婚姻高达 46% 都会以离婚收场。[2]

哈扎人生活在坦桑尼亚奥杜瓦伊峡谷附近的草原上。尽管峡谷地区干旱而崎岖，却有着丰富的植物根茎、浆果和小型猎物。到了雨季，夫妻往往会在早上离开聚居地，外出找食物。到了旱季，人们又聚拢在永不干涸的水源附近，男人打到大型猎物后，载歌载舞、打赌、聊些闲言碎语，最后分肉。不过，哈扎族男女在准备晚餐一事上互不依赖，他们的婚姻也折射出这种独立精神。1960 年代，他们的离婚率差不多比美国要高出 5 倍。[3]

个人经济独立带来的是离家出走的自由。对我来说，将这层联系诠释得最透彻的莫过于美国西南部的纳瓦霍人——因为我曾

---

① 女性独立和高离婚率：女性独立程度较高且离婚率较高的文化体包括马来半岛的塞芒人（Sanday，1981；Murdock，1965；Textor，1967）；个别加勒比民族（Flinn 和 Low，1986）；生活在新几内亚东部某离岛上的多布人（Fortune，1963）；南部非洲的福特詹姆逊恩格尼人、夭族人和洛奇人（Barnes，1967）；坦桑尼亚的图鲁族（Schneider，1971）；大洋洲的萨摩亚人（Textor，1967）；新几内亚的古鲁隆巴族（Friedl，1975）；巴布亚新几内亚的特罗布里扬岛民（Weiner，1976）；波利尼西亚曼加伊的土著（Suggs 和 Marshall，1971）；南阿拉斯加的特里吉特人（Laura Klein，个人交流）；南部巴西的凯恩冈人；蒙大拿州的克罗部落以及纽约州的易洛魁人（Murdock，1965）。

② Lloyd，1968，79 页。

③ Friedl，1975。

在 1968 年与他们同住了几个月。

我从新墨西哥州的盖洛普出发，西向行驶，沿着 66 号公路开了 45 分钟左右，然后再驶入一条宽阔的土路，一路向北，穿过灌木林和鼠尾草地。途经松泉商栈，我接着往下开，经过一个废弃的泥盖木屋（这是一种七边形的木头房子）和一棵粗壮的松树后，开上了一条野花烂漫的山路。我见到了我们的木屋。推开门进入，里面有个烤火用的炉子，炉膛很大；一个用来烤面包、煮咖啡和羊肉汤的煤气灶；两张宽大的草床；一张斑驳破烂的灶台；还有三盏煤油灯，为我们夜间围坐在一起聊天提供了照明。这个小家还是挺温馨的，前面朝东，附近的松树林里藏着两个大水槽，用来储藏珍贵的淡水。屋子前院有大片空间，中间横亘着一条橘黄色的峡谷。

我的纳瓦霍族“阿妈”负责照料家里人的日常起居。她从地里采来印第安画笔花（俗称火焰草）等野花，给粗纺羊毛上色，编织给这个五口之家盖的纳瓦霍毛毯。她还拥有身边的土地。纳瓦霍人是一个母系社会，子女的血统随妈妈，因此，女人拥有大笔财产。女性同时还是族人求医问药的对象，她们在纳瓦霍人的礼仪生活里扮演至关重要的角色。她们给人看病，诊断患者得的是什么病，然后适当开药。这样一来，女人便享有声望，她们参与所有社区事务。在她们中间，三个女人里就有一人离异。[①]

加拿大东部的米克马克人有句老话，叫“一个人结婚可不是为了在这辈子剩下的时间里都郁郁寡欢”。[②] 对此世人基本同意。

---

① Van den Berghe，1979。

② Le Clercq，1910，262 页。

只要男女有条件分手，婚姻不幸的夫妻往往会这么做。依照传统，他们之后还会再婚。

要是夫妻需要互相依靠才能生活，那么离婚率便低得多。

至于经济依赖与低离婚率之间的关联，最值得注意的例子是工业化之前的欧洲，以及任何依然用犁耕地的农耕社会，譬如印度和中国的某些地区。[①] 历史上，信仰基督教的欧洲人离婚率较低，有人将其归结为宗教原因——这么说不难理解。耶稣禁止离婚。[②] 另外，正如前文所述，到了公元 11 世纪，基督教婚姻变得神圣而庄严，多数教徒休想离婚。

然而，文化往往可以对自然法则起到一定的补充作用。前工业化的欧洲社会之所以离婚率低，还因为一项躲不开的生态现实——务农的夫妻只有彼此扶持才能活得下去。[③] 生活在农场上的农妇要靠丈夫搬走石块、砍伐树木和犁地；而丈夫则需要妻子播种、除草、采摘、清理和储存菜蔬。地要两人一起种才行。

更重要的是，谁选择出走，谁就得净身出户。夫妻双方都做不到收割一半的麦子，然后搬家。从事农业的男女一辈子与土地为伴，被牢牢捆绑在一起，只同几个固定的亲属往来。鉴于上述生态条件，离婚是行不通的。

无怪乎离婚在前工业化的欧洲少之又少，不管是在高加索这片“大粮仓”，还是生活在太平洋沿岸的不少农耕民族，均是如此。

---

① Dupâquier 等人，1981。

② 马可福音，10：11–12；Lawrence，1989，63 页。

③ Fisher，1987，1989。

上班族女性

工业革命改变了这种男女之间的经济关系，离婚率随之上升。

美国就是一个典型。当工厂出现在农耕地区的粮仓之外时，男男女女开始离开农场，外出找工作。而除了钱这一可携带和分割的财产之外，他们又带回来什么呢？19 世纪的大部分时间里，多数女性依旧管着家。但到了 20 世纪最初几十年里，美国中产阶级女性逐渐加入劳动力大军，且人数不断增加，这赋予了她们经济上的自主性。

不出意外，工业革命后在美国逐步提高的离婚率持续缓慢攀升。这是因为，比起一个为花园除草、给奶牛挤奶的女人，内心不快的丈夫更倾向于抛弃一个会赚钱的老婆。而这些职业女性比起那些连一顿晚饭都要靠丈夫提供的女人，往往更无法忍受婚姻的不如意。

今天，全美将近一半的婚姻最终会走向破亡。① 而许多观察家将女性在外工作——以及她们对自己钱财的控制力——列为离婚率上升的首要因素。②

西方历史上曾出现过离婚率上升与妇女经济独立相伴相随的现象。罗马人在基督教西渐之前的几个世纪里，打了多次对外战争，贸易垄断给罗马带来了前所未有的财富，一个城市上层阶级应运而生。富有

① Cherlin，2009。

② Cherlin，1981；Levitan 等人，1988；Glick，1975；Espenshade，1985；Whyte，1990。

的罗马贵族不再愿意在嫁女时，任由大笔嫁妆流入女婿之手。因此，在公元前1世纪，随着一系列新婚姻法案的出台，上流社会的女性开始对属于自己的财富（和未来）有了更大的掌控权。另外，随着一个经济越来越独立的女性阶层在古罗马不断崛起，离婚呈席卷之势。①

捆绑的纽带

披头士乐队有首歌这样唱道："你只需要爱。"其实不然。除了经济独立之外，还有许多别的文化因素在左右着婚姻的稳定性。

举例而言，在过去，有着不同社会经济、种族和宗教背景的美国夫妻离婚率较他人更高。②但这点正在发生改变。

社会学家马丁·怀特在走访了底特律的459名女性之后，发现诸如社会经济等因素对男女关系走向的影响微乎其微。而相似的性情、同样的习惯、类似的兴趣、一致的价值观、相同的休闲方式和共同的朋友则是婚姻稳定的最好兆头。有意思的是，怀特

① 罗马女性不断增长的独立性：历史学家就古罗马女性强化的自我解放意识和自立自强背后的原因和时间无法达成共识。有些人将原因归结于公元前202年击败汉尼拔；另有人则认为这是公元前168年战胜马其顿的结果；还有人指出是公元前146年摧毁迦太基的缘故。然而，一系列历史事件的结果是，罗马在基督降临之前的几个世纪里变得越加丰饶，相伴而来的就是女性经济、政治和社会力量的增强，以及离婚率的攀升。参看Balsdon，1973；Carcopino，1973；Rawson，1986；Hunt，1959。

② Burgess和Cottrell，1939；Ackerman，1963；Lewis和Spanier，1979；Bohannan，1985；London和Wilson，1988。

还总结道：“如果你在较成熟的年纪成婚，投入大量的感情，是个白人，出生于温馨的家庭，这些均有助于婚姻稳定。”① 不具备这些要素的夫妻婚姻破裂的风险较大。

心理学家表示，不懂变通的人婚姻往往不太稳定。治疗专家声称，要是把夫妻绑在一起的力量大于将他们拆散的力量时，他们倾向于不分开。另外，夫妻之间的互相适应、讨价还价、争吵拌嘴、彼此聆听以及说服对方的口才，都会对他们的婚姻关系发挥作用。要是双方都不肯妥协退让，婚姻破裂的可能性更高。人口统计学家指出，要是男女比例失调，女性成为稀罕物，夫妻离异的可能性就会降低。② 另外，年纪轻轻就结婚的夫妻也容易离婚。③

人类学家继而为我们理解离婚增添了一种跨文化视角。④ 在诸如纳瓦霍这样的母系社会，离婚很是常见，这多半由于以下原

---

① Whyte，1990，201 页。

② Guttentag 和 Secord，1983。

③ Fisher，1989。

④ 人际关系领域档案内含的离婚数据：人际关系领域档案里可以找到关于离婚的跨文化数据。这一档案简称 HRAF，由乔治·彼得·默多克在 1950 年代发起。他收集了各类“民族志”（对特定文化体的人类学描述），并对这些书籍与文章进行了交叉索引。如今，有超过 850 个文化体统计在册。不过，这份档案收录的离婚数据存在若干问题。正如查尔斯·阿克曼（1963）所言：“总的来讲，民族志作者只用过离婚率‘低’‘很常见’‘不频繁’等字眼，很少有人会用实际离婚概率来反证其对离婚率的估测。”阿克曼同时指出，HRAF 数据使得比较不同社会的离婚率成了一件不可能的事；因为离婚率在某种文化体里较“低”无法推导出它在其他文化体内也较“低”的结论。另外，研究者也不清楚，一个社群的离婚率“低”，是否代表相邻村落或者同一个社群的离婚率在几十年前也低。关于离婚的历时性和共时性数据均十分稀缺。此外，不同民族志作者即便研究同一个文化体，得出的离婚率也是不同的，某些记录的数据与社会科学家在别的书籍和文章中的言论也存在矛盾（Textor，1967）。最后，对于最终走向离婚的婚姻存续期限、离婚时的年龄、离婚时的孩子数量以及其他可以用来与西方人做对比的数据，很少有民族志作者会以此制表。

因：妻子掌握资源，子女隶属于母亲这一脉，她的丈夫在照顾兄弟姐妹的子女一事上承担着比抚养自己孩子更大的责任。由此可见，对女人来说，配偶仅是伙伴，而不是维持生活所需的经济伴侣。

倘若丈夫为了迎娶心上人，必须支付给对方家庭一笔“彩礼”，这种情况下的离婚率往往也较低。因为一旦双方离婚，这部分“彩礼”理应退还。内婚制，也就是同族人内部通婚的一个结果是婚姻维系得较为长久，这是因为共同的亲属、朋友和义务会将新人推入一张共同的网络。[①]

一夫多妻制对于离婚有一种有趣的影响。一个男人如果有好几个老婆，女人就会互相争宠，并围绕唯一丈夫手里的资源展开争夺，吃醋妒忌的结果就是摊牌和离婚。更重要的一点是，娶了几房老婆的男人舍弃其中一房并无大碍，而只有一个老婆的男人在抛弃给他做饭的妻子之前却务必好好思量一番。

◆◆◆◆◆

人类学家玛格丽特·米德曾说过：“世上没有一个社会的人是在不面临巨大的群体压力的情况下而维持婚姻的。”[②] 此言不虚，许多传统社会的离婚率与美国社会几乎不相上下。[③]

这看似奇怪。男女起初借助笑容和眼神暗送秋波，之后陷入

---

① Ackerman，1963；Murdock，1965；Friedl，1975。

② Avery，1989，31 页。

③ Barnes，1967；Murdock，1965；Textor，1967；Friedl，1975。

神魂颠倒的热恋状态。他们分享彼此的秘密，开着只有彼此才懂的玩笑。在尽享床笫之欢、与家人和朋友相伴之余，两人还养育了自己的后代，积攒着财富。过去这些年如同一段五彩斑斓的旅途，见证了他们的欢笑、爱情和挣扎。在经历了这一切之后，他们为何还能放得下如此深厚的感情呢？

或许，造成这种不安分状态的，是潜藏在我们人类内心深处的那股暗流——贯穿人类晦暗过去，伴随着千年求爱史不断进化的那股强大的生殖力。

离婚之痒

抱着想要探明离婚本质的愿望，我翻开了联合国《人口统计年鉴》，这些材料最早出现于1947年。当时，芬兰、俄罗斯、埃及、南非、文莱、委内瑞拉和美国等在文化上天差地别的国家的人口普查官员开始调查本国居民的离婚状况。

联合国统计局以基本每十年一次的频率收集了几十个社会的资料，最近一次出版该类年鉴是在2012年。我想从这些资料里找到以下三个问题的答案：受访者婚后多少年离的婚？离婚时的年龄？离婚时有几个子女？

由此我发现了三种令人瞩目的规律。

而且它们统统指向进化的力量。

令我最惊讶的是，通常离婚发生在婚姻早期，并且在婚后3到

4年时达到峰值，这之后随着婚姻年限的增加，离婚率逐渐回落。[1]

我曾把1947年至1989年间每一年的离婚高峰数值（借鉴统计学的办法）制成一张大图表，制表的时候，有件事逐渐清晰起来：原来并不存在什么“七年之痒”，取而代之的应该是“三年或四年之痒”。我继而对2003年至2011年间联合国在80多个国家采集的最新离婚数据进行了分析，发现大趋势基本保持一致。[2]（详见附录）

尽管社会剧烈变迁，但是这种“三年之痒”或“四年之痒”的离婚高峰期在过去的60年来并未出现重大变动。的确，就连莎士比亚也在婚后3到4年的时候抛弃了斯特拉福德的妻子，去伦敦追求事业了。[3]

◆◆◆◆◆

这种“三年之痒”或“四年之痒”的离婚高峰期必然存在例外。比如在埃及等国家，离婚通常发生在婚后几个月内，这同3年或是4年的节点可谓相去甚远。这种基本的离婚规律哪怕在最

---

① Fisher，1989，1991；联合国统计署，2012。

② 七年之痒：美国人的“七年之痒”的概念源自为了建立婚姻存续期，对“均值”这个词的人口学使用。均值是指一堆数字的中间数；50% 的事情发生在均值之前，另有 50% 发生在之后。在美国，1960 年至 1982 年间，最终走向破裂的婚姻的平均期限在 6.5 年到 7.2 年不等，因此，有一半的婚姻关系在走到大约第 7 个年头时就终止了（美国人口统计局，1986，表 124）。但是我对了解多数人的选择饶有兴致，即离婚的高峰期或模式。从联合国 1947 年至 1989 年的数据样本来看，平均 48% 的离婚发生在结婚 7 年以内——也就是平均值——不过，离婚的峰值还是集中在婚后第 4 年（Fisher，1989）。

③ Chute，1949。

近的数据采集周期（2003 年至 2011 年）内也并未发生变化。[①]

不过这种例外并不令人奇怪。在许多伊斯兰国家的文化中，要是儿媳妇无法融入新家，新郎的家人是可以把她送回娘家的。这种事要做得趁早。就这样，社会压力和经济原因促使婚姻不幸的埃及男女尽早离婚。最后，上述联合国资料包含了“可撤销离婚”，这一类型的离婚，在法律上所需承担的经济赔偿少之又少。“可撤销离婚”加快了离婚的速度，简化了流程，缩短了婚姻存续的时间。[②]

在过去几十年里，美国人的离婚高峰期维持在婚后 3 年或 4 年以内的水平。猜测这一偏差背后的成因是一件趣事。在某些年份，譬如 1977 年，离婚率在婚后第 4 年达到峰值。[③] 但是在其余年份，离婚的时间节点来得更早——婚后 2 到 3 年间。[④] 这是为什么呢?

这一美国离婚峰值与美国逐年攀升的离婚率并无关联。1960 年至 1980 年间，美国的离婚率翻了一番。这段时间里，夫妻多半选在婚后第 2 年及前后分手。

美国快速增长的离婚率也无法通过同居人群数量的增长来获得解答。到了 1970 年代，住在同一屋檐下的未婚男女的数量几乎涨了 2 倍，但是夫妻在一起生活的年数并未变化。[⑤]

或许，离婚高峰期之所以提前，是由于不少美国年轻人执着

---

① 联合国统计局，2012。

② Fisher，1989。

③《联合国重要数据》，1981。

④ 同上，1964，1974，1984，1985，1987，1990。

⑤ Cherlin，1981。

于要寻找“灵魂伴侣”：也就是与他们心心相印的人。因此，要是伴侣对于结合不甚满意，热恋期一过他们很快就会一拍两散。

◆◆◆◆◆

这些联合国的数据还存在其他问题，这是因为，在关于何时结婚何时离婚的问题上，人与人之间有着巨大的差异。[①]

在一些社会，情侣谈情说爱需要几个月；在另一些地方，他们几乎是“闪婚”。筹备婚礼所耗费的时间、一个人忍受糟糕婚姻的时间、离婚成功的难易度以及取得离婚证明所需要的时间……这些因素不仅因人而异，而且也因地而异。

深入来看，人类两性关系始于获得法律许可之前，同样，早在合法离异之前，夫妻感情就已经在走下坡路了。

我们无从测量导致联合国数据产生偏差的所有变量。但是本书的一条要旨是：鉴于决定结婚与离婚的文化因素和个体差异多种多样，可以预计的是，就连相当重大的离婚规律也会被淹没其中。但是，我们居然仍然找出规律，这实属难得。

---

① 令联合国数据出现偏差的程序问题：从递交离婚申请书到出具离婚裁决书的这段时间一般可长可短，这就导致了离婚数据的偏差。还有一些技术细节也可能造成偏差：某些国家会出具离婚无效的文书，这会延长婚姻存续时间；某些国家为离婚设置了特定条件，譬如“两年的冷却期”，这也会延长离婚流程；有些则将“离婚申请”作为统计的基础，而不是最终的离婚裁决。诸如此类不一而足。诸如法庭案件积压和案件临近年末才开审这类程序问题也会造成数据偏差。幸运的是，离婚无效和法定冷却期还是比较少见的。由于这些关于婚姻法律期限的数据并不精确，我宁愿把人类对偶匹配的时间作为分析对象——具体从男女开始“拍拖”、表现得像情侣算起，直到他们决定分手。不过，并无这方面的数据。

尽管嫁娶传统形形色色，世人对于离婚众说纷纭，离婚的程序也不尽相同，男女分手的过程却大致相同。

这些人当中，有的是银行家，其余的有园丁、牧民、渔夫，或者做买卖的。有的是大学学历；有的目不识丁。从 80 多个不同文化中遴选出的这几百万男男女女说着不同的语言、从事不同的营生、穿着不同的服装、使用不同的货币、念着不同的祷告词、畏惧不同的鬼怪、心怀不同的愿望和憧憬，可他们却都在三到四年这个节点上"扎堆"离婚。

而这种跨文化离婚规律与离婚率并无正相关关系。它不仅存在于离婚率高的社会，也出现在离婚十分少见的文化中。

◆◆◆◆◆

刘易斯·卡罗尔在《爱丽丝梦游仙境》一书里写道："越奇越怪，越奇越怪。"婚姻期内的情变存在一种跨文化的规律。

这一人类配对的规律甚至还存在于西方神话中。12 世纪，欧洲的游吟诗人召集领主、贵妇、骑士和平民，一同倾听特里斯坦和伊索尔德的史诗级爱情悲剧——这也是西方首部现代浪漫剧。"各位大人，"一位诗人开口道，"如果您想听一个关于爱与死的高雅故事，不妨看看特里斯坦和伊索尔德公主吧，他们彼此深爱着对方，既满心喜悦，又充满哀伤。最终，他俩双双殉情，她紧挨着他，他也紧挨着她。"①

---

① Johnson，1983，第 1 页。

法国作家丹尼·德·鲁吉蒙评价这则故事是“对我们高度复杂的不安情绪的某种描摹”，他可能不知道自己的这一见解有多高明。故事的开头，一位年轻骑士和一位美丽的公主服用了一种灵丹妙药，据说其可使爱情之火三年不灭。

我们是否会在相爱并相守了几年之后，萌生分手的念头？或许，这种婚后 3 到 4 年产生的“离婚之痒”是人类的一种宿命，一种史前就已存在的安排。

人类离婚背后还隐含着其他规律。

年轻人才离婚

1946 至 1964 年间，全美大约有 7600 万新生儿降临人世。向婴儿潮致敬吧，这可是“二战”之后的一次“大规模生产行为”。如今，这些人已年逾五旬，或已步入花甲之年。由于他们对同龄人中的离婚情况时有耳闻，不禁引人猜想，离婚在人到中年时最为流行。

其实不然。美国年轻人的离婚率大大超过中年人或老年人。[①] 时至今日，10% 的美国女性在 40 岁之前曾结婚 3 次或 3 次以上。[②] 另外，25 岁之前离婚的女性中，有 80% 的人在 35 岁之前会再婚。25 岁之后离婚的人当中，有 44% 的女性和 55% 的男性在 40 岁之前也会再

① Klinenberg，2012；Kreider，2006。

② Cherlin，2009。

婚。同样有意思的是，过了生育年龄，只有 1/3 的美国人还会选择离婚。[1]

联合国《年鉴》公布了 68 个社会里人们离婚时的平均年龄。在这些地方，离婚也是年轻人的事。女人 25 岁至 29 岁是离婚高发期，与之相应，男人是 30 岁至 34 岁。随着人们变老，离婚率也不断降低。

这看似很奇怪。人变老了，或者孩子离家工作读书去了，夫妻怎么反倒不会彼此厌倦、互相嫌弃了呢？可他们就是不变心。相反，男女在“奔三”时离婚率奇高——这正是他们生育力旺盛之际和升任父母的高峰期。

离婚家庭的孩子

联合国数据揭示的第三条规律涉及“离婚时带有孩子”。[2]1998 年至 2007 年，来自 67 个社会的几百万人被采集了信息，其中 43% 的离婚都发生在未育有幼子的夫妻之间；29% 的夫妻有 1 个孩子；

---

① Klinenberg，2012，88 页。

② 非独立子女数量带来的离婚风险——这是一个重大问题：要摸清家庭子女数量与离婚风险之间的联系，需要的数据可不是联合国年鉴能够提供得了的。举例而言，要想知道一个非独立子女会对离婚造成多大影响，就必须比较育有一子的离异夫妻和同样条件的但没有离婚的夫妻的人数。我没能找到合适的相关人口普查数据，无法确定非独立子女人数带来的离婚风险，不论年份，既找不到国外的，连美国的相关资料也没有。因此，上述关于离婚时存在非独立子女的数据暗示，“子嗣”的存在是婚姻的稳定器，但是无据可循。

18% 的夫妻有 2 个孩子；另有 5% 的夫妻有 3 个孩子。养育 4 个及 4 个以上孩子的夫妻很少离婚。由此看来，一对夫妻膝下子女越多，就越不可能离婚。

从进化论的角度来看，我能理解没有子嗣的夫妻容易分手的原因。双方均会再婚，应该还会生儿育女——以确保自己的基因代代相传。除此之外，我也能理解，为何有 3 个及 3 个以上孩子的夫妻很少离婚：两个人一起把孩子拉扯大，从遗传学的角度来讲是合乎逻辑的。再有就是夫妻生养了好多孩子，也许是因为他们婚姻美满，心系家庭生活。

可是，为什么有 1/4 之多的离婚发生在只有 1 个孩子的夫妻身上；为什么有 2 个子女的夫妻离婚率高达 18%？这一现象引人注意：很明显，许多男女在生养了 1 到 2 个孩子之后，会抛弃原先的伴侣，另觅新欢，重组家庭。

美国人完美契合了这一全球性的规律。美国人口普查局的罗斯·克莱德在 2006 年声称，初婚破裂之后的再婚，平均持续时间为 3 到 4 年。这一数值自 1950 年以来便维持不变。再次，将近 60% 的再婚男女年龄在 25 至 44 岁之间。50% 的女性和 47% 的男性再婚时已育有 1 到 2 个孩子。[①]

① Kreider，2006。

离婚蓝本

简言之，婚姻的变质呈现几种大致的规律。结婚 3 到 4 年的夫妻离婚率会达到峰值，而“奔三”和 30 出头的夫妻离婚风险最高——这也是他们生育力最强的时期。不少离异人士都育有 1 到 2 名子女。离了婚的男女趁自己还年轻，会再续良缘，不过一般也要过个三四年。[①] 再婚后，他们形成稳定的同居关系，并且往往会再要孩子。实际上，如今有 2 个及 2 个以上孩子的美国母亲当中，与不同男人育有后代的人数比例达到了 28%。[②]

◆◆◆◆◆

连贯式一夫一妻制——和不止一名伴侣生育后代——在联合国并未触及的文化里也很普遍。

亚马孙河上游、太平洋珊瑚岛、北极冻土地带、澳大利亚内陆，这些世界上人迹罕至的角落，都存在男女离异的现象。即便如此，鲜有科学家或人口普查官会询问这些偏僻地区的人的婚姻

---

① 这些离婚类别之间的关系：由于联合国人口年鉴所提供的关于最终破裂的婚姻期限、离婚时的年龄、离婚时存在非独立子女的数据不是多元化的，它们便无法揭示这 3 种离婚类别之间的关系。举例而言，只育有一子或膝下无子的夫妻的离婚高峰期可能只是婚后 4 年离婚率达到峰值的一个缩影罢了。

② Dorius，2010。

存续时间，他们离婚时的年龄，抑或离婚时有几个孩子。数据虽少，背后的规律却大抵相同。

委内瑞拉的雅诺马马人传统上生活在丛林中，所有雅诺马马族新生儿几乎都与生母住在一起，大部分孩子的生父也会陪在身边。但是，待孩子满 5 岁起，亲生父母的同居时间便大为缩短，这可能源于配偶一方亡故，或者双方离婚。①

非洲南部的奇帕塔恩戈尼人也会在婚后 4 到 5 年迎来一个离婚高峰期。②

世界各地的人们常说，孩子的出世会为婚姻带来稳定。③举例而言，传统的日本农村，村里的文书只有在孩子出生后，才会将一桩婚姻记录在册。④除非夫妻升级为父母，否则安达曼岛民是不承认小两口已经完婚的。⑤尼日利亚的提夫族管新婚叫“试婚”，只有孩子的诞生巩固这层关系后，婚姻才算“转正”。⑥

但是，孩子的出生不一定意味着夫妻会相守终身。⑦在我看

① Chagnon，1982。

② Barnes，1967。

③ Betzig，1989。

④ Beardsley 等人，1959。

⑤ Radcliffe-Brown，1922。

⑥ East，1939。

⑦ 世界范围内关于离婚后子女监护权和财产分割的规律：离婚最常见的制约是对子女监护权归属以及财产等资源处置的决定。一项覆盖 41 个文化体的研究显示，其中 44% 的国家会根据夫妻离异的来龙去脉，或者考虑“子女”自身的意愿或年龄，判定孩子监护权的归属。子女监护权被判给爸爸的比例为 22%；孩子跟妈妈的为 20%。据悉，在 39 个社会中，离婚内情决定财产处置的比例为 41%。在配偶之间公平分割经济资源的为 29%；妻子蒙受较大经济损失的为 23%，丈夫及其亲属吃大亏的为 15%（Frayser，1985）。

来，巴西东部的阿维科玛人为传统氏族的离婚趋势提供了最佳注脚。在阿维科玛部落，“一对生了好几个孩子的夫妻一般会相伴终生，直到生命的尽头……不过，孩子出生之前就分手的情况可谓不胜枚举”。[①] 这与联合国数据中折射的规律恰好吻合。

当然还是有例外的。以尼日利亚的卡努里族为例，夫妻婚后不满一年就会迎来离婚的高峰期。人类学家罗纳德·科恩认为，离婚高峰之所以来得这么早，是因为“年轻姑娘是在父母的逼迫下才嫁人的，她们可不想与首任丈夫过一辈子”。[②] 有趣的是，昆族部落的青年也会在婚后几个月内分手，而且他们的初婚也是奉父母之命。[③]

虽然这仅仅是例外，而非规律，但即便如此，其同联合国的数据样本也不矛盾。读者应该还记得吧，埃及等伊斯兰国家的离婚率都会在夫妻婚后不满一年达到峰值。在这些国家，初婚为父母安排的比例很高。包办婚姻似乎会刺激人们尽早抽身而退。

◆◆◆◆◆

所有文化习俗都会对人类的结合造成影响。女性的经济独立、都市生活、世俗化潮流和包办婚姻只是其中一小部分。撇开这些因素的影响，人类的情爱行为存在几种大的趋势：不管是生活在西伯利亚西部，还是在南美洲的南端，人们都会谈婚论嫁。不少

① Henry，1941。

② Cohen，1971，135 页。

③ Howell，1979。

人终将分离。许多夫妻在婚后 3 到 4 年离婚，也有人在生育力最旺盛的年纪离婚。许多人离婚时只有 1 个孩子。许多人会另觅新欢，再度陷入情网，生儿育女——所有这一切都发生在他们还具有生育力的时候。

那么，男女双方发生情变是不是有套路可循？也许吧。

我们可不是由 DNA 操纵的提线木偶，通过进化而产生的巨大的大脑皮层会帮助我们权衡选择，制定决策，引导行为。然而，几年、几十年、几百年，我们几乎所有人都在按照自古已有的脚本演出自己的戏份——趾高气扬、搔首弄姿、卖弄风情、谈情说爱、大展风采、情投意合。之后便是共筑爱巢、比翼双飞。再之后有的人会拈花惹草，有的人则劳燕分飞。而离异后的多数人则怀揣希望，再寻新缘，陷入爱河，重新起航。人类这一物种具有永恒的乐观精神，在生育期内似乎很不安分，而随着年龄渐长，却又安定下来。这是为什么呢？

我觉得，答案藏在我们纷乱多变的过去，那个“身在野外，高贵的野蛮人狂奔起来”的时代。

第六章

“身在野外，高贵的野蛮人狂奔起来”

森林中的生活

我自由得就像大自然首次造出的人，
在法律的奴役出现之前，
那时高贵的野蛮人在野林里狂奔。
——约翰·德莱顿，《格拉纳达的征服》

桃花心木、热带常青树、月桂树、野梨树、荔枝树、杧果树、橡胶树、没药树、黑檀树——从非洲东海岸到大西洋之间遍布着各种树木。[①]2100 万年前，赤道非洲宛如一道幕帘，郁郁葱葱，连成一片。森林中间稀稀落落点缀着空地、水塘、沼泽、溪流和更广袤的疏林和草原。然而，从维多利亚湖鲁辛加岛及周围挖掘出来的种子、水果和坚果化石表明，东非过去曾是一片平静无风的丛林。[②]

阳光透过遮天蔽日的树叶洒进来，蝴蝶就在这昏暗的光线中跳舞。鼯鼠滑翔在树干之间，蝙蝠则倒挂在漆黑的岩缝中。犀牛、大象、河马、疣猪、霍加狓、獐子等森林动物的远古祖先在蕨类植物中觅食。金毛鼹鼠、象鼩、仓鼠、刺猬、野鼠、沙鼠等诸多小动物则在潮湿的地表捕捉幼虫、蚯蚓，或采集植物和浆果。当时的气温比现在略高，几乎每天下午都是大雨瓢泼，打湿了雾气氤氲的丛林。雨水为湖泊和溪流补充淡水，也拍打着茂密的林冠。

我们的老祖宗就生活在这片树林中。

他们有一堆学名，但是通常的称法是史前类人猿，是“旧大陆”的猴子、猿类和人类的祖先。他们最早出现在 2100 万至 1700 万年前的东非。从现今已发掘到的上百块骨骼和牙齿化石来看，其体态兼具猴和猿的特点，当然也有一些更像猴，另一些则更像猿。[③]此外，个别类人猿的体形与今天的家猫相仿，另一些则

① 此处和本书后续章节提到的动植物均属于远古时期物种和纲目，如今已绝迹。

② Chesters，1957；Andrews 和 Van Couvering，1975；Bonnefille，1985；Van Couvering，1980。

③ Corruccini 等人，1976；Rose，1983。

同黑猩猩一般大小。

他们和人毫无相似之处，却又同人类有亲缘关系，他们终将进化为早期人类和巨猿的老祖宗。

当时的两性如何度过昼夜，我们无从知晓。也许有一些跟猴子一样，在树上窜来窜去，从这儿跳到那儿，或者爬到高处，再抄到旁边的“便道”。有一些则可能悬在树上摇荡。

其间的区分实际上对人类演化至关重要，因为他们移动方式差异很大。

猿和人的祖先在告别大树上的生活，转而栖息在小树上之后，进化出了人类基本身体结构。先是尾巴不见了，这些优雅的装饰物所起的作用有点像杂技表演中的平衡杆。有了这一精巧的转向工具，他们在结实的树干上来回跑动几乎如履平地。

但随着猿和人的祖先逐渐转移至树枝下方，尾巴成了终将被大自然淘汰的累赘。

为了适应树枝下飞来荡去的生活，他们又进化出其他流线型的身体结构，特别是肩膀、胳膊和躯干。如果你小心地抬起家猫的前臂，会发现猫头位于爪子后方，猫是看不到自己的胳膊肘的。然而，当你到操场上找个攀玩架，双手将其抓住，身体自然悬垂。注意观察，你的肩膀位置在脸的后方，人悬垂的同时，是可以看到胳膊肘的。人类锁骨、肩胛骨的位置、胸骨（也叫胸板）、宽而扁的胸腔和缩短的腰椎都经过了进化，使人更适合吊着的姿势，而不是四肢着地，承托身躯。

同样具有特色的是，人类和所有猿类都能180度转动手腕。因此，在爬攀玩架时，你我的手掌既可向内，也可向外。我们祖先的手臂和上身很早以前就已进化出这一解剖学特征，便于其在树木间飞来荡去，悬挂在树枝下，摘食水果和花朵。

这些变化究竟始自何时，围绕这一点的辩论已经持续了数十载。这些史前类人猿栖息在密林之中，从留存至今的一些下腭和牙齿化石来看，很明显，这些动物大部分时间都在采摘果实。[①]他们嘴部外突，牙齿尖利，门牙外翻，这有利于给食物去皮。想喝水时，他们要么吸食郁金香状凤梨等植物的汁液，要么从积雨的石缝里汲水喝。他们肯定会和同伴交谈，会为地位和食物发生争斗，还会躲进大树的树窝里睡觉。

丛林里的爱情

毋庸置疑，史前类人猿也会交媾。也许他们在交配前嗅对方身体、互相抚触和理毛的过程中，心里也会泛起淡淡爱意。不过这些早期人类的日常行为不太可能有性。

为什么？因为所有雌性灵长类——女人除外——都有发情期，也叫动情周期。某些种类的母猴发情呈现季节性规律，其他猴子和所有猿类每个月都会来月经。每次情爱期可延续 28 至 45 天以上，其间，发情期占 1 到 20 天不等，具体长短取决于品种与个体情况。

① Andrews，1981。

狒狒身上就体现了灵长类共有的性规律，而且从它们的性生活，也许可以窥探到2100万年前史前类人猿老祖宗的交媾行为。

发情期开始后，除了体味发生变化，母狒狒生殖器周围的“性皮肤”也会胀开，仿佛一面旗帜，宣告自己已进入受孕期。她开始“卖弄风情”，翘起屁股，不时回头看，蹲伏在地，背对着雄性挪过去，邀其“共赴巫山”。不过，发情期一过，母狒狒往往会拒绝交配，直到下个月。雌性狒狒怀孕后一般不再交媾。分娩后，只有等到幼崽断奶——这一过程需要5至21个月——它们才会再度发情，定期交媾。因此，成年母狒狒的生命中只有1/25的时间可用于交配。[①]

我们的老祖宗对于性事的积极性或许并不如现代人。

个别猿类的性生活印证了这一点。雌性普通黑猩猩的发情期一般持续10到14天；雌性大猩猩的则短些，为1到4天；红毛猩猩经期内有大约5到6天可以交配。[②]人类的这些野生近亲当中，绝大多数交媾行为都发生在发情期内，当然其他时间段也有。[③]可是这些猿在怀孕停经后，就中止了定期性行为，只有在幼崽断奶后，母猿的发情期才会恢复。对于普通黑猩猩和大猩猩而言，这段“产后性冷淡期”要维持3到4年，红毛猩猩则更久。[④]相比之下，只有倭黑猩猩（学名叫*Pan paniscus*）的“行房”周期比较短。但由于这些生物表现了一种反常的性规律，它们在呈

---

① Smuts，1985，16页。

② Nadler，1988。

③ Goodall，1986；Fossey，1983；Galdika，1979。

④ Tutin和McGinnis，1981；Fossey，1979；Veit，1982；Galdikas，1979。

现 2100 万年前生命形态这一点上恐怕起不到什么作用。[①]

确实，我们生活在树上的祖先恐怕更像普通灵长类动物——性交是周期性的。我们的祖先中一些雌性性欲较强，这一点同今天的部分猿类和女性没有什么两样；一些雌性发情期更长；一些更吸引雄性，但是交配行为一般只出现在发情期内。只有在雌性进入发情期，雄性在树上为了交配权争来斗去时，平淡的日子才会多几分色彩。不过，雌性在怀孕期间，必然会恢复性冷淡，并在给孩子断奶前始终节欲。

话说回来，即便是普通灵长类动物也存在例外，这促使我对我们长毛祖先的性行为提出了进一步的假设。由于社会动荡会鼓励许多物种中的雌性在发情期周期之外的时间交合，那么一种可能的情况是，一位新领袖，族群里的一位新成员或者某些特别食物（譬如肉）会诱使个别雌性成员在非发情期“行房”。[②] 雌性也许会利用身体去换取美食，缔结友谊。

雌性在怀孕或哺乳期间恐怕也有一定程度的“偷腥”行为。猕猴、普通黑猩猩和大猩猩偶尔会在怀孕几个月或给幼崽断奶前与异性交合。[③] 因此，我们有理由推测，人类祖先也是如此。它们

---

① 倭黑猩猩的性行为：倭黑猩猩的性生活与其余猿类有较大区别。它们的同性恋情况比较严重，另外，尽管同性恋行为在发情期间达到峰值，但是其在经期其他时候同样存在（de Waal，1987；Thompson-Handler 等人，1984）。同样，倭黑猩猩的异性性行为也发生在经期大部分时间之内。雌性倭黑猩猩在分娩后不到 1 年内就会恢复性行为（Badrian 和 Badrian，1984）。由于倭黑猩猩身上存在这种极端的灵长类性现象，且有生化资料显示，它们是迄今 200 万年前形成的物种（Zihlman 等人，1987），我觉得它们算不上是考察 2100 万年前的史前人类生活状态的一个合适的模板。

② Hrdy，1981；Goodall，1986；de Waal，1982。

③ Conoway 和 Koford，1964；Goodall，1986；Rowell，1972；Harcourt，1979；Veit，1982；Fossey，1983；Goodall，1986；MacKinnon，1979。

有时会手淫，譬如大猩猩就会自慰。[1]由于雌性大猩猩、黑猩猩等诸多物种存在同性恋的现象，我们的雌性祖先势必曾爬到彼此身上，互相蹭来蹭去，以获得性快感。[2]最后，雄性有时或许还会强迫雌性与之交合，哪怕后者心不甘情不愿。[3]

关于这些人类早期近亲的性欲或交配制度，除了下面这点外，我们所知甚少：环境剧变之下，它们中的一些在不知不觉中向人类靠拢——形成了调情、相恋和嫁娶这些共同习性，有一些还展现了偷情、离婚和再婚的趋向。

这一切都始自地球内部的熔浆翻腾之时。

---

① Fossey，1983。

② Veit，1982；Fossey，1983；de Waal，1982，1987。

③ 其他物种中的强奸现象：一些自由实验过程如下，单个儿的雌性黑猩猩、大猩猩或红毛猩猩和一头雄性同类关在一个笼子里；双方都有机会频繁接触对方。三个物种的雄性都有好几次强迫雌性与之性交，而且根本不顾雌性是否在状态，或者是否乐意（Nadler，1988）。关于强奸，发生率最高且最触目的例子发生在雄性红毛猩猩身上。一雄一雌被关在一起后，不管雌性是否处于发情期，是否有性欲，强奸几乎天天发生。第二项试验中，笼子中间设了一道门廊，将其一分为二。这一设计的好处是，雌性可以随意通过，去找雄性，但雄性却不可以。这样一来，三个物种的雌性只有在有限的时间段——发情期的中周期——才会寻求发生性关系。由此可见，在雌性可以左右交配时，性交呈现了鲜明的规律性。

不过，强奸也发生在野生猿类中间。黑猩猩中间的两起强行交媾案例中，一头雄性将雌性困在树丛中（Tutin 和 McGinnis，1981），强行与之发生性关系。还有几次，一头雄性大猩猩被发现在追求一头雌性的过程中，对后者表现了攻击行为。然而，强行交媾的情况却一次也没有（Harcourt，1979）。强奸或许是准成年雄性红毛猩猩的基本繁殖策略之一。领头的、完全成年的雄性在雌性的性准备阶段与之出双入对；它们不会逼迫雌性与之性交（Galdikas，1979）。不过准成年雄性会勾引雌性，试图强行交媾（Mackinnon，1979）。这种“强奸”行为如今被认为是红毛猩猩繁殖过程中的“稳定替代策略”(Rodman，1988)。诸如鸭子、海鸥、鹭、信天翁和崖沙燕等物种当中也存在强奸现象。以奉行一夫一妻制、集体繁殖的崖沙燕为例，已经有配偶的雄鸟试图将另一只“有夫之妇”的雌鸟从空中撞落，然后再“行奸”（Daly 和 Wilson，1983）。

海洋里的骚动

3000多万年前，非洲和阿拉伯半岛是连在一起的一片岛状大陆，地理位置较今天要偏南一些。[①] 其北部的特提斯海（古地中海）横贯大西洋和太平洋，将全世界的水域连为一体。这道大水闸充当了地球的散热箱。特提斯海深处的高温底层水流遍全球，提升了潮汐和风的温度。就这样，世界各国的海滩沐浴在温热的海浪中，而森林则接受着温润雨水的滋润。[②]

这个火炉后来消失了。

在地表下强大洋流的冲击下，非洲－阿拉伯板块开始北移。到了差不多2100万年前，地壳运动导致非洲－阿拉伯板块嵌入中东地区，形成了扎格罗斯、托罗斯和高加索山脉。不久之后，一条巨型陆地走廊连通非洲和欧亚大陆，将远古时期的广袤森林融为一体。[③]

这时的特提斯海面积只有过去的一半，其西部成了今天的地中海，那里温热、高盐分的海水注入大西洋。可是，东特提斯海——也就是今天的印度洋——从此与热带洋流绝缘。大西洋、

① Van Couvering，1980。

② Berggren 和 Hollister，1977。

③ Van Couvering 和 Van Couvering，1975；Berggren 和 Hollister，1977；Thomas，1985。

印度洋、太平洋被截断了。温热的潮汐也不再流遍全球，却为远古丛林带去暖意。[1]

到了新生代时期，也就是距今6500多万年前，恐龙灭绝，哺乳动物取而代之。自此，全球气温开始降低，如今再度骤降。南极洲的山巅覆上了冰盖，赤道附近的土地变得干旱。

地球正在降温。

东非也经历了气候剧变。早期的地壳运动留下了两道深深的“伤口”。从埃塞俄比亚北部，南至马拉维，地上爬着两道平行的裂缝。但是随着非洲－阿拉伯板块北移，这些裂谷不断扩大。夹在其中的地面开始沉降，形成了我们今天熟知的东非地貌：两旁层峦叠嶂，中间是低谷绵延。[2]

从赤道非洲飘来的云带来了温热的雨水，水汽蒸发后，形成云回到西部大裂谷上空。而从印度洋上吹来的信风送来降雨，雨水蒸发后又回到东部大裂谷上空。东非大裂谷地区因此被笼罩在“雨影”之中。过去晨雾遮住旭日，现在碧空如洗，气候干燥。

很快，世上的生死轮回就会以季节为分隔。2100万年前，每年的10月至次年4月间，季风依旧吹拂着印度洋。但到了5月，许多热带植物进入休眠状态。无花果树、金合欢树、杧果树和野生梨树不再一年四季开花结果，嫩芽、新叶和幼苗只有在雨季才会茁壮生长。[3]

想当初，每天下午东非地区都会被一场温热的降雨打湿，现

---

① Axelrod和Raven，1977。

② Andrews和Van Couvering，1975，65页。

③ Van Couvering，1980；Axelrod和Raven，1977。

在这已成为过去。

更糟糕的是，火山开始喷射岩浆。其中一些早在2100万年前就已喷发。但到了1600万年前，亭德勒、耶勒勒、纳帕克、莫罗托、卡达姆、埃尔贡和基辛格里等火山喷出一道道岩浆和一团团火山灰，湮灭了山脚下的动植物。[①]

随着地球降温、雨影效应以及该地区的活火山运动，东非的热带森林面积逐渐减小，与此同时，全世界的森林也在变得稀疏。

两个不断扩大的生态龛取代了这些树的位置——稀树丛林和稀树草原。[②]湖泊和河岸周围的树林密度依旧比较高，但是地表上升、河流变窄的地方，还是以稀树丛林的地形为主。这里矮木成群，却很少出现树干交叉的情况。树底下是一道道绿茵。水源匮乏之处，树枝遮蔽下艰难生存的草本植物逐渐向外蔓延，形成了一望无垠的稀树草原。[③]

到了1600万至1400万年间，曾经那片郁郁葱葱、史前类人猿的安乐窝走到了尽头。

于是天下大乱。

当然机遇与之并存。

◆◆◆◆◆

① Andrews 和 Van Couvering，1975。

② 稀树草原是"一层透水的多草类植被，有10% 到40% 的森林覆盖"（Retallack 等人，1990）。

③ Andrews 和 Van Couvering，1975；Van Couvering，1980；Retallack 等人，1990。

这一时期，生活在森林里的动物大量死亡。马和其他生物的远古近亲体形较小，它们从欧亚大陆不断萎缩的森林迁徙至非洲。此外，另有许多物种离开了林中空地，集结成群后，在稀树丛林和草原上形成了新的物种。这些迁徙者当中有今天犀牛和长颈鹿的祖先，有鸵鸟、各种各样的羚羊等草食类动物，它们栖息在塞伦盖蒂平原上。它们的天敌也在随之进化，譬如狮子、猎豹等肉食动物的祖先，以及豺和鬣狗——它们是远古世界的清道夫。①

海洋中的剧变、通往欧亚大陆的一座崭新的“陆地之桥”、四季的出现、不断稀疏的森林林冠，以及不断扩张的稀树丛林和草原，这些因素都会对我们的祖先构成重大影响。比方说，正因为有了离开非洲的路线，许多人去往法国、西班牙、意大利、匈牙利、希腊和斯洛伐克，并辗转至土耳其、印度和中国等亚洲国家。与此同时，留在当地的非洲人依然生活在不断萎缩的森林内，较为开阔的稀树丛林中和一望无际的草原上。

同样重要的是，这些早期的探索者中，有不少具有与猿类相同的体貌特征，甚至在脾性上也与我们真正的老祖宗有几分相似——他们在血统上与你我一脉相承。②

这些动物的学名叫类人猿，是人类和大型猿类的鼻祖，其中包括红毛猩猩、大猩猩以及两种黑猩猩，即普通黑猩猩和倭黑猩猩。我们最早的祖先就是从这一纲目进化而来。③

---

① Andrews 和 Van Couvering，1975；Van Couvering，1980；Axelrod 和 Raven，1977；Maglio，1978；Bernor，1985；Vrba，1985。

② Klein，2009。

③ 探寻人类分化的起源：对人类与非洲猿类之间区别的 DNA 等生化、解剖学和遗传学分析表明，人类与猿类分化的起始时间有所不同，大致的估计是在距

朋友可以选，但和谁做亲戚无从选择。因此，尽管今天的非洲猿类肯定经过了几百万年的进化史（这些类人猿既有猴子的特点，也有猿类的特点），但现代非洲猿类由于与人类有着紧密的亲缘关系，他们也成为重现1400万至800万年前地球生态的绝佳模板。不久之后，人类始祖的身影开始出现在东非森林和稀树平原上，对偶匹配、出轨、离婚和再婚等人类史前规律也在这一时期开始成形。

大猩猩的策略

大猩猩过的是一夫多妻制生活。今天，这些羞涩、迷人的动物依然栖息在位于刚果、乌干达和卢旺达的维龙加休眠火山中。人类学家戴安·弗西于1985年在丛林内遇害，生前她对35对猩猩种群做过研究，耗时18年，记录了它们日常生活的点点滴滴。

每个猩猩家族都有首领：一头成年银背雄性大猩猩（之所以叫“银背”，是因为其背部有一块带状银色毛发）和至少两位他的“妻子”。家族成员的侧翼往往还跟着一头不怎么起眼的雄性黑背（接近成年）猩猩或较年轻的成年雄性猩猩，年轻的“妻子”陪在

今1000万至400万年以前（Sarich和Wilson，1967a，1967b；Gronin，1983；Sibley和Ahlquist，1984；Ahlquist，1984；Andrews和Cronin，1982）。资料显示，人类与黑猩猩的关系最近；而大猩猩则在更早的时候就变得不同了（Miyamoto等人，1987）；此外，人类最早从这一基本纲目分离出来的时间为距今800万至500万年前（Klein，2009）。参见Wolpoff，1982；Ciochon和Fleagle，1987。

一旁。“首领”、年幼的雄性、他们的“妻子”和一大堆幼崽就这样徘徊在遍布苔藓的树丛中，在非洲腹地深处的雾气和灌木丛中觅食蓟和野芹菜。

雌性大猩猩长到 9 到 11 岁便进入交配年龄，她的发情期为每个月一次，每次持续 1 至 4 天。过程如下：一头雌猩猩开始追求除了父亲和胞兄弟之外族群里地位最高的雄性。[①] 她朝雄性撅起屁股，盯着对方棕褐色的眼睛，大胆地背对着对方，有节奏地用自己的性器蹭对方，或者坐在后者的大腿上，面对面交合。雌性全程还会发出柔和、高亢和飘忽的叫声。[②]

不过，要是找不到合适“丈夫”的话，她就会离开自己出生的族群，投靠一个有合适雄性的族群。要是还找不到“如意郎君”的话，她索性就跟着一个落单的雄猩猩一块儿过了。可要是她的伴侣几个月内还没能“钓”到其他雌性的话，“原配夫人”就会离他而去，投奔猩猩大部队。雌性大猩猩是不接受一夫一妻制的，她们渴望过一夫多妻制的生活。

雄猩猩一样具有流动性。一头与若干成年雌性共同生活的黑背雄猩猩进入青春期后，往往会留在自己出生的族群内，内部交配。不过，要是雌性尚未进入青春期，或者清一色都是自己的胞姐妹，他要么选择加入另一个种群，要么就落单，独自流浪。这么做的目的是吸引年轻的雌性，建立属于自己的“后宫”。

这种流动性杜绝了乱伦。实际上，弗西只见识过一起乱伦的

---

① Veit，1982。

② Nadler，1975。

例子：一头银背大猩猩和自己的女儿交合。有意思的是，母猩猩分娩后几个月，幼崽就被家里人杀死了。在它们的粪便中发现的骨头碎片表明小猩猩的部分身体被吃了。[①]

“后宫”一旦建立，“丈夫”和他的几个“妻子”就会安顿下来，一般双方会厮守终身——当阳光洒进树林，他们便沐浴在日光下，有规律地进入工作和嬉戏环节。一头雌性大猩猩偶尔会离开配偶，与别的雄性在一起——这种现象叫作“连续一夫制”[②]，不过十分罕见。

配偶也不一定对伴侣忠贞不贰。处于发情期的雌性只同“丈夫”交媾，后者会在“妻子”向其他雄性“暗送秋波”时加以阻挠。可是，怀孕后的雌性往往会与地位较低的雄性性交——而且还是当着“丈夫”的面。除非双方太投入、太激烈，否则做“丈夫”的不会打扰他们。大猩猩不仅“风流成性”，对“外遇”也颇为大度。

那么，800 万年前居住在树上的人类祖先是否同大猩猩一样，也是“妻妾成群”呢？雄性和雌性是否“白头偕老”，但偶尔也会与群体其他成员发生性关系？或许是吧。

不过，人类的性癖好和大猩猩的繁殖习性还是有较大差异的。大猩猩的性行为一贯是公开的，而人类鱼水之欢的一大特点就是重隐私。更重要的是，雄性大猩猩总有个“三妻四妾”。男人可不是这样，大部分男性一次只能娶一个老婆。雌性大猩猩和人类女

---

① Veit，1982。

② Fossey，1983。

性之间的共同点就更少了。尽管女性的确会给人当小妾，但妾侍之间往往会拌嘴，有时甚至会杀害彼此的孩子。人类多妻制婚姻里的争风吃醋十分普遍。

女人的性情注定了她们不适合“共侍一夫”的生活。

然而，人类与大猩猩最显著的区别在于人类维持两性关系的长度。大猩猩伴侣几乎都是相守终身，反观人类，则会常常更换配偶——有时还要换好几次。对于我们而言，想要婚姻长久，是要付出努力的。

原始群

达尔文、弗洛伊德、恩格斯等诸多思想家曾提出一种假想，认为我们最早的祖先生活在一个“原始群”当中——也就是说，男女全凭个人意愿，选择交配的对象和时间。[1] 正如古罗马哲学家卢克莱修在公元 1 世纪时所言：“在地球严酷环境的考验下，当时生活在野外的人类体格更强健……太阳公转了多少次，他们就活了多少年，像野生动物那样具有广泛的活动范围。爱神维纳斯在森林中令情人合体，因为二者的结合是出于对彼此的欲望，或是迫于男人的蛮力和淫欲，或是受到了橡子、梨子或杨梅这些好处

① Darwin，1871；Freud，1918；Engels，[1884] 1954。

的诱惑。”[1]

卢克莱修也许是对的。普通黑猩猩和倭黑猩猩为群居动物，“性贿赂”的情况司空见惯。此外，遗传学数据显示，这些非洲猿类和我们是最近的近亲。的确，人类与其的基因相似度，堪比家犬与狼的基因相似度。而且在人类祖先于800万至500万年前从这一脉分离出来时，我们和猿有着共同的过去。[2]通过对其生活的分析，我们能得出一些关于人类历史的基本结论。

◆◆◆◆◆

如今，倭黑猩猩依然栖息在刚果河沿岸的一些沼泽森林里。他们经常在距离地面30米的高空表演一系列高难度的杂技动作——比如摆臂、腾跃、俯冲，以及像走钢丝那样站立行走。不过他们大部分时间其实都在森林地表活动，四肢着地，在林间穿梭，寻找鲜甜多汁的果子、种子、植物根茎、叶子、蜂蜜、蠕虫等食物。他们还会挖地洞找蘑菇，或者从农民的地里偷甘蔗或菠萝吃。[3]

他们也吃肉。人类学家好几次观察到雄性倭黑猩猩追踪鼯鼠的场面，不过最终都铩羽而归。还有几次，雄性倭黑猩猩会悄无声息地逮住并杀死一只体形较小的森林羚羊、小羚羊，并分享战利品。倭黑猩猩还会翻捣溪流旁的泥浆水抓鱼；他们会把白蚁巢

① Lucretius，1965，162－163页。

② Klein，2009。

③ Kano，1979；Kano和Mulavwa，1984。

穴搞得支离破碎，好吃到里面四处乱跑的白蚁。[1]也许我们的原始祖先之所以会狩猎和采集其他蛋白质来源，是为了在水果和浆果之外充实一点食谱。

倭黑猩猩往往是雄性、雌性和幼崽共同行动。有时数量较少，往往是 2 至 8 头猩猩一起，数量相对稳定。不过，有时规模也会壮大到 15 至 30 头，甚至是 100 头。他们集结起来，吃在一块，玩在一块，睡在一块。团体里的成员来去频繁，全凭食物多寡而定——就这样，好几十头猩猩就组成了一个具有凝聚力的社群，也就是“原始群”。

性交几乎是他们的日常行为。雌性倭黑猩猩每个月的发情期较长，几乎覆盖了经期 3/4 的时间。但正如前文所述，雌猩猩并不是只有发情期内才会有性行为。雌猩猩在经期内的大半时间都在交配——这种交配规律同人类女性很接近。[2]

雌性十分频繁地以性讨好异性“友人”。一头雌猩猩会走到正在啃甘蔗的雄性身旁，坐下来，像人那样摊开双手做祈求状；接着，她会用哀怨的眼神盯着甘蔗，然后抬首看向雄猩猩。他感到了来自她的凝视。雄猩猩把甘蔗递给雌性后，她就会翘起臀部，与之交合，完事后她就拿着甘蔗走开了。雌猩猩也不会排除去讨好别的雌性，她会挪到同性身边，投入后者的怀抱，面对面，腿盘在对方腰间，然后摩擦彼此的性器，最后收获几节甘蔗。雄性猩猩间也会有同性恋和口交现象。[3]

---

① Kano，1979；Badrian 和 Malenky，1984。

② De Waal，1987；Thompson-Handler 等人，1984；Kano 和 Mulavwa，1984。

③ Kuroda，1984；de Waal，1987；Savage-Rumbaugh 和 Wilkerson，1978。

倭黑猩猩性行为的目的多种多样，可以是为了舒缓紧张感、向同伴讨要吃的、在迁徙时减轻精神压力，以及在紧张的团聚时重拾友谊。很明显，“要做爱不要战争”是倭黑猩猩的一项计谋。

那么我们的祖先是不是也会这么做？

倭黑猩猩表现的许多性习惯同人们在街头、酒吧、饭店，以及在纽约、巴黎、莫斯科和中国香港的寓所内的行为表现如出一辙。在交媾前，倭黑猩猩常常会深情地盯着对方的眼睛。正如前文所述，这种“情爱的凝视”也是人类求偶行为的核心要素。倭黑猩猩行走时挽着彼此的手臂，亲吻彼此的手和脚，并做出漫长、深切的法式舌吻。①

圣地亚哥动物园里的倭黑猩猩70%的时间里还会采取传教士体位（面对面，公的在上，母的在下）行房，尽管这可能是因为它们能够找到一块平坦而干燥的地面。②而在非洲林间，人们观察到的106次猩猩交配行为中，有40次都是采取面对面的姿势，其余的则都是后入式体位。③但是倭黑猩猩很喜欢“玩花样”。母猩猩会坐在公猩猩的腿上云雨，有时会采取上位面对面的姿势，或者是自己趴着，雄性站着，抑或二者都站着，甚至挂在树上都能交欢。有时候，二者在交配时还会搓弄对方的生殖器，做爱时目光也不忘锁定在对方身上。

最后一批生活在树丛中的人类始祖在交合之前恐怕也会接吻和

---

① De Waal，1987。

② 同上。

③ Kano，1980。

拥抱，或许它们还会边面对面性交，边深情地盯着彼此的双眼。①

倭黑猩猩似乎是最聪明的猿类，由于它们的许多身体特征与人类高度近似，再由于这些黑猩猩交配花样繁多，频率极高，某些人类学家就此推测，倭黑猩猩像极了非洲类人猿的原型，也就是最后一批生活在树丛中的人类祖先。②

其实不然。倭黑猩猩在性行为上与人类具有一些本质上的区别。一方面，他们不会像人类那样结成长期的配偶关系；另一方面，他们也不会像人类夫妻那样共同抚养后代。雄性的确会照看幼崽，③但他们忍受不了一夫一妻制的生活，乱交是家常便饭。

人类的花心本质很可能是一种史前人类的行为模式。

黑猩猩的时光

同样喜欢滥交的还有普通黑猩猩，学名叫 *Pan troglodytes*，得名自 Pan 这位大自然母亲精灵和古希腊人的神灵。从 1960 年起，珍妮·古道尔开始在坦桑尼亚的贡贝河自然保护区观察这些生物。她注意到它们一些特别的行为，其有助于重现距今八百万年前我们居住在树上的祖先是如何生活的。

---

① 自然界里的面对面交媾：个别动物偶尔会面对面交媾，其中就有大猩猩（Nadler，1975）、红毛猩猩（Galdikas，1979）、合趾猿（Chivers，1978）、鲸鱼和鼠海豚（Harrison，1969）。

② Coolidge，1933；Zihlman 等人，1987；Zihlman，1979；Susman，1984。

③ 人类学家 Ellen Ingmanson，1979，个人对话记录。

这些黑猩猩为群居动物，一个族群里一般有15到80头，他们的活动范围分布在坦噶尼喀湖东岸5至12平方公里以内。他们的“家园”既可以是茂密的森林，也可以是更为开阔的林地，或者是一片片的稀树草原。由于食物供给分散且不平均，单个的黑猩猩不得不以暂时性的小集体进行活动。

公猩猩一般4至5只一组在栖息地活动，而带着幼崽的母猩猩（2只或2只以上）有时则会互相搭档几小时，共同育儿。个体黑猩猩常常独自或与三两好友一起闲逛，这个小团体里公的母的都有。此类社交聚会形式很灵活，有加入的，就有离开的。可是，要是一个团体的成员发现哪里的无花果、嫩芽等美味特别丰盛的时候，就会嘶鸣着穿过丛林，或者用拳头捶击树干。接下来所有猩猩都会前来聚餐。

雌性普通黑猩猩的周期发情时间一般维持10到16天，他们的性行为规律为我们了解很久以前的人类祖先的生活提供了又一个范例。④

母猩猩进入发情期后，她生殖器周围的皮肤就会像一朵巨型粉色花朵那样胀开——这算是允许雄性进入的通行证。她往往会参加一个全是雄性的社交聚会，继而对除了自己儿子和兄弟之外的所有异性施展诱惑。可能会有多达八头的雄猩猩排队等着行房，这种现象被称为“机会主义式交配”。每头公猩猩的交配时间两分钟不到，从插入阳具到前后抽动，再到最后的射精，一般仅耗时10到15秒。⑤

④ McGinnis，1979；Goodall，1986。

⑤ Tutin，1979；McGinnis，1979；McGrew，1981；Goodall，1986。

占主导地位的追求者或许会试图霸占处于发情期的雌性，这被称为“占有性交配”。公猩猩会用专注的目光来吸引异性的注意，他两腿分开的坐姿是为了露出勃起的阴茎，此外还会摇晃阴茎，身体左右摆动，伸开双臂招呼异性，在她面前趾高气扬，或者是不屈不挠地跟踪雌性。[①]一头公猩猩可以整夜睡在下了雨的地面，等候一头寻找住处的发情期的雌性出现。公猩猩成功吸引雌性后，就会黏在她身边，努力阻止其与别的雄性发生关系。有时候公猩猩甚至会追赶、冲撞或攻击别的求偶者。

但是，诸如此类的冲突会耗费宝贵的时间——雌性偶尔会用短短几分钟的时间与多达3位别的求爱者进行交配。

雌性黑猩猩对于性事很主动。有一次，贡贝河保护区里性欲最强的猩猩弗洛在一天的时间里交配了几十次。青春期的母猩猩有时简直欲壑难填，哪怕异性毫无兴趣，她们也会去拉扯对方耷拉着的阴茎。有些母猩猩似乎还会手淫自慰。此外，母猩猩有时很挑剔，她们喜欢的雄性要能为她们理毛，给她们吃的——不一定是雄性等级制里的老大。[②]有些求偶者会遭到断然拒绝。另一些则会与之形成长期的友谊，交媾次数也更多。此外，无论公猩猩还是母猩猩都会避免与近亲，譬如母亲或兄弟姐妹发生关系。[③]

除此之外，母猩猩还喜欢性冒险。在贡贝河保护区，处于青春期的母猩猩常常会在发情期间离开出生的族群，前去附近的部族里找寻雄性。这种习性即便是成年后也很普遍。隔壁的雄性邻

① McGrew，1981；Goodall，1986；de Waal，1982；McGinnis，1979。

② McGinnis，1979；Tutin，1979；Goodall，1986；McGrew，1981。

③ Pusey，1980。

居在见到陌生异性后，会观察对方阴蒂周围扩张了的粉色皮肤，这是处于发情期的征兆。接下来，他们不仅不会攻击外来者，反而会与之交合。同人类青少年一样，雌性普通黑猩猩定期离家出走，找寻伴侣。其中一些会回来，另有一些则永久移居别处。

那么，远古类人猿女性是否也性饥渴呢？她们在发情期内是否也会参加只有男性的社交聚会，与这些单身汉交欢，时而自慰，并与特定的异性结成友谊呢？大概是吧。

她们或许还形成了更为长久的伴侣关系。

约定日期

有时，发情的雌性普通黑猩猩和一头雄性黑猩猩会双双消失，跑到看不见听不着的地方交合——这被叫作“去游猎”。[1] 这种幽会一般是雄性发起的。毛发竖起、阴茎勃起的他会发出示意，左右摇摆，挥动树枝，专注地盯着潜在的爱侣。雌性向他靠拢时，他便转过身走开，希望前者会跟着自己。这一套举止会变得越来越激烈，直到雌性对其俯首帖耳。有时，雄性甚至会攻击雌性，直到后者表示默许。

从这里能看出一夫一妻制的痕迹——其中包括私底下的交合。这些偷偷摸摸的配偶关系往往会延续数日，有的则是几周。“去游

① McGinnis，1979；Tutin，1979；Goodall，1986。

猎”还能带来繁衍的好处。1970年代，贡贝河保护区有记录的14起猩猩怀孕案例中，至少一半发生在母猩猩与单个公猩猩出双入对的过程中。[①]

也许我们生活在树丛里的祖先偶尔也会形成类似的短期伴侣关系，会躲进丛林深处，面对面地交配，拥抱，爱抚，亲吻彼此脸颊、双手、身体，彼此喂水果吃，并诞生“爱情的结晶”。

然而，需要再次重申的一点是，这些黑猩猩与人类存在一个重要的区别。一头雌性普通黑猩猩在明显怀孕之后，会开始独自游荡，或者与其他的母猩猩和小猩猩一起生活。随着分娩日期的临近，她会在一片狭小的家园里安顿下来。有的母猩猩占据了社群里的中心位置，有的在社群边缘安了家。她便在这片地域生下幼崽，独自将其抚养长大。

黑猩猩是不会结对养育后代的，他们根本不识父爱为何物。

◆◆◆◆◆

话说回来，普通黑猩猩还显露许多别的社会习性，其先是在我们的祖先身上生根发芽，后来又在人类身上发扬光大。这就是好斗的天性。

贡贝河保护区内的公猩猩守护着各自领地的边界。通常，3头及3头以上的成年雄性会一起出发“巡视”。有时他们会发出刺耳的叫声，想必是为了吓退外来者，但多数时候他们只是沉默不

① Tutin和McGinnis，1981。

语地望风。他们走着走着会停下脚步，挺直身板，观察高高的蒿草后的情况，或者爬到树上，查看毗邻的领地。有些猩猩在潜行的同时，会注意被丢弃的食物，翻看可疑的巢穴，或者竖起耳朵听是否有同类来犯。与邻居狭路相逢时，他们常因为紧张而排泄大小便，接着再试探性地摸摸对方，这之后，他们又凶巴巴地嘶叫，佯装要发动袭击。有的挥舞树枝，有的拍击地面，有的扔石头，完事后双方便一哄而散。①

1974 年爆发了一场猩猩战争，如今这一事件已具有典型意义。1970 年代初，一支由 7 头雄性黑猩猩、3 头雌性黑猩猩“脱团者”组成的猩猩队伍逐渐把活动范围锁定在卡萨克拉黑猩猩栖息地的南端。到了 1972 年，这些“侨民”已经在南部的河谷附近建立起了属于自己的聚居区，其在观察者口中叫“卡哈玛”。于是，卡萨克拉和卡哈玛的公猩猩不时狭路相逢，它们在新的边界上互相“叫骂”，捶打树干，在地面拖拽树枝——这可不是什么友好姿态——最后双双离开。

到了 1974 年，5 头卡萨克拉的公猩猩深入南部腹地，并痛揍了一只受惊的卡哈玛公猩猩。据古道尔描述，当时，一头卡萨克拉公猩猩将受害者摁倒在地，其余同伙对其一顿撕咬、踢踹、拳击，并在他身上跳。最终，一头公猩猩直起身，用一声尖叫打破了眼前的混战，并朝敌人扔了一块石头，可是没砸中。这场群架又持续了十来分钟，来犯的斗士们最后带着淌血的伤口和断骨，

① Bygott，1979；Goodall 等人，1979；Wrangham，1979b；Goodall，1986。

抛下卡哈玛公猩猩逃之夭夭。[1]

之后的 3 年里，同样的命运降临到另外 5 头卡哈玛公猩猩和 1 头母猩猩身上。到了 1977 年，卡萨克拉部落的雄性猩猩已经将大部分邻居灭除殆尽，剩下的也消失得无影无踪。很快，卡萨克拉部落便将活动区域拓展至坦噶尼喀湖湖畔。[2]

我们生活在树上的祖先，是否在大约 800 万年前也开始彼此争斗了呢？这种说法有据可依。

◆◆◆◆◆

这时候他可能也已经开始狩猎了。[3] 黑猩猩猎手一贯都是成年猩猩，多数是雄性。死在它们手里的猎物一般有未成年狒狒、猴子、羚羊或薮猪。有时，一头雄性猩猩会趁猴子在树上觅食毫无防备之时，一把将其揪住，然后撕成碎片，也就是“机会主义狩猎”。不过，同样常见的还有有计划、团体协作的狩猎行为，狩猎行动总是悄无声息地进行。在外人看来，这场追踪战唯一的表象就是猎手目光所投之处，他们竖起毛发、歪斜头部、步态坚毅并交换眼神。一转眼的工夫，一群公猩猩已经对猎物实现了合围。

只要一头猩猩扑倒猎物，一场“拉锯战”便开始了。每位猎手都号叫着，抢走部分肉块，几分钟后，所有听到这边动静的猩猩都会赶到，呈“索食队形”将战利品的占有者团团围住。有的

---

① Goodall 等人，1979。

② Bygott，1974，1979；Goodall 等人，1979；Goodall，1986。

③ Teleki，1973a，1973b；Goodall，1986。

猩猩双手摊开，做祈求状；其他的猩猩盯着占有者，或者是其手中的肉；更有甚者还会去捡掉在草丛中的肉末。随后，所有猩猩都坐下来，开始用餐，有的还会自在地摘点树叶，给自己“加餐”，平衡摄入的动物蛋白——这算得上是最早的“牛排 + 色拉”的搭配吧。有时，一头不足 10 公斤的动物尸身够 10 来只猩猩吃上一整天，这番景象与美国人的假日晚宴其实没什么两样。

黑猩猩的确会为一块肉打架。尽管有时剑拔弩张，但是等级高，并不是多吃多占的保证。从黑猩猩社交生活的这一面来看，以下犯上的事情并不少见。真正起作用的是辈分以及性魅力。发情期的雌性往往会获得额外的份额。[①]

◆◆◆◆◆

事先筹划、团队行动、相互协作、分享猎物——上述狩猎技巧被我们的祖先日益完善。不过，人类狩猎的一个重要元素往往是黑猩猩所不具备的：使用武器。但偶尔也有例外。

比如有一次，一群贡贝河保护区内的公猩猩包围了 4 头成年薮猪，猎手们试图将小猪崽从他们当中分开。最终，一头年长的公猩猩扔出一块西瓜大小的石头，砸中了一头成年薮猪。薮猪们四散奔逃，撇下了小猪。转眼间，猩猩猎手们蜂拥而上，逮住了小猪，把它大卸八块并吃了个精光。[②]公猩猩还发明了一种长矛状

---

① Teleki，1973a；McGrew，1981。

② Plooij，1978。

的投枪，可以趁猎物不备向其投射。

可是，黑猩猩在互相对峙时使用武器的频率更高。[①] 他们会在树上朝下方的黑猩猩丢树枝，会用树鞭抽打敌人，会直起身挥舞棍子，会扔石头和树枝，还会一边拖着根圆木，或抄起一块石头，一边冲向对手。

也许，我们生活在树上的祖先在不追求发情期异性的时候，就在打架、狩猎，或者是拿着棍棒和石块互殴。他们也很可能要花费大量的时间，目的仅仅是求和。[②]

◆◆◆◆◆

雄性黑猩猩爱造武器，而雌性黑猩猩则爱发明并使用工具——特别是外出抓昆虫的时候。[③] 母猩猩“挖”蚂蚁，先用手指刨开地表下的蚁穴，再将一根细长的树枝插进去。蚂蚁顺着杆子往上爬，猎手就用嘴唇将这些到处乱窜的小虫子一网打尽，将其送进嘴里，然后用力嚼上一会儿，赶在舌头被蚂蚁咬到之前把它们吞进肚子。她们还会用长长的草茎在白蚁巢的通道里“垂钓”。黑猩猩还会用石头砸开坚果和表皮坚硬的水果，用叶子擦去身上的污秽，用小棍子剔牙，用树叶当扇子赶走苍蝇，通过嚼碎叶子从树杈中获取水分，还会用棍子、石头砸山猫、蛇和敌对的黑猩

① Goodall，1968，1970，1986；McGrew，1981。

② De Waal，1989。

③ McGrew，1979，1981；Boesch 和 Boesch，1984。

猩。[1]

我们最后住在树上的近亲或许也会定期使用工具。

牙医和看病问诊恐怕也是起源于我们生活在树上的祖先。在贡贝河保护区，初出茅庐的猩猩“牙医”贝莉就会用嫩枝替一头张开嘴巴的年轻公猩猩清洁牙齿。她有一次还成功实施过拔牙——趁病人一动不动地躺着，脑袋后仰，嘴巴张大的时候，她就拔掉了一颗蛀牙。[2]在中央华盛顿大学的灵长类研究中心，一头公猩猩还用嫩枝，为一名同伴清除脚上的创口。[3]黑猩猩还会在互相理毛的时候，帮对方把痂抠掉。

猩猩也并不总是对垂死的同伴不闻不问。贡贝河保护区内的一头母猩猩在遭到一伙雄性猩猩袭击后，她的女儿坐在母亲破碎的身体旁边，一坐就是几小时，其间不停地赶走停在母亲身上的苍蝇，直到母亲去世。但是小猩猩并不会放一片叶子、树枝或石头来凭吊自己的母亲。只有大象才有埋葬同伴的习惯，它们会衔来树枝，盖住逝者的头和肩膀。[4]

生活在树上的人类末代祖先怕是也有一大套繁文缛节。今天的黑猩猩会给自己的上级赠送树叶或嫩枝等礼物，他们会向地位崇高的同伴鞠躬致意，他们会握手，互相抚触，并像足球运动员那样轻拍对方的臀部。他们会咬紧牙关，嘴角后收，挤出一丝人类的紧张的社交笑容。他们会噘嘴，会生闷气，会耍性子。互相

---

① Goodall，1970，1986；McGrew，1974，1981。

② Goodall，1986。

③ Fouts，1983。

④ Moss，1988。

理毛也是定期要做的，目的是从彼此的毛发中清理出草和泥土，这和我们从某人的毛衣里找出起球的棉绒如出一辙。

高贵的野蛮人

那么生活在树上的人类末代祖先是不是过着和黑猩猩一样的群居生活？①他们会不会以多欺少，保护领地，同邻居宣战——这可是如今人类的强烈愿望。他们是否会用棍子掏蚁穴，齐心协力去狩猎，再分享战利品？这似乎是合情合理的。

其中一些可能成了早期的医生，其他的则充当打手。他们恐怕也搞恶作剧，比如把水或叶子洒到某个没有戒心的同伴身上——因为今天的黑猩猩也喜欢搞怪，喜欢整蛊。我们的祖先中肯定也有比较严肃的，有别出心裁的，有害羞的，有胆大的，有温柔的，有自私的，有耐心的，有鬼鬼祟祟的，有好奇心旺盛的，有顽固不化的，有小气的——而人类和所有猿类均拥有上述特点。

他们势必也有家庭观念。黑猩猩、大猩猩以及所有高级灵长类动物一般都和母亲及兄弟姐妹相处。他们恐怕对多数生面孔都心存畏惧。他们爱与同龄人拌嘴，面对长辈会鞠躬，面对性伴侣会亲吻，走起路来手挽着手，步伐一致。他们表达喜欢、愉快、气恼等情绪时毫无疑问靠的是面部表情、讪笑、叹气和嘶鸣。另

① Tanner，1981；McGrew，1981；Fisher，1982；Mansperger，1990；Foley 和 Lee，1989。

外，可以肯定的是，他们大部分时间必然坐在森林里的草地上，拍打、抚触、拥抱，为彼此掸去身上的灰尘、泥土和树叶，并且与自己的幼崽、朋友和情人玩耍。

或许他们也会与伴侣躲进森林深处，连续几天或几周尽享私密的鱼水之欢。也许有一些甚至会在游猎结束后，对这位临时眷侣心生依恋或哀伤。不过，多数情况下，性对他们而言应该只是一件很随意的事。800 万年前，孩子们是在母亲及其女性朋友的监护下长大成人的。

那时尚未诞生诸如“父亲”“丈夫”和“妻子”这些概念。

我们的团体

不过，到了 600 万年前，非洲出现了一个新物种。他们中的一些漫步在肯尼亚森林纵横交错的草地上，[①]另一些生活在乍得的森林里。到了大约 440 万年前，已经有超过 35 只这样的生物在今天埃塞俄比亚流速缓慢的河道沿岸的森林里生老病死，繁衍生息。

他们或许是外行人口中的所谓“缺失的环节”——首先从我们的远古近亲黑猩猩当中分离出来，并开始向人类演化的最早人类。我们有他们的骨骼化石，科学家给他们起了好几个学名。但是，其中绝大多数隶属于始祖地猿（又名拉密达地猿，

① Klein，2009。

Ardipithecus ramidus）这一物种。

来说说阿尔迪（Ardi），我们的某位祖先。

“Ardi”在埃塞俄比亚当地阿法人的土语里是“地面”或“地表”的意思。而“ramid”则是“根”的意思。阿尔迪的骸骨被发现在今天埃塞俄比亚东非大裂谷的阿瓦什平原中部（因阿瓦什河而得名）的阿拉密斯地区。[①] 她身高1.2米，体重约50公斤，从其牙齿结构来看，她的食谱主要包括植物、坚果和小型哺乳类动物。她在遍地生根的朴树、无花果树和棕榈树之间游荡，终日与猴子、羚羊、犀牛、熊、水獭、蝙蝠、松鼠、鬣狗、孔雀、昆虫和各种植物相伴——所有这些动植物总共留给今人超过十五万件化石碎片。

阿尔迪可不一般。她的大脚趾与其余四趾分开，方便了她抓紧树干。这一猿类才有的特征与后来出现的古人类脚趾相连的结构存在巨大不同——后一类与你我更为相似。不过，她脚部的其他特征使其能够直立，用双腿行走，而不是四肢着地。

这在人类进化的道路上迈进了一大步。她骨盆的上部也发生了变化。阿尔迪在地上两腿交替行走时，不再左右摇摆（猩猩的步态），不过，她骨盆的下半部分还是与猿类相似，有着便于爬树的大块肌肉组织。她的手甚至有几分像猴子，手指细长，手掌短小而灵活。另外，尽管她的颅骨和脊柱为了适应直立行走而发生了改变，她的脑容量却并不比黑猩猩的脑容量更大。

不过，阿尔迪同其雄性和雌性朋友还具有一项显著的人类性

---

① White等人，2009。

状：犬齿较小。此外，始祖地猿的骨骼化石显示，性别与体形大小之间的关系并无证据。[①]这些特征首次揭示：人类浪漫爱情和对偶匹配在那时已经出现了。

至少人类学家欧文·洛夫乔伊是这么认为的。洛夫乔伊对一夫一妻制或者说对对偶匹配的早期进化史提出过假设，他将假设建立在一个长期以来被人们接受的事实之上，即群居的雄性灵长类动物会用它们巨大、锋利如匕首般的犬齿互相厮打，争夺交配权。于是，洛夫乔伊就提出，鉴于始祖地猿的犬齿较小，可以认为它们再也不用靠打架来俘获雌性的芳心。相反，它们开始结对养育后代：也就是一夫一妻制，这是人类脉络的一大特征。洛夫乔伊坚称，一夫一妻制的演变与灵长类直立行走的演化是同时发生的。

阿尔迪是个复杂的姑娘。并非所有人都同意她和同伴是从黑猩猩这一脉脱离出来的说法。[②]也不是人人都相信，阿尔迪找了个情人，结成连理后，共同养育幼崽。不过，可以肯定的是，阿尔迪和她的伙伴们大部分时间待在森林地面，甚至是小心谨慎地穿过更为开阔的林地。或许，哪怕是她最勇敢的伙伴也是躲在不断扩张的草原边缘处，风驰电掣般地冲进一片危险的草地，捡了狮子吃剩的食物之后，再一溜烟逃回到森林里或者树林中，然后在没有掠食者滋扰的情况下，安心地进食。

我们的祖先已经开始在地面待上更长时间。

---

① White 等人，2009；Plavcan，2012，51 页。

② Harrison，2010。

阿尔迪的想法，我们已经不得而知。但是舞台已经搭好，演员也已就位。我们第一位具有鲜明人类特征的近亲很快便将从阿尔迪的同类这一旁支当中脱颖而出——并演化出对忠诚和花心的双重渴望。这种渴望，直至今日还在影响着他们的子孙后代。

第七章

走出伊甸园

一夫一妻制与背叛的起源

飞鸟走兽，共护其幼，
母亲哺育，父亲看守；
幼崽独行，雏鸟单飞，
告别本能，终结依偎；
父母已远，再寻温存，
终觅新欢，诞下子孙；
人之幼齿，本需长情，
无奈长情，无益常伴。

——亚历山大·波普，《论人》

大约360万年前，东非的雨季来了。几周以来，萨迪曼火山定期喷发出裹挟着火山灰的云团，形成了一条毯状的灰尘带，罩住了山脚下的林地和平原。每天下午的一场大雨浸润了火山灰，到了傍晚，天凉快下来，雨势渐长——雨滴砸在合欢树的叶片上，动物留在地面的足迹也被固定成形。其中有羚羊、长颈鹿、犀牛、大象、猪、珍珠鸡、狒狒、野兔、昆虫、鬣狗、剑齿虎，此外还有我们人类的一些远古近亲。①

3种原始古人类——他们很明显在人类族谱上占有一席之地——在掺着火山灰的污泥里穿行，为后世留下了它们的足迹。其中体形最大的古猿走过火山灰地，每一步下沉深度为5厘米。一旁还有一串足迹，其主人身材较小，也许是雌性古猿，身高1.2米出头。由于这两类体型最大的生物留下的脚印上还叠加着另一串足迹，人类学家由此推断，后面应该还跟着一头小古猿，小心翼翼地跟在领头的身后。他们行进的方向是北方的一个小峡谷，或许是想在溪流旁的树丛里落脚，这么判断是因为他们的足印又向峡谷的边缘处延伸了23米，紧接着便消失了。

1978年，著名人类学家、非洲古人类学元老路易斯·利基的妻子玛丽·利基（二人均已辞世）与其团队在一片侵蚀裸露的古地质层里发现了这串足迹。② 自1970年代中期以来，利基一直在从事莱托里（Laetoli）遗迹的挖掘工作。这片地区位于坦桑尼亚北部，当地的马赛人部落之所以称其为“莱托里”，是因为当地盛

---

① Hay和Leakey，1982。

② Leakey和Hay，1979；Hay和Leakey，1982。

产一种同名的红色百合花。1978 年的野外科考工作过去没几周，利基便发现了这些原始石人类过去的标志。

那么这些生物究竟是在闲逛，还是大步流星，还是下脚格外小心，另外，他们是一起走，还是分前后？围绕足迹的种种分析并不足以回答上述疑问。但是有一点毋庸置疑，即他们一生都在峡谷附近活动。利基在别处科考时，还发掘过一堆古人类化石——比如头颅和下腭碎片，以及来自 22 头古猿的零散牙齿。距今 380 万至 350 万年前，它们曾徘徊于萨迪曼火山山麓下的疏林中。①

缀满钻石天空下的露西

他们并不孤单。一路北上，在埃塞俄比亚阿法地区的哈达尔河沿岸，住着露西。人类学家唐纳德·约翰逊及其团队在一九七四年发现了露西的大部分骨骼遗骸。

“露西”的名字取自披头士乐队的一首歌《缀满钻石天空下的露西》。她身高在 1 米上下，体重约 27 公斤，曾经在一个浅水湖边进过食。曾几何时，那里是埃塞俄比亚的乡下，草原林木绵延不绝，无边无际。露西患有关节炎，只活了 20 来岁，她的死亡时间大概在 320 万年前。②

---

① Leakey 等人，1976；White，1977，1980。

② Johanson 和 Edey，1981；Johnston，1982；Lewin，1983a。

约翰逊的团队找到了露西 40% 的骸骨。她的脚趾和手指呈弯曲状，比人类的略长，这意味着露西在树上待过。不过，露西臀部、膝盖、脚踝和足弓部位的化石又是她双足行走而非四肢着地的明证。[①] 翌年，约翰逊又挖出了疑似露西同伴的部分残骸，总计至少 13 具。很久很久以前，这些生物曾步行穿越埃塞俄比亚的疏林。在这之后，又有不少化石被挖掘出来。

莱托里和哈达尔的这些“人”到底是何来头，我们还说不上来。那些研究古人类足迹的学者俗称化石足迹学家，他们同诸多人类学家一样，认为莱托里发现的足迹可能是露西的脚留下的。于是，他们将所有这类生物统统归在“南方古猿阿法种”（*Australopithecus afarensis*）这一早期物种名录下。人类学家清一色地认为，他们是古人类的一个旁支，是从古猿这一纲目分离出来的，在人类族谱中应占据比较靠前的位置。

这类生物的外貌大概有点像今天的黑猩猩吧，脑容量略大（但是不会超过人类大脑的 1/3）、眉骨高、黑目黑肤、薄唇、无下颏、下巴外突且门牙外翻。其头骨、下巴和骨架的许多细节与猿类很相似。雄性的体形比雌性要大上一圈，体力也较后者更足。[②]

---

① Johanson 和 White 1979； 参见 Johanson，1982；Susman 等人，1985；Jungers，1988；McHenry，1986；Klein，2009。

② 某一物种雌雄之间的体格差异，也叫“雌雄异形”，历来都被视为该物种交配系统的一种表征。对于相守终身的物种，雌雄两性的体型一般差不多，相反，倘若雄性占有几头雌性，那么这一物种的雄性一般都要比雌性大得多——这也是雄性争夺配偶造成的结果。露西和她的“好友”很有可能存在明显的“雌雄异形”现象（Plavcan，2012），在一些学者看来，这意味着对偶匹配这一繁殖策略尚未形成。里诺等人（2003，2010）和纳尔逊（2011）等人对此持有异议，他们指出，南猿的“雌雄异形”现象并不显著，很可能并未超越人类的范畴。不过，这一分析遭到许多人的质疑（见 Plavcan，2012）。

另外，从找到的一块舌骨形状以及喉部结构来看，他们之间交流时不是嘟着嘴，就是吼，要不就狺狺地吠——这点也和黑猩猩一致。① 这些早期人类还未开发出人类语言。

但是，他们的身体具有许多人类特征。最重要的是，他们直

对于这一问题，我的看法是，南猿形成了连续社会一夫一妻制的繁殖策略：为了育儿而暂时结对；因为又接着生了孩子，终生都奉行连续一夫一妻制；此外，这些暂时性的配偶跟随雌/雄大团体一齐行动，方式与如今的猎户或采摘者如出一辙。在雌/雄大团体内部奉行连续一夫一妻制的交配策略或许会造成雄性之间为争夺雌性而起的激烈竞争——这就为“雌雄异形”保留了选择性。更重要的一点是，从始祖地猿（比南猿出现的时间早了超过 100 万年）的骨骼和牙齿标本来看，并不存在明显“二次异形”的证据（White 等人，2009）。这说明，某种一夫一妻制或许在那时就已形成。此外，戈登（2006）、怀特等人（2009）以及洛夫乔伊（2009）均认为，后来出现的物种——包括南猿——身上之所以有“二次异形”，是因为雌性的体型较过去要缩小了，而且并不是因为雄性争夺交配权这一原因。上述资料为我对类人猿的连续社会一夫一妻制在南猿问世前就已形成的假设提供了支持。

可是，还要考虑另一层因素。露西及其南猿亲戚的犬齿也比较小，这素来被视为许多物种对偶匹配的征兆。然而，迪克逊（2009）提出，在南猿广泛开发出直立行走的能力后，这些人类的雄性祖先对殴时就能用拳头或武器了，这就等于说，犬齿缩小这一性状并不是对偶匹配的标志。不过，要是直立行走和（为了养育后代的）连续结对早在南猿出现很久之前就已形成了的话——也就是我们最早的祖先至少从 440 万年前开始用双足行走不久之后——雄性恐怕依旧不太擅长双足行走和使用武器。以此来看，犬齿变小（White 等人，2009）或许是连续社会一夫一妻制的某种表象（Lovejoy，2009）。

或许对这一问题最重要的是，普拉夫詹（2012）写道：“人类‘雌雄异形’、体格不等的原因并不确定，或许牵涉若干非互相排斥的原理，譬如交配竞争、资源竞争、群体内部暴力以及雌性选择。”举例而言，拾荒和狩猎（以及连续一夫一妻制）或许是雄性体型大的成因。反之，露西娇小的体格或许是对抚养后代要求的一种补偿。因为要怀孕和哺乳，雌性哺乳动物需要额外的热量；她们进食是为了母子双方，之后还要哺育孩子，因此，露西身材越小，她在自己吃饱这方面的需求就越小。除开繁殖策略之外的许多生态学因素都会影响雌雄在身体和犬齿方面的尺寸（参见 Frayer 和 Wolpoff，1985；Mock 和 Fujioka，1990；Plavcan，2012），这说明，形体和犬齿的“雌雄异形”并非证明早期类人猿形成繁殖策略的确凿依据。

① Alemseged 等人，2006。

立行走，两条腿走路，而不是在地上爬行。

这些生物从哪里来？他们的祖先是何以走上人类进化这条道路的？

锤 炼

“林中有两条岔开的小路，而我——我选择了人迹罕至的那一条，于是，一切都大不同了。”罗伯特·弗罗斯特在诗里概括了生命的这一时刻，它不可逆转地改变了一切事物的轨迹。这一时刻发生在人类进化史上，我们最初的祖先义无反顾地告别了他们住在树上的近亲，沿着通向现代人类社会生活的道路，开始前行。

这一新生，有无声的化石为据。

然而，几个世纪以来，神学家、哲学家和科学家用知识的经纬，编织出人类起源的各种理论。下面介绍一下我的看法。其建立在众多学科的科学资料基础之上，囊括了下列知识：对古非洲常见动植物的了解，现代猿类和猴子的生存模式研究，其他一夫一妻制物种——比如狐狸和知更鸟——的交配习惯研究，现代狩猎－采集部落的生活方式研究，以及我在书中介绍的对人类浪漫爱情、依恋和离异规律的研究。

这里要谈一谈人类连续一夫一妻制倾向的根源——人类天生会恋爱，结对，“三年之痒”或“四年之痒”后陷入情变（往往在养育了一子之后），之后再度坠入爱河，重新联姻。

◆◆◆◆◆

距今600万至400万年间，姑且定在400万年前吧。具体说来，就是440万年前阿尔迪在林中游荡之后，或是360万年前露西同类的骸骨和足迹留存在萨迪曼火山山脚之前的这段时间。

湛蓝色的浅水湖和流速缓慢的河水边上，满目皆是森林树木和蔓延的藤蔓。离岸边远一些的地方，桃花木和常绿乔木逐渐变得稀疏，填补其空间的是一大片疏林地。这里的树与树间隔大，交会的枝杈下方绿草茵茵。过了疏林，再翻过东非连绵不绝的丘陵，是一望无垠的大草原。

远古的大象、鸵鸟、霍加狓、瞪羚、斑马、牛羚、羚羊、旋角大羚羊、水牛，甚至还有野马（从亚洲迁徙而来）来回漫步于这片“广场”上。它们的天敌——狮子、猎豹和野狗——紧跟其后。每个日日夜夜，每个清晨和黄昏，这些肉食动物猎食大部队里的体弱者，秃鹫、鬣狗和豺等食腐动物则捡些吃剩下的猎物残躯。[①]

由于森林面积缩减，我们最初的祖先便被推进了这片开阔地。起初，他们或许只有在旱季才会冒险进入疏林，因为那时森林里很难找到水果和花蕾。饥饿和互相竞争驱使他们走出林子。也许，他们是倾巢而出，数量多达30头，有老有少，有胆大的，也有胆小的。总之，在密林里的树杈上已经空空如也的情况下，他们聚集在了树下。

也许3到4名互有亲缘关系的雌性会组成一队，外出寻找白

① Van Couvering，1980；Vrba，1985；Axelrod 和 Raven，1977；Bernor，1985。

蚁或者蚂蚁穴。要是找到一片腰果林或是种子地的话，他们会发出鸣叫，招呼胆子较小的同伴过来。可能性更大的是，雄性会组成小分队，在疏林地里搜寻新鲜的肉食，他们抓小鸟、树鼩、小羚羊，甚至是不存戒心的狒狒——总之，只要看着能吃就行，哪怕动物死尸也可以接受。

人类是食腐动物。人类学家如今相信，我们的祖先降落地面，靠采摘果实和捡腐肉为生。①

偷肉贼

人类学家加利·腾内尔对这一假设进行了测试。他运用丛林谋生技能，来验证我们的祖先是否可以通过机会主义式狩猎和食腐在几百万年前存活下来。②腾内尔在东非的塞伦盖蒂平原上搭了个帐篷，具体选址位于肯尼亚西南部一块 6 平方米的区域内，这里是 9 头狮子的领地。他要做的，就是捡狮子吃剩下的，同时还要提防不成为它们的盘中餐。

到了夜晚，腾内尔就在悬崖脚下入睡，周围是一群本地狒狒，它们把树当成了床。正是这群邻居，在狮群中最大的一头狮子于夜间“造访”腾内尔露宿地的时候，向他发出了警告。狮子闻着腾内

① Binford，1981，1985；Blumenschine，1986，1987，1989；Shipman，1986；Potts，1988；Sinclair 等人，1986；Lewin，1987b。

② Tunnell，1990；Schaller 和 Lowther，1969；Blumenschine，1986。

尔的气味，然后在帐篷边上用尿液标明地盘。从夜里到清晨，腾内尔一直在竖着耳朵听。他靠这种办法，摸清了狮群的夜间狩猎场在哪里。到了早上 9 点，狮子睡着后，他便启程踏上了寻肉之路。

腾内尔总能找到可食用的蛋白质：1 头粗心的疣猪、1 只瘸腿的转角牛羚、3 只睡着的蝙蝠、几只吃撑了的秃鹫、干涸水塘里的 10 条鲇鱼、狭小峡谷里的 1 只三足蜥蜴，或者是几小时前被狮子或猎豹杀死的水牛、牛羚和葛氏瞪羚的尸体。腾内尔没有碰这些肉，但他得出一个结论：一名人类食腐者和同伴联手，只需要一块锋利的石头，或是削尖的木棍，就能宰杀猎物，轻而易举地喂饱 10 个人——前提是他们必须待在鬣狗的势力范围之外，因为后者是人类获取肉食的最大竞争对手。

◆◆◆◆◆

同腾内尔一样，坦桑尼亚的现代哈扎族有时也会在旱季“拾荒”。他们聆听狮子在夜里的吼声，观察秃鹫飞行的轨迹。第二天一早，他们找到被杀死的猎物，凑近并赶走其他食肉动物，然后用专业的工具切分肉块。

我们最早生活在地上的祖先肯定不会像哈扎族那样使用先进工具。但是生活在笼子里的黑猩猩会用木棍做长矛，有的甚至还会磨石块，直到磨出利刃。团体内最聪明的猩猩偶尔能用一根锋利的长矛放倒一只小型哺乳动物，接着再用石刀将其大卸八块。①

① 非人类灵长类的拾荒行为：古道尔曾屡次描述过坦桑尼亚贡贝河保护区黑猩猩的拾荒行为。多数时候，一只黑猩猩回到巢穴，会吃同伴们早先猎杀并吃剩下

他们时而还能美餐一顿，狮子和猎豹常常有吃剩下的猎物，花豹则会把猎物藏在树上，也不加看护。[①] 也许我们的祖先会等到最后一只大猫踉跄着去睡觉后，再偷偷潜回猎物尸体边上，砸碎脑壳，取出脑花，剥皮抽筋，最后割些肉下来。有时他们还会扔石头，正在进食的肉食动物受到这番惊吓，迟迟不敢动。他们就趁此机会，飞奔过去，割点肉，然后赶紧逃回来。

话说回来，我们最早的祖先用来果腹的主食肯定是水果、蔬菜、种子、根茎、球茎和块茎。[②] 湖泊或河流边很容易采到莎草、荷花和香蒲——最后一种可是名副其实的碳水化合物大宝库。[③] 靠着一根棍子和一块石头，我们最早的祖先也许还能吃到种类繁多的水果、坚果和浆果。

不过，他们吃饭时肯定常常被打搅。在开阔的乡野地区，想要在进食时不被发现断无可能。进食需要时间。他们一抬头，就能看见大猫这一灵长类动物的史前死敌，于是他们躲在森林树丛中的那份安全感一去不复返了。

因此，我们最早的类人猿始祖怕是像腾内尔那样，趴在低矮的、不影响视线的草丛间，死死盯着树上和山崖，避开高草地、灌木丛和森林边缘等常有狮子打盹的地带。他们估计还会留意当

的动物的肉。其中一次，就在古道尔在一旁拍摄时，一只黑猩猩偷走了死猴子的一条断臂。保护区的黑猩猩对一只刚死不久的小羚羊和珍珠鸡的肉视若无睹。但是，附近马哈勒山区的研究地出没的黑猩猩却会捡拾蓝霓羚和羚羊的尸体为食，这种情形一共出现了四次（Goodall，1986）。稀树草原狒狒也有拾荒行为（Strum，1990；Cavallo 和 Blumenschine，1989）。

① Cavallo，1990；Cavallo 和 Blumenschine，1989。

② McHenry，1986；Ryan 和 Johanson，1989。

③ Wrangham，2009。

地狒狒群的动向，要是狒狒们紧张起来，他们就会加强警惕。要是冷不丁从哪儿冒出一头狮子，我们的祖先就会背靠背，直起身子，挥舞手中的武器和树枝，扔石块，同时发出嘶鸣。

双足行走的演化

我们的祖先为适应地面生活做出了最后一项改变——这一改变不可逆地改变了人类历史的方向，并最终改变了地球上生命的进程。我们的祖先从某时起，便开始将他们收集和捡拾到的食物用双手兜着，然后再把食物送到树上或者藏进山壁的缝隙中——在这里进食是不会遭到掠食者滋扰的。腾内尔相信，他们不会在猎物旁逗留太久，也不会把食物拿到睡觉的地方，而是采集、运输之后，“在外就餐”。

而要经常用手拿食物，我们的祖先只得直立行走，就这样他们由四条腿行走演变成了两条腿行走。

◆◆◆◆◆

“只有人类成了两足动物。”达尔文在1871年时写下了这句话。[1]时至今日，人类学家相信，最初的类人猿之所以发展出双足行走，是为了采摘、捡拾并把食物拿到能够安心进食的安全地带。

① Darwin，1871，434页。

另外，靠一根简易的尖头木棍，他们可以从地里挖出植物根茎和块茎。他们携带的石头能用来砸晕疣猪、小羚羊或者狒狒。而当他们拿着树枝时，又能吓跑觊觎其食物的豺或秃鹫。双手能拿东西后，他们可以手提着肉和蔬菜，跑到山崖或树丛里的安全地带。

掌握双足行走后，他们还进化出一种便于长距离慢速行走的更有利于新陈代谢的步态——也就是自然的人类步伐。这样一来，脑袋的位置升高了，这对发现食物和掠食者是一件好事。而当这些早期的祖先开始使用双手拿东西了之后，他们还可以逐渐用嘴发出一些更复杂的声音，可以警告朋友或者发号施令。

我们的祖先经历了何其重大的剧变啊！

学会走路后，他们进化出了可以转动、从而与其他脚趾保持平行的大脚趾。他们进化出了两根弯曲的足弓，这就好比一张蹦床，可以伸缩，每走一步，就会带动身体向前。他们的臀部新长出强健的肌肉、骨盆变得扁平、膝盖可以并拢、踝骨开始变硬。有了这些特征，他们走路再也不会左右摇摆。相反，他们身体前倾时腿部会毫不费力地跟上——和今天人们的大步走没有什么区别。

在掌握行走、采摘和提握的本领后，露西的老祖宗发现了疏林地和稀树草原这片新天地。

不过我认为，双足行走还将掀起一场性革命。

一夫一妻制的门槛

在我们的祖先长期住在树上，雄性无一例外都用四肢走路的时候，新生儿都会紧紧抓住妈妈的腹部。而幼崽长大后会爬到妈妈的背上，妈妈走他也走——母亲的步伐并不会因为幼崽而受到影响。

但是随着她们逐渐适应在地面的生活，雌性开始频繁地直立行走。于是，她们就必须把孩子抱在怀里，而不是驮在背上。

一位古代的母亲怎能做到一手抱着幼崽，一手还拿着棍棒石块，跃起身子抓野兔，追赶一只蜥蜴，或者用石头扔狮子，将其从猎物旁赶走呢？一位母亲怎么可能做到坐在危险丛生的开阔地，挖着根茎，采着蔬菜，掘着蚂蚁穴，同时还能保护自己的孩子呢？在森林里，孩子们可以在树上玩耍。在疏林里，在地面上，孩子得有人抱着，时刻有人照看着，否则他们就会成为狮子的盘中餐。

更糟的是，母亲肩上的担子还是不平衡的。她必须用一侧的身体驮着幼崽。约翰娜·沃森曾向我们揭示，用身体一侧负重（比方说一个孩子），要比平摊负重耗费多得多的体力。[①]

因此我认为，在我们的祖先开始频繁地用双足行走的过程中，

① Watson 等人，2008。

女方跨过了所谓的“一夫一妻制门槛”。她们开始需要有人保护，需要有人在她们带孩子的时候给她们提供额外的食物——否则她们自己和孩子就无法生存。

丈夫和父亲这一角色的出现，到这一时期便水到渠成了。①

为人之父

自然界很少有对偶匹配。尽管尼罗鳄、美国蟾蜍、小姐鱼、夏威夷海星虾、木蟑螂、屎壳郎、天牛和一些沙漠木虱都是奉行一夫一妻制的动物，90% 的鸟类都是雌雄一对。

但是，只有 3% 的哺乳动物会与一位伴侣形成长期关系，其中包括部分麝鼠、蝙蝠、亚洲小爪水獭、海狸、鹿鼠、侏獴、山羚、小苇羚、犬羚等羚羊、长臂猿、合趾猴、部分海豹、个别南美猴子以及所有野生犬类：狐狸、狼、郊狼、豺、南美洲鬃狼和日本貉都会结对，以“丈夫”和“妻子”的身份养育后代。②

① 不同物种的育幼现象：许多物种的雄性都会表现育儿行为，尽管其中大多数都不会奉行一夫一妻制。雄性在育儿方面的投入表现为两种形式：（a）直接看护，比如喂养幼子、怀抱婴儿、看护孩子、和孩子睡在一起、为后者理毛、抓猎物回来，以及和孩子玩耍；（b）非直接看护，譬如保卫资源、为幼子囤积食物、为其搭建庇护所、帮助孕期或哺乳期的雌性、标识并维护领地、守卫并巡逻栖息地边界、驱逐入侵者，以及大声呵斥，赶走竞争者（Kleiman 和 Malcolm，1981；Hewlett，1992）。

② Wittenberger 和 Tilson，1980；Kleiman，1977；Orians，1969；Lack，1968；Mock 和 Fujioka，1990。

一夫一妻制之所以在哺乳动物中间比较罕见，是因为如果公兽留在一只母兽身边，而不是和别的母兽交媾，将它的基因传给更多后代，从传宗接代的角度来讲是很不利的。因此，多数物种的雄性，譬如雄性大猩猩，都会试图找个“三妻四妾”。

他们有几种方式达到目的。如果一头公猩猩能捍卫自己的资产，比如最佳的用餐地或交配地，几头母猩猩就会自动聚集到他的领地上。再举一例，公黑斑羚会为了争夺有大批母黑斑羚出没的草场而进行决斗。倘若资源分布得十分平均，无须捍卫或争夺领地，那么雄性或许会“腻”在一群雌性身旁，与它们同进出，如贴身侍卫一般防范入侵的其他雄性。狮子也是一样的。雄性若无法兼顾所有“妻妾”，它或许会圈一大块领地，并急着与分布在领地四处的雌性交合。雄性红毛猩猩就是这么做的。

因此，假如雄性要与单独的雌性在一起，并协助后者保护幼崽，那么需要满足十分特殊的条件。

从女性的视角来看，对偶匹配一般谈不上什么进步。雄性可能是个成事不足败事有余的家伙。许多物种的雌性更愿意与雌性亲戚生活在一起，与外来访客交配。比如母象。如果一头母兽需要公兽提供保护，那何不雌雄杂居，与好几头公兽交媾呢？这也是雌性黑猩猩的惯用伎俩。

一夫一妻制若是想实现利大于弊，成为雌雄两性的最佳或唯一替代对策，就需要一系列生态和生物学要素共同起作用，且各自比例必须恰到好处。

奉行一夫一妻制的赤狐和东方知更鸟的生活就体现了这些因素之间的恰当组合。通过研究这些生物的性生活，我获得了了解人类一夫一妻制、离异和再婚（连续一夫一妻制）之演变的一条重要线索。[①]

狐狸的爱情

雌性赤狐生的小赤狐特别脆弱和稚嫩，这一特点俗称“晚熟”。[②]小赤狐出生时什么也看不见，也听不见。母赤狐不仅会怀胎，而且往往一次分娩可生下多达5只。不像鼠类有充沛的乳汁，外出觅食时可以将沉睡的幼崽留在窝里，母赤狐的乳汁脂肪和蛋白质的含量都很低，因此必须连续几周不间断地喂养幼崽。它没办法离开幼崽自己去进食。

这可真是一道生态难题。母赤狐在照料无助的幼崽时，要是没有伴侣给它带吃的，它就会饿死。

不过，一夫一妻制倒是很适合公赤狐。这些动物的栖息地资源分散。一般情况下，一只公赤狐无法独占一片食物丰富且适宜

---

① 跨物种维度的一夫一妻制：一夫一妻制是多种因素合力形成的——研究者为不同生物进化出一夫一妻制提供了不同的解释。对我个人影响较大的是德芙拉·克莱曼的作品——特别是她的下述观点：“只要一个人（雌性）是带不了孩子的时候，就会有一夫一妻制”（Kleiman，1977，51页）。安博夫妇（1979）对此看法一致，只是表述不同：“只要当母亲获得营养的需求与看护幼子的需求产生冲突的时候，异性伴侣关系就会形成。这一纽带的存续期限取决于育幼的时间长短。”我认为，这一因素对于类人猿进化出一夫一妻制可谓至关重要。关于鸟类和哺乳类一夫一妻制的探讨，详见Kleiman，1977；Wittenberger和Tilson，1980；Lack，1968；Orians，1969；Rutberg，1983；Peck和Feldman，1988；Mock和Fujioka，1990。

② 早熟的后代：有些生物所繁育的后代相对比较成熟，这就叫“早熟”的后代。马就是一个很好的例子，小马驹在出生后几小时就有视力，并且能走路。

繁殖的领地，2 只母赤狐也不愿留在它的地盘上“共侍一夫”。但是公赤狐可以跟着母赤狐，在它情欲达到高潮时阻止其他公赤狐的骚扰（这样就确保了自己是一窝幼崽的父亲），之后再协同母狐狸在狭小的家园里养育嗷嗷待哺的后代。[①]

因此，一夫一妻制可以说是赤狐繁衍的最佳选择，且赤狐有结对养育幼崽的习性。不过话说回来：赤狐不存在终身配偶。

从 2 月起，母赤狐便开始了它的求爱之舞。通常会有好几位追求者缠着它。待发情期高峰到来时，其中之一会得到眷顾。它们舔彼此的脸，并排行走，标记领地，在冬季结束前建了好几个窝。春天来了，母赤狐分娩后的 3 周时间里会一直为幼崽哺乳。与此同时，它的“丈夫”每晚回来时，会给“老婆”喂一只老鼠、一条鱼或其他好吃的。炎炎夏日，昼去夜来，“夫妻”双方共看家，训练幼崽，为馋嘴的一大家子捕捉猎物。但随着夏季将尽，赤狐爸爸回窝次数越来越少。到了 8 月，赤狐妈妈也会性情大变，把小赤狐赶出巢穴后，它自己也远走高飞了。

繁殖期一过，赤狐“夫妻”便劳燕分飞。[②]

◆◆◆◆◆

繁殖期内的一夫一妻制在鸟类中也很普遍。

多数鸟类同狐狸一样，也会结成配偶。比如，由于不同地区在

---

① Trivers，1972；Emlen 和 Oring，1977。

② Henry，1985；Lloyd，1980；Zimen，1980；Gage，1979；Rue，1969。

食物和繁殖地的质量上差别甚微，一只雄性东方知更鸟很难找到一方格外雅致的小天地，吸引雌鸟们飞来驻留。但它可以守住一小块领地，协助唯一的伴侣养育她（和他）的后代。雌性东方知更鸟需要这份帮助。它们生的蛋需要孵化，破壳而出的雏鸟又需要喂养和保护，必须有“爸妈”时刻不离地陪着这些雏鸟。东方知更鸟的幼鸟用不着吃奶，那么雄鸟就和雌鸟一样有资格“带孩子”。

正是由于上述情况，东方知更鸟会结伴抚育后代。[①]

但还是那句话：东方知更鸟同赤狐一样，做不到“从一而终”。它们在春天结合，在慵懒的夏季哺育一只或多只雏鸟。但是，到了8月，最后一只羽翼渐丰的雏鸟能够振翅高飞后，“夫妻”就会劳燕分飞，跟随大部队一同生活。据鸟类学家尤金·莫顿估计，在至少一半的“一夫一妻制”鸟类中，雄鸟和雌鸟的关系只会维持到繁殖期结束，这点时间足够它们将幼鸟带大了。[②] 翌年，曾经的夫妻或许会回到同一个地方，再度比翼双飞，但更常见的是，其中一只要么死了，要么消失，剩下的那只就会另觅新欢。

一夫一妻制与背叛的演变理论

我们最初的类人猿祖先同赤狐和东方知更鸟有些许相似之处。在

① Orians，1969；Mock 和 Fujioka，1990。

② 史密森学会鸟类学部门的 Eugene Morton，个人交谈记录。

孕育人类的摇篮中，我们的祖先通过行走、采集、拾荒和继续进化而生存了下来，草原上散落着各类坚果、浆果、水果和肉食。一位男性游牧民无法采集并守住足够吸引“妻妾”的资源。他也无法垄断最佳的繁殖地，因为我们的祖先在休息时进行交媾，之后继续赶路，根本找不到最佳的繁殖地。另外，即便一名男性能够吸引一群女性追随他，他又怎么保护得了她们呢？就算狮子没有跟在他的一群“妻子”身后，也有单身汉悄悄躲在周围，预备抢人。一般情况下，多妻制是行不通的。

但是一名男性可以跟着唯一的女性（在一个男女数量众多的团体内），在发情期时守着她，以免她遭到其他男性觊觎，并帮助她养育后代——这就是一夫一妻制。

女性面对的困境甚至更加艰难。我们最早的女性祖先生养的孩子不像今天女性的后代一样娇弱，她们也不太可能一生就是好几个。猿类从来没有生一窝的，因为幼崽会从树枝上摔下去。但是，正如前文所述，我们的祖先学会直立后，孩子便成了女性的负担。女性需要人帮她们一把——提供食物和保护——哪怕只能帮到孩子断奶。

因此，在对偶匹配成为女性的唯一替代选项，当然也是男性的实际选择之后，控制强烈情欲和对伴侣依恋感的这部分脑神经元通路便形成了。

“三年至四年之痒”

可这些早期的对偶匹配有何必要维持终生呢？或许同狐狸和

知更鸟一样，做母亲的一旦不再需要每时每刻把孩子带在身边，或者日日夜夜进行哺育的话，她对保护者（供养者）的迫切依赖就会减轻。

她的原配“丈夫”也变得不再具有可依赖性。为了保障自己能传宗接代，他不得不保护自己的子女，直到团体里有人可以搭把手。而当孩子长大了些后，他就会离家出走。除非又有孩子出生，否则原始时期的夫妻大概是不需要将关系维持到子女度过婴儿期的吧。

而这点就是本书的主旨：在狩猎－采集的社会里，人类两次分娩之间一般隔个 3 到 4 年。[①]

传统昆族部落的母亲会贴身抱着婴儿，不分昼夜地频繁给孩子喂奶，孩子一闹就去哄抱，同时还会用自己的乳房来安抚孩子。经过这种不间断的身体接触和对乳头的刺激，外加高强度的锻炼和摄入的低脂膳食，昆族妈妈的排卵受到了抑制，要想再次受孕必须等差不多 3 年。因此，昆族的孩子出生间隔在 4 年左右。而在澳大利亚的传统原住民[②]和新几内亚的甘儿人（Gainj）[③]中间，长期哺乳的妇女两次生育之间一般也要相隔 4 年。生活在亚马孙河流域的雅诺马马人[④]、奈特西里克因纽特人（Netsilik

① Hewlett，1991；Kelly，1995；Marlowe，2010；Cohen，1980；Hassan，1980；Lee，1980；Short，1976，1984；Konner 和 Worthman，1980；Simpson-Hebert 和 Huffman，1981；Lancaster 和 Lancaster，1983；Frisch，1978。

② Birdsell，1979。

③ Galdikas 和 Wood，1990。

④ 内布拉斯加大学人类学系 Raymond Hames，个人交谈记录。

Eskimos)[①]、锡金的雷布查人（Lepcha）[②]和新几内亚的达尼族人（Dani）[③]通常也会在孩子长到 3 到 4 岁时才给他们断奶。

影响生育间隔的因素有很多。但是上述资料显示，4 年生一次孩子——成因包括经常性的锻炼、体重偏轻，以及不分昼夜哺育孩子的习惯——是在我们漫长的进化历史过程中逐渐形成的生育间隔规律。[④]由此可见，当今全世界的离婚高峰期——婚后 3 到 4 年——与人类传统的生育间隔期是吻合的，后者也是 3 到 4 年。

◆◆◆◆◆

我的理论如下：同狐狸、知更鸟等配偶关系仅仅持续到繁殖期结束的物种一样，人类的对偶匹配最长也只能维持到头胎独生

① Briggs，1970。

② Gorer，1938。

③ Heider，1976。

④ 人类的 4 年生殖周期——当代的变体，猿类的起源：现代的生活改变了这种一般性的人类 3 至 4 年生殖周期。即使是印度、孟加拉国、美国和苏格兰的长期处于哺乳期的妇女，分娩后的 5 至 18 个月后都会开始排卵（Simpson-Hebert 和 Huffman，1981；Short，1984）。于是，现代生育间隔可缩短至 2 年，甚至更短。对此的解释一向是“关键肥胖”这一假设。到了 1970 年代，罗斯·弗里希和同事提出，女性体内需要存储足够的脂肪才能排卵（Frisch 和 Revelle，1970；Frisch，1978，1989）。如今，并非所有学者都同意这一假设（见 Gray 和 Garcia，2013）。但是，多数人相信，当代人的膳食中富含卡路里，同时缺乏锻炼，此外，有限的哺乳频率可能会在分娩几个月后就激发排卵和导致受孕。
然而，我们的祖先为了一顿饭走上好几里地，他们在膳食里加入水果和瘦肉，女性一直不给幼儿断奶。考虑到这些情况，古时候的女性生育两胎之间的间隔大概在 3 到 4 年（Lancaster 和 Lancaster，1983）。猿类生育间隔的资料对古时候的这一繁殖规律给予了力证。黑猩猩和大猩猩的生育间隔普遍为 4 到 5 年，而红毛猩猩的间隔往往为 8 年左右（L. L. Allen 等人，1982；GaldiKas 和 Wood，1990）。

子（女）脱离婴儿期之后，也就是起初的 3 到 4 年，除非女方又怀了二胎。

这一规律肯定存在例外。有的夫妻在婚配后数月甚至数年都没有怀孕。许多时候，婴儿早夭，导致女性又进入新的循环，这样关系就延续了下去。一些夫妻尽管不孕不育，但仍然没有分开，这恐怕是因为他们两情相悦，或者找不到别人来替代。影响远古对偶匹配持久度的因素有很多。

但是斗转星移，几十年、几百年过去了，转眼几千年也过去了，当初男女双方选择待在一起，花个三四年，至少把孩子带大再说的那批早期类人猿祖先让孩子挺过了生命中最脆弱的一段时期。在此过程中，他们也促成了一夫一妻制的起源——当然也有背叛的起源。

“七年之痒”被缩短为 3 到 4 年的人类繁殖周期，这或许是一种生物学现象。

“大自然有红牙利爪”

连续婚配大概也是进化的结果吧。

当被问到为何她的婚姻均以失败而告终时，玛格丽特·米德答道：“我结过 4 次婚，没有一次算得上是失败。”要是我父亲还健在，他肯定会觉得米德这姑娘挺倔强的，毕竟多数人都崇尚与伴侣白头偕老。但从进化论的角度来看，连续婚配在几百万年前是有好处的。

第一大好处就是基因的多样性。原始男女与几个伴侣交配后，就能生育出不同的后代，各有各的天赋和能力。在危险无处不在的环境中，这样的人才更有机会在大自然无休无止的优胜劣汰过程中存活下来。

有一点同样重要，那就是二婚的原始男性能够挑一个年轻的老婆，更容易生出健康的孩子[①]；而女性也有机会重新找一个更能保护并支持她的伴侣。[②]

如今，这些规律依然颠扑不破。男女往往在与一名配偶育有

---

① 雄性“再婚”的适应性原因：在猿类中间，雄性倾向于与年长、成熟的雌性发生性关系，而不是和年轻雌性——想必是因为带着幼子的雌性在繁育后代方面有着良好记录。这就提出了一个问题：为何远古时期的类人猿雄性会寻求与年轻雌性结对，而不是和成熟雌性结对？我想，答案藏在一夫一妻制的生态学中。在奉行一夫一妻制的物种中间，雄性会花费时间和精力自己养育后代。于是，青春的价值——比如新鲜的卵子、丰满的身体、顽强的个性和长远的生殖未来——对于雄性而言，重要性上或许要高过雌性的繁殖记录。

② 雌性“再婚”的适应性理由：心理学家大卫·布斯指出，妇女一旦生子，其繁殖价值就降低了，对正当壮年的男性也不再有过去的吸引力了。因此，随着女性年龄渐长，她结对的对象也是繁殖价值缩水了的男性。由此可见，连续一夫一妻制并非远古女性的一种适应性策略。这一看法是符合逻辑的。可是还要考虑个别实际变量：（a）种群规模小，内部接触的频率较低的话，或许会对雌性在首次交配时找到最佳配偶的机会造成影响，促使其在“二婚”时“嫁得好一点”。（b）雌性首任伴侣的生殖价值由于其受伤可能会严重下跌；因此，尽管“二任”不一定很优秀，但其繁殖价值要高过“首任”。（c）年轻的雄性大概身体很壮、动作很敏捷，但是在狩猎和保护方面欠缺经验；反之，年龄大的雄性无疑在狩猎、拾荒和育幼方面经验更足（当然还要兼顾前几任妻子和孩子，经济担子也更重）。这样说来，雄性的繁殖价值可能会因为不同的因素产生极大的波动，年龄只是其中之一。（d）雌性要是能变得更能持家，同时保持生殖能力，她的生育价值随着年龄增长只会不降反升，从而在之后的求爱经历中吸引更多的优秀异性。我推测，雄性和雌性的生殖价值都会视若干变量，或上升，或下降；环境的兴替也增添了变量。因此，一种柔性的机会主义式的连续一夫一妻制繁殖策略对于雌性是符合进化规律的。

一子后，还会重新择偶。今天的男性再婚时依然会找年轻的伴侣，而女性再婚时也会挑选在她们看来更体贴、更懂照顾人的对象。尽管这种“退回重来”会导致痛苦的社会纠葛，但从进化论的角度来看，与不止一人生育孩子在遗传学上是有道理的。

但是男人选择抛弃亲生子女并再婚，为此可能还要承担做继父的责任，如此做法在传宗接代上真的有好处吗？同理，古代女性改嫁后，使得孩子不得不看继父的眼色，这么做从繁衍的角度来看是否合乎逻辑？达尔文用他的智慧告诉我们，抛弃自己的亲骨肉，去养育别人家的子女可不是进化的结果。

要我说，这些问题的答案很简单。到了近现代，继父继母养育孩子的情形大幅增加。如今，西方父母主要自己来带孩子，孩子的教育和娱乐的成本可是高得很。孩子们想要iPhone、电脑，要接受大学教育。由此可见，做别人的继父继母在经济上可是相当不利的。

然而，纵观史前时代的人类史，一个孩子在断奶后不久就会和年龄不一的小伙伴玩在一起，哥哥姐姐、祖父祖母和其他社群成员都会参与养育他们。单独的核心家庭是不存在的，托儿不用花钱。再有，孩子的教育和娱乐方面的花销很低。因此，为人继父继母（子女脱离婴儿期后）在过去可不像现在那么费力。继父继母在传统社会很流行，原因无外乎上述几点。

古代人的后代大概也不会因为父母离异而受到伤害，前提是继父出现的时间得在孩子找到玩伴并融入大团体之后。要是婴儿还在吃奶，就冒出来一个继父的话，孩子面临的现实可能是灾难性的。狮子的行为为这一自然界的残酷现实做出了最好的诠释。

雄狮接管一个狮群，并赶走昔日的首领后，会杀死所有新生儿。从进化论的角度看，养育非亲生子嗣对自己没有好处。狮群里的母狮在小狮子死后不久就会再度进入发情期，新的头领与它们进行交配，这样一来雄狮的幼崽体内就流淌着它们的 DNA。[①]

这种杀婴规律在现代人身上也有体现。在今天的美国和加拿大，一些继父会杀死还在婴儿期的继子或继女。但是在孩子 4 岁过后，杀婴率便呈下降之势。[②]这大概是古代女性会等孩子学会走路、融入大团体之后才更放心地重新嫁人的另一个原因吧。

与邻居结合

远古的“离婚”和“再婚”或许还会带来文化上的好处。人类学之父爱德华·泰勒曾在 1889 年说过这样一句话：“在低等文化的部落，只有一种维系联盟的办法，那就是联姻。”[③]正如他所说：“要么和亲，要么就被屠杀。”

时至今日，新几内亚、非洲、亚马孙丛林等地的许多生活在野外的部落都会为了与人结交或者维持友谊而把孩子外嫁出去。但是这些初婚通常维持不了多久。[④]很显然，也不会有人因为离婚

---

① Bertram，1975；Schaller，1972；Hausfater 和 Hrdy，1984。

② Daly 和 Wilson，1988。

③ Tylor，1889，267 ~ 268 页。

④ Friedl，1975。

了而不开心，婚姻协议得到了遵守，成年人之间的联盟得到了巩固。孩子毫发无损地回娘家了，且没生下第三代。父母能与子女重逢自然也很高兴。

假设400万年前，上述情况能持续下来，那有何理由只结一次婚呢？每门新的婚事都会起到拓展与附近部落社会关系的作用。

无疑，我们最早的祖先在抛弃彼此的时候，想的可不是什么DNA，今天的人们依旧十分漠视性生活和繁衍行为在遗传学上造成的后果。可是，400万年前，也就是露西生活的那段时期，结了好几次婚的古代男女子嗣更多，他们存活了下来，并跨越千年，将人类连续婚配的倾向传递给后人。

几点说明

我的意思并不是我们最早的祖先对离婚毫不在意。“离婚”肯定会闹出乱子，今天也是如此。全世界的人在分手前都免不了争吵，有的还会痛下杀手或殉情自杀。离婚让孩子彷徨、害怕，觉得自己被抛弃了。双方亲戚齐上阵，有时整个大家族都会卷入其中。就算是对于其他灵长类动物而言，社会秩序的重塑往往会导致一番激战。

我的意思也不是说古人的孩子到了三四岁时就可以自立了，不管是饮食独立还是情感独立，都是做不到的。但是，当代狩猎－采集社会里的孩子一旦到了这个年纪，就会逐渐去找年龄不一的玩伴一起玩。除此之外，哥哥姐姐、亲戚、朋友，还有社群里差不多每个人都会在照顾孩子一事上承担更重的责任。在动物的世界，这些“哥哥姐姐”有个名字，叫“育婴小帮手”。而在人类世界，帮母亲看护孩子的亲戚和朋友则被称作“干亲”。这些额外的“爸爸妈妈”在其他物种和所有人类部落文明中都不难见到，他们必然存在于史前团体内。

最后，我的意思并不是说，人类早期历史上的所有男女只要孩子一脱离婴儿期、学会走路后，就会立刻劳燕分飞。事实上，当代离婚数据揭示了夫妻白头偕老背后的一些惊人因素，这些因素无疑将我们的祖先绑在了一起。

◆◆◆◆◆

稳固、长久的人类夫妻关系背后的一个因素就是年龄在不断增长。你也许还记得，全世界的离婚率在夫妻 34 岁之后持续下降。或许在 400 万年前，上了年纪的夫妻为了互相扶持，为子女带孙辈而待在一起——也就是选择了现代人的倾向。

其次，在联合国的样本中，养育了 3 个及 3 个以上孩子的夫妻携手相伴一生的概率最高。这一规律在传统社会里也很普遍。[1] 因此，你和伴侣生的孩子越多，你们就越有可能白头偕老。这种倾向也有可能发源自人类诞生早期。那时，膝下子嗣众多的父母无法做到抛妻（夫）弃子。他们干吗要这么做呢？要是父母双方很般配，

① 密歇根大学进化和人类行为计划的 Laura Betzig，个人交谈记录。

而且适合多生孩子，双方白头偕老在遗传学上可谓好处多多。

再次，夫妻百年好合背后是有生态学原因的。在一些社会，男女因为经济上彼此依赖，因而离婚率较低，尤其是那些农耕社会，更是如此。在游牧文化等社会，男人承包了大部分的重活，掌握了女人赖以为生的重要资源，这些地方的离婚率也很低。

因此，在人类历史早期，要是夫妻中的一方十分依赖对方手里的资源的话，那么相守一辈子恐怕就是常态了。

可我觉得情况并非如此。我们最早的祖先过的很有可能是一种小团体的游牧式生活，每个团体由 4 到 5 对夫妻、他们的后代以及其他单身亲友组成。肉这类奢侈品要大家一起吃。女性是十分高效的采摘者。夫妻双方都“有收入”的家庭比较普遍，另外，古代女性在经济上与男性一样出彩。因此，夫妻之间出现不和时，总有一方会抛弃伴侣，跟着大部队跑了。

连续一夫一妻制恐怕是我们史前历史长河中最利于繁衍生息的一种策略了吧。

特殊的友谊

对于连续一夫一妻制的演变过程，我们只能猜测。我们最早的祖先身处的社群大概同现代黑猩猩社群十分相似。[①] 除了父母和

① Tanner，1981；McGrew，1981；Fisher，1982；Foley 和 Lee，1989；Mansperger，1990。

兄弟姐妹之外，几乎任何人都可以是滥交的对象。这之后，渐渐地出现了一夫一妻现象。东非狒狒的生活方式为我们理解对偶匹配在上述原始群当中的演变进程提供了一个绝佳的范例。[①]

东非狒狒是群居动物，一般是60只为一组，穿行在东方的草原上。每个组都由好几个家庭组成。狒狒是母系社会，每个家庭的首领是雌性，周围都是它的子女，常常还伴有姐妹和姐妹们的子女。同许多小镇里的人类家庭一样，有一户狒狒家庭左右着当地的社会生活，另一户“人家”位居次席，依此类推。这是一个熟人社会。

但是，每头雄狒狒在进入青春期后，都会离家出走，加入附近另一个狒狒群。雄性狒狒想加入一个新的集体，往往会通过与一头特定的雌性结成“特殊友谊”的方式。

举例而言，雷是一头年轻、健康、英俊的雄狒狒。人类学家雪莉·斯特拉姆在一个叫“泵房帮”的狒狒群附近蹲点观察后发现，雷似乎是这个大集体里的“边缘人”。几个月来，雷在集体活动时一直干杵在一旁，形单影只，茕茕孑立。不过他逐渐与等级很低的雌狒狒娜奥米成了朋友。每天，雷都会靠近娜奥米，直到它们终有一天并排而坐，共同进食，到了晚上更是互相挨着入睡。雷通过娜奥米，和其他的雌猩猩成了朋友，最终受到了大集体的欢迎。

这种“特殊友谊”还有别的好处。[②] 在每个月的发情高峰期，

① Strum，1990；Smuts，1985，1992。

② Palombit 等人，1997。

每头母狒狒都会与唯一一位伴侣“相好”，后者往往是她的“特别朋友”。别的公狒狒会尾随他们，不断骚扰，试图把雄性引开，好横刀夺爱。但是，要是这对“相好”之间有特殊友谊的话，雌性倾向于紧紧跟着“情人”，这就使得其他公狒狒将他们拆散的企图很难得逞。倘若她的“特殊朋友”逮到藏身于草丛中的一只幼年瞪羚，第一口肉肯定是留给她的。雄性还会保持警惕，建立一个“缓冲区”。在这片区域里，她可以不受滋扰地休憩、进食并同幼崽玩耍。

身处“特殊友谊”之中的雄性狒狒也有好处。通常，它会成为一头雌性狒狒的幼崽的养父。他会怀抱着小狒狒，为他们理毛，搂着他们，保护他们。但他也会利用小狒狒。要是另一头雄性狒狒威胁到他，他就会抓起一只小狒狒，贴在自己胸前，攻击便会立刻停止。在狒狒中间，“特殊朋友”是交换好处、投桃报李的队友。

我们的祖先早在从树上下来之前，大概就已经结成了“特殊友谊”。黑猩猩有时会跟着伴侣一起“去游猎”。但是，学会双足行走之后，雌性黑猩猩不得不抱着幼崽，穿越危险的开阔地。雄性的保护和供养就成了必然。这类友谊也很容易转化为一种更深沉、更长久的关系，这就是人类对偶匹配的开端。

◆◆◆◆◆

那么，我们的远古亲戚是怎样邂逅“配偶”或“伴侣”的呢？这一点解释起来相对容易。一般，4 到 5 头雌性、她们的

“特殊朋友”、她们的子女会统一行动，数量足以实现自我保护，但是相伴而来的问题就是行动速度比较迟缓。[①]这些团体的地盘很有可能存在重叠。这样一来，一群狒狒错过的一顿饭，在附近徘徊的另一群狒狒就捡了便宜。

许多灵长类动物都有一个共性，雄性或雌性进入青春期后就会离开从小生活的大集体。因此，在不同团体相遇时，“青少年”偶尔互换门庭这一情况的发生率似乎就很高了。在400万年前的非洲稀树林，动物成长在一个由若干不同族群构成的庞大而松散的网络中。它们中正处壮年的，会交一些“特殊朋友”，并与其发展成为配偶关系。

吸引雌性的估计是那种友好、殷勤、愿意分享食物的雄性，而吸引雄性的则可能是出身较好、充满性魅力的雌性。雌性发情期间，她的伴侣无疑会守着她，不让别的雄性有靠近的机会，当然这种做法不一定总是有效。不管是雄性还是雌性，只要条件允许，他们大概都会跟着别的情人“私奔”。但是已经结成伴侣的动物会成双成对地游走在稀树林之间。他们一同采摘并分享食物，他们也一同保护和养育孩子，至少也维持到孩子婴儿期结束。

然后，一天早晨，感到夫妻关系越来越令人厌倦和压力重重之后，雄性或雌性中的一方会“脱团”，与另一个大部队里的“特殊朋友”一道走掉。

---

① 早期类人猿群体规模：波德赛尔（1968）认为，早期类人猿群体内数量大约25头，其中一半都已成年。我认为，这算得上是比较合理的早期类人猿社会组织模式。参见 Foley 和 Lee，1989。

混搭式人类繁衍策略

这是否是大脑感情系统的退化所造成的？个别鸟类和哺乳动物的连续一夫一妻制习性、非人类灵长动物的行为、狩猎－采集社会中人们的日常生活，以及全世界的现代婚姻和离婚规律，都促使我做出下述假设：早在320万年前，露西就已采用我们最基本的混搭式人类繁衍策略——连续一夫一妻制和（一些人）暗中进行的通奸。

这一繁衍策略由几部分组成。年轻、没有子女的夫妻普遍会形成短期的配偶关系，然后抛弃彼此，接着又再度与人结合；育有1到2个孩子的夫妻倾向于待在一起，至少将关系维持到幼子脱离婴儿期之后，这之后很多人会“离异”，然后另觅新欢；育有3到4个孩子的夫妻一般关系维持很久；上了年纪的则不太容易分开；而另有一些男女从来就没有停止过出轨。

并非所有人都会遵照这一繁衍的脚本生活，许多人依然不会。但是由于这些规律似乎寰宇皆有，人类创世纪后它们大概一直在经历着演变。

◆◆◆◆◆

在《非洲皇后》一片中，凯瑟琳·赫本对着亨弗莱·鲍嘉说过这样一句台词："奥尔耐特先生，我们来到这世上，就是为了克服天性。"我们真能超越这一大自然赋予的天性吗？

当然可以。当代的婚姻规律是文化和个性战胜人类自然倾向的一个明证。超过一半的美国人的婚姻可以持续一生，许多婚姻中的一方对配偶忠贞不贰。这个世界上有的是终身只结一次婚、从不花心的人。一些男人身边妻妾成群，一些女人也是招蜂引蝶。我们中还有人会选择独身或不要孩子——实乃遗传学上的死亡。人真的是一种极具可塑性的动物。

但我们的内心也在轻声絮语。

此外，与连续一夫一妻制和隐秘式偷情的演变同期出现的，是依恋、抛弃和爱情上瘾等强烈情绪。爱情的形式千变万化，终将注满我们的人生。

第八章

爱的专制

爱慕与爱瘾的进化

我们爱的时候对痛苦最不设防。

——西格蒙德·弗洛伊德

看她的笑容，听她的声音，看她走路的样子，回想起令人陶醉的瞬间或一句俏皮话——哪怕是对恋人片刻的念头，都会在脑海中激起一阵排山倒海般的狂喜。诗人罗伯特·洛威尔曾赋诗一首：“这股旋风，这份爱神艾洛斯的癫狂。”洛威尔是经历过这种浪漫爱情风暴的千千万万人中的一分子。这份情感着实能够消除人与人之间的差别，不管是诗人还是总统，也不管是学者还是技工，在爱情面前都会陷入一种神魂颠倒的状态：期待、希冀、痛苦和幸福。

但人脑无法永久持续这种高负荷运转。这份火热的情感在有些人身上最多保持几周或几个月。要是双方关系面临真正的障碍，譬如远隔千里，或者其中一人已有家室，那么他们有时还能维持几年的热恋期。我们对平均婚龄达到 20 年的人所做的脑部扫描证实了一点，即浪漫爱情有时可绵延数十载。

可是，早期浪漫爱情带来强烈的兴奋感往往会逐渐消退。当新鲜感不再，激情冷却之后，两性关系便进入更内敛的深层次阶段。心理学家伊莱恩·哈特菲尔德管这种现象叫“伙伴爱”。根据她的定义，“伙伴爱”指的是“一种与某人在一起很开心的感觉，对方的生活与你休戚相关”。[①] 我认为，这种“伙伴爱”形成自独立的脑组织——控制恋慕情绪的那部分区域。

浪漫爱情，爱慕之情：对于全世界的男女而言，要区分这两种爱很容易。肯尼亚的泰塔族人（Taita）说过，爱情有两种面貌：一种是无法克制的渴望，是“一种病”；另一种是对他人深沉而

① Hatfield，1988，191 页。

持久的依恋。[①] 在巴西有这样一句话："爱情始于惊鸿一瞥，并在微笑中走向成熟。"[②] 在韩语里，sarang 这个词的词意接近于西方人的浪漫爱情观，而 chong 则更多表示长期的依恋情绪。

◆◆◆◆◆

全世界关于爱情演变的记载可谓汗牛充栋。美国第二任总统约翰·亚当斯的夫人阿比盖尔·亚当斯曾在 1793 年给丈夫去信，信中写道："岁月会磨灭炙热的情欲，但取而代之的友情和依恋却盘根错节，生生不息。"[③] 我在前文中提到过生活在卡拉哈里沙漠的昆族妇女妮萨，她也用生动的语言描述过这一抛物线式过程："刚在一起时，两人心里燃起熊熊烈火，激情四溢。过了一阵，火焰渐冷，激情不再。他们依然相爱，只是性质已有变化——更多的是温存和互相依赖。"[④]

尽管这是爱情的常规路径，但我在本书其他章节也提到过，人类大脑中控制求爱的最基本的三块区域——分别对应情欲、浪漫之爱和依恋——并无固定"启动"顺序。有的人先有性，后谈爱。有的人刚认识别人就会疯狂地爱上对方，再过个几周就会发展成为床笫之交。有的人甚至会对工作上或社交圈里的朋友产生深深的依恋，而后疯狂地爱上对方，并与之发生性关系。

---

① Bell，1995，158 页。

② Rebhun，1995，252 页。

③ McCullough，2001 页。

④ Shostak，1981，268 页。

不过，总体而言，率先萌发的是狂热情欲和浪漫爱情，之后才是深沉的爱意。心理学家特奥多尔·赖克称之为温暖的“余晖”。

◆◆◆◆◆

西方人钟情于浪漫爱情。我们的电影、话剧、戏剧、芭蕾舞、歌谣和诗歌都对这份情感大加赞美，古希腊人称其为“神赐的疯狂”。我们对性也乐此不疲。不过，我认为依恋之情——满足感、分享感、与人合二为一的感觉——是所有这三种基本冲动中最高雅的。你们手牵手一起走，在夜里挨着彼此读书、看电视，看电影时一起笑出声，或者手挽着手，闲庭信步于公园或沙滩上，这便是灵魂交融的时刻，整个世界都是你们的乐园。

大约320万年前，在今天埃塞俄比亚境内的某个碧蓝色浅水湖旁，露西躺在一位长期的“特殊好友”怀里。此时此刻，她没准也感受到了恬静，体会到了天堂的存在。我这么说是因为伴侣之间的爱意深藏于哺乳类动物的大脑之中。这部分脑组织恐怕早在人类对偶匹配诞生之时就已成形。

“伙伴爱”

当代社会对人类依恋情绪进行心理学分析的鼻祖是英国精神病学

家约翰·鲍比[①]和美国心理学家玛丽·爱因斯沃斯[②]。他们提出，为了提高后代的存活率，灵长类动物发展了一套内生的依恋情绪体系，促使幼崽从最初看护者（通常是母亲）之外的人那里谋求慰藉和安全感。

自此，针对与成年人和其他生物体内依恋系统有关的行为、情绪和生物机制，已有大量研究问世。[③]此外，研究者还提出假设，称控制依恋情绪的脑通路在人的生命历程中一直保持活跃，这为想要养育后代的伴侣长相厮守提供了基础。[④]

时至今日，我们对这种“伙伴爱”的脑神经基础已有所认知。但要想搞清楚这一脑组织产生对心上人爱慕之情背后的工作原理，有必要再向诸位介绍一些美国中西部“居民”：橙腹田鼠。

满意荷尔蒙

在探讨浪漫爱情的第二章里，这些褐灰色、形似老鼠的啮齿类动物会被特定的异性所吸引——这是动物界的异性相吸，主要与哺乳动物大脑内的多巴胺系统有关。

不过，同多数哺乳动物不同的是，橙腹田鼠会结对养育幼崽，

① Bowlby，1969，1973。

② Ainsworth 等人，1978。

③ Fraley 和 Shaver，2000；Panksepp，2003；Tucker 等人，2005；MacDonald 和 Leary，2005；Eisenberger 等人，2003。

④ Hazan 和 Diamond，2000；Hazan 和 Shaver，1987。

将近90%的田鼠一辈子只有一个配偶。而到了今天，科学家已经明确了雄性橙腹田鼠出现依恋行为的根本原因。雄性在雌性体内射精后，脑部特定区域的后叶加压素活性会加强，从而激发一连串反应，其中包括它对配偶和育幼的热情。[①]

后叶加压素是否是大自然为雄性依恋情绪调制的一杯“鸡尾酒”呢？

大概是吧。科学家在向实验室里长大的雄性橙腹田鼠（未曾交配）大脑内注射了后叶加压素后，这些雄性立刻开始捍卫它们各自的交配和育幼“地盘”，不允许其他雄性染指。而当每只雄性与雌性合笼后，前者当即就会表现出占有欲。[②]此外，当科学家阻断小鼠脑部的后叶加压素分泌过程之后，雄性橙腹田鼠的行为就变得十分荒淫——先是跟一只雌性交媾，然后抛弃它，又去找别的雌鼠了。

更有意思的是，神经科学家拉瑞·杨及同事在对一种无害病毒进行改造，使其携带后叶加压素感受体的基因编码之后，将病毒注射进了另一种雄性草原田鼠体内（这一物种不会结对），于是，草原田鼠也开始对目前的异性配偶产生强烈的爱意。[③]而本书

---

① Lim 等人，2004；Carter，1992；Lim 和 Young，2004。

② Wang 等人，1994。

③ 遗传学研究进一步表明，爱恋的行为受到哺乳动物 DNA 的控制。淫荡的白脚鼠和淫荡的猕猴不会公母结对，也不会向特定的配偶表现爱慕行为；这些物种的雄性也不会像草原田鼠那样，在腹侧苍白球内有着同样的后叶加压素感受体分布。此外，科学家通过转基因方法，将决定雄性橙腹田鼠对偶匹配的后叶加压素系统内的遗传性物质变性，放入雄性草原田鼠——这是一种自我而淫荡的物种——的腹侧苍白球内之后，后叶加压素感受体的基因表达呈现上调态势。不仅如此，雄鼠还开始迷恋一只特定的雌鼠，哪怕还有别的雌鼠，也只与它交配。当这种基因被放入非一夫一妻制的雄鼠体内，这些动物也开始表现出爱慕行为。参见 Pitkow 等人，2001；Lim 和 Young，2004；Lim 等人，2004；Young，1999。

最重要的一个发现是：那些体内有便于后叶加压素传播的相关基因的男性在两性关系上普遍比较稳定。[①]

似乎父亲的本能存在至少一种生物学成分：后叶加压素。我猜，早在320万年前，露西和她的“特殊朋友”相爱相拥时，类人猿就已进化出这一神经元通路。

◆◆◆◆◆

诗人伊丽莎白·芭蕾特·勃朗宁曾经写道：“我爱你的程度，就像日光和烛焰下那每天不用说出的需要。”很少有诗人会以依恋为题，或许是因为这种感觉不太会促使人在夜深人静时，起床离开温暖的被窝，写下激情的诗篇。芭蕾特·勃朗宁的诗是个例外，其字里行间透露一种深深的爱意。她在写下这些句子的时候，心里或许翻涌着另一种化学物质。这种物质如今与依恋情绪联系在一起，即后叶催产素，这是一种神经化学物质，与后叶加压素是“近亲”，在自然界同样普遍存在。[②]

同后叶加压素一样，后叶催产素产生自下丘脑。但与前者不同的是，所有雌性哺乳动物（包括女性在内）在分娩期间都会分泌后叶催产素。这一方面会引起宫缩，另一方面会刺激乳腺分泌乳汁，后叶催产素还会巩固母婴之间的纽带。如今，越来越多的资料显示，后叶催产素还能让女性对心仪之人释放依恋

① Walum 等人，2008。

② Pedersen 等人，1992。

情绪。[1]

毫无疑问，你已经对这些“拥抱化学物质”——后叶加压素与后叶催产素——的力量有所感知。男女达到性高潮时，分泌后叶加压素的活动会达到峰值。[2]这类“满意荷尔蒙”必然会在甜蜜性爱之后，增强爱侣之间的融合感、亲昵感和依恋感。

情爱之网

因此我相信，我们之所以形成这三种强大的脑组织，是为了引导我们的社会生活和繁衍行为。性冲动驱使我们寻找一群求爱对象。浪漫爱情则促使我们将一腔热情全部倾注在一个人身上。另外，深深依恋的情绪也会起到作用，使我们与这位特殊的另一半相守相伴，至少等到第一个孩子脱离婴儿期之后。

这三种基本冲动都会引发不同的行为、情绪、希冀和梦想，每一种都与不同的神经化学系统相关联。情欲主要与荷尔蒙睾酮相关，这在男女体内都有。浪漫爱情除了与多巴胺这一天然刺激物有关之外，或许还与去甲肾上腺素和血清素的低活性有关。与之相对，深沉的依恋情绪主要是在神经肽、后叶催产素和后叶加压素的作用下形成的。

① Lim 等人，2004；Carter，1992；Lim 和 Young，2004；Zak 等人，2005；Zak，2012；Young 等人，1998；Young，1999。

② Young 等人，1998；Carmichael 等人，1987；Zak，2008。

此外，所有这一切都是生存机制，顺着人类大脑的原始通路发生作用。

因此，我认为，我们的祖先先是从非洲快速减少的树林里下到地面，之后学会用双足而不是四肢行走，最后结对养育后代，并至少将关系维持到孩子脱离婴儿期。没过多久，这些控制情欲、浪漫爱情和依恋情绪的脑组织渐渐地进化出人类特征。

大约 320 万年前，露西陷入情网。她感受到了性渴望，激情的狂喜以及对于爱侣的深切依恋。这些情愫汇成一支交响曲，交织着欣喜、激动和沉静的杂音。

◆◆◆◆◆

然而，由于大自然的恶作剧，这部分脑组织的进化很可能还搅乱了露西的生活——如今依然如此。这三部分之间的关联度有时很一般。此言不虚，你在对一位长期配偶怀有深切爱意的同时，还可以对办公室或社交圈里的某个人流露强烈的爱意，甚至还会被别的什么人勾起性欲。就算晚上躺在床上，思绪也会在这些念头之间不停切换。思绪纷飞之际，脑袋里仿佛正在开大会。

的确，人类似乎是感情上的“未完成品”，上述大脑线路的复杂后果令我们无所适从。这继而引发了占有欲、嫉妒心、抛弃、暴怒和爱瘾。我猜，所有这些情欲都形成自远古时期，距今远隔千年，是阿尔迪和露西们留给今人的一笔普遍而持久的遗产。

妒 忌

“那可是一只绿眼的妖魔，它惯于耍弄爪下的猎物。”莎翁曾用如此丰富多彩的笔触，描绘人类的妒忌心。这是一种人类烈性痼疾，是占有欲和疑心病的结合。两性关系中，妒忌心随时可能发作。当你沉溺于爱河中，当你依偎在别人怀里，当你有外遇时，当你失恋，甚至当你结束一段关系之后，这头绿眼妖魔都会出来作祟。

针对美国男女所做的心理测试显示，男女的妒忌心差不多，分不出谁比谁更强烈。不过男女在妒忌心发作时的做法不一。女人往往更愿意装得若无其事，来掩盖情场上的失意；此外，她们还倾向于发动魅力攻势，或尽力弄清事情的来龙去脉，与另一半谈谈心。男人则会与情敌对质，要么摆出一副“我比你牛”的腔调，要么用大堆礼物和好话讨好心上人，男人在吃醋时也更倾向于甩了另一半。此外，两性当中，如果哪一方觉得自己不中用、缺乏安全感，或者过于依赖对方，都是更容易起疑心和产生占有欲的那一方。

绿眼妖魔还可能具有危险性。杨科维亚克和哈德格雷夫搜集了 66 种文化体的相关资料，他们发现，88% 的男性和 64% 的女性觉得遭到爱人背叛的时候会诉诸肢体暴力。的确如此，男性的妒忌心理是如今美国家庭情杀案的主要诱因。①

① Jankowiak 和 Hardgrave，2007；Meloy 和 Fisher，2005。

妒忌心并非西方人独有。[1] 澳大利亚阿纳姆地的某位土著部落居民曾有过下面一番生动表述："我们雍古族人（Yolngu）很爱吃醋，自打我们以大家族的形式生活在灌木林起，就喜欢吃醋。我们吃妻子或丈夫的醋，是因为担心她或他会看上别人。要是做丈夫的娶了好几个妻子，他就更容易吃醋，至于妻子则是互相妒忌……毫无疑问，妒忌是我们的天性。"[2]

妒忌心似乎在动物身上也有先例可循，这么说是因为许多物种的雄性和雌性都会表现很强的"所有权"意识。实际上，这种占有欲在鸟类和哺乳类动物中十分常见，以至于鸟类学家称其为"保卫配偶"。[3]

保卫配偶

举例而言，雄性长臂猿会将别的雄性从家族领地上赶走，与之相似，雌性长臂猿也会驱逐别的雌性。一次，坦桑尼亚贡贝河保护区的母黑猩猩派申对一头年轻公猩猩示爱，他却对派申的搔首弄姿置若罔闻，而是与其女儿波姆交合起来。一怒之下，派申冲上前去，狠狠地掌掴他。[4]

---

① Meloy，1998；Meloy 和 Fisher，2005；Buss，2000。

② Symons，1979。

③ Buss，2000。

④ Rancourt-Laferriere，1983。

据记载，这种占有欲的另一个很鲜明的例子发生在蓝鸟身上。为了测试其对“戴绿帽的容忍度”，人类学家大卫·巴拉什硬生生地打断了一对山蓝鸟一年一度的交配仪式。这对鸟儿刚刚开始筑造爱巢，趁着雄鸟外出觅食的间隙，巴拉什将一只假的雄性蓝鸟放在鸟巢1米开外的地方。“男主人”回来后，发出凌厉的叫声，在周围盘旋，并用喙猛啄假鸟。他还攻击了“妻子”，从她的翅膀处拔掉了几尾主翼羽。她吓得飞走了。2天后，一位新“妻子”住了进来。①

吃醋的雄蓝鸟还会打“妻子”？

这种占有欲在遗传学上是有逻辑可循的。任何物种的雄性一旦吃醋，对伴侣就会盯得更紧，因此，容易吃醋的雄性生育后代并延续自己DNA的可能性更高。另一方面，吃醋的雌性在赶跑了别的雌性后，会从伴侣处获得更多保护和资源，从而为自己和幼崽获取额外的资产。妒忌心有助于遏制雌性的“红杏出墙”和雄性的“抛妻弃子”——人脑中点燃妒火的细胞因此更加活跃。这一过程很可能涉及后叶加压素，因为其可以促使雄性草原田鼠守护伴侣。②

人类对性的渴望，对罗曼蒂克的向往，对伴侣的爱意，因占有欲而生的妒忌心，因为关系久了而变得不安分，对下一段恋情始终乐观积极：我们好似风筝，而这些情感则像一阵风，将我们吹向天际。我们在各种情绪之间起起落落，捉摸不定。然而，与

① Barash，1977。

② Young 等人，1998。

人类祖先连续一夫一妻制倾向相关的所有万花筒式感情中，也许没有一种比被恋人拒绝来得更痛苦的了——被抛弃的结果是产生爱瘾。

爱　瘾

“要想了解人们为爱情做了什么，我们该怎么办？去看谋杀专栏呗。”萧伯纳很了解浪漫爱情和依恋的力量。我认为，二者都是上瘾的表现。关系融洽时就是好的上瘾；关系破裂时则是可怕而消极的上瘾。此外，早在大约320万年前，也就是露西及其亲友漫步东非大草原的时候，这类爱瘾便已存在。

就拿浪漫爱情来说吧，就连幸福的恋人身上也有所有“瘾君子”都有的特征。首先，痴男怨女们向往与心上人有灵与肉的结合。向往是所有上瘾现象的核心要素，恋人们想起心上人时，总是喜上眉梢，陷入某种“陶醉状态”。他们越是投入，就越希望与心上人有更多互动，这在研究上瘾的文献中被称为“激化”。他们还会着了魔似的想着彼此，而这种侵入性思维也是对毒品形成依赖的关键。恋人们还会颠倒是非，不分主次，改变日常习惯，迎合对方。为了不与特殊的“另一半”断了联系，或者为了让对方对自己留下印象，他们常常会做一些不恰当、危险且极端的事，甚至性情都会大变，这一现象是谓“情感障碍”。诚然，许多热恋中的人甘愿为心上人赴汤蹈火，甚至不惜以命相抵。瘾君子无毒可吸时会痛苦不已，而恋人们与心上人分离时也会苦不堪言，这叫作“分离焦虑”。

然而，一旦失恋，麻烦就来了。多数被抛弃的男女都会经历类似戒毒时出现的各种症状，比如抗争、哭泣、无精打采、焦虑、睡眠紊乱（嗜睡或失眠）、食欲不振或暴饮暴食、易怒和长期孤独。恋人们还会像瘾君子一样再度上瘾。关系结束很久之后，一些事、人、地点、歌曲，或者与抛弃自己的人有关的外部暗示都会勾起回忆。这会激发新一轮的渴望、侵入性思维、忍不住给对方打电话、给对方写信或者出现在对方面前——所有这一切都是因为当事人对旧情复燃怀抱希望。

由于浪漫爱情经常出现和上瘾相关的一系列特征，有些心理学家便认为，浪漫爱情极有可能成瘾。①

我认为浪漫爱情是一种瘾——正如前文所言，当爱情并非单相思、于人无害，且方式恰当的时候，这就是一种积极的上瘾；但当某人的浪漫爱情方式不当、于人有害、一厢情愿，或者被正式拒绝的时候，就是一种极其消极的上瘾。②

幸福爱情的积极上瘾

据传爱因斯坦说过这样一句话：“要是一个想法不荒唐，那它

---

① Peele，1975；Halpern，1982；Tennov，1979；Hunter 等人，1981；Mellody 等人，1992；Griffin-Shelley，1991；Schaef，1989。

② Fisher，2004，2014。

就是没有希望的。”不管是学者还是普通人，很少有人视浪漫爱情为一种瘾，因为他们觉得任何上瘾行为都是病态和有害的。[①]然而，数据却并不支持这一观点。

神经科学家安德烈亚斯·巴特尔斯和赛米尔·泽奇将参与实验的幸福恋人的大脑同因刚刚注射可卡因或类鸦片毒品而变得亢奋的瘾君子的大脑进行对比，结果发现，大脑奖励系统的不少相同区域都变得十分活跃。此外，我的同事在重新分析了从 17 名相亲相爱的男女身上采集来的数据之后（这些数据未经发布），发现伏隔核区域的活性有所提高。伏隔核是大脑的一片分区，对应所有上瘾状态——包括对海洛因、可卡因、尼古丁、酒精、安非他命、类鸦片，甚至是赌博、性和食物的渴望。

那些爱得激烈而幸福的男女眼里只有对方。因此，我的脑部扫描搭档露西·布朗博士提出，浪漫爱情是一种自然上瘾，几乎人人都感受过这一“正常的变化状态”。[②]

另外，我还认为，控制浪漫爱情的脑通路在露西的时代就已成形，促使我们的祖先将求偶精力用在特定伴侣的身上。这样一

---

① 许多专业人士将上瘾定义为一种病态的、有问题的紊乱（Reynaud 等人，2010）。另外，由于浪漫爱情在多数情况下是一种积极的体验（没有害处），研究者多半不愿意将浪漫爱情正式归入瘾的范畴。不过，考虑到其行为模式和脑部工作机制，浪漫爱情一样也是瘾。即使浪漫爱情并无害处，也与热望和焦虑有关系，并且可促使爱人有一些危险和不恰当的想法，说一些危险而不恰当的话，做一些危险而不恰当的事。此外，所有的物质滥用，比如酒精、阿片、可卡因、安非他命、大麻和烟草（以及对食物、赌博和性爱的非物质上瘾）都会激活热恋和失恋男女大脑里的那种“奖赏通路”。不过，不同于只会影响一小部分人的瘾，某些爱瘾很可能在每个人的某个人生节点上发作。上述资料说明，尽管没有得到正式界定，但是浪漫爱情理应被视为一种瘾（Fisher，2013）。

② L.L.Brown，收录于 Frascella 等人的作品，2010，295 页。

来，就省下了交配的时间和精力，开启了交媾和繁衍的过程，激发爱意，鼓励男女双方共同承担养育子女的责任，从而确保其DNA能够传承下去。[①]

但是，浪漫爱情可能会严重搅乱我们的生活——尤其是当我们被抛弃的时候。

失恋后的消极上瘾

为了更好地了解与失恋相关联的这部分神经系统，我和同事使用了功能性磁共振成像技术，对失恋不久的10位女性和5位男性展开研究。[②]他们的失恋时间平均为63天。所有参与者在“激情之爱量表”的测试中都得到了高分。[③]设计这份调查问卷的目的是测量爱情的强烈程度。所有人都表示，自己在醒着的85%的时间里都在思念对方，渴望对方能回心转意。

研究结果令人吃惊。

奖励系统中的好几个分区都出现了脑激活现象，其中包括：与激烈浪漫爱情有关的腹侧被盖区；与深深依恋有关的腹侧苍白球；与生理疼痛、焦虑和由疼痛引起的忧愁有关的岛叶皮质和前扣带；与衡量得失以及掌控渴望与上瘾有关的伏隔核与眶额回皮

① Fisher，1998，2004。

② Fisher，Brown，Aron等人，2010。

③ Hatfield和Sprecher，1986。

质/前额皮质。[①] 这几个大脑分区的活动与瘾君子对于可卡因等毒品的渴望存在相似之处，这一发现与先前的论断高度吻合。[②]

简言之，脑部扫描的数据表明，这些失恋者依旧发了疯似的爱着对方，放不下这段感情。他们的身心备受煎熬，仿佛跑步机上的老鼠，时刻盘算着自己到底失去了什么。而且他们渴望与另一半重归于好、破镜重圆，这就是上瘾的表现。

很少有人离开爱情还能活得下去。在美国的某个大学社区，93%的男女表示，自己曾被心爱之人抛弃，另有95%的人表示他们曾拒绝过深爱着自己的人。[③] 而这可能不过是第一次挫败，许多人在今后的生活中可能再度经历被抛弃的命运。

这种从失恋到走出阴影的过程存在一种规律。第一阶段为抗争阶段，被抛弃的一方会极尽所能，想办法挽回爱人的心；但随着无奈与绝望情绪的逐渐蔓延，失恋者会失去希望，继而变得意志消沉。[④] 这两个阶段都与大脑中的多巴胺系统有关。我猜，早在很久以前，在露西恋爱甚至失恋时，这两个阶段就已存在于古人类的意识深处。

---

① Fisher，Brown，Aron 等人，2010。

② Diana，2013；Koob 和 Volkow，2010；Melis 等人，2005；Frascella 等人，2010。

③ Baumeister 等人，1993。

④ T. Lewis 等人，2000；Fisher，2004。

失恋后的抗争阶段

“希望越渺茫，我的爱就越深。”2000多年前，古罗马诗人泰伦斯就对这一经历做出过精辟论述。恋人们的浪漫爱情遇到挫折时，他们只会变得更加忘我——我称这一现象为“挫吸引”。[①]挫折反而会强化浪漫爱情，这种现象的根源在于大脑结构。倘若爱的回报迟迟没有到来，大脑多巴胺系统内的神经细胞会依旧保持活性[②]，从而延续炽热的浪漫爱情，这时上瘾就开始了。

压力会提高多巴胺的分泌水平。哺乳动物最早感受到巨大压力时，身体会做出一系列反应，其中之一便是中枢多巴胺和去甲肾上腺素的活跃度增强，同时伴随中枢血清素水平的降低，这一过程俗称“应激反应”。[③]

遭到拒绝的恋人还可能遭受“挫折–攻击”的折磨，心理学家称之为“被抛弃而生出的怒火”。[④]即便提出分手的一方于心不忍，且大方地表示大家还可以做朋友，共同承担育儿责任，许多失恋者的心情还是会游走在心碎和愤怒两种情绪之间。这是另一种神经应激反应。人脑中最主要的愤怒系统与期待回报的前额皮

① Fisher，2004，16页；Fisher，2014。

② Schultz，2000。

③ Kapit等人，2000。

④ Meloy，2001，1998。

层的中部关系密切。[1] 因此，当某人意识到他（她）所期待的回报难以兑现，甚至不可能兑现的话，前额皮层的这片区域就会刺激扁桃体，释放怒气。这会使心脏负荷加重，血压升高，并且抑制免疫系统的运行。[2]

这种因为希望落空而怒火中烧的反应在其他哺乳动物身上也很常见。比方说，猫在受宠时会发出满足的咕噜声，而当这种惬意的刺激中止之后，它偶尔会乱咬人。

的确，浪漫激情和被抛弃的愤怒存在诸多相似之处。二者都与身心觉醒有关，都会造成迷恋情绪、钻牛角尖、格外卖力和目标导向性行为，此外，二者都会引发强烈的渴望——不是渴望与爱人破镜重圆，就是渴望对其打击报复。[3]

此外，浪漫爱情和愤怒情绪相伴而生。布鲁斯·埃利斯和尼尔·玛拉姆斯在研究了 124 对恋人之后，得出结论：浪漫爱情与“愤怒 / 沮丧”模式会对不同信息做出不同反应。当遇到背离目标的事时，譬如伴侣移情别恋，或者对爱情不专一，或者失恋时，恋人的愤怒不安情绪会发生波动。而在事情顺应恋人意愿时，比如和亲友外出旅行时另一半当着别人的面表现出体贴，或者直接表明爱意和忠贞时，关于浪漫爱情的这部分情绪也会发生波动。因此，浪漫爱情和愤怒 / 沮丧有可能同时出现，增强失恋情绪加重的程度。

这种反抗反应一定是有来源的，因为其源自一种哺乳动物的

---

① Panksepp，1998。

② 同上；Dozier，2002。

③ Fisher，2004；Meloy 和 Fisher，2005；Fisher，2014。

基本机制，任何社会依恋关系破裂时，这种机制就会被触发。[①]以小狗为例，当其与母亲分离，并被单独关进厨房时，它立刻就会走来走去，拼命扒拉着房门，不停地吠叫和哀鸣，以示抗议。被隔离的幼鼠则不断发出超声波叫声，由于大脑高度亢奋，它们几乎不睡觉。[②]这种反抗机制的目的是：提高警惕性，鼓励被抛弃的动物进行抗议、搜寻和呼救。

抗议、应激反应、“沮丧－吸引”，因被抛弃而出现的发怒、渴望、断瘾症状，所有这一切对于全世界的激情犯罪率都起到了推波助澜的作用。[③]同所有上瘾现象一样，浪漫爱情可能导致暴力行为。

无奈 / 绝望

但是，被抛弃的一方最终还是会选择放弃。他（她）不再追求心上人，失恋的第二个阶段由此而生，即“无奈 / 绝望”。[④]

这个阶段的失恋者会变得无精打采、情绪低落、郁郁寡欢、意志消沉[⑤]，这些状态统称为绝望反应。[⑥]曾有人在研究了 114 名

---

① T. Lewis 等人，2000；Fisher，2004。

② Panksepp，1998。

③ 参见 Meloy，1998；Meloy 和 Fisher，2005。

④ T. Lewis 等人，2000。

⑤ Najib 等人，2004；Panksepp，1998。

⑥ Panksepp，1998；T. Lewis 等人，2000；Fisher，2004，2014。

于过去 8 周内失恋的男女后发现，40% 的人呈现抑郁症倾向。[①] 一些伤心欲绝的恋人甚至会死于因抑郁而引起的心脏病或中风，[②] 另一些则选择自杀。

可以肯定的是，多数失恋者在抗争阶段也会经历这种悲伤，但在希望全部破灭之后，悲伤可能会加剧。

这种绝望与大脑中的几个网络有关。不过需要强调的是，最有可能起到作用的是多巴胺通路。失恋者在认识到自己不可能收获爱情回报之后，大脑奖励系统内分泌多巴胺的细胞就会降低活性[③]，从而使人变得无精打采、情绪低落和意志消沉[④]。短期压力加速了多巴胺和去甲肾上腺素的分泌，而长期压力则会抑制这些神经化学物的活动，抑郁症也由此而生。[⑤]

◆◆◆◆◆

人类的这些天性是不是有些过头了？

抗争、压力、怒火、无奈和绝望，这一连串失恋后排山倒海般的反应似乎对挽回感情无济于事。失恋男女浪费了宝贵的寻偶时间和代谢能量，丧失了重要的经济资源，社会关系也遭到殃及。他们的日常规律和习惯发生改变，此外还可能蒙受财产损失，甚

① Mearns，1991。

② Rosenthal，2000；Nemeroff，1998。

③ Schultz，2000。

④ Panksepp，1998。

⑤ Panksepp，1998；Kapit 等人，2000。

至失去孩子的抚养权，受损的还有个人幸福和自尊心。[①]另外，失恋者或许失去了一个重要的繁衍机会，没准还错失了一位可以携手养育后代的伴侣，结果便是危及自己的传宗接代。浪漫爱情的破灭会带来严重的社会、心理、经济和遗传层面的后果。

我们为何不能照常生活呢？

因为这些抗争和绝望的情绪可能会火上浇油。

抗争的反应或许会激励恋人想法子挽回提出分手的心上人，而被抛弃的一腔怒火也许会令关系更加疏远（没人喜欢脾气大的人）。无奈之下，受挫的恋人只得重新择偶。绝望的反应会促使失恋者向亲友发出明确、如实的信号：他们需要帮助。[②]而抑郁可能会为失恋者提供喘息和规划未来的时间。确实，轻微抑郁症患者对自己和他人有更清醒的认识。[③]

从祖先处继承的强烈情感和行为有助于我们再续前缘，或者结束一段失败的恋情，最终，这两种策略会帮我们实现繁衍后代的目标。[④]它们早在300多万年前就已存在，同样古老的还有人类爱与重新去爱的冲动。

---

① Leary，2001。

② Hagen，2011。

③ Watson和Andrews，2002。

④ Fisher，2004，2014。

放　手

社会学家罗伯特·怀斯离异后，着手对“无伴侣的父母”和“离异者研讨会”这两个自助型团体内的离异情况展开研究。在同这些团体的150名成员座谈之后，他渐渐发现了更多有关离异的规律。[①] 这些资料为下述现象增添了一种心理学元素：放手。

怀斯表示，起初，失恋男女先是表现得惊愕。纵然心中万般苦涩和失落，纵然海誓山盟已成空，双方吵闹不休，甚至恶语相向，但失恋的一方还是会选择窝在家里，而不是躲在别的什么地方。要是关系戛然而止，失恋者往往持续几天都不肯承认现实，有时这种状态会维持长达2周。

可是，最终总还是要面对现实。“她”或“他”已经离开了。

接着，过渡期开始了。这一心理状态似乎跨越了抗争和无奈这两个情感阶段。时间过得极其缓慢，生活中的许多日常惯例都不见了，大片空白的时间让人不知所措。失恋者被抗争、愤怒、惊惶、后悔、自我怀疑和强烈的伤感所包围。个别人会喜笑颜开，觉得自己自由了。但这种快感维持不了多久，情绪狠狠地来了个急转弯；早上才下的决心，晚上就推翻了。有些人排遣的方法是依靠酒精、运动或朋友；还有一些人则依赖精神病医生、心理咨询师和励志类图书。有些人因

① Weiss，1975。

为害怕失去伴侣，会做出可笑的让步或甘愿忍受对方暴力的行为。他们和吸食海洛因的瘾君子一样，都与伴侣形成了化学上的联系。①

然后他们开始回顾这段感情——过程有些走火入魔。失恋者的脑海里不断浮现过往的一幕幕：温馨良宵和肌肤之亲，争吵和沉默，对方讲过的笑话和冷嘲热讽。与此同时，他们不断捕捉伴侣为何会离开的线索。随着时间推移，饱受折磨的失恋者寻思着，到底谁才是过错方，哪里又做错了。这份精神独白有着纷乱芜杂的主题和关键事件，他（她）的眼里却只有自己所经历的最大屈辱。但是，故事最终还是会理出个头绪来，会有开篇，有经过，还有结尾。这有点像在叙述一起交通事故的经过，各方看法都是很片面的，重要的是过程。有了故事情节，就能说给别人听，能添油加醋，最终又立刻被人遗忘。

有时，这一心理过渡期可长达 1 年。任何挫折，譬如未能与伴侣和好如初，抑或恋爱不久即被抛弃，都有可能使失恋者再度跌入万念俱灰的境地。但是，随着他或她的生活步入正轨，恢复期便来临了。渐渐地，被抛弃者获得了一种新身份，重拾自尊心，结识新朋友，有了新的兴趣爱好，人也变坚强了。过去的事不再刻骨铭心，如今的他（她）可以重新上路。

不过，魏斯的研究揭示了惊人的一点。他注意到，从分手到恢复，整个过程一般要经过 2 到 4 年，“通常 4 年居多”。“4”这

---

① 动物的爱恋：母亲不在身边时，哪怕它们身处温暖、舒适又惬意的环境，新生的小狗、小奶猴、雏鸡和豚鼠都会发出叫声。每当“分离焦虑”加剧为恐惧感时，它们心跳加速、血压升高、体温上升。在服用内啡肽或其他鸦片制剂（海洛因是其中一种）之后，这些小家伙便平静下来。在许许多多的大脑区域、通路和神经化学物质的共同作用之下，才有了爱情的高潮和低谷。

个数字又出现了。我们不光倾向于做 3 到 4 年的夫妻，我们还会在婚变后花上 3 到 4 年的时间疗伤。

人类这种动物的行为似乎受到了一股情绪的驱动，这股情绪的起伏有着内在的规律，早在我们的祖先最初离开非洲树丛并在两性关系中形成与自然交配周期（3 到 4 年）同步的节奏之时，这一规律便已存在。或许，大脑内控制多巴胺、后叶加压素、后叶催产素等神经化学物质的系统决定了这种节奏的快慢：在你坠入爱河时急速爆发，在你开始酝酿浓浓的爱意、与人情投意合时发生变化，最终，系统的敏感度会下降，或者超负荷运转。结果是你变得漫不经心，或者不安分起来，这会消磨你的爱意，导致分手——这一痛苦的过程是所有上瘾的极致，即对伴侣的爱瘾。

当然，我们每个人都是独一无二的。幼时与父母关系紧密的人、善于结交新朋友的人、自信心更足的人、有着其他微妙的心理优势的人都会更快走出失恋的阴影。但是，我们所有人都会因爱上瘾——也许形式各异。

浪漫瘾君子

本书第二章里，我曾提出，人类形成了 4 种宽泛的、基本的思考和行事风格，均与大脑的 4 种基本物质存在关联，分别为多巴胺、5- 羟色胺、睾酮、雌激素。这么说纯属推测，但我猜，认知和行为风格各异的男女或许天生就会以一种异于常人的方式来应对爱瘾造成的痛楚和热望。

“探索者”，指的是那些呈现更多与脑部多巴胺相关特质的人，他们成为浪漫瘾君子的可能性更高。这些男女喜欢新鲜感，追求刺激和冒险。这既可以是在卧室里、运动场上、旅行途中、探索知识的过程中，也可体现在他们非传统的生活方式上。其中许多人容易对事物产生厌倦，往往比较任性、不太钻牛角尖、好奇心旺盛、精力充沛、想法很多、善于接受新事物，并且富有创造力。因此，尽管他们在浪漫爱情方面十分投入，但“探索者”或许不太容易形成长期的男女关系。就算形成了，或许会不太安分，容易出轨。此外，他们抛弃伴侣，追求新恋情的多巴胺快感的可能性也更高——是谓浪漫瘾君子。

爱恋瘾君子

“建设者”身上有着更多与5-羟色胺相关的特质，他们或许更易成为“爱恋瘾君子”。这些男女是社会规则的践行者。他们惯于循规蹈矩，制订并坚持计划。他们行事谨慎，从不出格，通常信教。他们喜欢去熟悉的地方，做熟悉的事。此外，为了遵守规则并融入自己所在的社会团体和整个社会，他们不惜牺牲自己的需求。“建设者”很重视对婚姻的责任。因此我推测，就算关系早已名存实亡，这些男女中的相当一部分人仍不会选择离异。纵然内心痛苦而寂寥，他们却不愿打破当初的誓言。

暴力瘾君子

那些有着鲜明的睾酮特质的人——我称之为“独裁者”——在失恋时更易表现暴力倾向。这些男女是行动派，做事果断干脆。此外，他们的同理心较弱，不善于用言辞表达自己的失落感，社交能力也不行。因此当他们遭受情感危机时，他们可能惯于进行自我陶醉式的跟踪，或者一怒之下诉诸肢体暴力——包括因冲动而起的自杀或谋杀。我的假设有数据为证：男性尾随提出分手的恋人的概率要远高于女性，对其实施殴打或痛下杀手的概率也要高得多。[①] 此外，男性在失恋后自杀的概率也是女性的 2 到 3 倍。[②]

绝望瘾君子

“磋商者”身上的特质与雌激素和后叶催产素的关联度较强，他们中的大部分人都有病理性反刍、临床抑郁症和企图自杀的倾

① Meloy 等人，2001。

② Hatifield 和 Rapson，1996。

向——我称其为“绝望瘾君子”。这么说是因为这些男女（多数为女性）往往很讨人喜欢，能说会道，做事凭直觉，能将心比心，容易信赖他人，懂得关心人，并且有着经营社会关系的动力。此外，他们情感丰富，善于内省，记忆力出色。因此，“磋商者”或许容易在感情上钻牛角尖——不断回忆起往事，反复折磨自己。这种反刍现象或许会导致临床抑郁症和企图自杀的强烈倾向。

一些数据证实了我的理论。据失恋的女性反映，她们的抑郁情绪较严重，此外还伴有长期的精神紧张和反刍现象。[①] 女性也更容易无休止地向人说起自己的痛苦遭遇。[②]

动物之爱

这种求偶、相爱、分手并再度相爱的冲动，是否为我们人类所独有？若非如此，那么公马在地上撩蹄子，嗅着一匹温顺母马的气息，然后爬到它背上的时候，也是含情脉脉的？公狐狸嘴里衔着一只诱人的死老鼠，回到窝里饥肠辘辘的母狐狸身边时，是否也心怀爱意？知更鸟在秋天离巢，各奔东西时，是否真的满心欢喜？许多动物在下一个交配季到来时，是否会怀着饱满的热情另寻新欢？几百万年以来，数以亿计的动物在开始一段“求爱之

① Mearns，1991；Nolen-Hoeksema 等人，1999。

② Hatifield 和 Rapson，1996。

舞”时，是否感受到了诱惑的狂喜、爱恋的平静、别离的痛楚和情欲的回归？

不少科学家相信，人类的基本情感和动机来源于脑部的特定组织，而这部分大脑网络在哺乳类的祖先，甚至是鸟类祖先身上就有。[①]举例而言，所有鸟类和哺乳类动物在大脑深处都有下丘脑，这个小小的“工厂”在控制性行为方面起到了重要作用。过去7000万年以来，这一点变化甚微，所有哺乳类动物都高度相似，[②]动物都能感受到情欲。

大脑内部的边缘系统在控制怒火、恐惧和欢愉的情绪时举足轻重，爬行类动物的边缘系统未发育完全，鸟类和哺乳类动物则不然。高等生物能感知愤怒、恐惧和欢乐。[③]

多巴胺、后叶加压素和后叶催产素系统的大脑通路——这些部分与人类的诱惑和爱恋情绪存在关联——在草原田鼠和人类身上起到的作用是类似的。人和鼠的后叶加压素系统甚至存在基因相似度。[④]这意味着，相关生物系统对人类爱恋情绪也有影响。

最有启发性的一点是：这个星球上，没有一种野生生物会随随便便发生性关系。它们被个别异性吸引，并会避开同类。[⑤]我管这种现象叫动物之间的异性相吸，或者求偶诱惑。[⑥]我相信，动物只会对特定的同类产生深深的好感（尽管往往维持的时间十分短

---

① Davidson，1994；Panksepp，1998。

② Donaldson，1971。

③ Mellen，1981；Donaldson，1971。

④ Walum 等人，2008。

⑤ Fisher，2004；Fisher 等人，2006。

⑥ Fisher，2004。

暂）——这便是所谓的“浪漫爱情”。

别的动物在“恋爱”时一样也会表现上述行为，包括精力旺盛，精神专注，做出一个劲地跟踪、舔舐、爱抚、依偎等亲昵举动，出于占有欲而“保卫配偶”，赢得心仪交配对象芳心，并与之保持关系，起码维持到授精结束或者幼崽存活下来。[①]小哈巴狗维奥莱特正是这样，它迷上了另一条哈巴狗宾格；婆罗洲的雄性红毛猩猩“喉囊”疯狂地追求着同伴“普里希拉”；另外，正如达尔文所言，绿头鸭“亲热地在新来者周围游来游去……释放爱的信息”。

别的生物也会流露对配偶的爱意，比如在树梢上、灌木丛中、草地或泥地上筑造爱巢，互相喂食、理毛、爱抚、舔舐、亲吻、贴近彼此，以及共同承担育儿工作。

或许全世界所有鸟类和哺乳类动物都会臣服于化学物质的作用，这些化学物质在神经系统内部奔涌翻腾，控制着诱惑、依恋和疏远情绪的起起落落，以适应各自的交配周期。

要是说动物懂得爱，那么露西势必也懂。

古人类群落在旱季开始的时候建立起来，露西恐怕也会与遇到的小伙子打情骂俏，谁给她肉吃，她就和谁好。也许他们曾躺在灌木丛里，露西紧挨着他，他们又亲又抱，彻夜不眠，兴奋不已。在她和她的“特殊朋友”出双入对，穿越平原，寻找瓜果、坚果或浆果途中，她内心一定喜不自胜。他俩蜷曲着躺在一起时，她大概也感受到了爱情的温馨。

---

① Fisher 等人，2002；Fisher，2004；Fisher 等人，2006。

但要是露西的伴侣在结束拾荒之旅，折返归来之后怀疑她有外遇的话，他或许会怒不可遏，举起棍子、石块或拳头殴打情敌。要是露西“捉奸”成功，她或许会高声尖叫，用牙咬对方，并试图孤立“第三者”。也许，日子久了，她也会感到无趣，觉得钻林子、亲吻“第三者”来得更加刺激。或许，某天早上，她和伴侣分道扬镳、各奔东西的时候，还会黯然神伤一番，之后又会再度坠入爱河。

同露西一样，有着爱恋情欲的原始人与“特殊朋友”的配偶关系更加稳定。那些爱欲持久的恋人有足够长的时间一起养育他们的孩子，从而传递自己的DNA。时而偷偷溜出去和情人厮混的雄性“广为播种”；相对的，水性杨花的雌性获得了养育后代的额外资源；那些更换伴侣的原始人生育的孩子更加异质。“多情种”的孩子存活率极高，他们将长期两性关系中对应浪漫爱情、依恋和不安分的脑部化学反应以及再度恋爱的冲动传递给了后世人类。

◆◆◆◆◆

这可真是个难以置信的故事。性饥渴、浪漫爱情的炽热情欲、爱恋情绪的亲密性、勾人的出轨热望、分手的折磨和上瘾、重新择偶的希望——露西的子孙后代将人类精神的这些核心要素传递给了我们。人类精神的永恒挣扎——结对、出轨、离婚和重新结对的冲动——便脱胎于这一进化史。

西方人崇拜爱情。人们将爱符号化，对其开展研究；将爱理想化，为爱喝彩；害怕爱，羡慕爱，为爱而活，也为爱而亡。爱情的意义因人而异。不过，倘若说爱不分国界，且与大脑通路中神经末梢的微小分子有关的话，那么爱也可以说自古便有。

这种大脑化学反应会产生何种后果呢？“丈夫”“父亲”“妻子”、核心家庭、我们的种种求爱习惯、我们对婚姻的赞美、我们的离婚流程、我们对于出轨的诸多惩罚、我们性行为的文化习俗、我们的家暴规律：几百万年前，我们祖先结对和离异的简单冲动，衍生了无数的风俗和制度。

我们易焦躁、爱折腾的性情还会引起人体性结构以及某些梦幻般的求偶技巧的进化，以便吸引心仪之人步入塞壬布下的情网。

第九章

用打扮留下好印象

自然魅力之诱惑

我们为何被钉在性的十字架上?
我们为何不能圆满地留下,
在自己的身上结束,
如同我们开始,
如同它的开始,完全的孤独?

——戴维·赫伯特·劳伦斯,

《乌龟的叫喊》

酒糟鼻子、殷红色的胸膛、丰满的臀部、条纹、斑点和斑纹、毛发、发冠、长鬃毛、角、无毛的表皮，这些都是大自然的点缀物，性存在好似经过装饰、挂满各类物件的圣诞树。我们人类自己也有丰富的装饰物，其中包括大阴茎、络腮胡、丰乳、饱满的红唇、女性持续的性接受度，以及其他抓人眼球的性状。

达尔文对大自然的这些装饰物不以为然。孔雀开屏时的扇状尾羽有什么用？在他看来，这些性状都是累赘，是毫无必要的缺陷，对日常生存有百害而无一利。更糟的是，它们的存在，是对其“万物都会进化”理论的削弱。[①] 在给儿子寄去的一封信中，他抱怨道：“每当我看到孔雀的尾羽时，就会犯恶心。”[②]

性选择

然而，随着时间推移，达尔文渐渐相信，动物身上的这些华丽的装饰物具有重要的用途：求偶。它们要么是为了赶跑情敌，要么是为了吸引数量更多或条件更好的异性。

举例而言，要是雄狮身上浓密的鬃毛使其显得更加威猛，或者对母狮更有吸引力的话，它们的交配频率往往更高，生育的幼崽也更多。于是，长鬃毛这一“中看不中用”的性状就被遗传给

① Darwin，1859，1871。

② Darwin，1911。

了后代。同理，要是体形庞大健硕的雄性象海豹赶跑了小个儿的对手，并在短暂的繁殖期内吸引到一群雌性的话，它们的交配频率就更高，结果就是这些看似没什么用的外在特征被遗传给了后代。

因此，经过与竞争对手的无数次打斗，并用华丽的表演吸引潜在伴侣的目光之后，成年驯鹿生出了犄角，孔雀长出了艳丽的尾羽，象海豹则成了沉重的大块头。

因此，在《人类的由来及性选择》一书中，达尔文详细地论述了自然选择的一个推论：性选择。[1]

◆◆◆◆◆

达尔文清楚地知道，性选择不足以解释两性之间的所有区别。但是，围绕交配权和交配对象的永恒的争斗，是人类之所以会形成一些较为吊诡的性装饰物——譬如人类阴茎——的唯一说得通的解释。

从粗细和长短来讲，人类阴茎是所有灵长类动物当中尺寸最大的。而这些“资产”的进化过程或许遵循了不同的性选择规律。

男性之所以会在进化过程中形成粗大的阴茎，纯粹是因为露

---

① 自然选择和性选择：关于基因传递，自然选择和性选择之间没有区别。区别在于选择和进化结果的类比。性选择的定义是，选择能够提高某人吸引和留住伴侣成功率的那部分特征。其产物是有利于性爱和繁殖的特征不断进化，而不是对于大环境的适应。根据达尔文的思路，我们按照惯例，可以区分两种性选择：（a）性内选择。脱颖而出的是使人与同性别对手争夺异性伴侣的特征；（b）两性间选择，即选择能使人对异性产生魅力的特征。参考 Darwin，1871；Campbell，1972；Gould 和 Gould，1989。

西的雌性祖先及其同性好友都喜欢粗大的阴茎。一根粗壮的阴茎可以撑开阴道壁最外部的黏膜层，顶开阴蒂包皮，由此产生的摩擦会使女性更易达到高潮。一旦达到高潮，女性的子宫颈就会将精液吸收进子宫内部，提高受孕概率。因此，有着大阴茎的雄性在露西的时代或许坐拥数量较多的“特殊朋友”和额外情人，这些雄性的子嗣没准也更多。大阴茎于是应运而生。

对于女性的这种癖好，达尔文分析如下：“有时候，使雌性为之倾倒的力量比在打斗中战胜其他雄性的本事来得更加重要。”

精子的战争

此外，男性的阴茎还很长，平均有 13 厘米左右。这可比大猩猩的长多了，要知道后者的体形是男人的 3 倍。很明显，大猩猩的阴茎短小，是因为它们比试的可不是生殖器。这些动物很少更换“妻妾”。雄性大猩猩的体形是雌性大猩猩的 2 倍，它们让竞争者知难而退，靠的是身板，长阴茎并不是炫耀的内容。因此，大猩猩阴茎勃起后的平均长度大概在 3 厘米到 5 厘米。[①]

另一方面，雄性黑猩猩吸引异性的时候，往往会分开双腿，展示勃起的阴茎，一边盯着潜在的爱侣，一边用手不停地拨动阳具。一根傲然挺立的阴茎（虽然平均也不过 7 厘米长）有助于显

① Gray 和 Garcia，2013。

示雄性的个性和性活力，雌性黑猩猩或许会因此“上钩”。没准我们的雄性祖先也曾试图用这种手段吸引异性。

人类男性的阴茎之所以长，或许还有另一层原因——一种名为“精子竞争”的性选择。这一理论最早被用来解释昆虫的求偶策略。[①] 多数雌虫都十分“好色”：它们与好几个伴侣交媾，之后要么喷出精液，要么将精液在体内留存几天、几个月，甚至几年。因此，雄性在雌性的生殖道里便展开了竞争——精液的竞争。

比方说，公豆娘在射精之前会用阴茎将之前几个求偶者的精液挖出来。雄性昆虫还会试图稀释竞争对手的精液，或者想办法将其弄走。有些雄性在与雌性交媾之后，会用“交配塞”将雌性的生殖器开口处堵住；还有些则守着雌性，直到它排卵为止。[②] 人类的长阴茎或许也是精子竞争的产物，目的是让这些会游泳的“小蝌蚪”离子宫更近些，好占得先机。[③]

阿兰·迪克逊曾经研究过一些灵长类动物的阴茎与体形比例。有意思的是，他发现阴茎大小往往与族群的生活方式呈正相关的关系。这样说来，生活在雌雄同居的大团体内的雄性灵长类动物，阴茎相对较大，而生活在单一雄性群体内的雄性，相对于其身材而言，阴茎尺寸较短小。人类在我们的猿猴近亲当中可谓“大丈夫”。不过，要是与样本基数更大的灵长类动物对比的话，人类阴茎的尺寸或许印证了一点，即我们是在单一雄性群体中完成进化

① Smith，1984；Eberhard，1985，1990。

② Daly 和 Wilson，1983。

③ Smith，1984。

的。[1]

这算不算是早期对偶匹配的另一个明证？或许是吧。

◆◆◆◆◆

能够反映对偶匹配早期进化史的另一点是男性的睾丸尺寸：不大不小，尺寸适中。

要搞清楚这一特征的由来，最好的办法是对比研究黑猩猩和大猩猩的睾丸尺寸。雄性黑猩猩体形不大，睾丸却大得很。据推测，它们之所以长着这么大的性器，全因雌性黑猩猩的淫荡本色。雄性必须存储大量精液，才能在与其他雄性的竞争中占上风。数量就是王道。与之相对，大猩猩的睾丸很小，很可能是因为它们的交媾频率并不高，也不用担心其他雄性对其构成挑战。[2]

男性不大不小的睾丸可能是我们双重繁衍策略的产物。由于有连续对偶匹配和地下情的存在，我们的男性祖先要面对比大猩猩更激烈的精子竞争，但与同人类最像的黑猩猩比起来，则又属于小巫见大巫了。[3]

---

① Dixson，1999。

② Short，1977；Moller，1988；Lewin，1988d。

③ 或许，只有区区 1% 的精子有条件孵化卵子；其他的俗称“拦路虎”或“自杀队”精子。这些精子分为两类：A 类可以阻碍外来精子在它们之后进入阴道；B 类可以把先于它们进入阴道的精子处理掉。有意思的是，贝克（1996）表示，男性若和伴侣分开好一阵时间，那么他精液中的精子含量会是平时的 3 倍；而男人要是离开同样一段时间，离恋人不远，且禁欲的话，他的精子含量是不会上升的。贝克指出，这一原理可能是一种生物反应，有助于杜绝恋人不在身边时的潜在偷情行为。

另一个能印证一夫一妻制很早便已形成的事实是：男性睾丸分泌的精子数量要少于黑猩猩。而且人类精子质量较差，不少还是畸形，男性的储精量也较小。[①] 黑猩猩等喜好滥交或奉行多妻制的物种都无法承受“断精”的后果。此外，由于公猩猩的精子在雌性阴道里斗个不停，其分泌的精子质量要是太差可不行。可是，对于奉行一夫一妻制的物种而言，精子数量少些，质量差些，储量低些也不会有什么大碍。

鉴于我们漫长的对偶匹配进化史，人类男性为何只有这一点精液呢？也许古代男性阴茎的形状和大小很讨喜，女性不自觉地会选择那些下体吊着一根阳物、里面充溢精液的男性。[②]

◆◆◆◆◆

性选择是雄性间的争斗、雌性们的选择，科学家通常强调性选择的这两个方面，是因为自然界里的雄性为了争夺交配权而打架的概率更高，而雌性则更喜欢对情人挑挑拣拣。[③]

这一分析在遗传学方面是有逻辑可循的，繁衍的成本对于许多物种的雌性而言都很高昂。雌性孕育胚芽，怀胎几天、几周甚至几个月，并且往往要独自一人带大孩子，且雌性可生育的子女数量有限。养育每个孩子、每窝幼崽都需要耗费时间。因此谨慎选择配偶对雌性是有好处的，毕竟她的繁衍机会可不多。

---

① Dixson，2009。

② Gray 和 Garcia，2013，183 页。

③ Darwin，1871；Bateman，1948；Trivers，1972。

对于多数物种的雄性而言，繁衍的成本则要低得多。雄性只需提供精子就够了。更重要的是，雄性孕育后代的频率比雌性要高得多——只要他们能赶跑其他求爱者，吸引雌性，不至于性衰竭即可。相对肆意的滥交对雄性繁衍后代是有利的。于是，多数物种的雄性会在求偶上花费更多的时间和代谢能量，是谓“求偶努力”；与之相对，哺乳类的雌性动物则会在哺育、哄孩子和养育上投入更多的精力和代谢能量，这叫作“育儿努力”。

由于在育儿投入方面存在上述差异，因此往往是雄性为了争夺雌性而互相竞争，而雌性则是在一群雄性中间挑选对象。

然而，自然界还存在另一类性选择——也就是雄性选择雌性，雌性为了交配权互相竞争。人类也不例外。只要随便一家酒吧、一所俱乐部或一场派对，并留心观察女性争奇斗艳、男性从中挑选的过程，即可窥见一斑。正如门肯总结的那样：“女性接吻之际，常使我想起职业拳师们的握手礼。”

事实上，女性若干重要性状或许都是古时候女人互相竞争、男人从中选择的结果。其中最突出的或许就是女性一大起来就缩不回去的乳房。

大乳房的由来

1960 年代，生态学者德斯蒙德·莫里斯提出，我们的祖先学会双足行走之后，最初起到美化臀部作用的性信号逐渐转移到了胸部和头部。[1]于是，女性长出了外翻、形似阴唇的红唇，以及类似丰臀的一对下垂的大乳房。在这些性成熟迹象的催化之下，远古男性为女性着迷。因此，胸部浑圆的女性所生后代也更多，并将这一性状广为传播。

然而，科学家提出了几种替代性假设。或许人类长出大乳房，是因为这象征着“排卵潜力”。由于处于最佳生育年龄的妇女的胸部比起孩子或绝经后的妇女都要来得更丰满，远古男性或许认为这些“鼓包”是能生孩子的象征，一边倒地倾向于与大胸女性交配。[2]

还有一种理论认为，灵长类的乳房只有在雌性处于哺乳期时才会胀大，因此这些“旗帜”或许是在宣告妇女到达生育年龄，且有能力哺育后代[3]——是“好妈妈”的信号。不过也有另一种可能，具有欺骗性的大乳房可以诱使雄性错认为雌性是个善于生养的优质对象。[4]

最后一种有趣的看法认为，乳房主要是用来储存脂肪的，而脂肪对于妊娠和哺乳具有极其重要的辅助作用，而且在食物匮乏时，又可以提供养分。[5]

所有理论在遗传学上都说得通。

但是这可真不是什么好事，这对乳腺周围的突起物似乎长错

---

① Morris，1967。

② Gallup，1982；Marlowe，1998。

③ Lancaster，1986。

④ Low 等人，1987。

⑤ Mascia-Lees 等人，1986。

了位置。女人跑步时，乳房上下晃得厉害；探身取食时，又会遮住视线，还可能导致吃奶的孩子窒息。除此之外，乳房（不论大小）很敏感，哪怕是极其轻微的触碰，也会令女性乳头变硬。而在许多人看来，揉搓乳房可以唤起性欲。

因此，我无意完全忽视莫里斯关于女性乳房性作用的原创性理论：这对枕头般柔软的人体器官具备了因进化而生的其他用途。不仅如此，远古男性也许很喜欢女性的乳房，更倾向于与性主动、大胸部的女性行房。从某种程度上来讲，这对于全世界几乎所有女性形成这一性状起到了推波助澜的作用。

◆◆◆◆◆

就在我们早期祖先争夺宝贵“配偶”和地下情人的同时，人类也形成了其他方面的基本性特征。

男人长出了胡子，女人则皮肤光洁；男人进入青春期后嗓音变得浑厚，女人的嗓音变得悦耳甜美。这是怎么回事？

达尔文曾这样描写面部毛发：“我们的雄性猿类祖先所长出的胡子，是令异性倾倒或兴奋的装饰物……”[1] 不过，胡子可能不止一种用途。其使男性脸部显得更大、更威严，还能掩藏面部表情的细微变化，使人显得不那么情绪外露或心理脆弱。这些特征可以给其他雄性留下深刻印象，甚至吓唬对方。不过，胡子的生长取决于睾酮，随着男孩长大成为男人，这一特征便出现了。因此，

---

① Darwin，1871，907 页。

男性的胡子在远古女性眼里肯定颇具魅力，象征着力量、成熟和阳刚气概。相反，女性细腻的皮肤或许象征着青春活力，并且更直接地反映了女性的内心世界和性兴趣。

男性的低沉嗓音也是由睾酮决定的，是性成熟的象征。因此，男性的粗哑音色可能是用来震慑其他男性并吸引女性的另一种性状。而女性甜美的嗓音在男人看来或许显得很孩子气、毫无威胁感。确实，达尔文认为女性高亢的嗓音好比一件乐器。他总结道："我们或许可以推断，她们最早掌握音乐的能力，是为了吸引异性。"[①]

不管出于何种理由，在露西的时代，一些男女生养的孩子较他人更多，他们身上的特殊装饰物也更加脱颖而出——又粗又长的阴茎，高耸的乳房，男人的胡子和低沉嗓音，女性婉转悦耳的嗓音。

◆◆◆◆◆

我们果真就是裸猿，体毛的脱落，至少从部分来讲是性选择的另一个结果。实际上，并不是我们的体毛掉了，我们的毛囊与猿类一样多，只是体毛不那么发达而已。

为了搞清这一性状——少得可怜的毛发——背后的成因，研究者可谓颇费笔墨。一种经典的解释是，人类之所以脱毛，与其体内加热和冷却系统变化有关。

慢跑者大汗淋漓。许多人相信，我们从事狩猎 - 采集的祖先为了能长途跋涉，寻找猎物，褪去了密密麻麻的毛发，取而代之

① Darwin，1871，881 页。

的是体脂和汗腺。要是实在热得不行，裸露的胸膛和四肢处会沁出一层帮助散热的汗液。另有人认为，我们的祖先之所以体毛脱落，是为了降低感染寄生虫的风险。此外，还有人认为，人类之所以少毛，或许与我们出生时便极度不成熟这点有关。①

不过，这些人类毛发生长规律或许能起到助“性”的作用。表皮少毛的话，胸部和腹股沟处的娇嫩皮肤就更加显眼、更加暴露，对触碰的敏感度也会提高。对女性嘴唇和乳房的刺激很容易诱发性关系。这些部位周围少有毛发，这一点绝非巧合。

此外，我们祖先有毛和无毛的区域都很能勾起性欲。腋毛和阴毛散发着汗液和性爱的气息——这些气味能使许多人性欲大增。

同络腮胡、浑厚嗓音、光滑的下巴以及高亢的嗓音一样，这一部分人类毛发规律出现在青春期——也就是情窦初开的时候。因此，最简单的解释便是，所有这些性状的产生都有若干理由——其中之一便是为了折服伴侣和情人。那时，我们的类人猿祖先刚刚从非洲衰减的森林里走出来，开始进行交配并协同抚养幼儿。

玲珑有致的身材

没人知道原始女性是何时开始拥有匀称的身材的，但现如今全世界的男人都为这一体态所倾倒——对此学者已有精妙的分析。

---

① Alexander，1990。

心理学家德温德拉·辛格曾向一群美国男性展示一组年轻女子的素描画，询问他们哪类身材最迷人。[①] 多数人的选择都是腰围臀围比达到70%的女性。这一试验随后被搬到了英国、德国、澳大利亚、印度、乌干达等地。人们的答案不一，但不少受访者都表示最青睐70%的腰臀比。

之后，辛格又研究了欧、亚、美、非各大洲的330件艺术品，其中一些有长达32000年的历史。他发现，作品中描绘的多数女性也有着大致相同的身材比例。[②] 耐人寻味的是，《花花公子》杂志插页里的裸模和如今的超模也是这个比例。就连活跃于1960年代、身材纤瘦的超模崔姬的腰臀比也正好是70%。

女人的腰臀比多半是遗传的结果，是由基因决定的。另外，尽管女人的身材因人而异，这一比例在妊娠期间会自动调整至接近70%。

为何大自然要如此颇费周折地创造曲线体态的女性呢？世界各国的男性又为何特别青睐女性这一腰臀比呢？

很可能是因为进化的关系。辛格表示，腰臀比在70%上下的女性更易生养。她们的脂肪含量刚刚好，所长的部位也恰到好处。这点源于体内雌激素这一睾酮的近亲。女性身材比例若偏离标准太多，受孕难度会相应增加，怀孕的时间会推迟，流产比例也较高。[③] 蛋形体型、梨形体型、棍子体型，这些非正常体型的妇女还容易患上诸如糖尿病、高血压、心脏病、某些癌症和血液循环疾

① Singh，1993。

② Singh，2002。

③ Singh，1993，2002；Swami和Furnhan，2008。

病，且多半有诸多性格缺陷。

因此辛格分析道，男性之所以被特定的女性腰臀比所吸引，是一种对于健康、性成熟伴侣的天然偏好。事实上，由于这一偏好深深根植于男性内心，年龄不一的男性都会有所表露，哪怕他们对养育后代毫无兴趣。

倘若男性钟情的是身材玲珑有致的女性的话，女性追求的就是楔形身材的男性。全世界的女性看中的是男性的“肩臀比”。她们认为肩膀宽阔、臀部紧致的男性更有魅力。而这两点是睾酮水平高和身体力量足的标志。的确，窈窕少女和楔形少男在青春期就已涉足性爱，各自拥有的性伴侣也更多。[①]

对 称

我们遗传所得的另一种性魅力是身体和面部对称。男女都在寻找有着黄金比例的伴侣。2500 年前，亚里士多德便指出，形体美有一套普世标准。他相信，其中之一就是匀称的身材比例——对称性。

对称就是美，不管对于昆虫、鸟类、哺乳动物还是全世界的人类，皆是如此。[②] 雌性长翅虫会寻找翅膀大小一致的雄性；家燕

---

① Hughes 等人，2004。

② Gangestad 和 Thornhill，1997。

青睐尾部比例正好的伴侣；公猴偏爱牙齿对称的母猴。另外，不管身在何方，在新几内亚还是在纽约，你（或者随便谁）都能选出“颜值”最高的那些人。就连2个月大的婴儿，也会盯着脸部更对称的人看好久。[①] 对于对称性，我们都会有所反应。[②]

“美即是真，真即是美。”济慈曾在《希腊古瓮颂》中写道。这两句诗让很多人摸不着头脑。不过现在看来，对称性的美的确就是一种“真”。长着匀称、比例正好的耳朵、眼睛、牙齿和下巴，且胳膊肘、膝盖和乳房对称的生物能够将细菌、病毒等引起身体失调的细小病源挡在体外。实际上，身体对称的男性普遍有着更强健的免疫系统。因此，动物和人类的对称性本身就是他们具备抵抗疾病的优秀基因的一则广告。[③]

因此，人类对于外表匀称的求爱者的迷恋，似乎是一种远古便已存在的生物机制，其目的就是引导我们挑选基因强大的伴侣。[④]

而大自然可不存在碰运气一说：大脑天然会对漂亮脸蛋儿产生反应。科学家曾趁着21岁至35岁的异性恋男性盯着漂亮女人看的时候，记录他们的脑部活动。结果显示，他们的腹侧被盖区（VTA）变得极度活跃，[⑤] 这一区域反射的是“欲望”。外表匀称的女性往往追求者甚众，这点不足为奇。于是，面容姣好的女子嫁

---

① Langlois 等人，1987。

② Gangestad 等人，1994；Jones 和 Hill，1993。

③ Hamilton 和 Zuk，1982；Thornhill 和 Gangestad，1993。

④ Gangestad 和 Thornhill，1997。

⑤ Aharon 等人，2001。

得往往也比别人好。[①]

体型高度匀称的男性在繁衍后代上也占了便宜。比起那些外表并不对称的男同胞，他们第一次性爱的时间要早了4年，他们的性伙伴和外遇也更多。[②]此外，女性与体型匀称的男性做爱时，达到高潮的频率也更高。[③]

男女对称性的优势在这里就体现了：女性在排卵期很爱闻体型匀称的男性身上的气味[④]，而当她与男性一起达到性爱高潮时，子宫会剧烈收缩，吸入更多精液[⑤]——因为对其DNA情有独钟。男人若是长着一张标致的脸庞，精液质量也相对较高[⑥]，这对生育是有裨益的。

由于对称性在求偶游戏中为人们提供了更多的选择，女性便会花大力气使自己看着匀称。她们给两颊搽粉，使左右两边看起来差不多。她们用眼影和睫毛膏，使两个眼睛显得一样大。她们抹唇彩，使上下唇一样厚。她们做整形手术、参与锻炼、用塑形带、戴胸罩、穿紧身牛仔裤和衬衫，把自己的身体包裹成男人喜欢的黄金比例。

大自然也会出手相助。科学家发现，女性的手和耳朵在每个

① Buss，1994。

② Gangestad 和 Thornhill，1997。

③ Thornhill 等人，1995。

④ Gangestad 和 Thornhill，1998。

⑤ Thornhill 等人，1995。

⑥ Solar 等人，2003。

月的排卵期会变得更匀称[1]，女性的乳房也是如此。[2]不仅如此，年轻男女的体型往往比较匀称，我们一般在过了生育年龄之后身材才会走样。

亲吻的“特殊效用”

在衡量一位伴侣的好坏、用色情的挑逗打动他/她，并赢得求偶游戏一事上，大自然可谓办法颇多。学者常常坚称，亲吻是其中之一。

但是，新近研究表明，在88个文化体中，只有40%的国家的男女会纵情接吻——嘴唇贴得很久，唾液都进到对方嘴里了。[3]这些文化体中的大多数都是复杂的农耕或工业社会。实际上，直到与西方世界接触之前，索马里人、锡金的雷布查人和南美的西里奥诺人据说都不知道亲吻为何物，而南非的聪加族（Tsonga）等原始部落普遍觉得接吻很恶心。[4]纵情接吻并非全世界共有的现象，因此许多人认为这并非性诱惑或对偶匹配的一种机制。

但这一问题也有另一面。接吻能够巩固两性关系。西方社会的男女表示，接吻拉近了他们与伴侣的心灵距离。

① Manning 和 Scutt，1996。

② Manning 等人，1996。

③ Jankowiak 等人，2015。

④ Gray 和 Garcia，2013。

他们说得没错。亲吻长期伴侣会促进后叶催产素的活动，这一脑部化学物质与信赖、依恋和情感纽带等情绪挂钩。亲吻还会抑制应激激素皮质醇的水平，这有助于依恋感的形成。亲吻甚至会使脉搏加快，血压升高，瞳孔扩大，呼吸加重——这些都是性反应的表象，或许会促成你与爱人共赴巫山。而你一定知道，性爱高潮之际，后叶催产素水平会飙升——更深的依恋感也由此而生。

据说，你能为子女所做的最好的事就是爱护伴侣。也许，亲吻在能提升爱侣间依恋感的同时，还能以微妙的方式增强人们的生殖和育儿能力。

不过，接吻也可以成为性诱惑的直接工具。唾液的成分里有睾酮——这是控制性欲的荷尔蒙。[①] 男性比女性更喜欢“湿吻”。[②] 也正因如此，他们或许在潜意识里试图将这一性化学物质注入对象体内，好把潜在的爱侣骗上床。女性的呼吸和唾液在月经期间会发生变化。因此通过“湿吻”，男性还能接收到对方性成熟的信号。[③] 如此一来，接吻便成了一种性诱惑以及促成对偶匹配和生殖的办法。

一个美妙的初吻或许会触发一段浪漫爱情。任何有新鲜感的事都会激活大脑中的多巴胺系统。而且，如你所知，多巴胺与浪漫情绪有关。因此，要是初吻慑人心魄的话，也许会促使你迈过那道坎，步入爱河——这正是求偶过程的开始。

---

① Dobs 等人，2004。

② Hughes 等人，2007。

③ Wlodarski 和 Dunbar，2013，2014。

因此我推测，接吻是一种生物机制，目的是为促成和维持情侣关系推波助澜。可是，随着我们的祖先开始为性行为制定规矩，这种代代相传的机制在一些社会被改良了。

◆◆◆◆◆

然而，接吻存在风险。就这么一个小小的举动，你就能掌握关于潜在恋人的大量信息。除了凑近对方，看得更真切不说，你还能嗅其气，尝其味，听其音，感知其人。这些感官信息瞬间就会被你体内 12 条颅脑神经中的 5 条接收到，并直接传送至大脑。抵达大脑后，这些信息会“引爆”，带给你关于亲吻对象的健康、饮食、吸烟习惯和精神状态等各种一手信息。接吻可不光是嘴唇接触那么简单。

实际上，初吻可能会是灾难性的。近期一项覆盖 58 名男性和 122 名女性的研究表明，59% 的男性和 66% 的女性反映自己在亲吻对方后就中断了恋情。[①] 这可真是“死亡之吻”。

当然，并不是所有人都会接吻。在接吻被认为令人作呕的文化体中，男女往往会轻拍、吮吸、舔舐或者爱抚恋人的脸庞——其他物种的两性也会这么做。狗会互相舔嘴和脸；信天翁会互相磨鼻子；与人类相似度最高的近亲倭黑猩猩接吻时舌头会在口腔内翻搅，类似“法式香吻”。

我们人类忘情时的唇齿紧贴或许是一整套求爱行为当中的一

① Hughes 等人，2007。

部分。这在不同物种身上的表现形式各异，要实现的目的也不同——其中之一便是去了解，或许甚至是去打动一位潜在的爱侣。

◆◆◆◆◆

纵观人类的性装饰和性习惯，其中最令人讶异和令男女欣喜的是3大吊诡之处：女性能够接受面对面的性交；女性的高潮期来得猛，但也稍纵即逝；女性具有24小时不间断性交的非凡能力。几个世纪以来，男性一直对女性的这些魅力心驰神往。

但露西真的是面对面性交的吗？

我认为是的。所有现代女性的阴道都是向下倾斜，而不是像其余灵长类那样偏后。正是由于这种结构，面对面性交对于女性而言更加自在。实际上，在这种体位下，男性的耻骨摩擦着女性的阴蒂，这会使性交特别刺激。

鉴于此，大部分国家的性文化虽然各有差异，但是采取传教士体位的面对面式性交广受青睐，也就不足为奇了。[①] 亚马孙丛林的库伊库鲁族（Kuikuru）的寝具是悬吊在家里炉火旁的单人吊床，恋人根本没有什么隐私可言。要是稍有不慎，两个人会双双坠入夜晚的篝火之中。正是因为太不方便了，所以情侣们选择在森林里做爱，哪怕地面不平整，而且总是湿漉漉的。女人没办法仰面躺着行房。她只好半蹲着，身体后仰，用弯曲的手臂和大腿支撑臀部和背部。尽管如此，她在做爱时还是会面朝自己的恋人。

① Ford和Beach，1951。

人类发明了几十种性交时的体位，但是全世界的艺术作品里都能见到面对面性交的影像，这大概算是人类这种动物的一大标记了吧。

要是露西的阴道倾斜，方便进行面对面交媾的话，她的情郎就能看到她的正脸，说着悄悄话，凝视着她，并留心其表情的细微变化。面对面式性交有助于促进亲昵度、互相交流和相互理解。因此我猜，人类向下倾斜的阴道是在性选择的过程中进化而成的。[①] 同那些具有吊钟一般敏感的乳房的原始女性一样，具有倾斜阴道和习惯面对面做爱的女性与她们的“特殊朋友”关系更紧密，生养的后代也多得多。这些特征继而被传给了现代女性。

女性性高潮

多数女性另一个令人咋舌的特点是她们到达性高潮的能力。

某些科学家不相信女性性高潮是一种为了繁衍目的而进化形成的适应性特征。他们指出，高潮对男性才是至关重要的，因为随着身体的一阵痉挛，精液会被送进阴道。反观女性，不管其在

---

① 幼态持续：阿什利·蒙塔古（1981）提出，人类女性向下倾斜的阴道以及面对面性交体位是“幼态持续”的一项副产品。幼态持续，顾名思义就是指孩子的特点延续至成年时期。这是一种引人注目的现象；我们有好些“幼态持续”特征，包括扁平脸、圆形颅骨、贪玩、好奇心等情感和体态特征。灵长类动物在幼儿时期也有这些特征，但是成熟后就没了。向下倾斜的阴道在所有哺乳动物的胚胎阶段就会形成，但是经过分娩，阴道就会向后偏移，并与脊柱呈平行状。可是，这种胎儿时期的阴道性状会一直伴随女性，直至老年。

性事上的响应度如何，卵巢每个月都会自然排出一个卵子。而且，女性在何时“高潮”、何种环境下“高潮”和与谁“高潮”的问题上因人而异。与之相反，男性的性反应高度一致。这也暗示，女性性高潮并非生殖所必需的元素。[①]最重要的是，经常高潮的女性所生子女并不比他人更多。[②]同样，其生命中的性伴侣也不比他人多，亦不会获得生殖上的回报。[③]

许多人就此认为，女性性高潮并非自然选择的结果。

有人甚至将女性的性高潮同男性的乳头做对比——在女性身上，这一特点派不上用场，但对于远古男性的繁衍后代而言，性高潮却有着重大意义。他们的结论是，女性性高潮根本不是进化的产物。[④]

◆◆◆◆◆

阴蒂可不像男性乳头这块相对迟钝的表皮组织，这是一处高度敏感的神经，在触发性高潮上起到主要作用。对于女性而言，高潮是一场旅行、一种改变的意识状态和另一种现实。起初是乱哄哄的，接踵而至的就是沉静、温柔和爱恋的情绪。对伴侣的爱意势必巩固两性关系，因而也就提高了后代的存活率。

女性性高潮还意味着另一件事：满足感。男人希望女人高潮，

---

① Lloyd，2005。

② Zietsch 和 Santtila，2013。

③ Lloyd，2005。

④ Symons，1979。

是因为他们觉得伴侣获得满足后，可能不太会再与别人上床，自己也好松口气。因此，女性性高潮或许还可以在伴侣之间酝酿爱意。[①] 除此之外，令人神魂颠倒的性高潮还可能激励女性与一位伴侣多次发生关系，继而加强双方对彼此的依恋。

事实上，女性常在和对性专注的男性以及长期忠实伴侣做爱时达到高潮。举例而言，女性和丈夫行房时更易达到高潮，而不是和秘密情人、露水情人或一夜情对象。站街女和陌生人交媾时达到高潮的频率也低于伺候出手大方、懂得体贴人的回头客的应召女郎。也许在经过进化后，女性性高潮的天平也会倾向一位贴心而耐心的真命天子，而不是一个漫不经心、焦躁易怒的错误对象。

性高潮还有助于女性怀上“真命天子”的骨肉。在高潮的刺激下，子宫会有节奏地收缩，并通过宫颈将精液吸入宫内。[②] 高潮还有助于女人放松，这样她就会一直躺着，好让精子留在阴道内。实际上，性行为结束后，女性子宫内残留较多的是带给她们高潮的男性的精子。[③]

因此我还是坚持一种冷门观点，认为女性性高潮有着纯粹的目的：鼓励女性与“如意郎君”而非“错误对象”发生关系，促成并维系与一位健康、体贴的生育伴侣的关系。[④] 简言之，女性高

---

① 性高潮对于生理学爱恋欲的刺激作用：后叶催产素是大脑内脑垂体分泌的一种肽，一般是性高潮时期产生，能带来惬意、性满足和爱恋的感觉。

② Baker 和 Bellis，1995。

③ 同上。

④ Smith，1984；Alcock，1987。

潮的目的也许不是为了生养更多子女，而是引导女性选择身心条件俱佳的对象。后者可以与她们结成稳定的夫妻关系，在育儿上搭把手，从而确保两人后代的高存活率。

◆◆◆◆◆

事实上，女性性高潮大概早在我们的祖先从树上下来很久之前就已形成了。所有雌性灵长类动物和高等哺乳类动物都有阴蒂。不管是从相对意义还是绝对意义上来看，黑猩猩的阴蒂都要比女性的大一号。一旦母猩猩的性欲被撩拨起来，她的性交频率会趋于白热化。也就是说，母猩猩会高潮连连。不少哺乳类动物的雌性在性交过程中也会感受到身体发生的变化，包括血压、呼吸、心率、肌肉紧张度和激素水平的变化，它们还会发出特别的声音。所有这些特点都与人类女性在高潮时的性反应十分相似。[①] 因此可以说，许多别的动物也会感受到性高潮。[②]

露西的这项能力，恐怕是继承自阿尔迪和她生活在树上的其他祖先，而她自己也将这一幸福体验传递给了我们。

---

① Dixson，1998。

② Burton，1971；de Waal，1982；Whitten，1982；Lancaster，1979；Hrdy，1981；Savage-Rumbaugh 和 Wilkerson，1978。

她会还是不会？

女性掌握的所有用来诱惑异性的性手段当中，没有什么比其想性交就能性交这项非凡能力更令科学家着迷的了——当然了，男女都对之心驰神往。几乎所有其他物种的两性都无法做到随时随地享受性爱。为什么会这样？因为具有生殖能力的雌性存在发情期，要是处在发情期之外，她们一般会拒绝接纳一位雄性。

当然例外肯定会有，[①]但是女性处在连续行为体的末端：我们常在月经期内还不中断房事；孕期的大部分时间里也可以行房；分娩后，身体一恢复，立刻就会再过性生活——这时距离孩子断奶还有几个月甚至几年的时间。

批评家表示，支撑女性性饥渴的仅仅是出于对老男人的畏惧和对年轻小伙的渴望。这话没说到点子上。只要女人愿意，她可以随时与人交媾，只要她乐意。

美国已婚妇女的行房频率为平均每周 1 到 3 次，具体视年龄

---

① 其他动物在发情期以外的性爱：雌性倭黑猩猩每天都与别的雌性发生性行为。此外，异性交媾也发生在经期大部分时间，当然也不是时时刻刻都有（Thompson-Handler，Malenky 和 Badrian，1984）。据报道，雌性海豚会自慰，而且性交频繁，几乎无规律可循（Diamond，1980）。一些灵长类物种的雌性会在中周期发情期之外的时间展现性行为，比如在集体造反、被人囚禁或者怀孕期间。例外的情况有不少，但总的来讲，雌性灵长类的绝大多数异性互动都发生在中周期发情期。参看 Fedigan，1982；Lancaster，1979；Hrdy，1981。

而定。[①] 在许多文化体中，除非战争仪式、宗教原因或其他风俗加以制止，否则女性据说每天或每夜都会做爱。[②] 性爱不会因为绝经或年老而止步。[③] 这并不是说女性总是性欲高涨，但人类女性是没有发情期一说的，这也就使得她能在任何时间、任何地点和任何条件下发生性行为。

◆◆◆◆◆

关于女性为何不存在“发情周期性”有若干理论。[④] 一种经典的解释认为，远古女性之所以没有发情期，是为了巩固与一名男子的配偶关系。有了随时都能性交的能力，女性身边总少不了一位“特殊朋友”随侍左右。

---

① Kinsey 等人，1953；Ford 和 Beach，1951；Wolfe，1981。

② Ford 和 Beach，1951。

③ 更年期：排卵期的中断是一个复杂的必然现象，所有中年妇女都会经历，是谓更年期或绝经期。不过，更年期似乎并不发生在其他灵长类或哺乳类身上，纵然大象、巨头鲸和一些灵长类都会在老年时出现某些绝经的迹象（Alexander，1990；Pavelka 和 Fedigan，1991）。某些科学家如今认为，远古时期的女性就已进化出绝经期这一适应性策略，目的是辅助已有的子嗣和其他血亲，而不是再生孩子，随着它们长大再继续辛苦付出许多年。由此可见，绝经后的母亲可以荣升为祖母、外婆，帮着带孩子——这一理论如今有个名字，叫作“祖母假设”（Hawkes 等人，1998）。绝经期也可能是人类寿命变长的副产品，学名叫“多效性”（Pavelka 和 Fedigan，1991）。此外，女性在绝经后，还能保持高涨的性欲，这估计也是进化的结果，促使她们维持同配偶的关系（以及衍生的政治 – 社会联盟），并且继续从地下情关系中攫取额外好处。

④ Strassman，1981；Alexander 和 Noonan，1979；Turke，1984；Fisher，1975，1982；LoveJoy，1981；Burley，1979；Small，1988；Gray 和 Wolfe，1983；Benshoof 和 Thornhill，1979；Daniels，1983；Burleson 和 Trevathan，1990；Hrdy，1983。

然而，许多鸟类和部分哺乳类动物都奉行一夫一妻制，除了女人外，它们都不具备进行连续性性行为的能力。对于人类女性的这种非凡特点，有必要做出更充分的解释才行。

或许偷情是发情期消失的诱因。假使说地下情为露西及其女伴提供了额外的保护和支持，那么一看到机会便与私通的情人行房，是有利可图的。而想要“偷腥”，就必须抓住时机。要是你的“特殊朋友”外出放哨和拾荒去了，换成是他的兄弟随你一道采摘坚果的话，你是等不到发情期再来的：必须马上与对方做爱。

连续性的性接受度便于雌性实施两套基本繁衍策略：既保持与一名配偶的关系，又与别的情人打得火热。

◆◆◆◆◆

假如露西每个月的性开放期略长一些，打个比方，持续 20 天而不是 10 天的话，她同“特殊朋友”和秘密情人的性关系就会更持久。这样便于获得更好的保护，吃到更多对方捡回来的肉。她就可以活下来，她的孩子也会活下来。于是就有了性开放周期不断拉长的趋势。[①]

另外，怀孕期间以及生完孩子后不久都不忘性交的女性很可能还会获得额外好处，她们的存活率极高，并将连续性性活跃度这一特征遗传给了现代女性。

---

① Fisher，1975，1982。

静静的排卵期

这一奇异特征——连续性性活跃度——着实很了不起，其必然是若干环境和繁衍因素共同起作用的结果。不过，女性是发情期消失了，还是说她们永远都处在发情期？

答案是她们的发情期消失了。女性的身体几乎从不会显示中周期排卵的迹象。卵巢排出卵子前不久，阴蒂外覆盖黏液的皮层会变得又稠又滑，富于弹性。一些女性还会痛经，个别的还会轻微出血。另一些则往往头发出油，乳房变得敏感，或者精力较平时更旺盛。女性体温在排卵期间会上升几乎整整 1℃，并且直到下次月经来潮前，一直保持在 37℃或 37℃以上。随着体温升高，女性也会变得更加放荡不羁。[①] 但除开这些个别情况以外，排卵期一般都是静悄悄的。

女性也不会在中周期变得性亢奋，这一点又异于其他雌性灵长类动物。后者的生殖器在发情期间肿胀变大，诱人的体香和坚持不懈的求偶举动则宣告自己正处在排卵期。[②] 与之相反，多数女

---

① Rosenblum，1976。

② 人类女性性冲动的自然高峰：研究表明，女性性活动高峰发生在月经周期中期（Hrdy，1981）。多数情况下，已婚妇女在使用了一系列避孕手段后，会在排卵期内展现女性主动的性欲发作迹象；服用了口服避孕药后，这一现象获得了抑制（Adams 等人，1978）。然而，对部分美国女性的抽样调查发现，月经过后不久性交会达到一个峰值（Udry 和 Morris，1977）。还有研究表明，美

性根本不知道她们何时会受孕。事实上，女性必须频繁行房，才能怀孕。假如她不想要孩子，那就得注意防护了。对于女性而言，排卵期是隐秘的。

“静静的排卵期”实在是既危险又麻烦。数以百万计（或许是数以亿计）的人因此不小心怀了孕。不过，换在露西身处的时代，我们很容易便能说出“静静的排卵期”的一些好处。

要是露西的伴侣不知道她何时可以受孕，他就必须频频与之交媾，从而达到授精的目的。在静静的排卵期内，“特殊友人”常伴左右，提供雌性所渴望的保护和肉食。反过来说，情人也不知道露西是否在排卵，于是她就可以坐享对方给予的百般照顾。而与该雌性发生过关系的几头灵长类雄性往往对前者的孩子表现得很有亲和力，这些备选情郎很宠爱她的孩子也未可知。

静静的排卵期让雌性得偿所愿——她需要异性。

雄性则享受到了更多性爱。雌性没有了发情期，便一直处在性准备阶段，别的雌性情人也一直保持着这种性活跃度。既然排卵期悄无声息，“丈夫”也就没必要再去驱赶追求者，因为他“太太”的受孕期是看不出来的，这样大家都能和平相处。[①]

国妻子以及其他文化体内的女性的性亢奋度在月经前后不久会出现一个高峰（Ford和Beach，1951；Kinsey等人，1953）。上述数据让我得出一个结论：女性的性高潮有两个自然高峰：一个是在排卵期中间和前后，另一个则在月经之前或当中。排卵期内的高峰或许是发情期的自然延续。而经期内的高峰则可能是与双足行走一并形成的；月经来潮前，骨盆处自然充血；而恰恰在这个时候，双足行走或许又进一步加强了生殖组织表面的张力。

① Daniels，1983。

◆◆◆◆◆

这种了不起的人类女性特征可谓好处多多，其中最令人惊愕的莫过于选择的自由度了。露西不会受到所有其他动物的排卵周期——以及持续性的性冲动——的束缚，她总算可以更谨慎地择偶了。

尽管雌性黑猩猩肯定有钟情的性伴侣，偶尔也会避免与她们不喜欢的雄性性交，比如会在关键时刻扭动身体，或者拒绝摆出交配体位，但她们无法对性接受度加以掩饰，装出一副很疲惫或头疼的样子，以冷淡或羞辱的方式来打发追求者。体内的化学作用驱使她们在发情期进行交媾。因此，发情期这个词来源于希腊语，本义是指“牛虻”。

没有了这种每月一次的荷尔蒙泛滥，原始女性的脑皮层对于性欲形成了更强的控制力。她们性交可能出于诸多新的动机——包括争权、报复、求偶、获取资源和寻觅爱情。“她会不会发情呢？”这个问题成了一个热门话题。

男性的大阴茎、胡须和低沉嗓音；女性光洁的皮肤、甜美的嗓音、下垂的乳房；面对面交媾，女性性高潮，持续性的性接受度：连续对偶匹配和地下情的产生会逐渐改变我们的身体结构。时间一久，我们就学会了靠外在来让人眼前一亮。

原始男女结成伴侣、齐心协作之后，性选择也会对大脑功能进行开发。到了这时，人类精神就实现了大飞跃。

求偶思维

心理学家杰弗里·米勒对于人类一切非凡技能均持有意见。因此在《求偶思维》这本具有高度开创性的作品里，米勒在达尔文性选择理论的基础上进一步提出，人类之所以进化出一系列令人赞叹的思想天赋，主要是为了打动潜在伴侣。

人类的智能、语言技巧、音乐才华，我们创作视觉艺术、故事、神话、喜剧和戏剧的动力，我们对所有体育运动的精通，我们强烈的求知欲，我们解决复杂数学问题的能力，我们的道德品行，我们的宗教热忱，我们乐善好施的冲动，我们的政治信念，我们的幽默感，甚至是我们的勇气、好斗、毅力、仁慈……凡此种种，在米勒看来，都过于矫情，从身体代谢来看又代价不菲，而其存在的目的，仅仅是将生命延续下去。[①] 这些非凡的人类特征之所以会形成，至少从部分来看，必定是为了配合我们赢得求偶的游戏。

米勒写道，我们是“求偶机器”。[②] 他的立论如下：那些出口成章、精于绘画、舞姿翩翩、能制作更好的工具、搭建更好的茅屋，或者更善于激情澎湃地大谈道德伦理的祖先在异性眼里更有

① Miller，2000。

② 同上，第 3 页和第 29 页。

魅力。于是，这些天赋异禀的男女便坐拥更多情人，养育更多后代。渐渐地，我们五花八门、令人瞠目的才能深深嵌入了基因组列。除此之外，为了将自己与他人区别开，我们的祖先开始各司其职——继而造就了如今人类技能上丰富的多样性。

米勒承认，上述特点中，有不少（初级形式）很适合远古非洲草原上的生活，这些才能在那里用途广泛。然而，倘若我们祖先迫切需要具备这些高级才华方可生存的话，那么按理说黑猩猩一样也能开发出这方面的能力，但事实是它们没有。就这样，我们丰富的精神才华变得越来越复杂，这极有可能是因为受到了异性的青睐，且后者倾向于与具有口才、乐感、艺术细胞或别的什么天赋的男女结为连理。

米勒得出结论："思维是在月光下形成的。"[①]

◆◆◆◆◆

可是，原始男女究竟是怎么看上特定追求者的这些杰出能力的呢？"表现选择者"体内的某些脑部机制一定在同时起作用，令其被悠扬的旋律、动听的曲调、在泥地上绘制的精美画作，以及其他"表现制造者"为图开心而炫耀的光彩特点给迷住了。

我和从事脑部扫描的搭档凑巧发现了上述问题的答案。参与我们研究的受访者一边看着面容俊俏的男女（并非恋人）的照片，一边接受脑部扫描。这期间，他们的腹侧被盖区左侧显示有所活

① Miller，2000，第 7 页。

动（而非反射浪漫爱情的右侧被盖区）。我们的结论是，左侧被盖区的反应与愉悦的审美感受有关，而非与浪漫爱情有关联。

或许，这一大脑神经元回路在所有愉悦的审美感受中都会占有一席之地。因此，露西的几个追求者在凭借歌声动听、画技高超、扔石块扔得准或别的什么特殊才能向她求爱时，她却只会中意其中个别对象，也只会对个别对象展开攻势。就这样，随着姑娘和小伙与那些有着异于自身才能的人谈恋爱，并生儿育女，我们的祖先逐渐地开发出了形形色色且精彩纷呈的人类天赋与才能。

求爱欺骗

对于两性夸大自身才能使自己出彩的做法，我并不感到奇怪。求爱可不是比谁更实诚，求爱是要分胜负的。别误解我，实诚固然会收获回报，但没有哪头处于交配期的麋鹿会试着让自己的鹿角显得小一些，相反，它会乐于展示犄角。人类也一样。因此，“求爱欺骗”至少部分是我们祖先为了赢得求偶游戏而发展出的另一项技能。

以人类身高为例。世界各地的女性都喜欢身材高挑的男人——也许因为高个子男人通常工作体面，收入颇丰。为了自己未出世的孩子，女性自然很看重这两项资源。因此，男人会虚报身高，在如今的网恋中，这一现象更甚。很多网恋的女性在约会前从没见过对方。男人希望他们撒的小谎能蒙混过关，之后可以凭借更迷人的气质来吸引女性。

女性则会虚报体重——这又是一种下意识的求爱策略。腰臀比在70%左右的女性体内的雌激素、睾酮等激素水平最为均衡，有利于生出健康的宝宝。因此，男人会喜欢体型丰盈的女人。

可有何必要谎报身高和体重呢？这种欺骗未免太明显了吧？

这是因为，正如梅·韦斯特所言："宁愿被人看个遍，也不要被人看扁。"纵观动物世界，雄性和雌性都希望避免给对方留下糟糕的第一印象，希望用更具胜算的特点折服对方。

因此成功者甚众。智力、童心、求知欲、创造力、幽默感、个人价值观、兴趣爱好、同情心、数学或音乐细胞，以及诸多特殊才能之所以产生，必然是因为露西、她的同伴以及我们漫长进化史上的无数先人看中"特殊朋友"和情人身上异于常人的才能。于是乎，尽管有的人在某些方面存在缺陷，靠展示其他方面的闪光点，一样可以赢得意中人的心。

在自然界，几乎没有人可以置身于求爱之舞以外。

第十章

男女就像两只脚，同心协力才能前进

思维中的性别差异

他披着坚硬的兽皮，

谁说两个性别还不够？

——塞缪尔·霍弗斯坦

“与女人相比，男人勇敢、强壮、精力旺盛、心思独特。女人有别于男人，主要在于女人温柔，心中始终顾及他人。”达尔文在1871年写下了这段文字。他认为：男人强势，女人文静，这种性别特质是从早期人类继承来的“遗产”。

达尔文认为男人天资聪颖。他指出，男人卓越的智慧源于他们需要赢得伴侣。要想保护家人、猎取一家人的口粮、抗击敌人、制作武器，男性祖先必须具备出众的智力，即“观察、推理、创新和想象力”。适者生存，激烈的竞争使得男性祖先变得越来越聪明。亚当强势、聪明，夏娃温柔、单纯，这是达尔文观察到的男女有别的一个明证。英国维多利亚时代的诗人、商人、政治家、科学家、艺术家和哲学家，绝大多数是男人。此外，19世纪法国杰出的神经病学家和人种学权威保罗·布洛卡证明，女性的智力比男性稍逊一筹。布洛卡计算了巴黎医院解剖的100多具男女尸体的大脑重量后，于1861年写道：“女人一般不如男人聪明，这是一个我们不应夸大其词，但也不容否认的事实。”①

布洛卡并没有根据女性的体型修正他的数据，反倒是采用了一个无可挑剔的“修正公式”证明法国人的才能不输于德国人。但谈及女性的颅骨，他并没采取必要的数学修正，因为当时人们普遍持有的看法就是女人的智力不如男人。

① Gould，1981；Russett，1989。

◆◆◆◆◆

第一次世界大战后，这种带有性别歧视的观念受到了严重挑战。人类学者玛格丽特·米德是20世纪20年代的一位知识领袖，她强调，教养胜过天性。她说，环境决定了一个人的性格。正如她在1935年所说："我们称之为阳刚和阴柔的诸多个性，一如某个特定时期社会特定的男女衣着、举止和头饰，与性别并无多大关联。"[①]

米德的一番话为女人、少数族裔、移民和穷人带来了希望，同时传递了一个观念：人在本质上并无多少分别[②]。剥去男女的几样文化饰物，我们在本质上与动物无异。社会和教育使得女人举止得体，男人像个男人。20世纪30年代之后的数十年间，大量的科学论文证明，男女生来并无差异。生理习性已成了旧话。

但新数据的出现，使得无论是博学多识的科学家，还是一窍不通的门外汉都意识到男女之间的确存在差异。此外，有些性别差异缘自胎儿发育过程中由胎儿的荷尔蒙决定的大脑结构，也可能由之后人生中的荷尔蒙引起。

◆◆◆◆◆

卵子与精子结合，妊娠开始，胎儿既没有男性生殖器，也没

① Mead，1935，280页。

② 文化决定论：20世纪20年代和20世纪30年代，"文化决定论"这一观点的大转变不仅仅关注性别差异，也是对当时的优生运动和突出种族共性的理性反应。

有女性生殖器。但胎儿发育到6周的时候，遗传开关开启，如果是男孩，Y染色体上的性别决定基因开始命令性腺前体细胞发育成睾丸。分化的睾丸开始分泌胎儿睾丸素。胎儿发育的第3个月，雄性激素渗透到胎儿的组织，形成男性生殖器官，呈现男性的大脑。而女孩则不然。另有许多人认为，X染色体上的DAX-1基因决定了女性生殖器的发育，呈现女性的大脑[①]。

可以说，胎儿的大脑性别“取决于”荷尔蒙。大脑结构在日后体现的性别差异中发挥着重要作用。

我发现，某些由来已久的性别差异，从远古时期已经形成——从我们的祖先结为夫妻，然后共同养育子女开始。

为什么女人更能言善道

美国科学家进行的一项语言能力测试显示，女童说话普遍早于男童。她们口齿清楚，语法准确，语句结构复杂。10岁左右的女孩子普遍擅长口头推理、作文、非文字记忆、发音和拼写。她们也很擅长外语，很少患有口吃。有诵读困难的女孩比男孩少了四成，而需要诵读矫治的女孩则少之又少。[②]

前文援引的几种文化无不表明，比起男孩，女孩的语言能力更

① 请参见Gray和Garcia，2013。

② Maccoby和Jacklin，1974；McGuinness，1976，1979，1985；Fisher，1999。

容易受到文化的不断熏陶[①]。譬如一些学者认为，女性卓越的语言能力是因为女婴出生时比男婴成熟，语言能力天生略胜一筹，随着年龄的增长，她们又受到父母的潜移默化影响和学校的培养。[②]

科学家现在列举的数据表明，语言方面的性别差异存在生理基础。无论是美国，还是英国、捷克和尼泊尔，女性的口齿往往更加伶俐[③]。此外，据国际教育成就评价协会对五大洲14个国家的43000份作文的分析，不难看出女孩的书面表达更为清晰。

此外，女性的语言优势与雌激素有关[④]。在一项针对200名育龄妇女的研究中，心理学家证明，在雌激素处于峰值的排卵期，女性最善于口头表达[⑤]。比如说“A box of mixed biscuits in a biscuit mixer（一台饼干混合机里的一盒什锦饼干）”这句绕口令，排卵期女性说得格外流利，速度是平时的5倍。月经刚结束的这段时间，女性的雌激素水平最低，她们说这句绕口令的速度直线下降。然而，无论什么语言任务，即使她们的表现不尽人意，大多数女性仍然强于男性。胎儿时期的雌激素关系到女性卓越的语言能力；而胎儿时期的睾丸素则事关男性几项稍显逊色的语言才能。[⑥]

但这并不等于说男性不善辞令；或所有男性的语言能力都不如女性。男性因人而异，女性也同样如此。其实，男人和男人、

---

① Benderly，1987。

② Sherman，1978。

③ McGuinness，1985，89页。

④ Rosenberg，2002。

⑤ Kimura，1989；Weiss，1988。

⑥ Baron-Cohen 等人，2005。

女人和女人之间的区别不亚于男人和女人之间的区别[1]。这其中最关键的决定因素是文化氛围。这种事例在西方传统中比比皆是。几千年来，西方社会扼杀了无数女性成为演说家、作家、诗人和剧作家的机会，却不遗余力地培养男性的创造力。难怪历来绝大多数演说家、文学巨匠都是男人。

数学能力的差距

一般来说，男性擅长解高难度的数学问题（并非算术）。他们普遍擅长读图、解谜，完成视觉-空间-定量任务[2]，而这些才能似乎也存在生理差异。

首先，这些才能早在幼年便展露无遗：男婴喜欢追寻电视屏幕上闪烁的光线；男童喜欢拆开玩具，研究它们的空间结构，并且能准确地领会抽象的图案及其之间的关系；10岁左右的男孩则能在脑海中想象旋转的三维物体，并且准确地领会平面上的三维空间，在其他有关机械和空间的功课中取得优异的成绩。

青春期的男孩开始在代数、几何等涉及视觉-空间-定量的知识方面胜出女孩一筹[3]。比如，在一次参加学习能力测验的近5万

① Benderly，1987，1989。

② Fennema 和 Leder，1990。

③ Maccoby 和 Jacklin，1974；McGuinness，1979；Fennema 和 Leder，1990；Fisher，1999。

名美国七年级学生中，700 分（满分 800 分）以上的男女生分别为 260 名和 20 名，比例为 13 : 1[①]。男孩和女孩在空间视觉敏锐度和数学兴趣方面的性别差异，在其他文化中比比皆是[②]。

一如女孩和女人的语言能力，在男孩和男人身上观察到的这些能力显然也具有很大的文化成分。但是，占据主导地位的雄性激素、睾丸素和视觉 – 空间概念、数学能力的提高之间也存在直接的关联[③]。胎儿时期雄性激素异常的女孩，在童年时期俨然是一个假小子，到了青春期则数学成绩优异。与此同理，青春期睾丸素低下的男孩在空间任务方面的表现却不尽如人意；多一个 Y 染色体（XYY）的男性在视觉 – 空间测试中能拿高分；多一个 X 染色体（XXY，或克氏综合征）的男性在空间判断能力方面往往表现欠佳[④]。

耐人寻味的是，我和同事在用核磁共振成像技术扫描男女的大脑时发现，在与睾丸素相关的特性上得了高分的男性和女性（性格调查问卷，费舍尔气质量表），大脑中与视觉 – 空间敏锐度相关的区域更为活跃。在气质量表中与雌激素相关的特性上得分高的人，由雌激素决定的大脑区域同样更为活跃[⑤]。

我无意说女人在空间辨别能力方面不如男人。恰恰相反，说到女性的空间辨别才能，科学家欧文 · 西尔弗曼和马里恩 · 比尔斯发现了一个耐人寻味的现象。西尔弗曼和比尔斯在一间屋子里

---

① Benbow 和 Stanley，1980，1983。

② Leder，1990；Benderly，1987。

③ Manning，2002；Manning 等人，2001；Geschwind，1985；Fisher，1999。

④ Kimura，1989。

⑤ L. L. Brown 等人，2013；Fisher，Island，Rich 等人，2010，2015。

展示了一张画了数个不同物体的纸，然后指导男性和女性记住这些物体，过后请参与者回忆。结果女性对静物及其位置的记忆更为清晰[①]。

说到空间辨别，可以说男女各有所长。

◆◆◆◆◆

女孩数学欠佳，男孩不擅英语，难道根源在于社会？

解释这些性别差异的文化剖析不一而足。老师的臆断及其对待学生的态度；父母对子女的态度、养育子女的方式；数学是男人的学科这一根深蒂固的社会观念；男孩和女孩玩的游戏和参加的体育项目；男女的自我印象和志向；男孩和女孩承受的诸多社会压力；甚至设计测试和科学家解释结果的方式，无不影响到测试的结果[②]。譬如学习能力测验，性别、社会阶级和种族背景不同，结果也千差万别。20 世纪 70 年代以来，男孩和女孩在标准化数学考试中的成绩差距已经有所缩小。

命由天定？未必尽然。说到培养和塑造人的才能和言行举止，可以说文化发挥了巨大的作用。

如下这些事实：男婴和女婴的体质有别；除了学习能力测验，男孩和女孩在考试中的一贯差异；女孩没有因为社会压力在其他才能方面落后于男孩；其他国家确证的事实；空间辨识能力与睾

---

① Silverman 和 Beals，1990。

② Fennema 和 Leder，1990；Sherman，1978；Benderly，1987；Bower，1986。

丸素、语言才能与雌激素的关系的研究文献；大脑扫描实验等，无不证明男女在空间辨识和语言能力存在性别差异，而这些能力差异，至少一部分源于男女生理有别[①]。

说到男女有别，我们也可以用进化论加以诠释。200多万年前，我们的男性先祖便从事侦查、追踪、围捕野兽。只有善于观察地形、走出迷境的男性祖先才能得以生存。而女性祖先却要在杂草丛生的地带寻找果蔬，要想生存，只有记住这些资源的位置。女性祖先要抚慰、斥责、教育子女，陪伴他们成长，她们卓越的语言才能想必发挥了用武之地。

因此，随着男女的结合，完成狩猎－采集－拾荒的传统分工，自然选择加剧了这方面性别的分化。

男女之间的差异存在生理基础，并且很可能早在游牧时期就已完成了进化。

女性的直觉

“举世公认，”达尔文写道，“女性的直觉……胜过男性。”[②]

科学研究证明了达尔文的这一观点。测试表明，女人普遍比男人善于察言观色，察觉语调、情绪、姿势、情境等非语言信

① Fisher，1999；Fisher，Rich，Island等人，2010；L. L. Brown等人，2013；Fisher，Island，Rich等人，2015。

② Darwin，1871。

息[1]。你稍稍偏着脑袋、噘着嘴、耷拉着肩膀、变换身体重心和语气——女人都能从这些细微的举动揣摩一个人是否不适、恐惧、愤怒或失望。如今科学家称作心理理论的这种察言观色的才能，难道源于大脑的结构？

的确如此。

女性连接两个大脑半球的神经纤维普遍比男性丰富[2]。她们两个脑半球之间的连接较长[3]，而男性脑半球相邻脑区之间的神经连接却相对较短。因此，女性的思维普遍较为连贯，而男性的大脑往往各司其职[4]。

这种性别差异在医院里表现得格外明显。我们研究了数百例中风、脑瘤和脑损伤患者，从中不难看出，女性一般比较容易康复——她们往往能凭借功能齐全的大脑工厂，重新掌握以前的技能。

根据有关男女健康的数据和诸多实验，科学家们如今相信，胎儿雌激素决定了女性在子宫里的大脑发育[5]，之后由丰富的雌激素以及后叶催产素这种息息相关的神经化学物质的活性继续维持[6]。此外，女性的大脑结构决定了女人的直觉——能让她们通过视觉、听觉、味觉、触觉以及记忆和认知中心收集数据。因此，

---

① McGuinness，1979；McGuinness 和 Pribram，1979；Hall，1978；Hall 等人，1977；Zuckerman 等人，1976；Hall，1984。

② Ingalhalikar 等人，2014。

③ Kimura，1983；McGuinness，1985。

④ Geschwind，1974；Springer 和 Deutsch，1985。

⑤ Baron-Cohen，2003。

⑥ Domes 等人，2007。

女性可以迅速联系互不相关的信息，产生让达尔文赞叹不已的敏锐的洞察力。

网状思维

如前文所述，直觉是女性普遍具有的一项才能，我称之为网状思维[①]——用大视野的、有脉络的和长远的眼光思考问题。[②]

我们思考问题的时候，常常要收集大量的资料，拼凑这些点滴信息，考虑其变数，然后做出决定。用柏拉图的话说，“大脑思考的时候，它是在与自己对话”。这种时候，你的大脑里实则是在开一个碰头会。

但心理学家指出，女性思考问题的时候，她们收集的数据更多，并将这些似是而非的信息拼凑成更为复杂的路径，然后做出选择[③]。女性擅长归纳、总结，她们通盘考虑，权衡利弊。她们权衡各方面的因素，采取的不是直线思维，而是网状思维。相比而言，男人一般只关注目标，他们抛开自认为无关的信息，以线性、因果的方式直接做出决定——我称之为步骤思维。

我们可以说，这二者都是思考的好习惯。负责网状思维和步骤思维的大脑结构在很久之前就出于实际的理由完成进化。男性

① Fisher，1999。

② Fisher，1999；Baron-Cohen，2003a；Baron-Cohen 等人，2005，

③ Fisher，1999。

祖先的重点是狩猎，他们的目标是拿石头砸水牛的脑袋，这种严密、深刻的专注力造就了男性分工明确（按部就班）的头脑。而女性要兼顾照料宝宝、生火、建茅屋、做饭等林林总总的家务，因此，女性的工作造就了女人宽泛而联系紧密的思维。

“有话直说！”男人说。“说什么？”女人问。男女之间的这种误解可以说古已有之。

网状思维给了女人天生的优势，让女人头脑灵活、见识深远、想象力生动。[①]

◆◆◆◆◆

男性擅长数学和空间辨识任务，女性擅长语言、直觉和网状思维，这并非在史前就形成的两性之间的智力差异。

各个年龄段的女性无不拥有高超的精细动作协调能力，能轻松地操作细小的物体（如果叫男人解开你的项链或穿针引线，那你就等着瞧好了）。女性在雌激素水平处于峰值的排卵期更加心灵手巧，表明生理因素可以增进这种精细动手能力。[②]

相比之下，男孩和男人普遍擅长讲究速度和力量的大肌肉动作技能，如跑步，跳跃，投掷棍棒、石头和球。[③]

这些性别差异可以用进化论加以解释。我们的女性祖先采集小种子和浆果，还要经常为孩子清理身上的草屑、污垢和小树枝。

---

① Fisher，1999，2009。

② Kimura，1989。

③ McGuinness，1979，1985；McGuinness 和 Pribram，1979。

只有掌握高超的精细动作协调能力的女性才能生存，也因此造就了现代女性的这种特质。而男性则要向食肉动物和猎物投掷武器，所以才造就了男性大肌肉动作的协调能力。

男性终究是男性

“男人通常更强势，而女性一般多愁善感、文静”，达尔文的这句话说明了大多数男女之间的区别。

在日本、菲律宾、墨西哥、肯尼亚、印度乡村和暂且隐去名字的新英格兰城市“果园镇”，人类学者比阿特丽斯和约翰·怀廷在针对男性强势这一课题的经典研究中发现，各文化中的男性的表现均较为强势。[①]

心理学家在美国人身上更证实了这一点：蹒跚学步的男童喜欢乱抓乱画；小学男生喜欢追逐打闹；青春期的男生喜爱肢体碰撞的运动[②]。追逐打闹几乎是童年时代的男孩独有的游戏，而其他灵长类动物也不例外。许多男人有暴力倾向。世界上绝大部分杀人犯是男人，而且往往是暴躁气盛的年轻男人。[③]

在几百万年前的非洲大草原，这种侵略性让男性祖先受益匪浅。强势让他们挺身而出，面对食人的野兽和敌人。

---

① Whiting 和 Whiting，1975。

② 如橄榄球、拳击或冰球。——译者注

③ Konner，1982，2015。

我无意说女性胆小懦弱。众所周知，女人的意志格外顽强，为了保护子女，她们往往不惜暗中伤人、使用暴力。如果你吓唬一个婴儿，就能明白一位母亲的愤怒。不过，科学家们认为，环境对女性的攻击性有着相当大的影响，但男人的攻击性则主要取决于荷尔蒙，尤其是睾丸素。[①]

◆◆◆◆◆

人们常常认为，女性的哺育能力与男性的侵略性互为补充。世界上各个民族和文化传统的女性（以及其他灵长类动物）更在意婴幼儿，一心想着他们的需要。此外，历史上各个时期的社会，绝大部分日常的婴幼儿抚养工作都由女性来承担。[②]

也许有人会认为女性的哺育能力是后天行为，但事实证明，这也有生理因素。[③]哺育行为与胎儿雌激素的活性共同影响着大脑的发育。[④]早在文化塑造女孩的心性和品行之前，我们就能见证这种影响。

女婴常常看着人的脸咿咿呀呀、微笑，希望与人亲近，而男婴则对物体或闪烁的灯光咿呀地说个不停。女孩的注意力更长久，她们更有耐心，往往对一件事投入更长的时间，而男孩却容易分心，好动，爱刨根问底。女孩对新奇的人感兴趣，而男孩喜欢新

---

① Miller，1983。

② Rossi，1984；Frayser，1985；Konner，2015。

③ McGuinness，1979，1985；McGuinness 和 Pribram，1979。

④ Knickmeyer 等人，2006。

奇的玩具。女孩善于从你的语调、口吻中判断你的情绪。此外，天生只有一条X染色体，或者说患“特纳氏综合征”的女孩“极其女性化”：相比普通女孩，她们不喜欢体育和打闹，却更注重打扮自己；她们的数学成绩较差，空间感不好；这些女孩更痴迷婚姻，尤其喜欢孩子。①

女性的“亲社会行为”

心理学家卡罗尔·吉利根在其经典著作《不同的声音：心理学论与女性的发展》中指出，女性对人际关系格外敏感。她和同事采访了100多位不同的男性女性，发现女性会主动在爱情、亲情和对别人的责任与义务等关系中承担起一个角色，继而刻意维系这种关系。面临困难局面，女性以心理学家所谓的“照料和结盟”这一社交策略表达她们的担忧并向身边的人寻求慰藉和帮助。而男人身处困境的时候，往往主动出击。②

女性依赖别人的本能与大脑中的雌性激素不无关系。科学家称女性为“亲社会”的动物，的确如此。她们生来多愁善感，这与子宫中占主导地位的雌激素息息相关③。后叶催产素这种主要的

① Otten，1985；Moir和Jessel，1989；Money和Ehrhardt，1972。

② Taylor，2000。

③ Knickmeyer等人，2006。

雌性激素同样决定依赖、察言观色和直觉等几种亲社会性格[1]。我和同事采用核磁共振成像技术扫描了两组人的大脑后发现，在我衡量与大脑中雌激素相关的性格的人格量表取得高分的人，与多愁善感相关的脑功能区即雌激素塑造的功能区更为活跃。[2]

女性的口才、直觉、网状思维、察言观色的天性、耐心细致和灵活的头脑、长远的眼光、对人际关系的敏感和社交的渴望，都是我们的女性祖先在养育儿女过程中进化而来的技能。

◆◆◆◆◆

在奥古斯特·斯特林堡1887年推出的《父亲》这部戏中，一名男人对一名女人说："如果我们当真是猿类的后代，我们一定是来自两个完全不同的品种。毕竟我们之间毫无相似之处，不是吗？"这位厌女型瑞典人当属夸大其词。男女拥有各自在狩猎－采集－拾荒这一因袭的习惯中进化的各种技能，这时候，男女结成伴侣，能集中力量、食物和才智养儿育女。

不过，男女的智力并不存在孰优孰劣之分。

关于这一点，达尔文错了——怪只怪他那个时代的有限的认知。智力综合了成千上万种互相独立的能力，并非一项单纯的特质。有人擅长识图或人脸识别，有人能用意念搬运物体、修车或写诗，有人善于解决棘手的科学难题，有人能轻松玩转棘手的社

① Carter，1998；Zak 等人，2007；Barraza 和 Zak，2009；Domes 等人，2007；Fisher，Island，Rich 等人，2015；L. L. Brown 等人，2013。

② L. L. Brown 等人，2013。

交局面，有人音乐一学就会，有人能在几个星期内掌握一门外语，有人记得住经济理论，有人记得住哲学概念，有人知之甚多却苦于表达不出来或不会活学活用，有人知之甚少却擅长辞令，能推广或应用他们的知识或理念。有些女性是才华横溢的数学家、作家或棋手，而有些男性却是享誉世界的演说家、剧作家、翻译官和外交官。人类的聪明才智和个性丰富多彩。

但男女不尽相同。许多事实如今证明，男女两个性别各有一种潜在的倾向、一种主调或主题。

男性对空间的判断力与语言能力和女性的直觉与网状思维，男性的粗犷和女性的精细，男性的强势和女性的文静，也许早在我们的祖先走进远古的森林，以拾荒、狩猎和采集谋生前，就完成了分化。

◆◆◆◆◆

“达尔文派的人，哪怕彬彬有礼，充其量也只能算作一只剃了毛的猴子。”英国剧作家 W. S. 吉尔伯特写的一曲小调唱道。

并非只有科学家认为人和兽之间存在相关性。人类学者威廉·麦格鲁就证实了这一点，同时他也在黑猩猩身上发现了性别差异的萌芽。[①]

不知你可记得生活在东非狩猎场坦噶尼喀湖畔的雄性黑猩猩。它们常常蹑手蹑脚地靠近、追逐、捕杀动物。打猎是需要空间判

① Mc Grew，1981。

断能力的具有攻击性的任务。雄猩猩还会沿着它们地盘的边界巡逻，守护共同的领地，这同样属于需要空间判断能力的具有攻击性的任务。雄猩猩投掷树叶和石头属于大肌肉动作。

雌猩猩一般负责采集野果。它们钓白蚁和捉蚂蚁的本领比雄性强 3 倍，这些工作需要灵巧精细的双手，将一根细木棍巧妙地插进泥泞的蚁穴。雌猩猩还要负责梳理群居成员的毛发，运用精细协调的动作，花费数个小时互相清理或替幼崽清理细小的污垢。为同伴清洁和梳理的同时，雌猩猩也在抚摸、呼唤自己的孩子，与它们互动，锻炼它们的语言能力。与其他高等级灵长类动物一样，雄猩猩发出的多半是刺耳挑衅的叫吼和咆哮，而雌性发出的却是“清晰的呼唤”，渴望与大家亲近。①

这些事实表明，非洲大地很早之前就出现了如今的一些性别差异。再后来，随着我们的祖先圈养小型猎物、拾荒、走进森林或到开阔的平原采摘种子和浆果，男女分工显得越来越重要。从空间判断和语言技能，以及直觉、网状思维、手眼协调和攻击性等方面都显示男女有别。

奥杜瓦峡谷

当然，我们没有确凿的证据说，在 360 万到 320 万年前的东

---

① McGuinness，1979。

非，在莽莽森林和草地上流浪的露西和她的女性亲人负责采摘，男性亲人负责拾荒和狩猎。我们只有足印和年深月久的遗骨。

经历了200万年，这里留下了丰富的化石。一些独特的考古遗址可以证明，人类的性别分工或者说大脑中的性别差异早已出现。

坦桑尼亚奥杜瓦峡谷是一片荒芜、干涸的深谷。20多万年前，河流在岩石中冲刷出一条深深的裂隙，露出了古地层，以及极为丰富的证据。20世纪30年代，玛丽·利基和路易斯·利基开始在这条裂隙中发掘、寻找古人类的遗迹。1959年，玛丽在谷底发现了一处遗迹，也就是现在的一号坑，从而揭示了190万年至170万年前生命的本来面目。

这一带当时是由一片沼泽、灌木和树木环绕的碧绿的盐碱浅湖。鹈鹕、鹳、苍鹭与河马在平静的池塘里嬉戏，鳄鱼在盐湖畅游，鹅鸭栖息在湖边的莎草丛中。灌木丛沿着湖边的坡岸，融入远处金合欢树点缀的开阔的旷野。远处的天际，桃花木和常绿树林从山坡一直蜿蜒而上至火山的山顶。

干涸的湖东端，曾经是淡水汇入盐沼的溪流，玛丽·利基在那儿发掘出2500余件工具和石器残片[①]。不知哪位心思巧妙的人制作了这些工具。有些是敲掉几条边，只留下一条锋利的边的大块火山岩、石英岩，另一些则是从大块的岩石上凿下的残缺的薄片。湖边散落着剥坯（一块块尖利的小石头）和从远处带回来未经加工的大石料。

这些工具主要取自当地的石材，出自露出地面的岩层、河道和从几千公里外冲来的火山岩。有些是在别处制作，继而被弃之

① Leakey，1971。

湖畔。另一些在沼地开凿或制作，只留下一地的碎屑。不难看出，这里当时是一座工具加工厂和仓库。

人称奥杜瓦工具的原始斧头和刮刀并非迄今发现的年代最久远的工具。250 万年前，古人就在埃塞俄比亚留下过工具，他们制作工具的时间也许更早。但奥杜瓦一号坑的用具别具一格。

工具附近散落着 6 万多块动物骨骼，主要属于象、河马、犀牛、猪、水牛、马、长颈鹿、大羚羊、南非大羚羊、角马、东非狷羚、南非羚羊、非洲大羚羊、小苇羚、葛氏瞪羚、汤氏瞪羚和黑斑羚等大型物种。余下的是海龟、象鼩、野兔、鸭，以及数百种小型动物和鸟类的骨骼。20 世纪 60 年代至 70 年代，利基夫妇又沿这片古湖发掘了 5 处遗址，他们在某一处遗址发现了一头被宰杀的大象。

这一发现就像可重复书写的羊皮纸，奥杜瓦发掘出的文物仿佛被擦了一半的黑板。这片土地和化石为我们揭示了这片湖畔生动的一幕。

骨骼之谜

埋葬学是以倒推法研究骨骼化石的一门新学科[①]。埋葬学家通过观察现代人的屠宰、狮子和鬣狗等食肉动物啃骨头的习惯、水和风散布骨头的方式，确定这些古代的骨骼来到这里的状态和条

---

① Behrensmeyer 和 Hill，1980；Brain，1981。

件。比如，埋葬学家观察猎人砍断猎物的躯体，发现他们剔肉的时候，常常在长骨中间留下刀痕。而为了取猎物的皮和筋，骨头的两端常常留下特有的刀痕。但鬣狗一般啃猎物的脚和骨头的末端，在丢弃的骨头上留下截然不同的齿痕。

人类学家采用这些痕迹及其他埋葬学线索，一点点地拼接出奥杜瓦200万年前发生的一切。亨利·邦恩和艾伦·克罗尔的工作为人们揭开了这些骨骼之谜。①

人类学者仔细研究了这些遗骨后指出，我们的祖先以绳套或徒手捕捉海龟、象鼩、苍鹭等小动物。由于狮子拖走了瞪羚等中等动物的整只尸体，遗留在这里的骨骼才是我们祖先猎杀的猎物。没有留下肉食动物牙印的大型动物骨骼，也许是我们祖先在旱季临近结束时捡来的动物，那时候，动物们常常渴得快要虚脱。而带食肉动物牙印的骨骼无疑是我们的祖先“拾荒”的成果。

他们也许采取了“暗中抢夺”的策略，将进食的肉食竞争者先赶开一阵，以便他们拿走几块肉，抑或趁对手走开打个盹儿的工夫，捡几块“残羹”，或者去偷猎豹拖进树林里的动物尸体。②

我们的祖先不仅捡、“拾”和捕猎，想必也屠宰了这些动物。有些骨头还有工具剔骨时留下的细微划痕。不少大骨头的中间留着平行的刀痕，想必是他们大块地切过肉。另有一些骨骼化石的关节处留着工具的割痕，应该是他们肢解四肢，将这些长骨带到

① Bunn和Kroll，1986。

② Cavallo，1990；Cavallo和Blumenschine，1989。

了湖边。最后，角马等体型中等的多肉动物肢解的肢骨不成比例，说明我们的祖先有充足的肉食供“合作小组”分享。

不难看出，“人类”早在200万年前就开始屠宰、携带、分享肉食。

不过，这些遗骨和石器为什么东一堆西一堆，散落四处？经计算机模拟并详细分析了这些遗骨、工具、遗址并且结合能量消耗、旅途时间等诸多因素后，人类学者理查德·波茨推断出，奥杜瓦的骨骼和石器堆是“石器储藏室”，即我们的祖先储藏工具和石料的场所[①]。他们在这里制作工具，留下工具，并将动物肢体带来尽快加工。他们赶在鬣狗来临前剁肉、抽骨髓、剥毛皮或抽筋，然后离开屠宰点。他们将肉带到这里，属于重返石器储藏场所。

年复一年，这些骨骼、工具和石料日积月累，才有了玛丽·利基后来发现的这些“垃圾堆”。

这些垃圾堆揭示了男性和女性性别技能进化的一些重要信息。如果我们的祖先在200万年前就建立了散落各处的石器仓库，那么，这些早期的人类显然能互相配合，从事狩猎中等到大型动物、取肉等危险工作。他们并不急于吃肉，而是将大块的肉带到湖畔这个特定的分食地点，在获取充足的食物后与家人和朋友分享。远古时期的大多数女性常常带着幼儿，不可能从事狩猎或“拾荒”中型动物这类危险活动。

① Potts，1984，1988。

女性采集，养家糊口

在达尔文提出“男性狩猎者”这个概念的几十年中，学术界忽略了古代女性的角色。但在20世纪80年代年代初，人类学者们修正了这一观点，澄清了真相[①]。如今，大多数人认为女性主要从事产出更多、更可靠的劳动，如采集坚果、浆果、蔬菜以及禽蛋和水果等美味。

但采集的主要工具——尖棍和口袋一般不会留下化石。科学家们最近在南部非洲斯瓦特克朗的山洞中发现了一端打磨过的碎羚羊长骨。显微镜下可见骨头的一头磨损，说明有人使用过这些工具挖掘蔬菜。这个时代的牙齿化石说明，我们的祖先吃过许多水果[②]。波茨指出，其实肉类在饮食结构中所占的比例不足20%。

所以，如果男性从事狩猎和拾荒的工作，女性采摘水果和蔬菜，那么女性在200万年前从事的是主要工作。

随着时间的推移，古灵长类动物近亲的进化证明，性别角色造就了男性了解复杂的地形等空间辨别技能、富侵略性和大肌肉的协调能力。久而久之，也巩固了女性对静止物体的空间记忆、口头表达、精细动作、哺育能力、敏锐的直觉和网状思维。

---

① Zihlman，1981。

② Lewin，1987b；McHenry，1986。

寻求亲密关系的本性

这些性别特质也许厘清了对两性的某些误读。

我们都渴望亲近。女性在书刊、文章后的民意测验中无不表达了她们的失望，说她们的伴侣不肯说出他们的问题，不愿表露他们的情绪，不肯倾听，不懂得分享。女性获得亲近感一般靠的是交流。

社会学家哈利·布罗德说，男性以截然不同的方式寻求亲近。“许多研究证明，”他写道，“男性多半认为亲密就是并肩工作或游戏，而女性却认为在于促膝谈心。”[1] 比如男性以运动或观看体育比赛获得亲近。对此，我毫不觉得奇怪。足球比赛、地图、迷宫、难题、空间识别和竞技比赛都涉及男性擅长的技能。其实，看足球比赛实况转播与躲在非洲草原的灌木丛后，判断斑马要走的路线并无二致。

难怪大多数女性理解不了男性为何对体育比赛百看不厌，而这些娱乐却往往难以引起她们进化了的心理共鸣。诚然，女性也许应该选一项男人喜欢、无须语言交流、可以共同参与的休闲活动，而男性也不妨抽点时间与伴侣小坐片刻，“主动倾听”，促膝谈心，改善夫妻关系。

说到亲近，另一个性别差异也许源于我们的祖先。心理学家认为，女性往往渴望融入、引发共鸣和为人喜爱，男性却喜欢有

① Brod，1987；Goleman，1986。

独处的空间、保留隐私和逍遥自在。[1] 结果，女性认为伴侣躲着自己，男性却抱怨伴侣打扰了他们的清净。

女性渴望融入，会不会源自她们的角色是哺育者的时代，大自然选择了寻求亲密关系，融入群体的那些人。而男性追求自由也许可追溯到他们独身一人寻找和追踪野兽谋生的年月。

“女人究竟想要什么？”这个由来已久的问题常常伤透男人的脑筋，但女人们常说，“男人就是不懂”。我怀疑祖先们早在200万年前就故弄玄虚，为对方披上了一层神秘的面纱。那时候，男女的角色开始分化，男性负责在奥杜瓦碧绿的湖畔狩猎，女性负责采摘，从而分化了人类的基本性别技能。

◆◆◆◆◆

奥杜瓦峡谷里究竟是什么“人”？

峡谷底部沉淀层的一号坑出土了2种早期古人类的骨骼。但人类学家探寻我们的祖先，仅仅找到了“巧手人”，或者说智人这一种。

这些人生着细长的颅骨和小小的臼齿。人类学家将最初发现的4个化石标本分别取名特维基（1颗破碎的头颅和7颗牙齿）、乔治（牙齿和颅骨残片）、辛迪（1块下腭骨、几片上腭残片、几颗牙齿和1块颅骨）和乔尼的孩子（几块腭骨残片和颅侧残片）。

① Gilligan，1982a。

200 万年前，他们长眠在有饮用水汇入的湖东边盐沼的小溪边。①

特维基等巧手人很特别，他们身高仅 0.9，但脑容量却高达 600 至 700 立方厘米，远远高于露西等南方古猿（南方古猿的平均脑容量约为 450 立方厘米，约为现代人的一半）。

越来越聪明的人类

人类学家拉尔夫·霍罗威利用脱模颅骨化石内壁技术，展示了他们大脑的轮廓。他宣称，特维基及其亲属负责鉴别、归纳、思考和推理的前额和颅顶皮层已经初具现代人大脑的模型，也许已进化出事先规划这一能力。

他们说不定会你一言我一语地讨论问题。霍罗威的颅腔模型显示，布洛卡氏区出现了一个不明显的凸起。布洛卡氏区以前文提到的 19 世纪神经学家布洛卡的名字命名，是位于左耳上方的一块负责协调口、舌、喉咙和声带，发出语音的大脑皮层。智人大脑中的这个语言区开始逐渐膨大②。

语言是人类有别于动物的一项标志。但谁也说不好我们的祖先最初何时、如何随意地给一样东西指配了一个单词（譬如在院子里嬉戏、

① 新发现的证据表明，人类早在 280 万至 250 万年前就出现了。埃塞俄比亚新出土了一块化石，这块被命名为雷迪下腭（部分腭骨和五颗牙齿）的化石（DiMaggio 等人，2015），可能属于一位直立人的始祖。参见 Johanson 和 Shreeve，1989。

② Tobias，1991。

摇着尾巴、四条腿的动物就是狗)，将这些单词分解成独立的发音（如 d-o-g)，或者将这些声音重新组合，造出含有新意的新词（如 g-o-d)。不过，凭借这些琐碎的尖叫、“啧啧”“嘶嘶”的声音结合在一起组成单词，单词按语法规则连成句，人类最终主宰了这个世界。

特维基采摘坚果回来后，不知是否会向她的爱人问声好？她是否用语言描述在平原上见到的动物足迹，或者轻轻地呼唤着心爱的伴侣，蜷着身子睡去？乔治和辛迪是否用语言训斥或表扬他们的孩子，给他们说笑话、编故事，是否会撒谎，恭维对方，探讨昨天和明天？他们肯定不会用我们现在的方式。姿势、面部表情和语调决定了信息。科学家们认为，人类语言的进化不可能早于50万年前。但自从大脑中的布洛卡氏区膨胀后，特维基说的也许是类人猿的原始语言。

◆◆◆◆◆

男人负责观察、追踪、研究、拾荒、狩猎、保护妻儿。女人负责采集、抚育、调解和教育子女。古人什么时候开始按性别分工、分享战利品，我们无从得知。但200万年前，的确有人将骨头运到芦苇丛中，割光了骨头上的肉。[①]负责狩猎或屠宰的不会是

① 在奥杜瓦制作工具和分肉的是什么人？最近的资料表明，强壮的南方古猿已经可以制作和使用工具，他们的大脑布洛卡氏区出现了一个凸起。诸多的研究证明，早在200万年前，巧手人便在奥杜瓦制作和保存工具，并且想出了到工具储存地分肉的方法。a）巧手人退化的臼齿表明，他们主要以肉为食（McHenry 和 O'Brien，1986）。b) 他们增加的颅容量需要消耗肉等富含能量的食物（Ambrose，1986）。c）巧手人骨骼的摆放与奥杜瓦发现的石制工具一样，呈一定的式样，奥杜瓦峡谷的摆放式样与遗留在库彼福勒的化石和工具式样相吻合。d）这些石化骨骼的构造表明，巧手人开始直接向人类进化。

带着幼儿的女性。我怀疑当时人类已经出现男女分工。

然而，我们没有理由认为两性存在严格的分工。没生孩子的女性说不定参与甚至带队“拾荒”和狩猎。男性也可能经常采摘蔬菜、坚果和浆果。

一些夫妇也许跟着男人狩猎，捉些小动物。我们的祖先已经开始采集、屠宰、分享肉食。男女开始结合，共同谋生。

时过境迁。如今的男女就好比两只脚，只有同心协力才能走得更远。狩猎－采集－拾荒将产生一种复杂的男人、女人和权力之间的平衡关系。

第十一章

女人、男人和权力

性别政治的本质

历史总能阐明现代的真理。

——尼采

1929 年的一个清晨，数万名妇女脸抹泥灰、腰缠布条、头戴蕨草编的花环，从尼日利亚东南部各个村庄浩浩荡荡地涌向当地的“土著管理中心”，也就是英国殖民官员的驻地。妇女们聚集在政府官员的门外，挥着传统的战棍，用粗鲁的话嘲笑他们，索要与敌人勾结的伊博男人的勋章。在几处管理中心，妇女冲进监狱，释放了在押的犯人，在另一些地方，她们捣毁原住民法庭或将法庭付之一炬，但她们并没有伤害任何人。

英国人随后展开报复，对两处的示威者开枪，屠杀了 60 名妇女，才平息了这场事态。这场骚乱，英国人“大获全胜”。

历史记载的往往是胜利者的说辞，伊博人口中的这场妇女斗争很快被冠以一个英国人的说法——“阿巴暴乱”[①]。但英国人始终闹不明白这场完全由妇女组织，争取妇女权利的斗争的原委。他们理解不了侵犯妇女权利这一观点。英国官员大多认为是伊博男人组织了这场示威，然后指使他们的妻子起来造反。殖民地官员推测，伊博人的妻子发动暴乱，原因在于她们认为英国人不会向女人开枪。[②]

英国人和伊博人之间横亘着一道巨大的文化隔阂，这道鸿沟引发了伊博妇女的斗争，从而说明了欧洲人对世界各地文化中的男人、女人和权利的关系误解之深。

数个世纪以来，伊博妇女同许多西非的妇女一样，无论在经济还是政治上都享有很大的自由和权利。她们生活的父系村寨，

① Van Allen，1976。

② 出处同上。

谁都可以参加伊博村寨的会议，但争端多半由男人审议，并且敲定最终解决方案。男人占有更多的资源，因此，他们可以出钱举办为他们带来头衔和威信的宴会。伊博男人掌握土地，但结婚后，丈夫必须给妻子一份耕地。

这份土地无异于女人的银行账户。妇女可种植各种庄稼，将农产品拿到完全由女性经营的当地集市出售。[①] 因此，伊博妇女掌握着独立的财产，她们财务自由，掌握经济大权。所以说，如果一个伊博男人让他的牛啃了女人的庄稼、虐待妻子、扰乱市场规则，或犯下其他严重的罪行，妇女可以像英国官员一样对其任意惩罚。她们常常聚集在违法者的门口，唱起辱骂的小调，有时候甚至捣毁他的家。伊博男人尊重妇女、妇女的工作、妇女的权利和妇女的法规、戒律。

但自从尼日利亚 1900 年加入英联邦，英国就宣布其为保护国，同时确立了一套土著法庭区域制度：每个区均由一名出自区议席、土著法庭的英国殖民官员管辖，但这项措施很不得人心。后来，英国人向各村委派一名代表，提名酋长列席各区的土著人法庭。这些人往往是投靠征服者的伊博年轻人，而非村里德高望重的长者，并且都是男人。在当时的维多利亚时代，妻子是丈夫的附庸这一观念根深蒂固，英国人认为女人不能掌握大权，将妇女一概排除在外。

伊博妇女失去了发言权。

1929 年，英国人决定编制妇女商品目录。由于担心不久就要被课以重税，伊博妇女在集市广场开会，讨论这项严厉的经济举

---

① Van Allen，1976；Okonjo，1976。

措，并决心奋起反抗。同年 11 月，妇女与普查员发生了一系列摩擦后，她们披上传统的战袍上阵，掀起了一场席卷 6000 平方公里、涉及数万名妇女的起义。

英国人镇压了妇女起义之后，伊博妇女要求以村代表的身份入职土著人法庭，但无人理睬。英国人认为，妇女的本分是待在家里。

“男人的世界”

男人主宰女人这套西方观念仿佛流毒，代代相传。[①] 果真如此吗？在 200 万年前特维基生活的时代，男人难道也主宰女人？为一探男人、女人和权力这一深奥的进化渊源，我首先分析我了解的当今社会的两性关系。

在 20 世纪 70 年代的女权运动之前，美国和欧洲的人类学者简单地认为：男性一向强过女性。他们的研究也反映了他们的观点。澳大利亚原住民的故事便是一个好例子。

---

① 绝对男权之争：人类学家提出了男人绝对主宰女人的几个原因。有人指向生理：男人天生强壮和好胜，所以男人才主宰女人（Sacks，1979）。有人则从心理方面加以诠释：男人一生中主宰女人，旨在否定女强人（Whiting，1965）。有人说，绝对男权源于女性的生殖功能。因为女人生儿育女，受到自然界，而不是文化世界的束缚（Ortner 和 Whitehead，1981），或者说为私事，而非公事所累（Rosaldo，1974）。绝对男权的人类学之争和两性关系因文化而异的说法，请参见 Dahlberg，1981；Reiter，1975；Etienne 和 Leacock，1980；Leacock，1981；Friedl，1975；Harris，1977；Sanday，1981；Sacks，1979；Ortner 和 Whitehead，1981；Rosaldo 和 Lamphiere，1974；Collier，1988；Konner，2015。

几位主要为男性的学者写道，“这种婚姻制度是男权的一个登峰造极的例子。在这种婚姻制度下，女童常常嫁给年长她们30多岁的男人，而男人可娶多位妻子”。按他们的观点，原住民妇女属于男性主宰的婚姻中的典当品、商品、货币。[①] 他们认为，原住民男女有别的宗教仪式亦证明了女人的从属地位。说到女性的工作，阿什利·蒙塔古1937年用一句话做了总结，称女人不过是“驯化的母牛”。[②]

如今，我们知道这幅土著生活的画面被人肆意歪曲。女性人种学者深入澳大利亚腹地，与土著妇女进行了深谈。她们一道出远门采摘浆果、参加游泳派对、围着篝火促膝谈心。这些学者证实，澳大利亚土著妇女成年后，都热心参与相亲活动，自己挑选新夫婿。有的部落还举办 jilimi，意即单身女子营。寡妇、分居的妻子和走亲戚的妇女在此生活或暂居，俨然成了一片男人不得涉足的天地。女性远非被虐待的妻子，有时候她们甚至拿起“棍棒”教训好吃懒做的丈夫。女性举办的仪式与男人并无明显的区别。妇女对经济的贡献关系到社会的稳定。

虽然男女常常分开举办活动，但澳大利亚土著妇女在各方面的权力并不输于男人，所以完全[③]不存在一个性别主宰另一个性别的说法，这显然又是一个西方学者陌生的概念。西方人男尊女卑和对女性根深蒂固的偏见，歪曲了他们对其他人的科学分析。

---

① Elkin，1939；Hart 和 Pilling，1960；Rohrlich-Leavitt 等人，1975；Berndt，1981。

② Montagu，1937，23页。

③ Kaberry，1939；Goodale，1971；Berndt，1981；Bell，1980。

◆◆◆◆◆

20世纪70年代末到20世纪80年代初，女权运动达到了高潮。当时的女性人类学者开始质疑“女人从属于男人”这一信条，这种观点才有所改观。她们分辩说：由于男性从事了大部分的田间劳动，并且被调查的多半是男性，谈论的主要是男性的活动，再加上听不到妇女的呼声，所以许多人类学报告都有失偏颇。

此外，有人指责男性人类学者误读了他们的所见所闻，将女性的工作说成“家务”，女性的交谈贬为“八卦”，女性的才干说成“手腕”，女性参与典礼是“亵渎神明”，却夸大了男人狩猎的贡献、男人的才干、男人的宗教仪式、男人的口才等。[1]无论是选择性无视，还是大男子主义，抑或是性别歧视无不表明人类学者对女性的作用和生活视而不见，见解有失偏颇。

不过，这些指责并非空穴来风。社会学家马丁·怀特在一项堪称经典的研究中比较了93个传统社会中的性别角色。他指出，忽略或低估女性作用的数据报告比比皆是，而无视男性权力的也不乏其人。不过，这些疏漏实属无心之举，并非刻意歧视女性。此外，疏漏无关作者的性别。大男子主义也并不像传闻的那样无处不在。[2]

不过，连偶尔看看文章的读者都能注意到，在某些经典的人种论中，女性仿佛毫无个性、依附男人的寄生虫。早年间关于“男人是猎手”的文章比比皆是，而如今关于“女人负责采集”的

① Reiter，1975；Slocum，1975。

② Whyte，1978。

论著也不胜枚举。因此，女权主义者时代逆转了潮流，为研究女性和男性的学术增添了一个不可或缺的视角。

对女性生活的新关注揭示了一个极为重要的事实。一如尼日利亚的伊博妇女，在欧洲人到来之前，许多传统文化中的女性相对有话语权。[①]经历了西方观念的冲击，女性权力未受影响的也不在少数。伊博等许多民族则沦为了欧洲道德教导的牺牲品。

人类学者埃莉诺·利科克在研究加拿大东部的蒙塔格尼－纳斯克皮印第安人的过程中，得出了这一结论。研究中，对她启发最大的莫过于耶稣会的保罗·勒热纳的日记。1632年，勒热纳出任法国驻魁北克传道团团长。他在那儿与蒙塔格尼－纳斯克皮族人共度了一个冬天。他见到宽容的父母、有主见的妇女、离婚的夫妻、娶了两个妻子的男人。这里不存在正式的领导，而是一个逍遥自在、讲究平等的地方，女性享有高度的经济和社会地位，这着实把他吓坏了。

勒热纳决心改变这种现状。他深信对孩子的管束、婚姻的忠诚、终生一夫一妻制，以及男权女忠对于基督徒而言非常重要。用他劝告印第安人的话说，“法国的妇女不管自己的丈夫”。[②]不消几个月，勒热纳就让好几个“野蛮人”弃恶从善。10年后，有人甚至开始动手打起了女人。

---

① 刚果的俾格米、美国南部的纳瓦霍、纽约州的易洛魁、阿拉斯加南部的特里吉特、美国东北的阿尔冈、马来半岛的巴里妇女和塞芒、波利尼西亚、安第斯、非洲、东南亚、加勒比、太平洋特罗布里恩岛等地传统社会的女强人往往执掌经济和社会大权。参见 Sanday，1981；Etienne 和 Leacock，1980；Dahlberg，1981；Reiter，1975；Sacks，1979；Weiner，1976。

② Leacock，1980，28 页。

殖民主义究竟束缚了多少女性？

我们也说不清楚。但伊博妇女的斗争绝非历史的偶然。一位科学家一语总结了这种局面："西方殖民主义的渗透，加之西方针对女性的做法和态度，广泛影响了土著社会的女性角色，几乎削弱了世界各地的女性地位。"①

权力游戏

那么，了解了女性的确曾在许多传统社会中呼风唤雨，我们能从漫长的史前游牧时期的非洲生活——早在欧洲人的枪炮和福音造成男女权力失衡的数千年前——得出一个什么样结论？

为认识这一点，我们不妨采取两套方案：调查现代传统社会的日常生活和剖析猿这位近亲的权力关系。我们先来说说人类的强权行为。②

人类学者普遍赞成，权力（影响或说服的能力，与正式制度化的官方命令相对）通常属于掌握贵重商品和服务、有权在自家以外分配这些财富的人。

---

① Sanday，1981，135页。

② 权力的类型：传统社会的权力分为几类。社会学家罗伯特·奥尔福德将权力分为三种不同的类型：a) 感化和说服的能力；b) 威信或约定俗成的支配权；c) 社会学家所谓的霸权，与文化的外延几乎如出一辙，因为它说的是毫无异议地接受一种赋予男人或女人，或某一个人权力的文化习俗（Alford 和 Friedland，1985）。

才 能

如果你掌握土地，你有权出租、出售、赠送土地，分配水塘、捕鱼资格。如果你掌握一项特殊的本领，譬如治病救人或别人用得着的通灵法术，你可以拥有权势。如果你宰了一头长颈鹿，将肉分送给他人，或者会制作篮子、珠子、毯子等用于交换的产品，你可以结交朋友或促进经济合作、提升你威信和权力的盟友。因此，谁采摘什么，谁拥有什么，谁赠送、出租、销售商品给人家或与谁做买卖，无不决定了男女的权力分配。①

阿拉斯加北方传统的因纽特人便是诠释事关经济资源和社会控制的一个好例子。

在荒芜的北方，永久冻土上一年中有大半年时间只有苔藓和牧草，看不见可采集的植物。女人一般不出门采摘或带回可用于交换的值钱商品，而狩猎完全是男人的事。到了寒风呼啸的冬季，男人出门追捕海豹或鲸鱼，而到了漫漫的北极夏季，男人则出门捕鱼或猎驯鹿，带回来做蜡烛的鲸油，做风衣、裤子、衬衫和鞋的兽皮，做绳子的筋腱，做装饰品和工具的骨头，以及一家人的粮食。因纽特女人依赖男人获得粮食，而因纽特男人则要靠女人鞣制皮革、熏肉、缝厚重的衣服。因此，要想生存，男女谁也离不开谁。

① Friedl，1975；Sacks，1971；Sanday，1974；Whyte，1978。

但男性掌握了基本的资源。因纽特女孩从小就懂得，成功的途径就是要“嫁得好”，[1] 女孩没有其他正规的掌权门路。

◆◆◆◆◆

但是，卡拉哈里沙漠[2]的昆族女人却远不止掌握经济大权这么简单。她们出人头地靠的不是嫁人。1960年代，人类学者首先报告了她们的生活方式，妇女外出干活，带回一家人的晚餐。昆族妇女掌握经济大权，同时也掌握着话语权。

但昆族妻子不像她们的丈夫，她们不在大的社团内分配食品。

这是一个意义深远的差异。男人狩猎归来，按规矩和功劳分配珍贵的肉食。猎物由射杀野兽的那支箭的主人负责分配，第一个发现野兽的人有权挑选某个部位，追捕的人得到其他部分，依此类推。之后，各位猎手将肉、肋骨、内脏交给家人或赠送亲朋。不过，这属于“投资”，不算礼物。昆族猎手希望投桃报李。猎手将大块肉送给邻居，等于积攒了面子和人情还有势力。虽然女性享有很大程度的自由，但无论昆族男女，都认为男人的影响力强过女人。[3]

一句谚语说得好，施予胜于索取。昆族等各民族也赞同这个说法。掌握钱袋子的人往往拥有牢固的社会地位。

◆◆◆◆◆

① Friedl，1975。

② 南部非洲高原沙漠地带。——译者注

③ Shostak，1981，243页。

当然，所谓权力，不一定非要掌握经济大权。掌握经济大权的男人或女人难道也能在卧室逞威风？那倒不见得。

因纽特女人也许因为嫁了个好人家而出人头地，但没有人知道这些妻子是否认为低丈夫一等。尽管昆族男人分配肉等战利品，但一日三餐还是要靠女人。餐桌上一家之主的农夫，谁知道他私底下给不给妻子说话的自由。

其实，在当今的农耕社会，虽然男性垄断了大大小小的职务和职能机关，女人当众对男人恭恭敬敬，但是暗地里却大权在握。人类学者苏珊·罗杰斯指出，尽管在这些文化中，男人趾高气扬，但男女其实都不认为男人统治女人。她认为，男女维系着一个大体的平衡，男权这一说法其实荒诞不经。[①]

数千年前，尽管经济肯定在男女权力关系中发挥着重要作用，但男女是否争夺大权，谁也说不清楚。

为解开男女之间这一微妙的权力格局之谜，马丁·怀特建立了“人际关系区域档案”——一个记载了800余个社区信息的现代数据库。[②]他根据这份档案和其他人种学报告编撰了93个工业革命以前的民族资料。其中1/3为游猎–采集民族，1/3为自耕农，1/3靠放牧或园艺谋生。他的研究范围涵盖了公元前1750年左右的古巴比伦人，以及当今的传统社会。公元前1800年以后的

---

① Rogers，1975。

② 人际关系区域档案：许多人类学者认为这份档案有失偏颇、破绽百出，因为人种学家自有一套文化数据，他们各自为政，自问自答，这都是主观臆断。这份档案后来由怀特和同事筛选，从而进一步降低了其准确性。本文采用了怀特的分析，因为我不想放弃一份有用的资料，就我对人种学文献的经验证明，怀特对这一论题的结论代表了跨文化的普遍真理。

社会，多半在他的研究之列。

怀特从这些数据入手，解答了人们对各文化的诸多疑问：神究竟是男是女？哪个性别的葬礼最为讲究？当地政治领袖是何许人？男人和女人对一家人的吃喝，贡献孰大孰小，贡献了什么？教育孩子，谁说了算？婚姻生活谁做主？贵重的家产，由谁继承？性欲强弱，是否分男女？女人不如男人吗？为明确女性在世界各地的社会地位，他横向比较了这些问题以及其他许多变数。

怀特的研究结果证明了某些公认的观点。[①]

生活中，女人对男人颐指气使的社会可谓闻所未闻。以柔情统治一个家族的亚马孙女人的故事不过是道听途说。世界各个文化部落中（主要以农耕民族为主），男性掌控女性活动的部落高达67%。男女地位大致平等的部落约占50%，园艺和狩猎－采集民族尤为如此。在50%的文化部落，女性私下拥有远高于社会规则允许她们的权势。

怀特揭示了一个更为重要的事实：不存在共同决定男女地位的一系列跨文化因素。各种社会现象表明，男女的社会地位有高有低。在一些文化部落，女性做出了极大的经济贡献，却掌握不了婚姻和夫妻生活。反之，女性离婚不是难事，但在宗教事务中没有发言权，进不了政治机构。即便在女性拥有可观的财产，掌管经济大权的地方，也不一定能够拥有广泛的政治权利或宗教影响。

社会中某一方面的权力并不一定能转移到另一处。

---

① Whyte，1978。

这一情况最为显著的要数美国。虽然美国女性于1920年赢得了选举权，提升了她们的政治地位，但她们在办公室依然是二等公民。如今，女性在职场的地位与日俱增；许多女性还拥有高等学历，但到了家里，洗衣、做饭多半还是已婚职业女性的职责。美国人认为，地位是单独现象。我们理解不了为何已婚职业女性依然承担大部分家务，由此可见，一个人在某个方面的社会地位并不一定决定他在另一方面的境遇。

男女之间的权力之争犹如一个水晶球，稍稍转动一下，它就呈现全新的一面。因此，虽然特维基和她的朋友们在200万年前掌握经济大权，私下里发挥着举足轻重的作用，但并不一定是领导者。

说到男人、女人和权力，研究传统民族的专家学者是否另有高见？这么说吧，阶级、种族、年龄、魅力、成就和亲情纽带同样决定着所谓权力的综合能力。

有时候，哪怕一个上层社会或主要族裔的平庸之辈也可以对一个聪明能干但身份低微的人指手画脚。虽说西方人一贯认为亚洲的女性地位卑微，但中国和日本的老年女性往往和男人一样掌握大权。在许多社会，年龄、魅力、才智和魔力往往决定了一个人的地位。一名酒吧女招待可以凭借风姿让一名商人拜倒在石榴裙下，一位漫画家可以仅凭一幅画揭穿一名政客的丑恶嘴脸，一名女学生也可以用一个眼神迷惑博学多才的男老师。

谁支配谁，亲情也发挥着一部分作用。在传统的父系社会，男人按例拥有土地，子女延续父亲的血统，妇女没有多少社会地位。但在母系社会，妇女掌握财产，这赋予了她们在社会中更高的地位。

总之，男女的权力源于象征社会地位的世俗观念。随着文化的进步，人们逐渐形成了一个“性别模板”或社会脚本，规定男女的举止做派，以及有关男女权力的观念[①]。人们脑海中形成了一个固定模式，比如扎伊尔的姆布蒂俾格米人认为女人很伟大，因为只有女人才能生孩子，亚马孙孟希纳古（Mehinaku）等许多民族认为经血威力无穷，只要碰到，你就会生病。在《亚当与夏娃》这则寓言中，女人引诱男人的本领在西方千古流传。总之，象征权势的阶层占据了主导地位。

◆◆◆◆◆

因此，权力实则是综合了各方面的因素，决定一个男人或女人的地位。

我们上一章讨论了200万年前在奥杜瓦碧绿的湖畔留下遗骨的特维基、乔治等古人类的生活，那么，他们的社会地位是否平等？

这些古“人”无疑不分阶级或民族。他们也不会过着钩心斗角的文化生活。不过，说到特维基和她的朋友们的生活，我们可以蛮有把握地列举一二。他们不会像因纽特人，吃饭全靠男人，女人足不出户。他们居无定所，没有永久的家。女人也要干活，多半是双薪家庭。但特维基和她的朋友们吃的是肉。按理说，狩猎和拾荒不是孕妇或抚养年幼子女的母亲的事，所以特维基可能

① Sanday，1981。

会让她的“密友”猎取猛兽，获取肉、筋腱和骨髓，而她和闺密则负责采摘水果、蔬菜、种子和小猎物。

但由于特维基经常出远门去采摘，对晚餐做出了极大的贡献，她很可能在经济和性生活中掌握话语权。

但特维基如何生活？谁掌握实权？

不仅传统文化为我们提供了一条线索，而且有类似的例子的其他物种也为我们提供了另外的思路。我们从荷兰阿纳姆动物园（官方称伯格斯动物园）一群有趣的黑猩猩中可窥得特维基日常强权行为的一斑。[①] 在这些黑猩猩眼中，争权夺利为它们的生活增添了趣味。

黑猩猩的争权夺利

1971 年，一群黑猩猩入驻这家动物园。每到晚上，它们各自入笼睡觉，吃过早餐后，黑猩猩们自由进入面积达 2 英亩[②] 的露天院落。院子前是一条壕沟，后有一堵高墙，墙外高耸着 50 来棵橡树和山毛榉，每棵树都围着电网，不能攀爬。但围栏里散落着供它们攀爬的岩石、树干和几棵死橡树。自从上次大逃亡后，黑猩猩们便在这里上演了一幕幕争夺大权的斗争。

---

① De Waal，1982，1989。

② 1 英亩 = 4046.856 平方米。——编者注

搬到新家不久后的一天早晨，黑猩猩开始一寸寸地查看露天院落。当天下午，在最后一名人类学者、管理员和驯养员下班后，它们便上演了一出大逃亡的好戏。几只黑猩猩将一根长 5 米的树干靠在后墙，然后不动声色地爬上堡垒（据说有几只还扶着行动不便的黑猩猩爬了上去）。之后，它们顺着靠墙的树攀缘而下，然后享受动物园里的设施。群里年龄最大的一只雌猩猩甚至直奔动物园的自助餐厅，坐在顾客中间，自斟自饮，喝了一瓶巧克力牛奶。

动物园乱作一团。工作人员连哄带骗，好不容易将黑猩猩引回了笼子。但自此它们之间开始了无休无止的权力斗争。从它们的手段中，我们可以看出远古时期特维基的生活以及现代人权力斗争的天性。

雄猩猩为了争夺地位，常常竖起毛发，"吼吼"大叫，一摇一摆，霸气地跺脚，拿石块或棍棒虚张声势。接着，它会从对手身边一冲而过，然后捶着地，得意地哇哇大叫。一般来说，这套路数足以让它的对手乖乖就范。退却往往伴着特有的姿势。甘拜下风的黑猩猩接连发出短促的咕噜声，向胜利者点头哈腰，俯首帖耳，匍匐在地，显得非常卑微。

进攻者还会招募盟友。恫吓表演之初，进攻者常常会争取一位朋友的支持。它向潜在的朋友伸出一只手，掌心向上，意思是请它为自己撑腰。如果它成功招募到一名支持者，它会冲向对手，拿石头砸它，尖叫着施以拳脚或咬它的手、脚、头。但它也会提防着盟友。如果它的盟友摇摆不定，进攻者则重演先前的一幕。

人们常说"天下没有免费的午餐"，这在黑猩猩中也同样合理。一只黑猩猩支持另一只黑猩猩，无不希望自己的支持得到回报。黑猩猩认为自己有义务从安逸的打盹儿中清醒过来，振作精神，支持一场纷争或加入角逐。所以说盟友很重要。

有一次，阿纳姆动物园的二号雄性“人物”在替一只雌猩猩梳理了毛发，拍了拍它的孩子，陪它们玩耍过后，立刻咄咄逼人地走向头领。不知它是否在讨好雌猩猩，寻求支持？也许是这样。正如政客亲吻婴儿、就女性问题仗义执言一样，雄猩猩也是在拉拢雌性朋友。

有些雄性同盟可长达数年，但大多数仅维持片刻。争权夺利的雄猩猩交的朋友往往薄情寡义。但如果一只雄猩猩陷入困境，它常常“拉拢关系”，大喊大叫，直到盟友过来声援或加入口角。有时候，常常是四五只雄猩猩打群架，大呼小叫，扭作一团。

也许在特维基和朋友们午休的时候，一名男性要起威风，吹胡子瞪眼大喊大叫，气势汹汹地走来走去，直到一名部下俯首称臣。他们之间想必不时爆发几场争斗。男人也许会拉拢特维基和她的朋友，获得她们的支持。

黑猩猩的拉帮结派

奇怪的是，阿纳姆的猩猩能融入截然不同的权力组织。虽然他们已经类似于现代人类，但我们却依旧可以从他们身上看到，特维基的那个时代雄猩猩在等级争斗中与敌友的千丝万缕的关系，形成以雄猩猩为顶端的易变的统治梯队。这些等级显然随时发生变化。一只雄猩猩一旦争取到更多的盟友，赢得几场小冲突，权势阶梯就会悄然发生变化。最终，一只雄猩猩在经过一系列的较量或一场恶斗中胜出，成为这个雄性统治集团的首领。

首领往往身负一项重要的职责——法官。它调解纷争，推开两个对手。它应该是一位不偏不倚的公断人。首领将打斗频率降到最低，它手下的猩猩尊重它，支持它，对它效忠。它们向它鞠躬，频频对它点头哈腰。它们吻它的手、脚、脖子和胸脯。它们向它称臣，像小跟班一样跟在它身后。如果这名头领不能维护和谐，它的手下就会“另投高人”，权力平衡从而悄然发生变化，直至实现和平。首领靠的是手下支持。

雌猩猩却不存在这种地位等级。恰恰相反，它们往往横向联系，拉帮结派互相照顾婴儿，如果遇到混乱，它们也互相保护和照顾。雌猩猩天性文静、温顺，所以这种小派别相对平等，可以稳定地维持数年。此外，如果一只雌猩猩获得了头领地位，那它一般纯粹靠人品、魅力和年纪，而不是靠威逼利诱。

但雌猩猩之间也会发生争吵，但它们一般指望盟友来清算。有一次，一只受到威胁的雌猩猩请求一个雄性朋友出手相助。它一边尖着嗓子“愤怒地”咆哮，一边用手（而不是一根手指）指着来犯者，同时又是吻又是拍它的雄性盟友。禁不住它的再三恳求，这位雄性朋友出手教训了对方，而雌猩猩站在一旁，满意地观战。

男人生来喜欢建立社会等级，然后谋取更高的地位，而女人却喜欢结成平等、稳定的派系。此言非虚。许多事实表明的确如此。

这种性别差异也存在生理因素。[1]男人对身份敏感，与活跃的睾丸素有关[2]，女性渴望合作、群体和睦，与活跃的雌激素有关。[3]

因此，也许乔治等200万年前的男性智人花费了大量时间争权夺利，而特维基则说不定与她的女性朋友们维持着一个稳定的关系网。

不过，特维基最有权威的角色也许是团体的公断人。在阿纳姆动物园，则由最年长的雌性黑猩猩“大妈妈”扮演这个角色。它站在幼年黑猩猩身边，挥着胳膊，吼叫着驱散它们来解决争端，将吵输的黑猩猩从围场中央的枯树上哄劝下来。一场恶斗过后，失败者都会悲号着逃到它的身边。

阿纳姆的其他雌猩猩也担任调停人一职。有一次，一只雄猩猩吓唬“别人”，一只雌猩猩走到它身边，从它手上掰下石块，扔到一旁。在雄猩猩又找到一块后，它又将石头拿走，一连没收了六次。其他调停者却是另一番做法。有些仅仅抬手戳戳胜利者的腰，推着它坐在对手的身边，开始梳理毛发这套把戏。

梳理毛发有一种程式，说明我们过去的权力关系存在一个重要的主题：调解。[4]在口角发生之后的几分钟，或几个小时，甚至几天后，黑猩猩的敌人会走向对方，深情地盯着对方的眼睛，叽叽咕咕轻声地说几句，与对方拥抱、亲吻、握手言和，然后坐下来，舔着对方的伤口，为对方梳理毛发。黑猩猩的对手也努力克

---

① Fisher，1999。

② Mazur，1997。

③ Baron-Cohen，2003。

④ De Waal，1996。

制自己的敌意，其实，在它们非常紧张的时候，会格外卖力地梳理着对方的毛发。

黑猩猩等灵长类动物常常千方百计地抚慰它们的朋友。暴力和动粗是偶然，谅解才是常态，特维基时代的祖先之间兴许就是如此。

◆◆◆◆◆

通过对阿纳姆动物园无休无止的权力斗争的观察，灵长类动物学家弗兰斯·德·瓦尔明确了有关猿之间权力的几件事，以及200万年前非洲大草原上我们的祖先秉持并且一代代流传至今的原则。

首先，权力会转移。阶级是固定的，但黑猩猩是在有变化弹性的关系网络中。此外，管理才能并非始终取决于力气、身材、速度、机敏或强悍，而是靠智慧、人脉以及如何偿还“人情债”。最后，权力可以是实权，也可以是虚名。作为支持者和公断人，女人是权力角逐中的主要参与者。在合适的环境下，女性甚至可以成为统治者。

有游客问德·瓦尔，雄猩猩和雌猩猩，究竟谁执掌大权，他耸了耸肩，这样解释：如果你看表面现象，那么雄性100%的时间统治雌性。如果你考虑谁在斗殴中胜出，那么，雌性统治的时间高达80%。为强调权力的复杂性，德·瓦尔还补充说：“尼基（雄性）是地位最高的一只猩猩，但它完全依赖耶罗恩（雄性）。鲁伊特（雄性）个人的势力最大。但说到调解纠纷，大妈妈（雌性）才是头儿。”[①]

德·瓦尔证实了人类学家从人类文化中观察到的两个现象：地位并不是以一种方式衡量的单一、不变的身份；说男人掌握了对女人的生杀大权，纯属痴人说梦。

老姑娘社团

最后还有一个决定特维基权力的要素——她家庭的地位。在狒狒等数个灵长类动物群体中，有亲缘关系的雌性群体往往团结一致，而雄性常常从一个群体换到另一个群体。在每个群体内，某个母系群体往往支配地位较低的另一个母系群体，一个相对稳定的等级统治家族，往往靠一个“老姑娘”关系网维系。[②]因此，一个家族地位较高的“少女”常常可以对一个家族地位卑微的成年女性发号施令。

此外，孩子常常承袭母亲的阶级。在贡贝的野生黑猩猩中，雌猩猩并不组成母系社会，而是结成帮派，手握大权的雌猩猩弗罗的子女长大成年后，在群落中有权有势，而下属的子女长大后，依然居于人下。

① De Waal，1982，187 页。

② Hrdy，1981；Fedigan，1982。

古奥杜瓦的两性关系

黑猩猩身上体现的人类传统文化和政治中的权力关系，呈现了我们祖先200万年前在奥杜瓦峡谷的生活以及争权夺利的情景。

特维基最初的记忆兴许是坐在妈妈的膝头，遥望起伏的草地。到了三四岁，她知道腰果长在哪里，如何挖掘草根。她兴许在水塘里一边玩耍，一边望着妈妈捉螃蟹，或懒洋洋地躺在无花果树下，望着大人们采摘花朵或香甜的水果。如果她母亲和大妈妈一样掌握大权，特维基说不定躲在树荫下休息。如果母亲的密友是一位“拾荒”的好手，她就能吃上角马的舌头等美味。大家排着队喝岩缝里流出的山泉的时候，特维基说不定排在第一个。

这些古人是否有亲人结伴同行，我们无从知晓。但特维基等十来个人每天清晨醒来，谈笑风生、喝水、方便，然后离开晚上的住处，沿着湖畔游荡或进入草丛。男人一般兵分两路，去狩猎或“拾荒”，直到晚上才回来，而女人则成群结队地去采摘果蔬。到了傍晚，他们安顿下来，与伴侣分享食物（如果足够多的话也会与别人分享），然后睡在无花果树丛中、草木茂盛的悬崖上或干枯的河床上。第二天早上醒来，又开始一天的劳作。

久而久之，特维基或许见惯了一路上的男女向她母亲鞠躬。等她长大成人，她或许追随在大姐身边与她拉帮结派，花时间替其他女孩梳头，和她们一起逗趣打闹，追求男孩。特维基无疑明白自己在这个社会网络中的身份，碰到长辈、上级，她一概微笑点头，亲吻他们的手和脚。特维基与其他孩子发生冲突，她的母亲（或父亲）会护着她，不受人家的欺负。特维基靠智慧和魅力与男孩交上朋友，哄他们分自己一块肉。

特维基情窦初开后，想必与一位“密友”结成了一对。他也许出自不同的族群，当初遇到他，恰逢干旱少雨的季节，一群人又和往年一样搬到碧绿的湖边。特维基和爱人一起走过辽阔的平原，他们共享食物，共同养育一个孩子。如果两人的关系恶化，她或许等到婴儿断奶，然后收拾她的尖棍、小包袱，加入邻近的一个团体或打发他走人。经济自主使得特维基的孩子一旦能加入不分年龄的临时托儿站，可以由团体内的其他成员照料，她可以立刻“休了”她的丈夫。

特维基说不定还在日常生活中的其他方面手握大权。如果她能记得住出产蜂蜜和珍贵蔬菜的地点，那么，她受人尊敬。她也许还是一位公断人，在“丈夫”大摇大摆冲对手嚷嚷的时候，她从他手上抢下石块和棍棒。她无疑有一两位闺密，发生口角的时候，她们一贯站在她这边。如果特维基魅力超凡、聪明、受人尊敬，很可能成为这个团体的领袖。在灵长类动物中，丛林生存不仅靠力气，而且靠智慧。

这些智人很快用上了火，发明了新工具和武器。之后，仿佛搭上了火箭，我们的祖先突飞猛进，进入“类人”的社会生活。

第十二章

似人之心

亲友团和青少年的由来

有个好的身世固然是件好事，但荣耀当属我们的祖先。

——蒲鲁塔克

火。

自从我们的祖先从树上下来之后，当火山吐出熔岩，闪电舔舐着莽莽草原、火焰蔓延草地时，他们想必逃到了湖畔或小溪边。草原上的火焰尚未完全熄灭，他们就小心翼翼地穿过余烬，去找野兔、蜥蜴、落下的蜂窝、草籽，还有大型哺乳动物，然后拿起烤肉大快朵颐。

在山洞的洞口，堆积着厚厚的猫头鹰、蝙蝠、剑齿虎等穴居动物的粪便。余火说不定要持续数天甚至几个星期，古人渐渐地学会了挨着炭火入眠，甚至为熊熊的火堆添上干树枝，直到因为缺水、路过小猎物或者远处的果树开花，他们才会放弃这个温暖的野兽不敢靠近的火堆。

火是人类的伙伴。发威时是敌人，平静时是朋友。我们的祖先学会了控制火苗，用狒狒头盖骨携带或用新鲜树叶包裹余烬。火成了他们最大的财产。

有了火，他们可以烤硬木材，制作锋利的长矛。他们点燃苔藓，从洞里熏出野兔或将野兔赶向罗网。有了火塘，他们可以防止食肉动物晚上偷偷地靠近他们吃了一半的动物尸体。有了烟，他们可以向朋友示警。有了燃烧的树枝，他们可以将鬣狗赶出巢穴，将洞穴占为己有，披着火光入眠。如今，受伤的群体成员、老人、妇女、孕妇和小孩都可以留在营地。有了营地，我们的祖先不必受制于太阳，他们可以在余烬中添加柴火，在清晨闲逛，在黄昏修理工具，在深夜做白天的工作。

达尔文写道，“除了语言，火也许是人类最伟大的（发现）”。[1] 因

① Wrangham，2009，10 页。

为我们的祖先用上了火，可以烤肉、蔬菜、根菜和块茎。烹调大幅度提升了大多数食物的卡路里价值，提供了更多的营养。这给了我们祖先更多代谢的能量，使得他们生出健康的孩子，并延长他们的寿命。①

关键在于：**生火做饭，促进了人脑的进化。**②

大脑需要葡萄糖补充能量。现代人的大脑要消耗身体20%的能量供应，少了这份能量，我们难以生存。对人来说，一份富含热量的饮食可以提供这份能量，但只有一副弱化的肠胃才符合消化效率。因此，理查德·兰厄姆等人类学家提出，煮熟的食物使得我们的祖先牙齿、下腭、肠胃发生变化，脑容量也逐渐增加，因而向现代飞跃。③

脑容量的增加改变了人类的性、爱情观和家庭生活。

◆◆◆◆◆

我们无法知道人类当初掌握用火的确切时间。人类学家也莫衷一是。但生活在肯尼亚北部图尔卡纳湖畔的人早在150万年前就开始生篝火。④

我对这种独特的火塘曾有深刻的体验，是在2010年。

我加入了一支科学考察团队，发掘图尔卡纳湖地区一处叫库彼福勒的遗址。一天早晨，43℃的高温热得我筋疲力尽，我发现一小堆用来标记位置的石头，一屁股坐了上去，想休息一会儿。这时

---

① Wrangham，2009。

② 出处同上。

③ 出处同上，109页；Aiello和Wheeler，1995。

④ John M. Harris，罗格斯大学人员传播系。

候，我们的领队人类学家杰克·哈里斯告诉我，我屁股下是一个远古时期的火堆，他用这些石头做了标记，以便进一步发掘。我赶紧站了起来，但我不禁想着，上次是谁坐在那儿。他或她兴许在那儿吃着烤肉，因为建构人类上下腭弱化（与人类吃熟食有关）的基因早在 250 万年前就在我们祖先中扩散开来。①

关于最早的篝火的确凿证据出自南非的斯瓦特克朗山洞，人类学家收集了 270 块烧焦的古动物骨骼化石。②这些骨骼曾在 200℃至 800℃的火中烤过。我们如今知道，以白朴树树枝点燃的篝火的温度在这个范围内。

不知是谁最先捡了亿万年来遍布这个地区的白朴树的枯枝，至少有人在 150 万年前对着一堆篝火烤火。我们的祖先尝到了甜头，不断地生火。斯瓦特克朗发现了 20 多处曾经被火烧过的痕迹。科学家们还在埃塞俄比亚和肯尼亚等地发现了许多人造火塘遗迹。

150 多万年前，是什么“人”烤着肉，围坐在这些驱散野兽的火塘烤火？大多数人类学家认为是出现了新人类，他们认为是这些高等直立人替远古的火苗添柴加薪。何以有此一说，是因为直立人远比他们的祖先聪明。他们的脑容量增加，即将进化成人类。

190 万至 180 万年前，在坦桑尼亚奥杜瓦峡谷、肯尼亚库彼福勒和埃塞俄比亚南部的奥莫河流域的化石记载了这些“人”的踪迹。我们在纳利奥克托米三号坑这处遗址找到了早期直立人的确凿证据。③

---

① Wrangham，2009，42 页。

② Brain 和 Sillen，1988。

③ Klein，1999。

纳利奥克托米男孩

在肯尼亚图尔卡纳湖西岸附近的一片贫瘠的沉积层，科学家发掘出一名160万年前葬身一片沼泽地的少年。从他骨骼粗大的脸部和臀部的形状不难看出，他多半是一名男孩。纳利奥克托米男孩约12岁，遇难时身高不足1.6米。他的手、胳膊、臀部和腿与我们几乎相差无几，但他的胸要比现代人浑圆，此外又多了一节腰椎骨。如果万圣节那天，这个小伙子戴着面具穿戴整齐，走上街头，你肯定不会注意到他。

但他如果摘下面具，你恐怕要吓得落荒而逃。虽说他远比特维基和她的智人朋友更像人，但他相貌丑陋。凸出的下巴、大牙齿、眼睛上粗大的眉脊、扁平倾斜的额头、厚厚的颅骨，以及发达的颈部肌肉，怕是会吓坏街头的警察。

不过，这个男孩应该比较聪明。他的脑容量将近900立方厘米，远大于露西和她的南方阿法古猿近亲（约为450立方厘米），以及特维基等智人（约为612立方厘米），但不及现代人（约为1350立方厘米）。后来的直立人的颅容量增至1200立方厘米。

有趣的是，黑猩猩懂得用火。[①] 笼养的黑猩猩喜欢抽烟，它们

① Pruetz和LaDuke，2010。

能熟练地划火柴，吹火。[1] 更神奇的是，塞内加尔的野生黑猩猩能娴熟地观察迎面而来的野火，判断火势，监视火的动态，冷静地避开火头。[2] 不难看出，150 万年前，南非、埃塞俄比亚和肯尼亚的直立人的脑容量很可能远大于这些黑猩猩。他们懂得火的习性，会生火、添柴、点火和灭火。

有了更大的脑容量，这些富于创造力的人开始着手构建现代社会和性别社会。

◆◆◆◆◆

首先，直立人发明了复杂的工具。

特维基及其亲属制作出了简单的奥杜瓦工具，而心灵手巧的直立人开始用大石头凿出精巧的薄片，不再是敲掉几条边制成一条带锋利的棱角的水蚀石块，他们会用这些小薄片割、切、削或挖东西。最令人叹为观止的还要数他们制作的双面工具，就像大砍刀和 15 到 17 厘米的石斧。石斧由于首次发现于法国的圣阿舍利，所以又称阿舍利手斧。阿舍利手斧有一个圆柄，它的两边经过仔细打磨，形成锥形的尖，就如同大杏仁、梨或泪滴。

这些手斧被人发现散布在非洲东部和南部年深月久的小溪、河流、沙洲、湖畔、沼泽、泥潭、湿地中，以及欧洲、印度和印度尼西亚的河道沿线。一些手斧想必是用来挖掘长在河堤上的蔬

---

① Brink，1957。

② Pruetz 和 LaDuke，2009。

菜的，但人们认为，早期的直立人主要用这些结实的流线型工具在岸边剥皮、剐骨，然后从骨头上剔肉，砍筋腱，敲骨取髓。

人们在图尔卡纳湖畔找到的幼年河马，恐怕就难逃这样的命运，150 万年前，图尔卡纳湖还是一片浅滩和泥沼。阿舍利手斧就散落在附近。不远处的泥淖中印着直立人的 7 个脚印①，我们推断出他身高约为 1.7 米，重约 55 公斤。他大概是悄悄地涉水过去，手起斧落，杀了这只在水中嬉戏的野兽。

火是可猎取大型野兽的新奇工具。直立人的体格适合长途跋涉。他们四肢的比例、臀部的肌肉以及肌腱已初具现代人的模样②。此外，他们开始建造可供几天或几个星期后返回的家园或营地③。男女直立人开始完善狩猎－采集生活方式的基本要素。

他们不断增加的脑容量形成新的难题，也因此加速了他们进化成现代人的进程。

过早出生

1960 年代初，人类学家推断，在古人类进化的某个时段，由于婴儿脑袋过大，与母亲的骨盆、产道不成比例，女人难以生产。婴儿脑袋越来越大，不利于妇女顺产。

① Behrensmeyer，1984。

② Bramble 和 Lieberman，2004。

③ Gibbons，1990b。

这种情况属于**难产**[①]。但自然选择解决了这个问题：在胎儿发育的早期（胎儿尚小时）生产，大脑留待产后发育。关于婴儿出生，阿什利·蒙塔古总结道："如果到他发育成熟才出生，那他根本就不会来到人世。"[②]

由于出生得太早，人类的新生儿其实还是个胚胎。灵长类出生时都发育不全，晚熟的程度从猴子到猿再到人依次增高。人类新生儿出生时的发育甚至不如我们的近亲，人类宝宝的肝脏、肾脏、免疫系统、消化道要到 6 至 9 个月才发育完善，或达到其他灵长类出生后不久表现的运动反应和大脑发育阶段。

科学界人士估计，我们的祖先生产发育极不成熟、不能自立的婴儿，应该始于成人脑容量达 700 立方厘米这一时期，这些人就是 100 多万年前的直立人。[③]

◆◆◆◆◆

这一适应性的改变对人类婚姻模式、性和爱情有着很大的冲击和影响。首先，这些不能自立的婴儿势必大大增加女性直立人的生殖负担，进一步促成大脑回路对恋爱、依附感和单一伴侣制的物竞天择。这个时期，"密友"，也就是一位长期、稳定的伴侣对这些需要照顾的孩子而言，是决定其生死的重要角色。[④]

---

① Montagu，1961；Gould，1977；Fisher，1975，1982；Trevathan，1987。

② Montagu，1961，156 页。

③ Klein，1999。

④ Fisher，1975，1982。

人类学家文达·特雷维森认为，分娩时遇到的各种难题也催生了一种职业——助产师。

在《人类的诞生：进化的观点》一书中，特雷维森从一名动物行为学家的角度看待人类的分娩。譬如她指出，一位母亲抚摸新生儿，这种姿势不仅出于亲昵，而且源于哺乳动物舐犊、促进其呼吸等身体机能的需要。由于人类新生儿周身覆盖着一层浓浓的黏液或者说胎儿皮脂，新妈妈将这层油脂揉进胎儿的皮肤达到滋润，保护婴儿免受病毒和细菌的戕害，从而逐渐养成了抚摸这一习惯。特雷维森还指出，新妈妈惯用右手也好，左手也罢，她们无一例外地用左手抱着婴儿，让孩子贴着自己的心脏，这也许是因为心跳能安慰孩子。

特雷维森指出，我们故事的关键在于，到直立人时代，分娩变得越发复杂，妇女需要一名助手“接住”婴儿，从而出现了助产师。这些助手与新生儿密切关联，觉得有责任照顾孩子的成年人也不断增加。[①]

祖母渐渐成了一位不可或缺的帮手，这又促进了一个普遍存在的女性特点的进化：停经。众所周知的“祖母假说”指出，由于停经这一进化，中年妇女为帮子女抚育后代[②]，就能卸下自己生育的负担。通过及早停止生育的可能，妇女可以保存精力，免得与自己的女儿比赛生孩子，可以集中精力为子女分忧。

“要论精力，停经后的女人的力量无人能及。”玛格丽特·米

---

① Trevathan，1987。

② Hawkes 等人，1998。

德在报告中说。停经后的女性为传承DNA这一永恒的奋斗注入了新的活力。

日后还将发生更多的变化。

青少年时期探源

直立人祖先很可能出现了另一段烦恼——青少年时期。从古人的牙齿和骨骼特征判断，人类成熟的过程在某一时刻（大概从90万年至80万年前）开始放缓[①]。不仅表现在妇女生下弱小的婴儿，而且童年期也开始延长。

出现青少年时期，是人类有别于我们的近亲猿的另一个特征。黑猩猩的发情期约在10岁。然而，狩猎－采集社会的少女要到十六七岁才出现月经初潮（西方社会的女性月经初潮如今有所提前）。男孩同样要经历一段延长了的青春期。其实，现代人要到20岁左右才停止发育。

尤为奇特的是，人类的父母要继续供家中未成年的子女吃住，而黑猩猩幼崽断奶后则要自食其力，每晚自己筑巢。虽然未成年的黑猩猩大部分时间待在母亲身边，但母亲不再为子女提供食宿。

人类却不能这么做。五岁的孩子尚且不能自食其力。在狩猎采集社会，未长大成人，连老于世故的孩子也难以谋生。因此，

① De Castro 等人，1999；De Castro 等人，2010；Dediu 和 Levinson，2013。

孩子断奶后，父母还要继续养育子女许多年[1]。由于人类的进化，发育过程放缓，我们的童年和少年时期是黑猩猩及其他灵长类动物的两倍之多。

人类的发育过程为什么会延长？

目的是赢得时间，童年这段时期需要了解日益复杂的世界。男孩需要学习在什么地方开采燧石等石材，怎样以精确的角度敲击石头，取下石片，制作复杂的武器，怎样将武器扔得更远更准。还要学习观察动物，认准一群动物中的头领，观察天气和一年四季，并且掌握猎物的习性、追赶猎物的技巧、围猎的地点、狩猎的本领，以及宰割、分配猎物，保存、携带火种。

女孩要学得更多。她们要知道果树生长在什么位置，要避开哪些泥沼，什么地方有鸟蛋，几百种植物的习性、生长周期，小动物在哪里打穴，爬行动物在什么地方晒太阳，哪种植物能治疗伤风、嗓子发炎和退热。

学习这些知识无不需要时间、智慧、考验，容不得一点错误。年轻人兴许还要背诵长篇故事，认识天气以及身边动植物习性。

同样重要的是，他们还要掌握求偶这门学问。随着青少年期的进化，多出来的这些年是为了尝试求爱、性爱、爱情，而这些是在男女需要结对分享食物、共同养育子女的社交社会关键的人生经历。

---

① Lancaster 和 Lancaster，1983。

亲情体系

人类的大脑日渐增大，长期抚养不能自食其力的子女，势必增加了父母的压力，从而促进另一个人类标志的进化：形式化的家族体系。

包括高等灵长类在内的许多动物往往不离母亲的左右，非常熟悉它们的兄弟姐妹，与群体内的其他成员保持着特殊的关系。人类亲情观念大抵源于哺乳动物过去的经历。不过，我们的祖先却为亲戚分门别类，明确与每个人的关系和每个人承担的责任，从而确立了传统人类社会生活的社会凝聚力。

人类亲情体系的演变是人类学一个由来已久的争论。这一争论不外乎一个基本问题：从母亲这一脉追溯你的身世还是从父亲这一脉追溯你的身世？当今的许多部族和后工业时代的人往往循着父母两条线即双边亲情体系寻根问祖。但这种家族结构实际并不普遍。因此，直立人先祖要么与父亲的亲属，要么与母亲的亲属及加入家族的其他成员共同生活、成长。

原始社会是母系社会，还是父系社会？从我们的猿类近亲的生活，只能得到相互冲突的线索。

在美国东南大平原，关系密切的母狒狒成群结队地外出，而雄狒狒成年以后，往往投奔其他群体，这是母系社会的一个核心，亲情体系取决于母亲这一脉。

而普通的黑猩猩却截然相反。关系密切的雄猩猩往往待在一起，守护它们的群体，而雌猩猩一到青春期，则无一例外地离开这个群体，去附近的族群寻找伴侣，这是父系社会的萌芽，亲情体系取决于父亲的血缘关系。耐人寻味的是，一项别出心裁、针对可追溯到200万年前的化石的研究提出，女性比男性走得更远[①]，这兴许是为了去另一个族群结交新欢，是原始社会是父系社会的又一个证据。

但当今社会，是离开还是留在故乡，多半由年轻人自己做主。结婚后，小夫妻可以随丈夫一方的家人亦可以随妻子一方的家人生活，但他们往往随双方的家人生活，想住什么地方，全凭他们的意愿。[②]不过，在狩猎-采集社会，有人认为身世随母亲一脉，有人认为随父亲一脉；还有人认为自己是父母双方的子孙（双系亲属关系）[③]。

由于包括人类在内的灵长类的亲情结构不尽相同，我们不能无端揣测早期直立人群体的关系网。但有几项例外：成员互相认识，能认出“母亲”。随着单一伴侣制的发展，他们的内部圈子势必加上母亲的“密友”。

不知从什么时候开始，人们将这个网络延及父亲或母亲的血亲和他们以“婚姻”维系的密友，将这些没有血缘关系的男人和女人纳入家庭成员。随着这些形式化的社会网络的成形，从而出现了“家族”和“部落”这个概念。

纳利奥克托米男孩及其直立人亲属想必生长在一个形式化的亲缘网络。母亲及其“密友”需要亲戚帮他们抚养不能自立的孩

---

① Copeland 等人，2011。

② Wood 和 Marlowe，2011。

③ Kramer 和 Greaves，2011。

子，呵护他们度过漫长的童年和青春期。

一众血亲和姻亲被一个形式化的关系和责任网紧密结合在一起，从而形成了一个为抚育共同的子女而奉献的牢不可破的亲情体系，这是一个非常明智的转变。

◆◆◆◆◆

作为孩子，一名直立人女孩可能希望母亲的“密友”分给她肉吃，保护她，她哭的时候将她揽在怀里。她与他之间的特殊关系即为“父女关系”。兴许她有责任照料自己的兄弟，而这一责任后来演变成“兄妹”关系。她渐渐将父母的兄弟姐妹及其“密友”认作叔伯阿姨、姑姑、婶娘、舅妈等。

随着猎物越来越大，男女分工越来越细，需要抚育不能自立的幼儿，呵护他们度过漫长的青春期，我们的直立人先祖开始赋予亲人具体的社会地位以及明确的义务、责任和社会角色。此外，随着这些形式化的亲情体系出现，我们的祖先发明了一套涉及性、爱情、依附感的规矩和戒律，比如“嫁娶”的规矩，人类生活、繁衍和文明从而更进了一步。

走出非洲

大约170万年前，我们的直立人祖先开始走出非洲，遍布全球。他们首先抵达西亚，约 160 万年前抵达印尼，115 万年前抵达中国。[1] 我们的祖先为什么要走出非洲，我们无从得知。兴许是他们有能力走出非洲了吧。

180 万年前，地球温度再次急剧下降。在漫长、寒冷的冬季，非洲以北的欧洲和亚洲的乡野覆盖着皑皑的白雪，即使到了夏日，雪也难得融化。历经数个世纪的日积月累，冰层逐渐形成厚达一公里的冰川。后来，这些冰雪堡垒在重力的作用下脱离山峰，割开河谷，推动岩石，摧倒树木，将天寒地冻的天气推进到南方。这种寒冷的天气长达数千年。

由于每次的严寒天气，越来越多的海水被封进了冰层。久而久之，海平面下降了约 120 米，露出了宽广的可以通向北方的道路。

我们的祖先出走北方，恐怕也是迫不得已。

由于狩猎效率的提高，他们可能要远道寻找猎物。有了帮助打猎和保护自己的火把，再加上高效的狩猎工具，他们可以多收藏肉食，多养活几个孩子。[2] 有时候，当一小群人出现在斯瓦特克朗洞口时，另一队人已经搬了进去，或者说，另一队人赶到的时候，树上的无花果已被采摘一空，池塘的螃蟹被捕了个干净。最后，与邻居的小摩擦、内部的争执说不定迫使群体分裂，或者逼得整个群落出走他乡。

不论迁徙是出于什么原因，我们的祖先开始慢慢探索新的河

---

① Wrangham，2009，98 页。

② Wrangham，2009。

谷以及走出非洲的道路。有的人跟着驯鹿、麝牛、野牛、麋鹿等体格庞大的动物，穿过如今位于西亚的格鲁吉亚，有的人远赴中国的北方，还有人南下到爪哇，葬身雾沉沉的梭罗河畔；更多的人则在当今的以色列留下了遗骨。由于每个世代的人的迁徙距离不到16公里，他们用了将近2万年才抵达北京。

他们只走到这些地方。

龙骨山距离北京约50公里，沿山分布着大量错综复杂的山洞，掩藏着大量的遗迹，这里就是人类学家所称的周口店[①]。寻找化石的人在这里收集历经数个世纪的古代遗骨，并将这些宝贝卖给当地的药剂师，药剂师将碎片磨成一种带酸味的粉末，当作灵丹妙药出售。听说了考古学家在周口店的考察工作，加拿大解剖学家戴维森·布莱克于1927年踏上了朝圣之旅。

从那以后，龙骨山出土了十几块直立人的头盖骨和面骨碎片，147枚牙齿和众多颅后骨以及野猪、大象、犀牛、马的骨骼化石和数以千计的石器[②]。约50万年前，直立人无数次到这里安营扎寨。他们到这里来的时候多半是秋天，那时候，猛犸象、柱牙象、犀牛、小鹿和始祖马浩浩荡荡地从他们门前经过，前往温暖、潮湿的南方。

---

① Jia 和 Weiwen，1990。

② Klein，1999。

直立人的爱情

那么，在图尔卡纳湖蹑手蹑脚地靠近河马、在南非围着篝火取暖、在爪哇丛林和中国龙骨山山坡留下遗骨的直立人男女究竟以什么为乐？如何去爱？如何生活？

这些男人也许很尊重女人，因为她们采集果蔬、抚养儿女。即使是一望无际的平原，他们的妻子和情人想必也了解方圆 100 多公里内的每一株欧蓍草，每一棵拐枣和矮小的果木，每一处积水潭、山丘、山洞和足迹。每天清晨，女人们用兽皮袋背着婴儿出门。下午时分，她们带着坚果、浆果、柴火，往往还有兽群、水、敌人和亲戚的踪迹的信息满载而归。男人必须靠女人才能生存。

女人欣赏男人狩猎时的勇敢，感谢他们馈赠的烤肉和排骨，感激他们防范敌人。女人需要用男人捕猎来的动物的兽皮制作外衣、毛毯和容器，用其他骨头做工具，用筋腱做绳索。

晚上归来，男男女女们想必有说有笑地添着柴，讲述一天的点点滴滴。他们兴许隔着弥漫的烟雾，一边啃着骨头、吃着浆果，一边说着情话。篝火渐渐熄灭，他们悄悄走到对方的身边，互相亲吻，相拥到天明。但他们梦见过什么，爱过谁，在睡前想些什么，早已随火光而去。

这些情景不是现代人的生活再现。他们不曾在洞穴的墙上画熊或野牛，我们也没有挖掘到显示他们会缝制合身的衣服的小骨针。没有任何护身符表明他们崇拜太阳、星辰或某个神明。他们没有坟墓。但他们已经很接近人类，长着一颗大脑袋，会保存火种，和我们一样，生下娇弱的孩子。年少的孩子一步不离父母或部落成员。无论男女老幼都被纳入亲属体系。火堆渐渐成了“家”的同义词。

这些祖先中，一些人具备了现代男女的雏形。接下来，这个世界出现了人类的性和爱。

第十三章

第一个丰裕社会

“简洁而强硬的字眼：‘应该’”

世界上有两样东西越是经常和持久地思考，对之历久弥新和不断增长的敬畏之情，就越加充实着我的心灵：一是头顶上灿烂的星空，二是我心中的道德律。

——伊曼努尔·康德

《纯粹理性批判》

在法国西南部的比利牛斯山脉，西班牙北部一座座恬静的小镇下方，远古的湍流冲刷出一个个迷宫般的洞穴。在深藏地下、不透风的裂隙中，石笋和石钟乳仿佛鬼魅般的象牙士兵。在一片寂静中，一滴滴的水珠发出金属般的撞击声，蝙蝠振翅的声音在怪石嶙峋的石坑和山洞中回荡。川流不息的小河轰鸣着冲进河槽、“漏斗”和“猫洞”般的岩石，接着在某个急弯处突然消失。

我们的祖先也许早在4万年前就开始装饰这些鬼斧神工的洞穴，并且留下了数以千计的洞穴壁画和雕刻，这证明地球上涌现了现代人。

在紧邻法国莱塞济的拉斯科洞穴，不知是谁在巨大的圆形大厅画了数十只争先恐后的群居动物。在比利牛斯山脉的勒·特洛伊·弗雷勒洞穴的凹陷处，一位“艺术家”雕刻了一只长着人头、鹿角、马身和马尾的神奇野兽。在西班牙的拉胡耶洞穴，我们的祖先雕刻了一个半人半猫的巨型石像。他们用红、黑两种颜料勾勒出动物的轮廓，以细腻的笔触，借石缝和隆起的地方填充羽毛和肌肉。他们在30余个洞穴中留下了画着巨大的野牛、猛犸象、野山羊、熊等动物的壁画。

还有些画的不是真实的形象，而是魔幻的无头的马、长着鸭嘴的人、长着狼头的熊、脱离了身体的没有手指的手、漂浮的胳膊和腿、蛇形的人以及洞壁和洞顶遍布的点和线。这些画有的出现在大走廊，还有的出现在人迹罕至的死路，这险些吓晕了想进入这些地穴的专业洞穴探险人员。

在这些不见天日的地道，听着轰鸣的声响，呼吸着寒冷、污浊的空气，我们的祖先做着意义深远的事。在这无人居住的地方，我们的祖先出于共同的目的去作画。他们兴许会举行仪式来祈求一个好的狩猎季或者庆祝生了一个子女以及疾病痊愈。[①]约翰·法伊弗在其代表作《创意大爆发》中指出，他们可能还举行过复杂的成年仪式。

法伊弗相信，刚成年的年轻人会被留在与外界隔绝的洞穴深处，直到恐惧、孤独和无聊磨灭了他们寻常的感官，让他们处于昏昏欲睡的状态。他们的长辈继而施展障眼法，带领这些昏昏沉沉的年轻人穿过错综复杂的小道，同时为他们讲解重要的家族传统、家族历史、家族传说和部落积累的智慧。

为了强调一则复杂故事中的一件事，巫师也许在一幅画下举着一盏灯。摇曳的火光照亮了一只手、一只鸟或一条鱼，接着是一头突然打着响鼻、翩翩起舞的麋鹿或一头游泳的公鹿，这些都生动地表现了故事中的某个具体情节。走过了这段曲折的路，巫师在地下大剧场集合分不清东南西北的学生。被洗脑的年轻人经历了严峻的考验，巫师会重述这些故事，让他们深深铭刻在心中。

长辈们究竟说了什么？人类艺术当初如何萌生？创意爆发的年代，这些奔放的艺术讲述了什么样的人类的爱和性？

① Conkey，1984。

◆◆◆◆◆

法伊弗提出，这些人见证了一场因科学巨变和社会关系网络扩张带来的“信息爆炸”。由于许多洞穴随处可见孩子的足迹，他推断，带孩子走进这些超现实的迷宫参加成人仪式，旨在让他们学习这些新生事物。

即便到了现在，这也是一个普遍的做法。世界各地的人借艺术这一形式存储概念和事实。只要看一眼德国的“卐”字，就能勾起脑海中许多有关希特勒和纳粹的记忆，而一个“十”字却包含了基督教许多的论据和理念。澳大利亚的土著人便是生动的例子，他们借神话和艺术承载记忆（也用作其他许多目的）。法伊弗从这些神话和艺术中建构出了欧洲洞穴艺术的理论。

传统的澳大利亚土著生活在世界上最荒凉的沙漠。要想获取水，他们不得不记住方圆几百公里范围内的每一座山丘、每一处洼地、每一棵树、每一块岩石和每一个池塘。于是，神话时代的先祖们将这里的每一个自然特征都详细地编进故事。他们在工具、墙壁、身上绘制的点、曲线和图案往往是用符号描写祖先们见过的泉眼的位置和岩石形状。因此，他们的神话、歌谣、艺术实际是澳大利亚内地的地图。一个人记下了神明的恶作剧，也记下了茫茫荒漠的细枝末节。

为了让子女掌握这门学问，澳大利亚土著常常让子女接受严峻的考验。澳大利亚中部的阿兰达人按照传统将刚成年的男孩带到远离家园和家人的荒漠，不给他们食物和衣服，用歌声和舞蹈演出一幕幕求生故事[①]。典礼的最后一夜，男孩们裹着毛毯，坐在

① Service，1978；Pfeiffer，1982。

熊熊燃烧的火堆旁。吟唱过后，黑暗、孤独和恐惧吞没了这些男孩，他们的生殖器被巫师从上到下划一刀。这是一段可怕的经历，但他们恐怕一辈子也忘不了他们学习到的知识。这些知识将带领他从一个泉眼走向另一个泉眼。

法伊弗指出，古代欧洲人的洞穴画都是史诗故事的提示卡，也是一个凶险的社会变迁时期的生存课。

◆◆◆◆◆

法伊弗说得不无道理。

古人面临着人口压力。在最近一次的冰川期，恶劣天气频繁肆虐北方，在如今伦敦的这片土地覆盖着厚达一公里的冰层。但现在的地中海一带，却仿佛塞伦盖蒂平原[1]，是广袤、一望无垠的草原。毛茸茸的猛犸象、犀牛、驯鹿、野山羊、野牛、始祖马等许许多多有蹄类动物成群结队地在草原上徜徉。北方的冰川和南方的沙漠逼迫着我们的祖先聚集到这片草原，即如今的法国和西班牙一带。

人与人之间的距离更近，他们不得不结成新的社会关系，创造便于生存的各种新传统。

生活开始变得极为复杂。所以，为了给孩子上成人课，巫师领着他们穿过曲折幽暗的地道，将他们吓得半死。

---

① 在坦桑尼亚西北部。——译者注

抽象、象征性思维

我们不知道很久以前山洞里究竟发生过什么，但有一点非常清楚，那就是人类拥有了丰富的抽象、象征性文化。

人类学家以**象征性思维**一词表示任意赋予具体世界一个抽象概念的能力。圣水便是一个经典的例子。在黑猩猩眼里，大教堂里大理石盆中的水无非就是水；但在天主教徒的眼中却截然不同，那是意义非凡的圣水。与此同理，黑色在黑猩猩眼中就是黑这种颜色，而对你我来说，它说不定意味着死亡抑或最新的潮流。

有了象征性思维能力，人类可以充分定义道德、良心等重要概念，以及许多涉及性、爱情和依附感的文化信仰、礼仪、禁忌和规则，从而催生了现代人的思维。

神秘的尼安得特尔人

洞穴画师的近亲尼安得特尔人是否拥有象征性思维，象征性思维是否融入了近代人类艺术家的生活，是一个由来已久的争议[①]。但化石却留下了各种各样的线索。

① Gargett，1989；Chase 和 Dibble，1987；Dediu 和 Levinson，2013。

许多人认为，约50万年前至27万年前，尼安得特尔人与我们的祖先分道扬镳，但其实这种说法也颇具争议。也有人认为他们是人类的变种。但大家一致认为，10万年前，他们遍布欧洲以及近东和中亚。

尼安得特尔人的体格特征很奇特。他们生着高高的眉骨、粗大的牙齿和腭骨，肌肉发达，骨骼粗大，有结实、宽阔的胸膛。如果他走在美国街头，你肯定认为他是一个野人。这些凸额粗眉的人骨架比我们粗大，脑容量也比我们大。他们的大脑结构和我们非常相似。凭借颅腔模型，我们研究了他们的颅骨轮廓，对其大脑结构有了大致了解。

颅腔模型是一项独具创新的发明。取一些乳胶，注入尼安得特尔人的颅骨，待凝固后取出。这个模型的表面布满细小的头骨压痕，这就是大脑曾经在头骨上印出的痕迹。从乳胶表面所有的裂缝、褶皱和沟槽，能看出脑叶的构造。因此可以看出尼安得特尔人的大脑结构与我们相似[①]。

他们会思考。

尼安得特尔人也会说话。诚然，有力的证据表明，尼安得特尔人和现代人的祖先早在50万年前就开始使用人类的语言，[②]但大多数人类学家认为，尼安得特尔人早在10万年前就互相讲述狩猎的故事，用人类的语言轻声谈情说爱。何以有此一说？

科学家发现了一枚尼安得特尔人的舌骨[③]（舌骨是悬在喉咙里，

① Holloway，1985。

② Dediu和Levinson，2013。

③ Arensburg等人，1989。

辅助发音的一块U形的小骨头），**以及**两块尼安得特尔人古代近亲的两块舌骨[①]。这一重大发现说明，尼安得特尔人有一个可以和我们一样说话的声道。他们内耳的结构也表明[②]，尼安得特尔人已经形成了某种语言体系[③]。此外，尼安得特尔人与现代人都拥有FOXP2这一与语言能力相关的基因。

语言究竟为何物，何时、如何形成，科学家摆出各自的证据，各执一词[④]。但大家一致认为，尼安得特尔人烤着猛犸象排骨，在古代法国、西班牙、俄罗斯、西伯利亚和克罗地亚的洞穴男欢女爱的时候，说的是某种形式的语言[⑤]。当然，他们也许有着极为复杂的语言，因为在远离人烟的小群落往往说的是复杂的语言[⑥]。

◆◆◆◆◆

尼安得特尔人是否有信仰？他们是否相信灵魂和来世？他们是否生活在一个**象征性**世界？

在欧洲各地的几个洞穴里，考古学家发现了似乎是尼安得特尔人埋葬死者的浅墓穴，墓穴中的死者被摆成熟睡的姿势[⑦]。死者的亲属或许在墓中留下了祭品，因为死者骨骼周围放着石制工具

① Martnez 等人，2008。
② 出处同上。
③ Steele 和 Uomini，2009。
④ Dediu 和 Levinson 2013；Johansson，2013。
⑤ 出处同上。
⑥ Lupyan 和 Dale，2010；Dediu 和 Levinson，2013。
⑦ Klein，2009。

或精心摆放的石头、骨骼和角。

6万多年前，在伊拉克北部崇山峻岭深处的一个洞穴，朋友们为一位过世的尼安得特尔人和他的情人敬献了花束。这些骨骼周围散落着石化了的蜀葵、麝香兰、矢车菊、黄花千里光等当地野花的花粉[①]。

在几处尼安得特尔人遗址发现的红赭石表明，他们会用它当颜料打扮自己，装饰他们的工具和武器。世界上有些地方在举行仪式前会用红赭石涂脸、手、身体和衣服。在这些遗址，我们还发现了刻着浅槽的熊牙、一枚穿了孔的狐狸牙以及一枚驯鹿骨。在直布罗陀的一个洞穴，不知是谁在洞壁上刻了一系列尼安得特尔人举行仪式的画面。

如果尼安得特尔人相信来世，懂得穿衣打扮、布置住所，举行仪式的时候在洞壁刻上符号，用符号表现这一场景，那么他们一定懂得象征化，也懂得创造艺术，欣赏艺术。

艺术的作用

说到人类创造和重视艺术的动力，动物行为学家埃伦·迪萨纳亚克提了一个有趣的说法。

她在《审美的人：艺术来自何处及原因何在》一书中指出，

① Leroi-Gourhan，1975；Solecki，1971，1989。

“但凡艺术，都可以追溯到人类渴望塑造、装饰、美化或凸显某一事物和活动的需要”。人们凭借装饰或仪式彰显某一事件或工具，来铭记这一特殊时刻。铭记这些仪式事关生存。只有创作艺术、欣赏艺术，人类才能生存延续，于是造就了人类培养审美观或者说欣赏艺术的天性。

其实，有证据表明，审美观早在尼安得特尔人走向世界前就已形成。因为在25万年前的英国一带，有两个人各凿了一把燧石手斧，并且在中间醒目位置点缀了一枚贝壳化石。他们想必发现了嵌在岩石中的贝壳化石，于是在贝壳化石周围制造工具，让他们的工具显得与众不同。他们甚至设计了用于特殊仪式的手斧。

几乎同一时间，在法国海边的一处崖洞，有人留下了红、黄、褐、紫色的赭石块。他们也许希望自己和自己的物品都“与众不同”。

艺术的作用是什么？杰弗里·米勒也许要说，“优秀的艺术家能吸引情人，多生几个子女，从而延续创造艺术、欣赏艺术的天分”。[①]

尼安得特尔人虽然没有留下表现美感的艺术品，但他们已经着手准备[②]。迪萨纳亚克和当今的许多人深信，尼安得特尔人会以某种仪式举行葬礼，埋葬死者，装饰墓地，赭石不仅用于装饰，而且具有象征意义，佩戴熊牙和狐狸牙出席葬礼，是象征也是装饰。他们是最早的“艺术大师”吗？不见得。但这种艺术素质却

---

① Miller，2001。

② Gargett，1989；Chase 和 Dibble，1987；Trinkaus 和 Shipman，1993；d’Errico 等人，2003；d’Errico 等人，2009；Zilhão，2010；Johansson，2013；Dedie 和 Levinson，2013。

渐渐成了一种天性，刻在了我们的基因里。

尼安得特尔人已经开始抽象、象征性地思考。

◆◆◆◆◆

尼安得特尔人不仅自爱，而且爱他们的邻居。

古遗传学者斯万特·帕珀和同事收集了划时代的遗传新数据，表明尼安得特尔人至少在5万年前就已经与现代欧洲和亚洲人通婚[①]——因为许多现代欧洲和亚洲人携带若干尼安得特尔人的DNA。[②]

帕珀首先从38000年前生活在克罗地亚温迪亚（Vindija）洞穴中的3名尼安得特尔女性遗骨中提取了DNA。然后将尼安得特尔人的DNA与5名现代人的DNA进行比对：1名南部的非洲桑族人、1名西非的约鲁巴人、1名巴布亚新几内亚人、1名中国的汉族人和1名法国人[③]。令科学界震惊的是，现代欧洲人、亚洲人

① Gibbons，2010；Green 等人，2010。

② Green 等人，2010。

③ 尼安得特尔人不同于现代人的基因，有些主导新陈代谢、皮肤色素沉着、伤口愈合、骨骼发育，有些与认知相关。但科学家们迄今仍不清楚他们和现代人之间遗传变异的确切含义，它们如何影响人的思维或态度（Gibbons，2010）。耐人寻味的是，与现代人的免疫系统相关的某些基因遗传自尼安得特尔人及其近亲丹尼索瓦人（白细胞抗原，或HLA基因）。这些等位基因有助于机体识别入侵的外来微生物。科学家们相信，现代人转入这种基因，"对现代人的免疫系统有着深远的意义"（Abi-Rached，2011，89页），有助于近代的祖先在有致命新型病原体的欧亚地区繁衍生息。科学家曾经在现代欧亚人身上发现过尼安得特尔人和丹尼索瓦人的HLA变异基因。斯坦福大学医学院的彼得·帕勒姆提出，"欧洲人50%的HLA基因变异体源于混血，亚洲人为70%～80%，巴布亚新几内亚人则高达95%"（Callaway，2011，137页）。

和新几内亚人与尼安得特尔人的 DNA 相似度达 1% 到 4%。非洲人的基因却和尼安得特尔人不同。

这说明，现代人走出非洲，四散到欧洲、亚洲、澳大利亚和新几内亚之后，尼安得特尔人开始与现代人通婚。

尼安得特尔人的传奇

约 5 万到 3 万年前，尼安得特尔人与早期的现代人同时生存在北方时，他们也许曾经同居。

但在中东地区，他们或许更早发生性关系。约 10 万年前，现代人住进了地处如今的以色列的洞穴。而迫于严寒南下的尼安得特尔人早在 8 万年前就到这里定居。不同种族的人很容易相识、互相交易，午后溜进灌木丛，享受鱼水之欢。许多女人怀上了孩子——用帕珀的话说，“就某种意义而言，尼安得特尔人当时并没有灭绝，他们在我们当中的某些人身上得以延续”。[①]

说到尼安得特尔人，我们知之甚少，只知道他们过着小群居的游牧生活，制作复杂的石器，足迹遍及欧洲各地，猎取大型动物，以肉为主食。科学家们曾在陡峭的石崖下发掘过数千枚猛犸象、毛茸茸的犀牛、驯鹿和野牛的遗骨，它们想必是被猎手们从高地驱逐到了这里。这种“坠崖式”狩猎方式是另一种创新：计

① Gibbons，2010，680 页。

划周密、井然有序。[①]

约 3 万年前，这些倒霉的尼安得特尔人不知所踪，被现代的西欧人同化或取而代之——按他们的遗骨在法国首次发现的地方，把他们命名为克罗马努人（Cro-Magnon）[②]。他们的相貌与现代人相差无几。[③]

第一个丰裕社会

由于现代人的出现，人类艺术和文化生活迅速发展，空前繁荣。

诚然，洞穴壁画不过是他们的一项创举。想必要一群人忙活一个星期，将 95 个猛犸象腭骨呈人字形一个叠一个，建造成在乌克兰发现的可追溯到 15000 年前的椭圆形小屋的墙壁[④]。这个地区

---

① Mellars，1989。

② 旧石器时代晚期居住在欧洲大陆的原始人。——译者注

③ 从俄罗斯阿尔泰丹尼索瓦洞穴发现的两枚臼齿和一枚孩子的指骨（Reich 等人，2010）推测，丹尼索瓦人是 40 万年前从尼安得特尔人分化出来的人种。在同一地点发现了一只精美的骨制手镯和几件石器（Gibbons，2011）。丹尼索瓦人应该与智人发生过性行为，因为现在的巴布亚新几内亚人、澳大利亚土著和东南亚各族人身上都发现过丹尼索瓦人的基因。丹尼索瓦山洞有 3 间舒适的洞穴，以及一个充作烟囱的天然通气孔。这里也曾经吸引来其他人。其中有来自欧洲和中东的尼安得特尔人、智人。3 万年至 5 万年前，他们都在西伯利亚一带猎熊、山猫和公野猪等猎物。但他们并不是最早来到这里的 3 种人。80 万年前，阿尔泰山脉遍布早期的直立人。他们因为受不了严寒，才离开了那里，但 30 万年前又重返此地，在这个洞穴生活。

④ Gladkih 等人，1984。

的其他人也喜欢将猛犸象的长骨砌成椭圆形的小屋。这些古代的建筑师在骨头上蒙上兽皮，或用泥浆和草塞进建筑物的缝隙，抵御冬天的寒风。

克罗马尼翁人还在兽群大批前来饮水的浅滩、景色怡人的坡顶和观看兽群迁徙路径的阳光明媚的冲积平原上建兽皮屋和木屋。这些房屋一般朝南而建，为的是利用太阳的热能。他们还在房屋附近开挖储藏窖，说明我们的近亲至少已经开始季节性定居。

克罗马尼翁人发明了新式的工具和武器。尽管尼安得特尔人掌握了复杂的石器制作技术（想必会缝制兽皮衣和鞋子），他们却开始用象牙、骨头、鹿角制作工具，以及带倒刺的轻便的鱼叉、渔钩、投矛器、小箭头——也许用于原始的弓箭。

在法国拉斯科（Lascaux）洞穴的一些黏土上发现的编绳痕迹表明，他们还制作过绳子、渔网和渔线。科学家们在地处俄罗斯平原的克罗马尼翁人家中发掘过波罗的海出产的琥珀，远在数百公里外的法国莱塞济出土过大西洋的海贝，不难看出，这些人应该形成了交换机制，经常远道采购宝石和石料。[①]

生活从此焕然一新。克罗马尼翁人发明了笛子、哨子和鼓。他们戴熊牙和狮牙串的项链、骨制手镯、耳环以及用数以百计的象牙、贝壳和石珠制作的饰物。[②]科学家们还发现了不输于现代缝纫技术的工具（锋利的小骨针），可以缝制带兜帽的风雪衣、有领子和袖口的衬衫、战袍、绑腿、靴子等合身的服饰。从比利牛斯

① White，1986；Mellars，1989。

② White，1989a，1989b。

山脉到乌拉尔等地还出土过巴掌大小、丰乳肥臀的女人像（人称维纳斯像），以及用象牙、兽骨和陶土雕刻的动物。或许这些是祈求丰饶的占卜用具，是馈赠亲戚朋友、爱人的护身符或礼物。[①]

这是第一个丰裕的社会。我们的祖先听着音乐、歌曲，欣赏着舞蹈，用陪葬品为死者下葬。他们穿狐皮大衣，将头发梳成发辫，戴上珠宝，设计时髦的衣服。他们在石灯里添上油，用于照明，在山洞里作画。他们围坐在精美的火炉边，烤着大块的肉，完全用人的语言交谈。他们也许还创造了神话、巫术、礼仪和神明。

他们说不定也发展出了社会阶层。我们的克罗马尼翁祖先在莫斯科郊外埋葬两个孩子的时候，为尸体戴上了戒指、脚镯，点缀了矛、标枪、匕首和一万余颗珠子。这两个孩子不可能是英勇的猎手或领袖，只有一种可能，他们出自上层阶级。

最为关键的是，这些人在世界上第一个季节性村庄比邻而居。他们需要组织纪律，确立了有关性、婚姻、通奸和离婚的道德规范。

爱情有什么准则？

---

① 早期的陶瓷是否用来举行某种仪式？东欧的考古遗迹证明，这些小人像用于各种仪式。早在 26000 年前，我们的祖先就在摩拉维亚俯瞰两条蜿蜒的河流汇合的巴普洛夫山山坡建造房屋。在小村上方 8 米处的岩石坡面，他们依山势开了一个圆形的凹槽——该地区发现的几座古窑之一。窑中散落着数千块坚硬结实的陶俑残片，残片由猛犸象脂肪拌上骨灰、当地的黄土和少许黏土制成。摩拉维亚的几处遗址仅发掘出一件完整的雕像，即一个拳头大小的狼獾。我们的祖先要么是糟糕的陶工，要么是为了占卜或进行其他宗教仪式，故意毁坏了他们的艺术品（Vandiver 等人，1989）。

禁　果

人类社会严禁乱伦。[1] 埃及、伊朗、罗马等国为了皇族血统，历史上偶尔认可兄妹乱伦。但除了这几个罕见的例外，母子、父女和兄妹严禁婚配。普适人类的乱伦戒律，源于克罗马尼翁人时代——主要出于现实的理由。

首先，如果一名克罗马尼翁女孩与父兄乱伦，生下一个孩子，这个族群将多一名不能自立的新成员，需要成年人帮忙抚养这个婴儿。但和族群外的人生育，让外来的人抚育这个孩子，是更经济划算的做法。

乱伦还会让家里永无宁日。人天生是嫉妒、自私的动物，因此，如果一名克罗马尼翁女孩与父亲乱伦，或一名克罗马尼翁男孩与母亲乱伦，将导致严重的内斗——有损夫妻关系，不利家庭和睦。[2]

由于乱伦，我们的祖先曾经失去过取得政治利益的机会。用一句古话说，“和外人结婚总比被外人杀死好”。[3] 所以说，如果你的女儿嫁到附近的一条山谷，将增进与山谷居民的关系；他们成了姻亲——靠婚姻，而非血缘结成的亲戚。如果她留在家里，与小家族

① Fox，1972，1980；Bischof，1975b；Frayser，1985。

② Cohen，1964；Fox，1980；Malinowski，1965。

③ Tylor，1889。

内的人成婚，她和亲戚结成不了新的贸易、战争和社会关系。

最后，与外人生育后代可避免近亲繁殖对身体健康造成的恶果。①

克罗马尼翁人无法承担经济、社会、政治和遗传上的不良后果。因此，我们远古的近亲戴串珠项链、穿皮衣的时候，他们也制定了一套准则，严禁与父母、兄弟姐妹谈情说爱。其实，说到不伦之情，他们甚至秉承了与生俱来的反感，只接受在小家庭外婚配和生儿育女的观念。

避免乱伦的本能

不与父母、兄弟姐妹淫乱，是人之本性。

这并不是一个新概念。1891 年，爱德华·韦斯特马克首先提出了这一概念，称孩子天性排斥陪他们长大的人②。之后，以色列性学研究也证实了这个观点。

麦尔福·史拜罗观察了在同一个集体农场成长的婴儿，一群

① 近亲繁殖：一个家族要经历许多代近亲繁殖，才会出现不利基因和严重疾病。不过，为了巩固优势基因，近亲繁殖必不可少。譬如为了培养狗的温顺和耐心。对有利健康的基因，一个物种需要充分的近亲繁殖加以巩固，并且借充分的远系繁殖覆盖缺陷基因。因此，乱伦（与核心家庭成员婚配）虽是普遍存在的一个禁忌，但在许多社会，表兄妹结婚是一项义务或首选 (Bischof，1975；Daly 和 Wilson，1983）。

② Westermarck，1934。

同龄人同住、同睡、一起沐浴，度过了他们的少年时光[1]。男孩和女孩在这里玩性游戏，一同躲在床单下，在一个他们自称“诊所”的游戏中互相检查——如接吻、拥抱、互相触摸生殖器。然而到了 12 岁的时候，只要有另一个人在场，这些孩子无不感到害羞、紧张；到 15 岁的时候，他们结下了牢固的兄弟姐妹情谊。

虽说这些年轻人非亲非故，可以自由谈婚论嫁，就史拜罗了解，没有一个人与同一个集体农场内的成员发生性关系。

社会学家约瑟夫·沙斐在 1970 年代从事这一调查，获取了已知集体农场的相关婚配证据。2769 对新人中，出自同一个群体的仅为 13 对。6 岁以前，这些夫妇没有一对进入彼此的童年生活。沙斐认为，童年时期，3 至 6 岁是对经常见到的人形成本能的性排斥的一个关键阶段[2]。

动物的乱伦

早在我们的祖先吹笛、使用弓箭、装饰法国和西班牙的洞壁前，他们就形成了对与核心家庭成员进行性行为的生理排斥——因为动物界普遍回避乱伦。

哺乳类、鸟类，甚至昆虫中的雌性和雄性，更喜欢与陌生的

---

① Spiro，1958。

② Shepher，1971，1983。

对象交配。其实，其他物种也总结出许多避免近亲繁殖的方法，生物学家认为，人类乱伦禁忌源自动物①。

比如高等灵长类动物能认出亲属，青春期的灵长类动物几乎不与近亲，尤其是母亲交配、繁殖。波多黎各以东圣地亚哥岛上的壮年雄性恒河猴便是一个很好的例子。雄猴在母亲和雌性近亲的抚养下长大。小猴成年后，几乎不会对母亲产生非分之想。恰恰相反，它们视母亲为权威，是可以依靠的对象。非但不向她求爱，反而常常犯孩子气——钻进她的怀里，叽叽咕咕，紧挨着她的身体；有些雄猴甚至钻进母亲的怀里还想吸奶。②人偶尔也会退回到孩提时代，在父母面前再当一回孩子。

自然界中，兄妹和父女乱伦难得一见的原因不一而足。许多物种中，要么是发情的雄性离开社群，要么是雌性出走。然而，黑猩猩的兄弟姐妹往往最终会待在一个群落。在坦桑尼亚的贡贝河保护区，珍妮·古道尔见过几起乱伦的事例。在这几起性活动中，要么妹妹的表现极其厌倦，要么兄妹间展开过一场恶斗。比如哥哥菲根强行交媾时，妹妹菲菲悬在一根树枝上尖声嘶叫。

也许早在400万年前，阿尔迪、露西及后来的特维基等古人类就认为从小一起长大的伙伴不具有性吸引力。他们找母亲或她的“亲密朋友”做后盾，而不是为了交媾；男孩或女孩长大成人后常常另投群落，乱伦非常罕见。加之人类进化出一个能认出亲疏远近的大脑，以及制定、谨记和遵守性规则的智力，人们不难

---

① Bischof，1975b；de Waal，1989。

② Sade，1968；Bischof，1975b。

明白乱伦带来的经济、社会和政治弊端。祖先生来的趣好便成了权威的文化格言。[①]

克罗马尼翁人在比利牛斯山下阴森森的山洞里学习祖先神话的时候，就明白自己能和谁发生性关系，和谁可以结婚，谁又是“禁果”。

乱伦成了禁忌。

◆◆◆◆◆

关于性爱，这些人肯定还有其他清规戒律。

产后性行为的禁忌向来是最为普遍的习俗，约94%有案可查的传统文化有之。[②]一般来说，夫妻在孩子出生后要禁止6个月的夫妻生活。这些规矩兴许源于父母要照顾不能自立的婴儿。克罗马尼翁人也严格遵守这一戒律。

克罗马尼翁人很可能会在暗处或没有其他人的地方过性生活，但一般不会当众性交。

男人在出门狩猎前也常常避免做爱。美国不少橄榄球教练仍然深信，运动员如果在比赛前禁欲常常能取得出色的成绩。

一如绝大部分传统社会，克罗马尼翁人还赋予了经血无比的威力。诚然，欧洲人的祖先迷信月经。“在欧洲各地，”伟大的世界民俗研究学者詹姆斯·弗雷泽爵士写道，“人们仍然相信，经期

---

① Bischof，1975b；de Waal，1989；Daly 和 Wilson，1983。

② Frayser，1985，182页。

妇女如果进了酿酒厂，啤酒会变酸；如果被她碰到，啤酒、醋或牛奶容易坏；如果她做火腿，火腿不好保存；如果她骑母马，母马会流产；如果她摸花蕾，花蕾会枯萎；如果她爬樱桃树，树会枯死。”① 一直到20世纪50年代，美国妇女还称月经为“诅咒”，月经期间，许多人避免行房。

◆◆◆◆◆

克罗马尼翁人想必严格遵守禁欲这个规矩。

即便在热气腾腾的亚马孙丛林，男女都要穿衣服，尽管在你眼里那称不上衣服。雅诺马马妇女的传统服饰就是腰上系一条细带。但要叫一位妇女解下这根细带，她表现的为难无异于你要一位美国妇女当众宽衣解带。雅诺马马男子一般在下腹系一条绳子，然后仔细地将阴茎包皮掖在绳下，生殖器恰好贴着肚皮。如果男人的阴茎从中滑落，他表现的尴尬不亚于一位网球运动员的阴茎从短裤中露出来。

无论是亚马孙的绳腰带，还是英国维多利亚时期的盛装，男女无不赋予了服饰象征性的力量。少了这件服装，他们会觉得脆弱、难为情。我们的克罗马尼翁人祖先穿上了皮衣、戴狮牙项链，他们也制定了服饰规范，遮挡外阴，并且制定了严格的性规范。

首先，我们最直接的祖先或许有了关于通奸和离婚的概念。对待夫妻间的不忠，狩猎－采集社会的人不如西方工业社会看得那么

① Frazer，[1922]1963，702 页。

严重。因此，克罗马尼翁人社会内部对玩弄女性的惩罚，无非是一个下午的当众奚落，不痛不痒的一顿揍，或几句激烈的争论。但祖先们肯定制定了责罚不忠的戒律，男女双方都知道。

连最鲁莽的人也一定尊重离婚的基本习俗。在小团体里，八卦是打发时间的消遣，被排斥就等于被判了死刑，无人敢冒众叛亲离之险。因此，一名克罗马尼翁男人或女人在决心另投别家之前，他或她想必久久地凝望着草原或火光，盘算着如何公之于众，出走的最佳时间，怎样离开才不失礼节。

“应该”探源

规矩、规矩、规矩。克罗马尼翁人如何克制他们的性欲，遵守这些规矩？他们是否有道义感、是非观和良知？

也许有。

“人和低等动物的差异，”达尔文写道，“关键在于道德感和良知。”提起良知，他说：“良知可以概括为简洁而强硬的一个词：‘应该’。”[1] 人类良知这一卓绝的本能究竟如何形成？

人类学者罗宾·福克斯推断，随着人类社会生活日趋复杂，年轻人必须严守涉及婚嫁的新规，控制自己本能的性欲和好斗的冲动。“这个优胜劣汰过程的目的，”福克斯写道，“是为了培养人

---

① Darwin，1871，47 页。

对性欲的愧疚感。”[1]

福克斯深知，良知是大脑中的“软联结”，他称这种天性是“一种遗传决定品行，使人有愧疚感的综合征”。[2]

我们如今对这种大脑联结有了一定的了解。通过研究大脑损伤的患者，科学家确定了感知罪恶和权衡道德难题的能力，位于鼻梁正后和上方的这部分大脑，即做出决定的区域。[3]他们分得清是非，说话头头是道；但他们没有罪恶感，不认为需要遵守道德规范。

道德的发展阶段

科学家认为，孩子刚出生就有明辨是非的潜力[4]。比如当婴儿听见别人哭，也会跟着大哭。“共鸣”这种“普遍的同情心”，也就是达尔文所说的道德“基石”，是孩子发展道德规范的萌芽。

孩子到了一两岁的时候，有了“你”“我”的概念，开始对周围的人表露明确的关注。学步的儿童会害羞，过不了多久，他们会有羞耻心，能分得清是非，秉持公序良俗，守秘密，遵守社交礼仪。孩子从小就了解各自文化的道德规范，并且确立守信或欺

① Fox，1972，292 页。

② 出处同上，287 页。

③ Damasio 等人，1994。

④ Damon，1988；Kohlberg，1969。

骗的个性[1]。

当然，道德的界定因年龄、地位，以及因人和文化而异。[2]比如一件事在新几内亚堪称善举，但到了美国却未必是好事。但科学家认为，生而为人，一定能分辨是非。随着一天天长大，我们懂得了我们的文化习俗、道德观。之后，懂得了是非善恶，我们克制一己之私，去遵守规则。因此，你有罪恶感，不是什么人教给你的，是你的文化让你知道什么是罪恶。

说起道德的本质、何时形成，以及人生历程中的道德思想和行为，各行各业的哲人、心理学者、门外汉提出了许多独到的见解。[3]但我还想提出一个严谨的达尔文式补遗。我相信，纵观人的一生，道德的发展分为四大阶段，各有其相应的目的。

首先是儿童的道德规范。抛开共鸣，儿童一般只关注自己。用达尔文的观点解释，他们**应该**以自我为中心。孩子的根本目标是度过童年这一关——他们格外禁不起意外和疾病。

其次是少男少女的是非善恶观，他们更多关注同龄人。比如，少男少女们为了取悦或款待一位朋友，不惜偷父母的东西。按达尔文的观点，这种行为并无不妥。在从前的狩猎-采集社会，少男少女们需要与同伴建立必要的联盟——他们是今后一生中一道外出、狩猎、采集的伙伴。

第三是父母的道德规范。他们关注的重点是孩子。为了抚养

---

① Kohlberg，1969；Gilligan 和 Wiggins，1988；Damon，1988；Kagan 和 Lamb，1987。

② Haidt，2012。

③ 出处同上。

子女，他们往往会去偷朋友的食物，这是另一种适应机制——这次是为了确保子孙后代的未来。

最后是老年人的道德观。这些人往往关注社团的未来，他们乐善好施，为维护睦邻友好关系、建立强大的部落或国家、拯救地球等“事业”，不惜倾注时间、精力和财力物力。老年人往往（不自觉地）专注于建立一个惠及子孙后代数十年，甚至数个世纪的世界。

良知的萌生

人类何时进化出道德评判行为，我们在此不予深究。达尔文特别指出，许多动物具有诸如保护幼儿、安慰别人、分享食物等“社会本能”。

灵长类动物学家弗兰斯·德·瓦尔对此做了深入的论证，他发现，从鲸鱼到大象、狗、猴子和黑猩猩等，许多动物都有社会规范，也就是对公平、同情和合作的认知，这是人类良知的基础。[①]

用德·瓦尔的话说，“不计代价、舍命救人的行为在动物界非常普遍”。[②] 比如海豚常常照顾受伤的伙伴。小鸟发出报警信号，提醒伙伴逃跑，却将敌人的注意力引向自己。吸血蝙蝠白忙了一

① De Waal，1996。

② De Waal，1996，12 页。

夜、空着肚子而归的时候，常常有同伴号召大家回来，分享鲜血。猴子不惜精力保护懵懂的幼猴。大象为死去的同伴盖上树叶和树枝，埋葬死者。黑猩猩拥抱刚刚被欺负的朋友。黑猩猩记得人情债，它们“受人恩惠”几天，甚至几个星期后，还会回报这份好意。他们虽不是人类，但却懂得人性。

“关爱他人的能力，”德·瓦尔指出，“是我们道德体系的基础。”[①] 诚然，德·瓦尔提出，许多动物的“道德能力”类似于人的“语言能力”。他认为，道德规范是哺乳动物社会生活的核心。

◆◆◆◆◆

其他动物有各自的道德观，达尔文指出，我们的祖先也不乏这些社会本能。这种驱动力“便是他一开始的原始是非观。但随着人类智力的提高……他们的道德标准也随之提升”。[②]

我们不难想象，一夫一妻和暗中偷欢的出现也许早在400万年前就促进了这种道德观的形成，从而必然产生与这种双重繁殖策略相抵触的观念。是一夫一妻制，还是对伴侣不忠，我们的祖先需要掂量这些行为带来的诸多后果。

阿尔迪440万年前在古埃塞俄比亚丛林徜徉的时候，我们的祖先就确立了人类道德的基础。这种道德响应的天性随着露西和后来的特维基，其后的纳利奥克托米男孩出世逐渐发展、延伸。

---

① 出处同上，88页。

② Darwin，1871，493页。

心理学家乔纳森·海德特指出，我们的祖先70万年前明确合作猎取大猎物的时候，他们就下定决心，要树立一种“有助于他们合作的道德雏形”。[1]

但大家一致认为，（具有现代人大脑的）尼安得特尔人5万年前在法国南部围着篝火取暖的时候，就有了明确的是非观、各种道德规范以及信守团体教义的责任感。

科学家们还在几处尼安得特尔人的遗址发掘出残疾人和慢性病人的遗骨。[2]不难看出，他们虽然不能为团体做出贡献，但并没有被族人弃之不顾。

其后，随着克罗马尼翁人的社交网络逐渐扩大，进化出为减少社会混乱而制定的更严格的道德规范，同时也进化出人类困窘、愧疚、羞耻、后悔、愤慨的感觉和成熟的道德观或良知——尤其是关于性和爱的良知。

这又是一种人类有别于动物的本能。现代人作了恶，无须别人训诫、指责或排挤，良知会让他感到自责。“人们希望尽自己应尽的责任，这才是社会的公序良俗。”精神分析学家埃里希·弗罗姆说。他认为良知是社会的胶合剂。

◆◆◆◆◆

那么，克罗马尼翁人呢？他们是无所顾忌、逍遥自在、随便

① Haidt，2012，209页。

② Trinkaus和Shipman，1993；Lebel等人，2001。

交媾、随意抛弃伴侣的野蛮人吗？当然不是这么回事儿。

“人心是为了调和矛盾。”18 世纪苏格兰哲学家大卫·休谟说过。我怀疑，不止一位克罗马尼翁男女躺在温暖的兽皮屋里辗转反侧，听着余烬的噼啪声和伴侣的呼吸，心里盘算着第二天下午要不要去幽静的林中空地去私会一位情人。

他们绝非为用情不专而纠结的最后一批人。

第十四章

善变的情欲

过去的风花雪月

我是家族赐予的面庞；
肉体消逝，而我犹在，
任时光荏苒，
空间轮转，
我独有的性格和模样，
永不消亡。
嗓音，眼神，
脸庞上岁月遗传的特征，
藐视生命的禁限，
代代相传——
这就是我，人之永恒，
全然不顾死神的召唤。

——托马斯·哈代，《遗传》

"沿小溪而上，过了危岩，一条通向灌木丛的白石子小路映入眼帘。沿着小路，走不了多远，你就能看见一条从一块危岩飞流而下的瀑布。岩石上方是一片高耸的松林。你在那儿等我，我就来。"他坐在那儿边听她详细的指点，边想着她的笑。他一边想，一边打磨一个拳头大小的象牙马。他想，今天一定要把这个礼物送给她。

在你我之前的岁月，有多少男女互相爱慕？有多少人如愿以偿？又有多少人妄自多情？有多少个夜晚，我们的祖先依偎在对方的怀里，对星辰祈求时来运转或感谢神明赐予他们的安宁？我徜徉在美国自然历史博物馆的大厅，端详着摆在博物馆展柜里的小象牙马、贝珠、琥珀吊坠、古老的工具、骨头和石头，叹服它们至今依然传承的伟大爱情故事。

我们祖先的风花雪月

对性和爱的本质，或者说如今世界各地传统民族的生活，我们终于理出了些许头绪。我写南部非洲卡拉哈里沙漠的昆族和亚马孙孟希纳古这两个民族，主要在于玛乔丽·肖斯塔克和托马斯·格雷戈尔这两位人类学者生动地阐述了他们对性由来已久的看法和态度。①

① Shostak，1981；Gregor，1985。

但这两种文化并不能原样呈现我们的克罗马尼翁祖先当初的生活。那时候，他们崇拜并且在地下潮湿的洞壁刻画大胸脯女人。但这些传统社会对性行为的认识无不存在一个共性，风花雪月和类似的格调在五大洲的其他社会比比皆是。所以说，浪漫故事应该随着现代人类的进化而演变。

卡拉哈里沙漠上的男欢女爱

尼莎对性最早的记忆来自父母。在仅容得人躺下的那间用灌木和棍棒搭的小茅屋内，她躺在父母身边假装睡觉的时候，可以看见父母在“办事”。爸爸用手接一把唾沫，灌进妈妈的生殖器，然后趴上去上下活动。在去灌木丛摘蔬菜的时候，妈妈常常将她放在一棵树下，然后跑去跟另一个男人偷欢。有一次，尼莎等得不耐烦，隔着灌木丛大叫：“我要告诉爸爸，你跟他干那种事！”

尼莎从小就知道，性爱是大人们的一种消遣，而且规则会被打破。

尼莎断奶后，她不再陪妈妈去采摘野果和蔬菜。因为昆族人嫌孩子走路太慢，只会碍手碍脚，所以尼莎只好待在营地和朋友们玩耍。但孩子们常常离开营地，去林子里搭一个“村子”玩过家家。他们在这里学大人打猎、采摘、唱歌、“发呆”、做饭、分享食物和“结婚”。

“结婚”包括结为夫妻，与“假扮的配偶”分享“猎取或采摘”来的食物，还有与这位配偶入洞房。男孩脱下女孩的皮围裙，趴在她们的身上，用唾沫抹着她们的生殖器，用还没发育成熟的阴茎蹭来蹭去，佯装做爱。尼莎告诉这位人类学家，她起初并不热心参与，但她喜欢旁观。

少男少女们还常常溜进树林幽会，偷尝禁果。这一般是由男孩提出，说“我们做你们的情人，因为我们在家里有妻子。我们来幽会，完事以后再回去”。“不忠”是这个游戏的另一个玩法。男孩会告诉女孩，“人家说你们喜欢别的男人”。女孩矢口否认。但男孩硬说女孩玩弄感情，扬言要动粗，不许她们另找情人。用尼莎的话说，这种情况下，“他们屡屡得手”。

虽然昆族父母不赞同这种性游戏，但他们除了责备自家的孩子，叫他们放规矩些，别无办法。对少男少女，他们不过是睁一只眼闭一只眼罢了。

少女尼莎爱上的第一个男人是迪凯。他们搭了一间小茅屋，每天玩性游戏，“除了性交，什么都玩”。但尼莎指出：“我依然不懂‘性的乐趣’——我不过是喜欢迪凯做的事，喜欢玩那种游戏罢了。”尼莎也不愿分享爱人。迪凯决定“娶第二房妻子”，今天陪她玩，明天陪另一个女孩玩，尼莎听了醋意大发。

不知我们的克罗马尼翁祖先童年时期是否玩结婚和外遇的游戏，然后又开始早恋？或许如此。美国儿童喜欢扮医生，发明过形形色色的性游戏，早恋是家常便饭。这些童年游戏和对异性的迷恋在世界各地并不罕见，也许由来已久。

◆◆◆◆◆

尼莎长大以后的性生活，她的几次婚姻和几段恋情都会让我们觉得似曾相识。

昆族女孩十六七岁开始来月经。到了这个年纪，她们一般听从父母的安排，结婚嫁人，虽说女孩子这时候大都尚未成年。父母看中的是门当户对。他们看中的女婿一般比女儿大好几岁。由于男孩必须经过秘密的成人考验并且要杀一头大猎物才有资格结婚，所以新郎一般要比新娘大 10 岁之多。父母一般喜欢狩猎的好手，没结过婚的负责任的男人，而不想找已婚的还想要第二个妻子的男人。

女孩一般不会说出意中人的标准。但男孩却说他们希望娶年轻、勤快、漂亮、可爱、会生孩子的女人。肖斯塔克问一名男子，是否愿意娶一个比他聪明的女人，他答道："那还用说。如果我娶了她，她也把我带聪明了。"

尼莎尚未成年，就早早地嫁了人。照例经过一番讨价还价，交换了订婚礼后，家人为他们举办了婚礼。日落时分，朋友们领着一对新人去离营地有一段路程的婚房。他们将尼莎抬进房内，让她躺在里面，而她的新婚丈夫则坐在门外。尼莎的家人和新郎的亲戚从自家火塘里带来炭火，在婚房前生了一堆火，然后载歌载舞，一直闹到深夜。第二天一早，按昆族婚礼的习俗，双方的母亲用油涂满他们的全身。

但尼莎却过了一个非同寻常的新婚之夜。尼莎当时还没来月经，按昆族人的惯例，为让尚未成年的新娘安心，将由一位年长的妇女与尼莎和新郎同处一室。但尼莎的这位女伴却打起了歪主意，她将尼莎的新婚丈夫当作情人，两个人干柴烈火，闹得尼莎不能入睡。两天后听说了此事，尼莎的父母勃然大怒，宣布这段婚姻就此结束，然后气冲冲地带着尼莎出了营地。

◆◆◆◆◆

尼莎的第二段婚姻也不顺利。昆族人谈婚论嫁并不看重女方是不是处女。其实，肖斯塔克在他们的言语中根本就听不到“童贞”这个字眼，但年轻女孩新婚之夜一般并不与她们的丈夫行房。她们比丈夫小许多，表现冷淡，不愿搭理新郎。尼莎也是如此。她的胸脯才刚刚发育，还不能行房。由于她坚持不答应行房，几个月后，她的第二任丈夫萨阿最终忍无可忍，离她而去。

后来，尼莎爱上了有妇之夫阚特拉。阚特拉和妻子怂恿尼莎共侍一夫，但她拒绝了。昆族妇女并不愿共侍一夫，理由大概是吃醋、偏心和争吵之弊大过更多人陪伴和多一个家务活帮手之利。此外，三个人共处一间小小的茅屋，基本没有隐私可言。出于这些压力，能同时与两位妻子维持长期关系的男人仅占5%。另外95%的男人常常自嘲，拿三个人引发的种种纠纷打趣。

尼莎喜欢她的第三任丈夫，并最终爱上了他，与他同了房。用她告诉肖斯塔克的话说，“我们就这样过了，我爱他，他也爱我。我以每一位成年人都明白的方式去爱他。他走到哪，我就跟到哪，生怕失去了他……我把自己给了他”。

不过，尼莎很快就背着他找了情人，第一个是她的初恋情人。丈夫出门或狩猎的时候，她常常去林子里会情郎，有时候甚至在自家的棚屋里偷欢。

幽会既令人担惊受怕，又不安全，而感情上也往往不好受。昆族人认为怀孕期间与情人偷欢会造成流产。尼莎就因为与情人幽会流产了一个胎儿，但她依然找了好几个情人。有几个让她吃了不少醋，心情就像遭人遗弃的怨妇般难受。

她的丈夫英年早逝后，尼莎成了一位带着几个年幼孩子的单身母亲，靠父亲和亲戚的接济度日。看样子她是执意要一个人撑起一个家。单亲家庭并非西方独有的现象。

后来，尼莎架不住三个情人中的贝萨的软磨硬泡，第四次出嫁。尼莎和贝萨为了性事争吵不断。用她对人类学者肖斯塔克的话说，“他就像个孩子，成天就晓得跟老婆睡觉。日子久了，人家的外阴能不疼吗？”“你就像个骚公鸡，”她对贝萨吼道，“那种事，一次就好，一次就够了……你一晚上恨不得把女人弄死！”[①]争执变得一发不可收拾。

但尼莎和贝萨在一起生活的几年，两个人都有各自的情人。有一次，贝萨盯了尼莎的梢。尼莎那次出门去拾柴火，足印和一个男人有交集。贝萨很快发现妻子和奸夫躺在一棵树下。一见到贝萨的脸，这对情侣吓得瑟瑟发抖。贝萨大骂了一通奸夫淫妇，气哼哼地领着这对男女回到了营地。酋长下令鞭挞尼莎和奸夫，但尼莎坚决不肯受罚，还放肆地说不如干脆一枪崩了她算了。说完，她扬长而去，但她的情人却难免皮肉之苦，被狠狠地抽了四鞭。

◆◆◆◆◆

昆族人的性和西方文化中的性没有什么区别：童年时期的嬉戏、少年时期的爱慕、年轻时偷尝禁果、长大成人后几次婚姻和

---

① Shostak，1981，226 页。

出轨。我们的祖先当初在法国和西班牙不见天日的洞穴中画逃窜的野兽时，这些情景都不足为奇。

对于性，昆族人制定了各种清规戒律，或者说男婚女嫁的基本要求。虽然昆族人认为女人月经期间绝不能参与狩猎，但他们不像绝大部分民族视经血等体液如洪水猛兽。月经期间，昆族人也会尽量避免做爱。但如果想要孩子的话，昆族人一般在月经最后几天同房，因为他们认为经血加精液才能怀上孩子。

昆族人喜欢性。“性就像吃饭。”他们常说。他们认为，如果一个女孩长大后不懂得享受性爱，那么她的大脑一定不正常，以后有苦头吃。“想男人或女人常常让人生不如死。”

但女人对男人的尺寸颇有怨言。她们不希望男人的阴茎过大，大了吃不消，精液太多也不好，很脏。所以，女人常常私底下讨论男人阴茎的尺寸和硬度。她们追求快感。一个男人完事后，还要继续将女人送上云端。女人应该得到性满足。

当然，对满意的性生活，男人也有自己的看法。一个男人这样总结一次糟糕的幽会：“她那里太大了，跟赫雷罗人的嘴一样[①]。我在里面扑腾一阵，啥感觉也没有。我不知道她是什么感受，但今天我腰酸背痛，浑身不舒服。”男人也会担心自己的表现。勃起困难的时候，他们靠服药来解决。

昆族人喜欢互相亲吻，但他们不愿舔阴。“阴道烧男人的嘴唇和舌头。”尼莎解释。昆族人偶尔也会手淫，喜欢拿性打趣；每到下午，大家凑到一块儿插科打诨、说荤段子。他们认为性梦不是

---

① 赫雷罗人是 19 世纪 20 年代中期定居昆族地区放牛的民族。

坏事。女人和闺密外出采摘，最津津乐道的是各自的情人。

但两性关系也有严格的规矩。昆族人千方百计地向对方隐瞒自己的风流韵事。他们认为幽会能激发热情——尤其是一颗“火热的心”。由于配偶会吃醋，最好是隐瞒自己的地下情，免得后院起火。因此情人一般在安全的地方幽会——背着人，省得别人说三道四。他们认为对配偶的爱另当别论。新婚燕尔，激情过后，丈夫和妻子往往成了好朋友，就像是彼此的父母。

尼莎的第五任丈夫就充当了这个角色。她说：“我们打架，也互相爱慕；我们吵嘴，但互亲互爱。我们就这样生活。”但她依然时不时溜进树林会她的初恋阚特拉还有其他情人。

◆◆◆◆◆

我们的克罗马尼翁祖先像尼莎一样执着于性爱吗？他们随父母在法国和西班牙的茫茫草原追逐驯鹿的时候，是否有过儿时的性游戏和初恋情人？在地下的山洞里举行过恐怖的成人仪式后，他们是否会结婚？夫妻不和的时候，他们会不会和尼莎一样离婚再嫁，偶尔去私会情人，打发一个下午的时光？

也许如此吧，远在干旱少雨的南部非洲丛林中的土著人，他们出轨与尼莎及其朋友并无太大的差别。这两种文化也许折射出一个早已定型的性爱和情爱观。

丛林里的爱情

“鱼有吃厌的时候，但性爱却没个够。”孟希纳古人科特普（Ketepe）告诉人类学者托马斯·格雷戈尔，孟希纳古地处巴西亚马孙腹地。科特普自称深爱他的妻子。他喜欢带上妻儿，划着小船远道去捕鱼，享受独处的时光。孩子们睡熟后，他想和妻子在吊床里做爱，一旁的人会拨一拨火，起身出门去撒泡尿；他们的家并不是一个私密、温馨的地方。此外，科特普和妻子下午很少去自家菜园做爱。他说，村里的生活太忙碌。

一般来说，天刚放亮，科特普就早早起床。有时候，他陪妻子到河里洗澡，路上碰到别的夫妇，也驻足聊上几句。但大多数时候，太阳一出，他就早早地出了门，与打鱼的人会合。他的妻子留在家里带孩子，做家务和女人的活计。中午时分，科特普回来，将鱼交给妻子，去村广场中央的“男人之家”。

男人之家禁止女人入内。女人从未涉足过——男人之家的一个角落里藏着一把圣笛。如果女人碰巧看见了这个圣物，男人会埋伏在林子里，伺机强奸她，这是亚马孙社会的一贯做法。

男人之家是个快乐的地方。男人们开玩笑、讲荤段子，一边聊天一边编篮子、做箭、用颜料涂抹身体，准备下午的“搏斗”。他们你一言我一语地辩论、埋怨、打闹和欢呼过后，胜负两方各自回到围着广场而建的茅屋。科特普和妻子围着火塘，就着香辣的炖鱼吃木薯面包，陪孩子玩直到他们一个个上了吊床，进入梦乡。

孟希纳古人一贯闲不住。女人每天要干 7 到 9 个小时的活，加工木薯面粉、编吊床、纺棉花、捻麻线、拾柴火，从附近的小溪取来一桶桶的水。男人干的活却少之又少，捕鱼、交易、帮家人种地、参加当地的仪式，一天只需 3 个半小时——只有在干旱季节，男人才花力气开垦新木薯园。

但村民们却对另一种耗时耗力的活动——性爱乐此不疲。他们说，“性爱”为生活增添了情趣。对孟希纳古人来说，性爱是日常生活的调味剂。

孟希纳古族孩子学会走路后不久，就和广场上的其他孩子打成一片。小娃娃们摔跤打滚，大人们常常拿他们打趣，说“我家儿子跟你家女儿睡觉了”。要不了多久，孩子们就学会了这种游戏。随着年龄的增长，他们和昆族孩子一样，开始玩他们自称的“结婚”游戏。

小男孩和小女孩在村外拴上吊床，女孩拨着“假想的火”，或纺棉花，男孩采来大树叶，骄傲地将这些“假想的鱼”交给妻子。“夫妻俩”吃完以后，又开始玩另一种游戏——“吃醋”。男孩或女孩悄悄地溜进灌木丛，后面紧跟着一位起了疑心的“配偶”。等他或她“捉奸成双”，遭到背叛的配偶开始大发雷霆。

大一些的孩子在自家见过父母同房，常常抛开这种幼稚的游戏，开始享受成年人的性爱之欢。但如果被父母逮住，他们少不了要遭到一顿数落，所以孩子从小就学会了谨慎。

到了十一二岁，童年这种无忧无虑的性游戏戛然而止，这时候，严格的性规范要求一名男孩隐居3年。父亲用棕榈木板和棕榈叶在房子的一头隔一堵墙，将儿子的吊床挂在这道屏障后。这位少年大多数时间要在这里度过，服用促进他生长发育的药物。少男少女说话必须轻言细语，遵守饮食方面的清规戒律，关键是避免性生活。

但隐居临近结束时，他可以偷偷溜出去会情人。

听说此事后，他的父亲立即拆掉隔墙。男孩这时候成了一个男人——具备了独自出远门捕鱼的能力，随时可以开辟一片菜园，娶一位妻子。

年轻人可以纵情声色，调情逗乐俨然是成年生活再正常不过的一部分。男孩可以去树林里和女友幽会[①]。不过，做足前戏的人可谓凤毛麟角[②]。如果一对情侣找到一个地方，地上横着一截粗原木，他

① 性私密：世人无不希望做爱的时候无人打扰。黑猩猩、狒狒等灵长类动物偶尔会领着伴侣到灌木丛后交媾，但灵长类一般喜欢当众交欢。渴望私密、无人打扰、隐秘的性事也许是我们远古的祖先几百万年前在莽莽非洲草原结合后形成的又一种天性。

② 前戏：为了做足前戏，太平洋波纳佩岛和特罗布里恩岛的人往往花几个小时，而锡金雷布查人（Lepchas）性交前几乎从不爱抚。前戏的时间因社会而异。纵观全世界的前戏研究，高德斯坦（Goldstein，1976a）依次列举了几种世界流行的前戏接触。首先是全身抚摸。人类做爱前拥抱、爱抚似乎出于本能。“简单地接吻”，嘴对嘴接触位列其次。但新的资料表明，接吻并不如当初认为的那样普遍（Ford和Beach，1951；Jankowiak等，2015）。然后是抚摸女性的乳房，摸女性的生殖器、用嘴刺激她的乳房，女性抚摸男性的生殖器、口交、舔阴、舐肛，最后是身体部位的疼痛刺激（B.Goldstein，1976）。此外，其他物种交配前也有前戏，譬如鸟儿碰一碰嘴，狗互相舔阴，鲸鱼用鱼鳍互相爱抚。研究发现，大多数鸟类和哺乳类动物交配前都会互相爱抚。

们一般就地取材，采取传教士体位，即男上位做爱。但合适的原木少之又少，地上又往往泥泞不堪，甚至还要忍受蚊叮虫咬。所以，情侣们一般相对而坐，女人在上，两条腿箍住男人的臀部做爱。

另一个常见的姿势是男人跪下，分开双腿，提起女人的大腿、臀部和腰，而女人伸开胳膊，撑住上半身。如果时间仓促，情侣们干脆站着做爱，女方用一条腿箍住心上人，男方将女方稍稍提离地面。

性交是否结束取决于男人是否射精。至于女人的性高潮，孟希纳古人没有对应的词汇，但他们十分清楚，女性的快感在于性交期间阴蒂膨胀，这是让女性获得高潮的部位。他们将女性的生殖器比作脸，那么阴核就是鼻子，能“嗅出性伴侣”的鼻子。但女性能不能享受高潮，人类学者无从得知。

交欢结束后，情侣们各自匆匆回家，但并不等于甩手走人。鱼是男人支付给女人的货币。男人远道捕鱼归来，进村前都要挑一条最肥的鱼，托人带给他的情人。幽会的时候，男方也会送女方鱼。情侣一般都会互赠纪念品，如一锭棉线、一只竹篮，或贝壳做的小饰品。少男少女之间的性爱如同家常便饭，如果一个女孩染着一名男孩身上的颜料走进村广场，没人会眨一下眼睛。孟希纳古人认为林子里的婚前性行为没什么大不了。

不过，如果女儿未婚先孕，父母会如坐针毡。因此，女孩出关后不久，即月经初潮后一年左右，一般都要嫁人。婚礼当天是一个特殊的日子。新婚丈夫将吊床搬进妻子家，鱼是送给女方的聘礼。女方摆上香甜的木薯面包。双方的亲友相聚数日，互赠礼物，交流感情。

孟希纳古人认为恋人如果招摇过市，那是愚蠢、有失体统，新婚夫妇应该有所节制。他们认为牵肠挂肚地想念爱人会招来毒蛇、美洲豹和恶灵。新婚夫妇同睡一张大吊床，到村外的林子里沐浴、谈情说爱。成家的年轻人也会吃醋，尤其是他们发现配偶出轨的时候。

荒唐的日子一般始于婚后不久。孟希纳古人说，幽会讲究的是“偷袭”。偷情的男人不是藏在情妇屋后的树林，就是躲在通往村外的小路旁、果园或浴场附近伺机而动。情人经过的时候，情郎会咂着嘴勾引她，等她过来偷欢。她可能欣然答应，也许过后再来赴约。男人说女人“太放不开”，但女人却不以为然。村里最放荡的女人是塔玛璐，她有 14 个情人。孟希纳古男人一般都保持 4 个情人。

格雷戈尔说，婚外情具有可观的社会功能，能维护村民的团结。孟希纳古人认为怀孕需要精液，怀一个孩子需要多次交媾。用男人的话说，造人仿佛出远门去捕鱼，是一个“集体劳动项目”。所以情人们深信，一个女人即将生下的孩子也有自己的份。男人偶尔会当众认下情人的婴儿，帮忙抚养这个孩子[①]。但会招致配偶吃醋。用他们的话说，他们应该“独享对方的生殖器”。孩子的生父一般不愿亮明自己的身份。不过，造人这个信念悄悄地将男女编织进了一个精巧的亲情网。

私通的结果，奸夫很少受到处罚或鞭挞。孟希纳古人的神话

① 父代母育风俗：当今世界，有几个社会流传着父代母育的风俗，couvade 源于法语的 couver，意思为“孵化或孵卵”。这个风俗要求丈夫模仿妻子怀孕和生产期间的某些行为。在某些文化中，男人要装出分娩的疼痛；而在另一些文化中，男人只需要忌口。孟希纳古人便是一例。如果孩子的生父另有其人，他偶尔也要遵守父代母育的规矩，但他一般会选择放弃，除非他愿意承认与新生儿的母亲有染。

中，玩弄女性的家伙不是被打，就是被砍断手脚，甚至被处死。但现实生活中，唯独新婚夫妇才大惊小怪，当面质问配偶为什么不忠——原因其实不难理解。村民们喜欢拿吃醋的丈夫打趣，称之为“鱼狗”，意在说他像鱼狗一样，没头没脑地尖声叫骂。男人一般不会不顾脸面，招来这样的嘲讽。

这并不等于说一方风流成性，另一方心里也不痛苦；夫妻关系紧张、最终各奔东西的孟希纳古人并不鲜见。夫妻关系是否和睦，看他们睡觉的床便知。如果两个人的吊床相距几厘米，夫妻生活多半比较幸福。夫妻俩等孩子睡熟，爬上对方的吊床，做爱后常常聊一些家常。不过，如果夫妻反目、口角升级，他们常常将吊床远远地分开，甚至各睡火塘的一边。如果妻子一时火起，操起砍刀，砍断丈夫的床，等于提出分手。

格雷戈尔在村子里见过好几位拖着几个孩子的单身母亲，但她们一般都会再婚。孟希纳古族男人需要妻子拾柴做饭、修补吊床、相伴相爱。与昆族等许多民族一样，孟希纳古人追求丰富多彩的婚姻生活，结婚、偷情、离婚和再婚。

孟希纳古人和昆族人一样离不开性——这是他们最执着的一个信念。鱼和木薯这两样特产暗含着性。磨木薯根这种女人的日常工作，在村民们口中也成了做爱。性爱是他们说笑逗乐的不可或缺的成分。男女常常用荤话互相打趣。女人会拔掉阴毛，抹上鲜艳的颜料，系一条仅能遮住阴唇和臀部的兜裆布，以此突出她们的生殖器。孟希纳古族人的神话、歌谣、仪式、政见、服饰和日常活动都与性有关。

但他们的性却暗含着隐隐的不安。格雷戈尔认为，孟希纳古男人生怕失去男人的威风。他研究了孟希纳古人的梦境后发现，

35% 的男人担心生殖器折断或受伤，这一比例远高于美国男性。孟希纳古族男人有充分的理由害怕性无能。闲言碎语在这个人口仅 85 人的小村庄传播得很快，一个男人的阳痿很快就能传遍全村。早上勃起困难，往往变成晚上的怯阵。

孟希纳古男人也害怕女人的经血。他们说，女人来月经的时候，这种发黑、“腥臭”的分泌物会渗进水缸、鱼汤、木薯饮料和面包。如果渗入男人的皮肤，就会变成异物，引起浑身疼痛，不得不去请巫师作法，祛除邪魔。因此，如果家中有女人傍晚来月经，妻子将磨了一天的木薯粉泼掉的事屡见不鲜。

此外，孟希纳古族人认为，性爱不利生长发育，会损害男人的身体，影响他们的斗志和捕鱼的本领，甚至惹来邪灵。出门在外的人想着交媾，甚至不利他的健康。

男人被这种歪门邪说吓得戒了性欲，得了阳痿，幽会也不敢放肆；无所顾忌的也不乏其人，随时随地播种。但格雷戈尔认为，孟希纳古族人都不敢造次。他们认为纵情声色、在被禁止的时候做爱，或者乱伦，会带来疾病、灾祸甚至死亡。用格雷戈尔的话说，这样的性事是“担惊受怕的享受”。

人类性活动溯源

科特普逗留在亚马孙河畔的树林，与尼莎在卡拉哈里沙漠与阚特拉幽会究竟有什么分别？我们的克罗马尼翁祖先成长的环境肯定离不开性，他们孩提时代玩性游戏，少年时代通过一系列仪式宣告他们成年，[1]然后进入充满激情、清规戒律和迷信的婚姻和婚外情。

克罗马尼翁人家的孩子半夜一定会挤在猛犸象骨搭的小屋里的熊皮上，听着父母沉重的喘息和靠近彼此的声音。早上醒来，他们看见父母会心地一笑。父亲出外狩猎，他们偶尔看见母亲与一位爱慕她、送她礼物的男人消失在草地那边。

到了10岁，克罗马尼翁少年必然走上性和爱的旅程[2]。小女孩们也许悄悄地跑到河里洗澡，和男孩玩“嫁人”和“吃醋”的游戏，或者成群结队地闲逛，到了十三四岁，便开始煞有介事地玩性游戏——当时她们还远未成年[3]。见异思迁的女孩比比皆是，但认准“初恋”，从一而终的也不乏其人。

一如其他许多文化，少男少女们会花几个小时打扮自己，编

---

① 成人仪式：大多数文化会举行仪式，庆祝男孩和女孩长大成人。所以我们的祖先在结婚前都经历过成人礼。鉴于世界各地普遍存在包办婚姻，我们的祖先年少时的第一任配偶一般由父母挑选。参见 Frayser，1985。

② 婚前性行为：在太平洋岛国的大多数文化中，以及在撒哈拉以南非洲和欧亚大陆的许多地区，人们传统上容忍婚前性行为。在地中海周边的许多地方，婚前性行为传统上是被严格禁止的。在有记录的61种文化中，有82%的文化，对两性的限制（或不限制）是一样的；在这些社会中，婚前性行为没有双重标准。在那些有双重标准的文化中，男孩有时会受到比他女朋友更严厉的惩罚；这些社会中的许多都在撒哈拉以南非洲（Frayser，1985，205页）。

③ 月经初潮的年纪：如今美国白人女孩的平均月经初潮年龄为12.8岁；美国黑人女孩为12.5岁。青春期提前的现象在欧洲比比皆是。最近150年，美洲和欧洲女孩的月经初潮年龄缓慢下降。1840年，欧洲几个民族的平均初潮年纪为16.5至17岁。但这不等于说，月经初潮在人类进化中逐渐提前。古希腊和古罗马人家的女儿，月经初潮早至13、14岁（1986年为11岁）。不知你是否记得，狩猎－采集民族女孩的初潮年纪为16至17岁，说明史前人类的月经初潮较晚（Lancaster和Lancaster，1983）。

好发辫，戴上芬芳的花冠、手镯和耳环，用毛皮、羽毛、珠子、红色和黄色赭石装饰外套和绑腿，然后在篝火前得意扬扬，互相炫耀。

克罗马尼翁少年在进入青春期前，想必在地下洞穴举办过重要的成人仪式，宣告他们已经长大成人。他们在这里进入精神世界，载歌载舞庆祝专为他们设计的教他们勇敢、聪明的仪式。女孩长大成人后，都喜欢嫁给大自己几岁、本领高的猎手。

春天来临，驯鹿开始一年一度的迁徙，“新婚”夫妇常常和朋友们点起山火，轰赶大型野兽，吓得它们落荒而逃、坠落山谷，然后他们猎杀这些野兽，将大块的肉用车拖回家。他们点起熊熊的篝火，重演狩猎的高潮的一幕。之后夫妇到暗处互相拥抱、示爱。

到了炎炎的夏日，妻子着手鞣制丈夫猎来的熊皮，烤丈夫从鱼肥水美的小溪抓的鱼。她远道采摘回来，告诉丈夫什么地方草肥马壮，哪里有蜜蜂酿蜜。丈夫告诉妻子刚结果的树林和捕鱼的池塘。夫妻俩偶尔一同出门采摘覆盆子和蓝莓。慵懒的午后，夫妻俩常常躺在私密的地方相拥而眠。

秋天到了，夫妻俩去浪花拍岸的海边交换商品，用狐狸皮换回紫色的贝壳、金色的石头，去看望老朋友和亲戚。到了寒风凛冽的冬天，他们也许待在家里，一连几个小时穿珠子、雕刻玩偶、讲故事。

再婚并不稀奇。暗中找情人的也大有人在。但他们都有憧憬也有顾忌，也都有心上人。他们的灵魂中都带着古老的脚本——那是人类配对的样板：“家族赐予我的面庞，”托马斯·哈代写道，“人之永恒，全然不顾死神的召唤。”

◆◆◆◆◆

下文发生的事驳斥了人的这种本性。一万年前，最近一次冰河期逐渐进入冰雪消融的间冰期，大地开始回暖。南至伦敦的冰川逐渐往北消退，从欧洲到中国南海、欧亚的广袤草原出现了绵延数英里的密林。毛茸茸的猛犸象、河马等大型哺乳动物逐渐灭绝，代之以如今仍徜徉在欧洲森林的马鹿、狍子和野猪等。人们只能猎捕小型动物，捉更多鱼，捕更多鸟，去森林里采摘蔬菜。[1]

不久后，有人开始安居一地，栽培野生种子，驯化野生动物。因此，“以你的夫为荣；至死不渝”，这两个新观念逐渐改变了我们的农耕祖先的婚姻生活。

① Clark，1980；Cohen，1989。

第十五章

“直到死神把我们分开”

性别双重标准的诞生

从今往后，我们彼此拥有，彼此扶携，无论顺境逆境，无论贫穷富贵，无论疾病健康，我们都相亲相爱，互相珍惜，至死不渝。

——《公祷书》，一五四九年

砰、砰、砰，然后一声脆响，一棵巨柳晃了几晃，轰然倒在湖畔。睡莲叶下的鳟鱼、河鲈、梭鱼和鲇鱼慌不择路地冲进湖边沼泽地的芦苇丛里。灌木丛中蹿出一头受了伤的野猪。鸭子、天鹅和秧鸡拍着翅膀飞出芦苇丛。两只水獭在芦苇丛中一愣，竖起了耳朵。原来林子里来了陌生人。

公元前3000年，中欧遍布池塘、湖泊和溪流，以及5000年前庞大的冰川北退时留下的痕迹。茂密的森林紧跟冰川足迹。首先是遍布草原上的白桦和松树，然后是橡树、榆树、云杉、冷杉，小河两岸的山毛榉、栗树、白蜡树和枫树。阳光透过橡树展开的枝丫洒满林地。在这里茁壮成长的蓟、扎人的荨麻等下层植物，为各种森林生命提供了丰富的栖息地。但山毛榉生长的地方，它们厚厚的叶片夺取了阳光，只有蕨类、野葱、野蒜和草才能生长。

晨风中打着响鼻的猛犸象和柱牙象已然灭绝。辽阔的平原、随风摇摆的草地、低矮的灌木和清晨的寒凉一去不返。与之相反，8月的阳光在晶莹的湖面、树叶和树干上的露珠上流连。马鹿、野猪、麋和獾等独居动物在林中啃着青草。狍子、棕熊在榛子、山莓、草莓和接骨木茂密的草地边缘徘徊。山猫悄悄地逼近蒲公英地里的野兔。这里俨然已经出现欧洲的现代景致和动物。[①]

不同的人类也来到这里定居：他们是农民。

德国、奥地利、捷克、斯洛伐克、波兰、比利时、荷兰和卢森堡沿河流域的人开始砍伐树木，开垦土地。有些地方是单门独户，而有些是4到10座低矮、粗糙的木屋组成的小村落。这些古

---

① Gregg，1988。

代的欧洲农民在门前的小菜园种上豌豆、莴苣、罂粟和亚麻。他们在和房子相连的谷仓里养已被驯化的牛、猪、绵羊和山羊。小狗卧在他们的脚边。房前屋后散落着一片片麦田。

德国西南部的第一批农民如何与当地的狩猎 - 采集部落相处，我们无从知晓。但考古学家苏珊·格雷格根据独到的数据做出了一个假设。[①]

为再现沿河两岸的日常生活，她假设了一个有 6 户人家，34 名女人、男人和孩子的村庄。仔细研究了这里的地形，当时的工具，当地的小麦、豌豆、猪等动植物的生命周期，格雷格渐渐厘清了早期农民的工作计划，他们的耕种和畜牧习惯，以及预计产量和每人每年的肉类、牛奶、谷物和蔬菜消耗量。

她精确计算了种植每公顷古小麦所需的时间，每块地和菜园的面积，因蜗牛、田鼠、鸟的侵害以及冬天食物储存造成的损失。她还计算了每次收成时产出的稻草，为维持最佳数量的牛、山羊、绵羊和猪每年必须出产的牧草。她也考虑到牧场和放牧林的规模，冬天要储备的粮草，牲畜的寿命，每年出生的牛犊、猪崽和羊羔的数量，出产的野浆果、蔬菜和调味品的数量，伐木用的时间，以及其他影响农民生产效率的诸多因素。

她得出一个结论：农民们春天播种小麦，而且会雇用当地的闲散人员帮忙播种。

她推断，作为交换，农民将剩余的肉送给雇工——即初春刚出生就夭折的羊羔、牛犊和猪崽，那是闲散的觅食者一年中最拮

---

① Gregg，1988。

据的日子。到了小麦成熟的8月，农民们又雇用当地的觅食者收割小麦，将麦秸送到储料仓——这次是换取牛奶。他们也会互相交换猎物、燧石和制作斧头的火山岩。关键是获取了信息——觅食者带来了一路上的见闻和其他农民的情况。

格雷格认为，觅食者欢迎农民，不仅是看中了他们生产的肉、牛奶和谷物，而且看中了他们抛荒的田地。这些密林深处的开垦地，长满了灌木、牧草和青草，引来野鹿和野猪。荒地是狩猎的好地方。关键在于，手上有了农产品，觅食者不必再长途跋涉地去捕鱼，逐渐开始定居。

农民和觅食者最初并不一定全然如格雷格说的那样和睦相处，猎手和种植园主肯定时常发生冲突，但后者最终占了上风。定居者将从根本上改变古代的性别角色，创造新的两性规则和对待女性的态度，并在历经数千年之后传递给我们。

欧洲农业起源

欧洲农业的起源众说纷纭。从约旦北至以色列、黎巴嫩、叙利亚、土耳其，南至伊拉克和伊朗阿拉伯半岛肥沃的山坡是西方农业的发源地。公元前10000年前后，野牛、绵羊和山羊在开心果树、橄榄树、雪松、红松、橡树林中茂密的草地徜徉。

我们的游牧祖先也许在这些草原打了几千年的猎、采了几千年的谷物。每逢干旱炎热的盛夏，他们聚集在仅有的几方淡水湖畔，食品供应日益短缺。久而久之，他们学会了储存采集的谷物，播下种子，想办法增加野生谷物的收成。最早的农民生活在约旦河流域。公元前8000年前后，他们开始在这里建立村庄。新月沃地的先民开始播种野小麦、裸麦和大麦，圈养山羊和绵羊[①]。

西方文明在这里诞生。

农耕后来传播到北方和西方。随着谷物和蔬菜种植技术从小亚细亚沿着河流的两岸传入欧洲，农耕渐渐成了一种生活方式。数百万年来，我们的祖先周游世界，孜孜不倦地寻找食物。如今，游牧生活已成了过往。用人类学者肯特·弗兰纳里的话说，“有了一吨小麦，你还想去哪里？”

犁

纵观人类的历史，要论破坏男女关系、促进人类性爱花样翻新的最有力的工具，莫过于犁。犁出现的确切时间我们已经无从考究。远古的农民用的是锄头或尖棍。约公元前6000年，我们的祖先发明了犁——木柄一头绑着石片的原始犁。公元前3000年左右，犁已经在世界各地普及。

犁给人们的生活带来了极大改变。

在人们用锄头开垦田园的社会，耕作多半由女性承担。相对

① Nissen，1988；Clark，1980；Lewin，1988a；McCorriston 和 Hole，1991；Blumler 和 Byrne，1991。

而言，这种社会的女性掌握着一定的话语权。[①]

不过，由于犁这种需要体力的农具的出现，农活逐渐由男人来承担。由于不必外出采集晚餐，女性不再担任采集者和养家糊口这一古老的角色，丧失了受人尊敬的地位。在犁成为不可或缺的工具后不久，农耕民族中出现了对两性的双重标准，人们开始认为女人不如男人。

尊敬你的丈夫

最早记载女性在农耕社会从属地位的文字，可追溯到公元前1780年的古代美索不达米亚法典，法典记载女性是物品，是财产。[②]其中一条规定，丈夫可凭通奸这条罪名处死妻子，但丈夫却可以婚外偷情，只要他不涉嫌侵犯另一个男人的财产，即邻居的妻子。结婚的主要目的是为了繁衍后代，因而法典禁止堕胎。[③]如果妇女不能生育，丈夫可以休妻。

将女人视为生孩子的工具和从属财产在中东不足为奇。在其他农耕民族也司空见惯。[④]

① Whyte，1978。

② Bullough，1976，53页。

③ 在西方历史中，堕胎并非一向是非法的。譬如古希腊人信奉小家庭，赞成堕胎。在西方历史上，堕胎法因社会环境而异。

④ Whyte，1978。

在印度的传统农耕社会时期，注重名节的妻子应投身丈夫的火葬堆，即众所周知的殉节。古希腊的黄金时代，上流社会的女孩一到 14 岁就开始准备出嫁，以确保她们新婚之夜的童贞。日耳曼民族入侵古罗马的时代，可以自由买卖妇女。[1]

“你们做妻子的应顺从丈夫，这在主里面是相宜的”，《新约·圣约》中如此说[2]。这条教义不仅是基督徒的观点。在古苏美尔、巴比伦、亚述、埃及、古希腊、古罗马、工业革命前的欧洲各地、印度、中国、日本以及北非的农耕社会，男人可成为教士、政治领袖、军人、商人、外交官以及一家之主，而女人却只能从父，从兄，之后再从夫，从子。

公元前 5 世纪的希腊历史学家用一句话概括了妻子对丈夫应尽的本分：“因此，你只有勤劳、贞洁、端庄，侍奉我和孩子，操持家务，死后才能留下美名。”[3]

◆◆◆◆◆

我无意说性别双重标准是农民所独有。亚马孙丛林中的耕种者（他们使用尖棍而不是犁）以及东非的某些游牧民族，女性在社会生活中同样依附于男人。将对两性的双重标准编入法律，在游牧、用锄头种植果蔬或靠狩猎－采集为生的民族比较罕见，但

① Lacey，1973；Gies 和 Gies，1978；Lampe，1987。

②《新约·圣约》第 3 章第 18 节。

③ Hunt，1959，22 页。

在使用犁的社会却大行其道。[1]

我也无意说农耕社会的女性都受到双重性别标准的束缚，社会地位低下。女性的地位随时代变迁而变化。阶级、年龄、经济和社会地位也影响到女性的处境。

比如公元前15世纪统治埃及的哈特谢普苏特，她是埃及为数不多的大权在握的女王之一。古希腊的高级妓女不像当时足不出户的家庭主妇，她们受过教育，可以自食其力。公元一二世纪，罗马上流社会的女性曾经跻身文坛，甚至从政。训练有素的中世纪修女曾经是教会的权力掮客；也有修女在市场发挥着影响力。15世纪的土耳其帝国，一些伊斯兰女性手握土地和船只。文艺复兴时期的英国和欧洲大陆，有文化的女性比比皆是。

即使在严守双重性别标准的社会，也不一定能始终保证权力和势力按照社会习俗来分配。众所周知，上流社会或家世显赫的女人即使平庸无能，也可以使唤下层社会的男人；年长的女性常常能支配年轻男子；年轻性感的女人能摆布有权有势的男人；姐妹管束兄弟；妻子指挥丈夫。即便在极端双重性别标准的社会，男人也绝非一手遮天，无论是在农业社会的美国还是在几千年前多瑙河两岸的小农舍。

虽说有这些例外，但在欧洲漫长的农耕社会，大多数女性无疑是二等公民。[2]游牧民族的妇女经常外出劳动，带回来珍贵的

---

① Whyte，1978。

② 农耕文化中的女性社会从属地位：一项针对93个工业化前的社会调查显示，农业社会女性在家庭中的话语权、掌握财产的权力、与其他女性的关系不如狩猎－采集民族。这主要在于社会不重视女性的工作，而且不重视女性的生活(Whyte，1978)。

商品和宝贵的信息，可以自由地探亲访友，经营自己的爱情生活，而农耕社会的女性却要操持家务，抚养孩子，伺候男人。

随农耕社会而来的普遍的女性从属地位，开启了农耕社会的性和社交的新篇章，催生了双重性别标准。

犁和田园生活究竟如何让农业社会出现男女有别的思想，人们为此争执了100多年。[①] 我认为，定居一地、渴望从一而终、等级社会的兴起、男人的特性、战争的升级无不发挥着重要的作用。

无处不在的不平等

诗人罗伯特·弗罗斯特说过："所有的思想都是联想的壮举。"那么，我们不妨先从我们已知的事实入手。

首先，绝大部分狩猎-采集民族相对平等，而且可能一直都是如此。没有哪个现成的狩猎-采集社会存在严格成文的双重性别标准。此外，女性的地位并不像使用犁耕作的传统社会那样低下。人类开始从事农耕前的远古社会，男女地位一般相对平等。然而，犁在世界各地普及以后，男女的权利天平很快出现了倾斜。

① Leacock，1972；Etiene和Leacock，1980。

一夫一妻制

我收集的大量资料表明，早在犁耕时期的数百万年前，人类就出现了一夫一妻制，或者说一夫一妻的结合。一夫一妻制并非农耕时代的产物。但人类开始定居后，“一夫一妻”也成了一条惯例。随着犁耕农业的出现，夫妻不得离婚，被束缚在共同的家园，谁也无法逃离。这无疑禁锢了妇女的性，剥夺了她脱离不愉快的婚姻的权利。

导致女性地位下降的另一个原因是犁太重，只有大型动物才能拉得动，同时需要有力气的男人操作。

作为猎手，丈夫提供了为生活增色添彩的华服和美味，以及平时的用度，但身为种地的农夫，男劳力关系到一家人的生存。随着农耕祖先由依赖野生果蔬糊口，转而以庄稼为生，女性采集者这个关键角色逐渐弱化。之前至少承担一半日常食物来源的女性，如今只承担除草、摘果、做饭等次要工作。

掌握经济大权的人统治天下。单凭男人日渐掌握关键的经济资源这一现象，就足以说明女人的社会地位和性别权力逐渐下降。

大男人

导致女性地位下降的原因不一而足。其中当数农耕民族的一个悄然出现的新“名词”：阶级。我们游牧祖先所称的“大人”，想必是外出狩猎、拾荒和贸易期间出类拔萃的头领，但在绝大部分人类社会中，正式的阶级并不存在。没有人囤积闲置商品，只为进入更高的阶级。狩猎–采集民族深厚的平等和分享渊源，并非事出偶然。

然而，为了统筹一年一度的收成，储存谷物和饲料，分配剩余的粮食，系统管理长途贸易，在地方集会代表集体说话，基于这些需要，领袖诞生了。

欧洲考古记载的阶级证据可追溯到15000年前。一些墓中的随葬品常常远比其他墓葬精致。可见一村之主也许随着最初季节性、非农业社会的出现而掌握大权。公元前3000年的多瑙河两岸，村落中常常出现一栋远比其他人家大的住宅，想必从那时候起就出现了社会分层。之后，随着犁耕农业和乡村生活的推广，政治组织越来越复杂，等级也无疑越加森严。①

① 酋长制的起源：约翰逊和厄尔（1987）认为，欧洲政治组织的特点是永远的“大人物”，或者说领袖，这源于公元前35000年至公元前12000千年的旧石器时代晚期，以及欧洲人口密集地区的大规模狩猎和捍卫领土的斗争，随着农耕的推广，欧洲也出现了酋长。

这时的人们已经居有定所，实行一夫一妻制，依靠犁耕，男性掌握经济大权，社会分层因此而出现。阶级的兴起为女性权利敲响了一记丧钟，因为在等级无处不在的社会，执掌大权的一般是男人。1970年代，我们调查的93个社会中，男性出任重要政治领导人的高达88%；其中84%的社会中，男性担任高层领导职务。[①]

这并不是说男人禁止女人担任领导职务。譬如美国等许多国家，允许甚至鼓励女性竞选政府要职。如今有许多女性竞选公职。但即便是现在，美国等文明社会的女性在育龄前并不参与竞聘一贯由男人担任的领导职位。从养育孩子的烦琐中解放出来的停经后的妇女，终于可以自由从事家庭以外的活动。这当然存在文化因素，但也有生理的功劳。由于停经后雌激素水平下降，女性逐渐展露强势的一面。

鱼、鸽子也好，猴、黑猩猩和人也好，睾丸素都决定了它们追求阶级地位的欲望。[②]

一项针对350名女性的研究证明，在母亲子宫内睾丸素水平一直居高不下的女性成年后不太可能结婚、生孩子。她们大都从事男性主宰的行业，出任要职，她们认为事业重于家庭。研究表明，从事专业、技术和管理工作的女性，睾丸素水平一般高于担任文员、家庭主妇和在服务性行业工作的女性。[③]

自然界并不是总有规律可循。荷尔蒙、侵略性和地位之间并没有

① Whyte，1978，169页。

② Fisher，1999。

③ 出处同上。

简单的关联。譬如从事专业工作的男性的雄性激素水平往往低于蓝领和失业者。体内睾丸素要达到一定的水平才决定一个人阶层的高低。[①]当然，还要看其他因素。一个人的社会地位取决于他的社会成熟度、人脉、在这个集体生活的时间、为人处世等众多文化和心理因素。

年轻男性的睾丸素水平是年轻女性的7倍。一如其他雄性物种，男人为了名利、地位和权力，往往不惜牺牲时间、健康、安全、感情、娱乐和家庭[②]。

战　争

定居生活需要夫妻相守共同的家园（一夫一妻制）。作为农夫，男人承担着重要的经济角色，自从社会出现了分层，男人便开始追求名利：男女权力关系是多变因素造成的结果。

但战争才是妇女社会地位下降的一个决定性因素。随着村庄数量的激增，人口密度的提高，人们不得不保护自己的财产，甚至千方百计地扩张土地。军人在社会生活中的地位得以日益提升。人类学者罗伯特·卡内罗指出，在经常需要抵御外敌的地方，男人的权力常常凌驾于女人之上。

情况确实如此。父权制如雨后春笋般出现，并植根于欧亚大陆。

---

① Fisher，1999。

② 出处同上。

失乐园

欧洲的祖先定居一地，开始从事农业。男婚女嫁，夫唱妇随。他们种庄稼、打仗、做买卖。男人作为农民、商人和军人，关系到人类的生存，而女性作为采集者这一关键角色随之黯然失色。之后，人分三六九等，男人争名夺利，女人的权力江河日下。农民扎根土地。定居的生活方式、倾斜的经济角色、一夫一妻制、社会分层、战争的升级、男人的脾性和生理机制，种种因素综合在一起，开创了传统农业社会的父权制。

自从出现了父权制，女人便成了男人贪求的需要，看守和剥削的对象——从而滋生了双重性别标准这个概念，并且历经数个世纪，一代代传承至今。农民认为男人的性欲比女人强，男人可以寻花问柳，但女人婚前必须保持贞洁，农民也认定女人软弱、见识短、离不开男人。

不过，农耕生活带来的最大的社会变化，莫过于离婚的模式。

至死不渝

自古以来，农耕社会的离婚率普遍较低。譬如在古以色列，离婚非常罕见。[1]古希腊的男人变着花样地纵情声色，却严禁（带妓女回家等）有碍家庭稳定的行为[2]。在古希腊荷马时代准许离婚，但十分罕见。古罗马初期，绝大部分公民是农民，劳燕分飞的现象并不多见。但随着城市的繁荣，女性有了钱财，不再依赖男人，城市上流社会的离婚率才开始激增。[3]

古代基督教神父认为，通奸的补救方式是结婚。在他们眼中，单身汉和老姑娘、为了侍奉主奉行独身的人纯洁无瑕。但说到离婚，他们却各执一词。耶稣留下遗训："凡天主结合的，人不可拆散。"[4]由于《圣经》各章节传达的要义莫衷一是，有学者认为，早期的基督徒手握法律和宗教赋予的权利，可凭通奸或不信神这条罪状休掉妻子。但无论是罗马衰落前，还是衰落后，离婚绝非农耕社会基督徒的主流。[5]

条顿人侵略罗马的时候，也带来了他们的风俗。封建社会前的德意志统治阶级允许离婚和一夫多妻。公元前的凯尔特和盎格鲁撒克逊人也允许离婚、改嫁或再娶。鉴于历史上决定男人一夫多妻的诸多因素，有钱人娶好几位妻子可以说不足为奇。但已知的数据证明，罗马衰落后延续数个世纪的黑暗时代，欧洲自耕农的离婚率非常低。[6]

---

① Goody，1983，211 页；Queen 和 Habenstein，1974。

② Bullough，1976；Lacey，1973。

③ Hunt，1959，63 页；Carcopino，1973，60 页；Phillips，1988。

④《马太福音》第 19 章第 3～9 节。

⑤ Phillips，1988。

⑥ Gies 和 Gies，1978；Bell，1973；Bullough，1978；Hunt，1959；Phillips，1988。

公元9世纪，封建制度从其诞生地法国传遍欧洲。封建领主按例将土地分封诸侯，以换取他们的忠诚和军事上的归顺。各位诸侯又将土地分给佃户，换取他们的特殊服务。理论上，各路诸侯和佃农“持有”而非拥有这些宅地和田产，不过，诸侯和佃户可以将受封或分到的土地代代相传。因此，在封建制度下，婚姻依旧是大多数人获取土地，传给子孙后代的唯一途径。

欧洲夫妇可用通奸、性无能、麻风病或近亲结婚为由解除婚约，这当然是有权有势的人的做法。[①] 一个健全的法庭倘若判一对夫妻分居，男女就可以离开伴侣。不过，这份协议也有一个附加条件：双方都不得再婚。[②] 这种情况下，由谁照看财产、土地、牲口和房产？没有配偶，一名农夫难以维持生计。所以在封建时代的欧洲，只有富人才离得起婚。

◆◆◆◆◆

直到死神把我们分开。基督教领袖将束缚农民的规定神圣化。

奥古斯丁是公认的奉婚姻为神圣仪式的第一位教会领袖，久而久之，大多数基督教权威人士逐渐认同了他的观点。但天主教徒却无论如何不得离婚。[③] 虽说天主教教义不断制定解除婚约和分居的条文，作为农耕生活必要条件的终生婚姻，成了上帝下达的命令。

---

① Gies 和 Gies，1978，33页。

② Queen 和 Habenstein，1974，265页。

③ Gies 和 Gies，1978，18页；Dupâquier 等人，1981。

公元10世纪和11世纪，随着欧洲城市和贸易的兴起，女性开始进入各行各业。14世纪，伦敦的女性开始经销纺织品，从事零售，兼做外科医师和牙医的理发师、丝厂工人、啤酒酿造师、女仆、绣娘、制鞋匠、珠宝商、制帽匠等职业。难怪乔叟笔下淫荡的女商人巴斯夫人接连嫁了5次。

但她只是一个特例。女人一般夫唱妇随，充当男人社交的贤内助。女人其实不能算“自由和法律意义上的人，所以女人的债务实则是丈夫的责任”。[①] 可以想见，中世纪城市的离婚并不多见。

这种低离婚率的模式延续了数个世纪。宗教改革后，对新教徒来说，婚姻俨然是一项民间契约，而非誓言或誓约。因此从1600年代开始，非天主教国家的女性可以向民政当局提出离婚。[②] 其实，在基督宣扬一夫一妻制后的各个世纪，离婚率时有波动。已婚男女一旦可以摆脱对方，他们常常义无反顾。但工业革命侵蚀农耕生活之前，斯堪的纳维亚和英伦群岛，从德国、法国、西班牙、意大利到匈牙利等东欧农村，乃至俄罗斯、日本、中国、印度和北非穆斯林农业社会，离婚率始终不高[③]。

丧偶（这时允许再婚）的农民有权再娶。家有田产的鳏夫服丧期结束不久便可迎娶新人。工业革命前的欧洲农村，人们普遍不鼓励寡妇再嫁，这或许因为此举不利遗产的继承。但另嫁他人的寡妇却大有人在。

农耕社会的现实生活需要人们寻找伴侣。

---

① Bell，1973；Power，1973；Abrams，1973。

② Phillips，1988。

③ Goody，1983，211页；Dupâquier等人，1981；Phillips，1988；Stone，1990。

我们的农耕祖先并非都相信上帝，家家婚姻幸福，也不是人人对再婚津津乐道。但绝大部分人日出而作，靠土地谋生，一辈子离不开土地和伴侣。

马棚后的工厂如雨后春笋般出现之后，农业社会的男人和女人才逐渐恢复自立。性、爱和婚姻模式又开始向远古时代倾斜。

第十六章

未来的性关系

缓慢的爱情，回望过去

我们所有的探索之旅的尽头，
就是回到最初的起点，
再重新了解这个地方。
——T.S. 艾略特，《四个四重奏》

“因此，万物得到源源不断的补充，人人靠施予和接受生活。月有盈亏，事有兴衰，在短期内改变了许多生物，仿佛递上生命火炬的使者。”[1] 罗马诗人卢克莱修斯一语道破了桀骜的人性——这是人类的天性，是世人的本性。是人类的繁衍策略，是我们成家的方式。

千百年来，我们的祖先相爱、结婚。始乱终弃者有之；再婚者有之；随着年龄的增长，有了孩子，他们多半收了心——留下了这种复杂、灵活，但又别具一格的浪漫人生蓝图。但并非人人遵循这种结婚嫁人的脚本。自古以来、从今往后，人各有异。我们可以克服自己的天性。但这是世界各地普遍存在的自然规律。文化也许会没落，但不会一笔勾销。

不过，文化也会决定男女出轨和离婚的次数，或有这种倾向的人数。比如，在农场中生活，就产生了一夫一妻制。

我们现在该何去何从?

职业女性

众所周知，离婚率取决于社会、心理、人口结构等诸多因素。[2] “流浪”便是其一。如今有许多人离开父母另过；父母在另

① Lucretius，1965。

② 离婚率：估算离婚率并不是普遍认为的那样容易。每一千人每年离婚的人数，与一个人一辈子离婚的概率并无直接关系。为了计算离婚率，人类学家采用了“寿命统计法”。他们调查成人一生中几个相继年龄段的离婚经历，确定导致这些年龄段的人最终离婚的因素。然后评估这些因素在现阶段中的影响，从而预

一个城市组建新家庭的也不乏其例。家人天各一方，遇到难处得不到亲人和社区的支持，夫妻很可能劳燕分飞。城市化、世俗论和迁居也与婚姻解体有关。习惯不同、价值观相悖、兴趣相左、休闲活动不一致的夫妇往往各奔东西。现代人看重个性和自我实现也导致了离婚率的飙升。

但说到造成婚姻不稳定的主要因素，或许在今日美国（和全世界）最重要的一点可总结为四个字：职业女性。[①] 有钱才能自立。相比顾家的女人，职业女性拥有更大的自由。人口学家常常说到女人的工作和离婚（再婚）率高之间的关系。

我无意将美国离婚率高怪罪到妻子的工作。虽说如今 2/3 的离婚由女性提出，但究竟是谁抛弃了谁，人口学家莫衷一是。女人出门工作，挣钱养家糊口，夫妻不和、婚姻不幸的伴侣当然有权提出分手。[②]

女人提出分手，因为她有了底气。

现代人离婚的道路

工业革命推动了越来越多的女性走入职场。仅凭美国的这一

测导致离婚的新因素，然后综合这些数据，估计今年和未来数十年的离婚情况(Cherlin，1981，25 页)。

① Cherlin，1981，53 页；Levitan 等 人，1988，32 页，99 页；Glick，1975，第 8 页；Espenshade，1985；Cherlin，2009。

② Klinenberg，2012。

个现象，就足以说明现代家庭生活的发展方向。[1]

欧洲定居者在大西洋彼岸搭起小屋之初，美国女性就纷纷走出家门，推销自家剩余的肥皂、山莓蜜饯、香烛和烘焙的馅饼。未婚女性开店销售书刊和进口服装。一些寡妇开办了酒店，或做起了地产经纪人。但绝大多数女性还是下田种地，操持家务。

时间转眼到了 1815 年，苹果林和鸡舍后纷纷建起纺织厂，年轻女性纷纷走出家门，进厂上班。她们希望找收入固定工时较短的工作，换取的时间和钱可以用来翻阅型录，挑选服饰。就连已婚妇女也将计件工作带回家，挣点钱补贴家用。美国开始迈入工业社会。离婚率从此时开始上升[2]。

男性移民是 18 世纪中叶开始大量涌入美国的廉价劳动力。“女人就应该待在家里”这句名言深入人心，这支庞大的新生劳动力，从农田纷纷涌入工厂，他们认为职业女性压低了男人的薪水，坚信多生孩子能扩大税收基数，还能带来更大规模的消费市场，更强大的军队，更多周日去教堂做礼拜的教徒。[3] 截至 1900 年，劳动市场中的女性仅占两成，而且大多数是移民、年轻人或单身女性。

但较之几十年前，参加工作的已婚妇女明显增加，离婚率也居高不下。

20 世纪，工业时代推动了职业女性人数和离婚率的增长[4]。但有一个例外，第二次世界大战后，美国一跃成为超级大国，迎来

---

① Cherlin，2009；Coontz，2005。

② Cherli，2009。

③ Harris，1981；Levitan 等人，1988；Coontz，2005。

④ Evans，1987; Harris，1981; Cherlin，1981; Levitan 等人，1988; Cherlin，2009。

了一个婚姻稳定的黄金时代。

诚然，1950年代是20世纪非同寻常的十年。①退役军人回家，回到他们的工作岗位，数百万女性也因此离开劳动市场。助学贷款、军人廉价的人寿保险、政府担保的抵押、已婚夫妇的税收优惠和经济扩张为战后的丈夫和他们的家人提供了经济契机。经历过大萧条的一代年轻人，对家庭动荡记忆犹新，他们格外珍惜家庭的稳定。

20世纪50年代，美国人的生活趋于稳定。1955年，曾每次代表民主党参选总统的政治家阿德莱·史蒂文森总结了这一时期，建议史密斯女子学院的毕业女生以“家庭主妇这一谦卑的角色”，去“影响男人和孩子”。②

美国采纳了史蒂文森的建议，女人持家成为风尚。女性杂志劝新娘不要将工作和母亲这一身份混为一谈。精神病学者称职业女性深受“阳具妒忌”的困扰。社会批评家称，生儿育女和持家是女人的本分。人类学家阿什利·蒙塔古一针见血地指出：“有丈夫和孩子的女人难以兼顾一份全职工作和家庭。”③

较之20世纪的其他时期，1950年代的年轻人的婚嫁年龄要小得多，女性结婚的平均年龄为20.2岁，男性为22.6岁④。离婚率维持平稳，再婚率下降。婴儿出生率达到20世纪的峰值，也就是战后婴儿潮。1957年，婴儿出生率达到峰值。

不断扩大的郊区成了孕育这些现象的大摇篮。

---

① Cherlin，2009。

② Cherlin，1981，35页。

③ Harris，1981。

④ Glick，1975；Levitan等人，1988。

睡美人

"拍拍手呀，欢迎爸爸回来，爸爸挣钱回家，妈妈两手空空。"20世纪60年代初，工业革命的复苏让女性纷纷重返职场，导致离婚率居高不下，这首儿歌已逐渐过时。关于这一点，可以说口服避孕药等新型避孕措施的广泛使用扮演了一定角色。[①]但人口学家指出，婚姻生变的关键因素是妻子。

许多女性工作并不是为了前途，而是追求美好的生活。她们偏爱粉领工作，既轻松，又能挣钱补贴家用，能买得起洗碗机、洗衣机、吹风机、汽车和电视机。

这种女性深受美国雇主的欢迎。她们会说英语，会读写，愿意从事兼职等没有前途的工作。人类学者马文·哈里斯指出，上一代中国移民淡出视线，"美国蛰伏的白人家庭主妇深受从事服务和咨询行业的雇主青睐"。[②]

---

① Harris，1981，93页。

② 节育和离婚：有科学家分辩说，20世纪60年代和之后数十年不断下降的出生率，避孕药、宫内节育器和人工绝育都发挥了重要作用。但大萧条期间的低出生率，主要原因在于当时的夫妇觉得经济不宽裕，希望推迟生育，而且没有这些新避孕措施（Cherlin，1981，57页）。但避孕措施推广前的20世纪60年代初，出生率也在下降（Harris，1981）。社会学家安德鲁·切尔林（1981）认为，避孕措施并不是20世纪60年代的人晚婚、少生孩子、高离婚率的主要原因。其实，早在避孕技术革新前的100年中，出生率就一直持续下降（Goldin，1990）。然而，新型避孕措施也许间接影响了人口增长。采用这些手段，未婚妇女可以避免怀孕，不必早早嫁人，从而提高了初婚年龄，使得更多女性提前进入职场。

后来爆发的美国女权运动，可谓无人不知。关键是美国重新走上了现代化道路：1960年至1983年，美国职业女性人数翻了两番。[①]1966年到1976年这十年间，离婚率也增加了将近一倍。[②]1981年，美国离婚率创下了历史新高。[③]离婚率现在趋于稳定，并且有所下降，估计在41%到50%之间。[④]

大多数美国人会选择再婚[⑤]，他们的婚姻会呈现熟悉的模式：在离婚后3到4年重新组建家庭[⑥]，并且集中在25岁到44岁这个生育年龄段。[⑦]这种模式不一定能持续百年，也至少能稳定几十年[⑧]。

作为人类，我们仿佛身处大海，浪潮把我们的家庭生活往前冲又往后推。我们的文明仰仗的是连续一夫一妻制这一蓝图，以及某些人的秘密婚外情。我们的农耕祖先经历了数个世纪的一夫一妻制后，原始的不固定结合模式又开始抬头。

---

① Evans，1987。

② Cherlin，1981；Klinenberg，2012。

③ Cherlin，1981；Klinenberg，2012；Levitan 等人，1988。

④ 美国20世纪80年代初的离婚率虽然达到峰值，但这一比例在双方受过大学教育的夫妻中却开始逐年下降。如今2/3的婚姻能维持长期的稳定，主要在于以下几个原因。首先是晚婚，加之夫妻双方共同承担家务，外出工作，营造了一个稳固的经济单元；其次是婚前同居，往往在结婚前就解除了不愉快的关系；最后是采取避孕措施，奉子成婚的现象已经非常罕见。但在文化程度低的人群，离婚率依然居高不下。各社会经济阶层的离婚率仍远高于农耕时代。Cherlin，2009。

⑤ Cherlin，2009。

⑥ Kreide，2006。

⑦ 出处同上。

⑧ Levitan 等人，1988；London 和 Foley Wilson，1988；Glick，1975；Cherlin，1981；Furstenberg 和 Spanier，1984。

史前管窥

“如果你们能够洞察时间播下的种子，知道哪一颗会成长，哪一颗不会，那么请对我说吧。”莎士比亚写道。未来难以预测，人这种动物天生会思考、体会和采取行动。我们厚重的历史究竟如何评说未来的男人、女人、性和爱？

我们不妨首先回顾过去。

如今大多数人在职场打拼，双职工家庭比比皆是，很少有人离不开从小长大的家。恰恰相反，我们有好几个称作家的处所：父母的家，办公室，自己的住所，也许还有一处度假地。我们在这之间来往迁徙。我们不再耕田种地，而是去零售店等地方“狩猎、采摘”。我们仿佛回归史前时代，维系着松散的亲友关系，而且许多人远在外地。

我们如何结婚，和谁结婚，也要回溯久远的历史。

几千年来，大多数务农人家的女儿只有三个归宿：做目不识丁的家庭主妇，出家为尼，卖身为娼或妾。大多数女儿家选择嫁作人妇。此外，婚姻标志着合并财产，两家人成了一家人。所以婚姻必须稳定、长久，但现在却大可不必。农耕社会，女人在新婚之夜必须是处女，但现在守身如玉已无人提及。在农耕社会，包办婚姻比比皆是，但在后工业时代，包办婚姻早已不合时宜。农耕时代的祖先对通奸持双重标准，但现在早已摒弃了这一信条。“尊重你的丈夫”和“至死不渝”等形容婚姻的格言、警句统统被扔进了故纸堆。

回首过去的婚姻动力，没有一种比得上现在的为爱结婚。

自从发明了犁，我们的农耕祖先不得不选择门当户对、志同道合的对象。女孩唯一的前途是“嫁个好人家”，攀龙附凤。农民家的子女希望出人头地，有土地、牲口和靠山，很少有人愿意不顾生计和前程而追求靠不住的浪漫爱情[①]。

现如今，看中钱财而结婚的单身美国人仅为14%，而86%的人追求的是“共度一生的忠诚伴侣”。90%以上的人希望找一位“尊重”自己，可以“信赖、托付终身”“让自己快乐”“抽时间”陪自己的意中人[②]。当今的单身男女追求的“首先”是灵魂伴侣[③]。另外，54%以上的单身美国人相信一见钟情；56%的人认为应该修改法律，便于他们结婚；89%的人相信能和相爱的人白头偕老。

大多数人都会选择结婚。

我愿意。我愿意。我愿意。伏尔泰说：“婚姻是唯一一项对懦弱者敞开的冒险。”虽说时代在变迁，但美国人却依然热衷婚姻。如今，84%的美国人打算40岁结婚，女性初婚年龄为26岁，男性为27岁[④]。即便是不婚者也说，他们不结婚的原因是认为“不必以婚姻证明爱一个人”。[⑤]尤为值得注意的是，在2014年，33%的人认为如果当初的热情消退，结束一段圆满的婚姻也

① Coontz，2005。

② “美国单身人士调查报告”，2010，2011，2012，2013，2014。

③ Cherlin，2009，139页。

④ 同上，16页；皮尤研究中心，2013年2月。

⑤ “美国单身人士调查报告”，2013。

无可厚非。[1] 在美国，以及许多后工业时代的国家，浪漫爱情比比皆是。

不仅美国人如此。一项针对 37 个社区的研究表明，大多数人将爱情或情投意合列为择偶的首选标准[2]，从中不难看出上古时代的影子。我们研究了 190 个有据可查和现存的狩猎－采集社会[3]，发现 88% 的社会里，男女的第一次婚姻是受父母之命、媒妁之言。但这种婚姻一般都比较草率，难以长久，另外，父母在子女的第二或第三段婚姻中发挥的作用可以说微乎其微。现代人还是为爱情而结合。

我们正重拾这种古老的传统——追求轰轰烈烈的爱情。我认为这是一个好消息。好消息将接踵而至。

美国单身人士调查报告

如前文所述，我是 Match.com 交友网站的首席顾问。从 2010 年开始，我们年年都要开展全国范围内的调查——“美国单身人士调查报告”。我们调查的对象并不只限于网站的会员，而是根据美国的人口统计数据，每年抽查 5000 余名最具代表性的美国人。我们迄今调查了 25000 多人，这也是针对单身人士的最大范围的

① 出处同上，2014。

② Buss，1994。

③ Apostolou，2007。

研究。研究结果能解释许多当下及未来男女的爱情观。

首先，单身人士也许为一个公允的社会做出了表率。

2014年的“美国单身人士调查报告”表明，75%的单身人士自称愿意与不同族裔的人长相厮守，73%的人不在乎对方的信仰（愿与同种同族的人结合的仍占大多数）。许多人甚至赞成同性婚姻，以及结婚后不生孩子，或只生孩子不结婚。大多数单身人士不计较对方的既往婚史，或有过多少性伴侣。

不过，单身人士非常在乎承诺，他们不赞成夫妻分居两地和性开放，或与配偶分别在不同的家过夜。相比前几十年，现在的美国人完全不赞成通奸。①

今天的婚姻是自由的。农耕社会的人需要配偶帮忙打理田地。在狩猎-采集社会，人们认为一个人结婚后才算得上成人。在人类久远的历史中，婚姻对日常生活非常重要，人们通过婚姻形成社交关系。但如今，67%的美国同居伴侣担心离婚带来的法律、感情、经济后果和社会舆论②。他们勉强地打趣道，离婚是抽刀断水。43%至50%的美国人的婚姻往往以失败告终，用社会学者安德鲁·切尔林的话说，他们是“欢喜冤家”。③

所以我开始相信，如今的单身人士喜欢在结婚前先谈一场漫长的恋爱，我称之为爱情长跑。我也看好这种趋势。

---

① Cherlin，2009，26页。

② Sassler和Kusi-Appouh，2011。

③ Cherlin，2009。

爱情长跑

大多数人认为“一夜情”和“滥交”纯属不负责任。做出这些事的人视性传播疾病、意外怀孕如儿戏，无视感情。但还是有许多人会去玩火，去尝试一夜情。[①]

就拿互相不认识的两个人一夜情来说——这是一种不求回报、不承担责任的性行为。2014年，“美国单身人士调查报告”显示，67%的美国单身人士有过一夜情，其中66%为男性，女性占50%。

一夜情不仅限于年轻人。社会学者蒙托和凯里比较了两个年龄段中1800人每周的一夜情，发现40多岁的人比20多岁的人更加开放，性伴侣更多。[②]纵观“美国单身人士调查报告”，不难发现，60多岁的男女在一夜情方面不输于二三十岁的年轻人。

不过，一夜情古已有之——应该说这又是一个倒退的趋势。

前文中讲到在卡拉哈里沙漠一个狩猎-采集部落长大的尼莎就有过滥交（以及几任丈夫）的经历。科特普和朋友们常常相约溜进亚马孙河畔的丛林寻找刺激。尼安得特尔人也幽会过克罗马尼翁人。如果露西的遗骨能说话，这位远古的亲戚也许能滔滔不

① Garcia等人，2012；Garcia和Fisher，2015。

② Monto和Carey，2013。

绝地列举300万年前的约会。即便在农耕时代，男人和女人想必也时常溜到谷仓后偷欢。

如今的人对乱性已无所忌惮。一夜情是司空见惯的现象——也许是因为今天的单身人士希望在结婚前更详细地了解伴侣。这在人们财产颇丰的年代并无不妥，离婚劳民伤财，我们必须懂得保护自己，知道如何避免怀孕和染上疾病。

一夜情……是为了爱？

单身人士莫非希望一夜情能互生情愫，最终换来彼此承诺的伴侣关系？

生物学家贾斯汀·加西亚和人类学者克里斯·理贝尔问及大学生最近何以要发生一夜情，51%的受访者称，他们希望借此谈一场传统的恋爱。① 心理学家梅斯顿和巴斯认为言之有理。他们调查的美国大学生给出了237个一夜情的理由。名列前两位的是“我看上他了”和“我想证明我对他的爱”。②

赢得爱人的手段不胜枚举，这是天性使然。感官的刺激催生了情愫，让你坠入情网。在高潮时，后叶催产素和后叶加压素——影响与依恋感相关的神经化学物质——会激增。③

---

① Garcia 和 Reiber，2008。

② Meston 和 Buss，2007。

③ Carmichael 等人，1987；Zak，2008，2012；Young 等人，1998。

除非你酒后忘得一干二净，一夜情往往会让你催生对这位性伙伴的情愫和爱慕。我们2012年度的“单身人士调查报告”就说明了这一点。问及“你是否有过发展成恋爱关系的一夜情”时，33%的人给出了肯定的答复。

一夜交欢，虽说不无风险，但偶尔也会有意外的收获——相守终生的伴侣。

不过，如今的一夜情很少能发展成爱情。人们一般会谨慎行事。

婚姻淡化

要论这种谨慎态度的证据，莫过于当下流行的“炮友”——双方约定方便的时候交欢，但不在公共场合共同露面。这种约定比较受欢迎。2013年度的“美国单身人士调查报告”显示，58%的男性和50%的女性有一位床友，其中1/3的人年过七旬。

炮友其实并不是新鲜事物。但凡动物，都愿意发展不必承担长期义务的性关系。黑猩猩便是一例，雄猩猩以肉换取雌猩猩的性爱，以此维持时间长达数年、不承担责任的性关系。

但当下流行的炮友很可能源于21世纪的宗旨：谈婚论嫁前进行爱情长跑，全面了解潜在的伴侣，才能避免日后的劳燕分飞。

◆◆◆◆◆

你在床第之间的确能了解很多东西。你亲眼看清、听清、深刻体会、了解对方。其实，一项针对1000多名男女的研究表明，50%以上的人认为第一次接吻是铤而走险，往往当即葬送了一段潜在的婚姻。[①] 不过，你如果过了之前的关键节点，你可以在床第之欢中详细了解一个人——比如他的身体、脾气、能力，他能否转变态度，顺应你的需要。

和一夜情一样，炮友也可以互生情愫，发展成朋友和恋人。问及参与2012年“美国单身人士调查报告”的对象，是否有炮友发展成长久的恋人，44%的人给出了肯定的答复。无论我们多么谨慎，结婚、生儿育女也是人之常情。

我认为，在这个婚姻容易破裂、离婚现象突出的社会，这种淡化婚姻的形式将越来越普遍；从而进入爱情长跑的另一个阶段。

试婚

1966年7月，人类学者玛格丽特·米德在《红皮书》中撰文指出，美国人应引领看似打破陈规的方案：婚姻“分两步走”。[②] 米

① Hughes等人，2007。

② Mead，1966；Kirkendall和Gravat，1984。

德建议近期无生育计划的年轻人先进行一段“个体婚姻”，这种婚姻将生养小孩排除在外，无须做出一辈子的承诺，万一分手，也不必劳民伤财。以后夫妻如果决定生育，米德建议他们转入“父母婚姻”，确立长期的合法关系，万一离婚，孩子的安排也有法律上的规定。

20 世纪 70 年代，这种两步婚姻的第一步出现了另一种版本——同居，曾经令人尴尬的事如今成了常态。2012 年，58% 的美国单身人士称，他们与 1 至 5 名伴侣未婚同居。

不过，64% 的美国人认为这种生活方式是正式结婚的前奏[①]，这是史前人类秉持的另一个信条，狩猎 – 采集民族往往将同居视为“试婚”。

◆◆◆◆◆

但现在双方即便答应结婚，也还是很谨慎：36% 的单身人士希望签订婚前协议。

我觉得，“婚前协议”很快将成为常态，因为我们的祖先有约定俗成的婚前协议。在狩猎 – 采集社会，一个孩子出生在一户人家，如果父母离婚，他的生活安排不得被公开讨论。弓箭是男人的财产，而尖棍、围巾和篮子则属于女人。夫妻分手前也许要经过一番激烈的争执，但个人财产却不容争夺。婚前协议是我们的传统，也会成为我们将来的趋势。

---

① 皮尤研究中心，2008。

◆◆◆◆◆

一夜情、滥交、炮友、同居、婚前协议说明了当今世人普遍保持的谨慎。在过去的10000多年，婚姻是共同生活的开始；如今却成了结局。[①]

爱情长跑这个漫长的阶段并非一无是处。首先，无论是初婚、二婚还是三婚，美国人多半婚姻幸福。

2012年担任Match.com顾问期间，我调查了1095名已婚美国人（当然，问卷不在这个交友网站上）。问及"如果了解了配偶目前的情况，你愿不愿意嫁给这个人？"高达81%的人的回答是"愿意"。此外，76%的男性和73%的女性说他们依然"伉俪情深"。说到单身生活，他们唯一羡慕的是"逍遥自在"。

研究人员就最近开展的一项针对婚姻幸福与否的研究，电话采访了已婚或与伴侣长期同居的166名女性和149名男性。[②]高达86%的人称他们"极度相爱""非常深爱"或"很相爱"。当初如胶似漆的热恋虽然已经消退，但用这些人的话说，"热情、义务和性致"依然不减。耐人寻味的是，收入水平、教育程度和相处的时间无关他们的爱情。男人和女人都有可能"陷入热恋"。

美国已婚人士的幸福显然并非个案。2013年，我们针对15个国家、12000多人的调查证明，78%的已婚人士认为自己"幸福"。[③]这主要在于许多不和谐的关系在双方结婚前就已告吹。

---

① Cherlin，2009。

② O'Leary等人，2011。

③ Ipsos，2014。

我们还碰巧发现了某些维系幸福婚姻的神经组成元素，这些信息或许有助于伴侣度过婚姻中的曲折，从而维系长久的亲密关系。

情人眼里出西施

千百年来，心理学家、牧师、家人和朋友传授了我们种种让爱人幸福的宝典。我们研究得出的大脑活动的直接数据，也可以供你参考。

在第二章中，我的同事扫描了 17 名年过五旬和六旬的男女。参与者们的婚龄平均 21 年，都说仍挚爱婚后的伴侣。我们又给了每人一份婚姻满意度的调查问卷，进行脑部扫描的当天早晨，我和比安卡·阿塞维多在现场提了几个问题。有趣的是，在“婚姻满意度”调查问卷打了高分的人，大脑控制共鸣和情感的区域更为活跃。

我的同事在中国发现了更多婚姻幸福的秘密。

心理学家许默娜和她的同事采用我最初的研究设计，收集了热恋中的 17 名中国年轻人的数据。这 17 名中国研究对象的回答和美国研究对象如出一辙：一见到爱人的脸，与爱情相关的同一个大脑区域会产生反应。

耐人寻味的是，许默娜 4 年后回到中国，想看看参与者是否依然爱着同一个人。结果只剩下 8 人。许默娜和同事将他们和另外 9 个人的脑部扫描结果对比后，发现了差异：仍然相爱的人大脑区域表现了特有的活动，能搁置负面判断，高估对方，心理学家称之为“正面的错觉”。[1]用一句中国俗语说：“情人眼里出西施。”

共鸣控制你的情感，给你正面的错觉，从而憧憬天长地久的爱情。

科学家们深入研究了恋人的大脑，发现在爱情长跑过程中相处不下去、分手的人越多，21 世纪的夫妻关系将更加稳定幸福。

这也并非新鲜事。远古的男女彼此并没有财产束缚，关系不好可以立刻结束，所以我们的祖先大部分婚姻幸福。我们也正在回归这样的生活。

爱情大数据

互联网如何改变了爱情和婚姻？最为值得注意的也许要数遍地开花的交友网站。它们的服务低廉、操作方便、安全可靠——去什么地方见面，如何规范行为举止，都有明明白白的规则。交友网站的效率非常高。2014 年，36% 的单身人士通过互联网第一次约会，靠朋友介绍的人却仅为 25%，8% 的人在工作中认识，6% 在酒吧、俱乐部或社交活动中相识。如今 37% 的恋情和 20% 的婚姻靠网络牵线搭桥。

学界人士对这种服务的态度模棱两可。但我觉得主要是因为

① Zentner，2005。

他们并不了解。网上征友服务不同于约会服务，而是介绍服务。网上算法可以淘汰掉明显不般配的伴侣，让你少走几次弯路。但真正相中潜在伴侣的算法，还靠你自己的大脑。20万年以来，人脑的基本机理并没有改变。

当你遇见意中人，你远古的记忆会立刻被唤醒，并让你按史前的规则求偶。手机和社交媒体网站也取代不了这个过程。

网络在潜移默化中改变了我们求爱的方式。[①] 首先，求爱交流如今是既简短又即时。发个短信或一封电子邮件定个日子便是一例。在一个时间紧迫的时代，这是再合适不过的方式。

透明的时代

现代社会的另一个怪现象是渴望隐私，又希望被人了解和倾听。狩猎–采集民族并不存在这种纠结。他们之间几乎不存在什么秘密，是一个真正透明的时代，隐私是稀罕物。再说，在漫长的历史长河中，街谈巷议曾经是传播当地新闻，以及定立规矩和放逐犯人的依据。

这个传统也许是我们渴望分享生活、私下议论别人的根源。这在100万年前虽无不妥，但现在网上的流言却能要人命。

譬如发送色情短信。33%的美国单身人士通过互联网给意中

① 见 Rudder，2013。

人发过自己的性感写真，49%的人收到过性感照片。此外，其中25%的人与一位以上的朋友分享过火辣辣的照片。[①]现如今，这些劲爆的照片分分钟就能传遍全世界。

为了了解大众是否清楚色情短信的后果，我在“美国单身人士调查报告”中问受访者，他们是否相信发性感照片可能毁了自己的一生。75%的人认为色情短信有损他们的名声，60%以上的人认为此举有碍他们的前程、友谊和自尊，可单身人士们却照发不误。

男人和女人不惜名声和前途，只为了追求浪漫和依附感。他们过去如此，将来也会如此。

爱情搜索

许多网络交友习惯有着深厚的历史渊源。如今38%的男性和53%的女性在脸书上搜索新约会对象，32%的单身人士采用谷歌进行搜索。

我们的祖先也物色意中人，但一般有亲戚朋友为他们代劳。大家沾亲带故、口口相传，总能找到人打听对方的底细。当今的单身人士却要亲自上阵。

这样的网络调查以后会越来越多，因为我们结婚生育的时间

① “美国单身人士调查报告”，2014。

和精力有限，禁不起折腾。

现在也出现了许多新忌讳。其中之一是发短信和打电话的时候遮遮掩掩。如今53%以上的单身人士不愿结交这种人。相亲相爱的前提是坦诚相待。

我深感欣慰的是，60%左右的单身人士认为赴约吃饭时“频繁”发短信有失体统。[①] 狂放不羁的西部人如今对手机的热情也在悄然消退，陪爱人谈天说地、聊聊家常，就好比我们的狩猎-采集祖先100万年前一边吃着大排和色拉，一边说着绵绵的情话。

性感的女人

我们的两性关系开始复古，爱情长跑成为新趋势，我们终将认识到女人和男人一样有性欲。

问及性生活，一项研究表明，男人承认的性伴侣数量远超过女人。但接上了测谎仪后，女人承认的性伴侣数量并不少于男人。[②] 这事并不新鲜。虽说除了人类学者，知道的人寥寥无几，在调查的93个传统社会中，有72个认为男女有相同的性欲。

女性强烈的性欲在动物世界可见一斑。雌性哺乳动物都会发情，一到发情期，它们会主动勾引雄性，也就是所谓的雌性感

① 出处同上，2013。

② Alexander和Fisher，2003。

知。[1]

发情的野生雌性黑猩猩会慢慢地走向一只雄猩猩，抬起屁股，对着它的鼻子，将它拉起来做爱。结束之后，雌猩猩转身又去勾引群落里除了儿子外的每一只雄性。在实验环境中，笼养的雌猩猩主动发起的交媾高达85%。笼养的雄猩猩做爱后倒头便睡，但兴致正浓的雌猩猩却不依不饶，缠着雄猩猩再来一轮。如果你没见过雌猩猩主动交媾，你应该见过母狗的古怪行径。如果希望一只发情的母狗保持贞洁，除非你紧闭大门。

雌性的性欲可从生物学上加以解释。达尔文指出，渴望性爱和生育的人才能生存。

◆◆◆◆◆

然而，女人表达性欲的方式和男人却略有不同。[2]

男人对性津津乐道，并且主动献殷勤，发生性关系。[3]但女人的性欲却更加强烈，女人高潮时不住地收缩，一次性交往往达数次高潮。

女人能在更多种情境下产生性欲。一顿大餐、烛光、绵绵的情话、鲜花和舒适柔软的床单，都是大多数女性的性体验的一部分。说到性，女人更为灵活，往往随环境的刺激而变。但男人一

① Whyte，1978。

② Fisher，1999；Baumeister，2000；Diamond，2008。

③ Meston 和 Buss，2007；Baumeister 等人，2001。

般只在乎高潮。[1] 女人双性恋居多，但男人要么是同性恋，要么是异性恋。男人一般在乎对方是否满意，女性却竭力取悦自己。[2]

古希腊人说过一则故事，宙斯与赫拉争论男女同房时究竟谁更快乐。宙斯坚信是女人；赫拉认为是男人。于是他们去问蒂利希阿斯，蒂利希阿斯因为打扰了蛇交媾，被罚做了几年的女人。他答道："十分快乐，男人仅享受一分，而女人却在心中享受了十分。"[3]

蒂利希阿斯说错了。目前的研究表明，男人和女人的性反应和性快感总体上并无差别。[4]

◆◆◆◆◆

不过，女人的性观念不同于男人。女人要呵护卵子，将胎儿带到人间；女人要花很多时间照顾幼儿。所以女人对性非常挑剔。第一次见面，女人一般不会答应上床，很少发生一夜情。她们对伴侣更加挑剔。[5]

这是"美国单身人士调查报告"中的一个显著例子。相比男人，女性更希望找一位薪水、教育、政见大致相当，同一个族裔和宗教背景的伴侣。女人也希望自己开一个银行账户，晚上有陪闺密外出的"私人空间"，以及一位帮忙抚养子女、做家务的伴侣。[6]

如今女人相信，她们能拥有成功的事业并且婚姻幸福。对此，

---

① Gray 和 Garcia，2013。

② "美国单身人士调查报告"，2013。

③ Gray 和 Garcia，2013，203 页。

④ Mah 和 Binik，2002。

⑤ "美国单身人士调查报告"，2014。

⑥ 出处同上，2012，2014。

男人也同意。2011年的“美国单身人士调查报告”显示，45%的各族裔男性自称不喜欢“不求上进的”女人。未来几十年，会有更多的职场女强人和床帏间含情脉脉的女人。女人的收入一旦足以自立，生活在城市，可以自由选择避孕和堕胎，身体好，有学识，她们当然可以表达本能的欲望。

新时代的男人

科学家和业界外的人士花了近50年的时间打消人们对女人的误解。现在到了消除对男人的偏见的时候。我首先要说，我们渐渐了解到男人和女人一样喜爱浪漫。

首先，我们针对年轻情侣的大脑（核磁共振）的扫描显示，**男性掌管爱情的神经回路与女性一样活跃。**

此外，男人并非个个都是“花花公子”。Match.com调查单身人士对约会的看法，回答“我不过是希望多认识几个人”的仅占3%。[①] 在OKCupid网站，仅有6%的男人“直言不讳地说是为了性”。[②]2014年，主动寻求恋情的男人多过女人。此外，87%的男人愿意娶博学多才、聪明伶俐、会挣钱的女人；39%的男人甚至玩起了姐弟恋，追求大自己十几岁的女性。

---

① 出处同上，2011。

② Rudder，2014，180页。

一见倾心的往往是男人。[1]男人热衷当众亲吻新女友，迫不及待地将新女友介绍给朋友和家人，恨不得立刻牵手，步入婚姻的殿堂。男人喜欢与伴侣亲密对话，而女人却愿意向闺密吐露心声。男人也怕孤独[2]，问到为什么要结婚，男人都说是为了“爱情”。[3]此外，男人同样相信从一而终的婚姻。分手后，男人为情自杀的可能性往往是女人的 2.5 倍。[4]

不过，当男人想要孩子，急于结婚时，也会伪装出恋爱的感觉，从男人对我们每年问的一个问题的回答可见一斑：“你愿意和一位身上具备你要找的一切，却又不爱的人相守一生吗？”2014 年的“美国单身人士调查报告”显示，36% 的男性（29% 的女性）认为“有可能”；20 多岁到 40 岁这些正当壮年的男人和上年纪的人一样，愿意放下浪漫的爱情，找一位合适的伴侣过一辈子。

年轻人究竟为什么丧失了激情，愿意找一个不爱的人过一生？

这也许是野性的呼唤吧。鲍勃便是一个好例子。鲍勃和茱莉亚相处了 3 年。茱莉亚有才有貌，开朗、活跃、事业有成，深受朋友和家人的喜爱，她疯狂地爱上了鲍勃，急于嫁给他。但鲍勃却暗中和一个酒吧女招待来往，这女孩要文凭没文凭，要事业没事业，一口土腔土调吓坏了他的父母。他最终娶了茱莉亚，几年后，他告诉我，他挑对了人。茱莉亚是他事业上的一位得力的贤内助，用他的话说，“她是我们孩子的好妈妈”。

---

① “美国单身人士调查报告”，2011，2012，2013，2014。

② Klinenberg，2012，100 页。

③ 皮尤研究中心，2013。

④ Hatfield 和 Rapson，1996。

当“几乎正确”的女人出现的时候，鲍勃的传宗接代意识战胜了激情，驱使他去选择不那么相爱的伴侣。

◆◆◆◆◆

生儿育女是人类早在400万年前就已形成的本性。

Match.com另外调查了1500百名美国已婚男士，68%的人说他们与宝宝的关系比妈妈更亲。48%的人说他们和妻子在家中忙碌的程度一样；46%的人说他们洗的碗和妻子一样多；34%的男人为家人做饭的次数和妻子一样多；43%的男人表示拖地和清扫的时间和妻子一样多。此外，男人还要打理院子，保养汽车，负责家里的维修。59%的人认为，他们做得比自己的父亲好。他们说，自己的父亲会挣钱养家，而他们却花更多时间精力照顾和教育子女。问及他们希望女人了解他们什么，排名前三的一个回答是“体贴”。①

1989年，社会学者阿莉·霍奇柴尔德在《第二份工作》这本通俗读物中说到了既要照顾孩子，又要承担绝大部分家务的职业女性的苦衷。男人是否也开始面临第二份工作？48%的父亲说，他们感受到了做父亲的压力。这样的事例不胜枚举。女性在职场上的角色变得更重要了，男人抚养儿女的角色也随之更加重要。男人重新担负起他们几百万年前就承担的养儿育女的责任。

① “美国单身人士调查报告”，2014。

老年人的爱情

上了年纪的人不肯服老，对此我们深有体会。

Match.com 的调查表明，60 岁以上的人过半数有过一夜情[①]，而且绝大多数能达到性高潮；60 岁以上的人幸福快乐、无忧无虑、儿孙满堂，并不急着去寻找爱情[②]。其实，问及“你愿不愿娶一位符合你想要的条件，但却不是你爱的人”，他们多半给出了否定的答复。从中不难看出，追求浪漫的心永不停歇。

老年人不愿娶一个性感的女人，哪怕她具备配偶的一切素质。他们和年轻人一样[③]，受不了对方的唠叨、没完没了地看电视，或者懒惰、固执、无趣。

此外，相比其他年龄段，老年人对婚姻的兴趣很低。80% 的人不愿与子女同住，每天照看孙子孙女[④]。62% 的美国丧偶老人反而愿意独居[⑤]，这也许是为了追求爱情吧。

“我们的时代”（Our Time）是一家服务 50 岁以上人群的交友网站，在美国付费交友网站中名列第三，每年的访问人次高达数

---

① 出处同上，2011。

② 出处同上，2012。

③ 出处同上，2011。

④ Klinenberg，2012，162 页。

⑤ Klinenberg，2012。

百万。一如我们 100 万年前的祖先，以后将有更多老年人走入婚姻的围城。

同性恋

荷马在《伊利亚特》这部不朽的史诗中称爱情是“魔法，能教最冷静的人失去理智”。这种大脑机制埋在内心深处。同性恋也不例外。同性恋者与爱情相关的大脑区域与异性恋一样活跃[①]。

此外，“美国单身人士调查报告”数据明确表明，男女同性恋都相信一见钟情，他们坠入爱河的次数也差不多，他们和异性恋一样，认为与好友的性爱“极为私密”[②]，也同样会对伴侣许下承诺。41% 的男同性恋者和 43% 女同性恋者希望结婚[③]，95% 的已婚男同性恋和 87% 的已婚女同性恋的再婚对象是他们目前的伴侣。

浪漫的恋情，让人怦然心动。我们将会明白，同性恋和异性恋并没有什么分别。

---

① Zeki 和 Romaya，2010。

② “美国单身人士调查报告”，2011。

③ 出处同上，2010，2011，2012，2013，2014。

独居时代

婚姻的复杂性也催生了一种全新的社会现象，比如很多人愿意享受独居生活。①

美国目前独身的成年人将近50%，单身美国家庭从1950年的9%飙升到27%。②日本、法国、德国、瑞典等国选择独居的单身人士远高于这个比例。③这反而是新鲜事。1900年，15岁以上的美国单身人士尽管高达46%，但他们并非独自生活。纵观人类历史，无论城市、农村，还是狩猎－采集社会、耕种和游牧部落，年轻人、单身父母、丧偶人士多半与亲戚一起生活。

埃米尔·涂尔干认为，“个人崇拜”可追溯到我们的农耕祖先离开乡村，定居城市的年月。④不过，人们普遍担心这种“个人主义”让我们与外界隔绝。

对此我不敢苟同。美国人如今一年平均要发15000封电子邮件。许多人通过博客、推特、自拍视频和社交网站与数千人保持联系，脸书用户的“好友”常常多达300。只要是公共场合，经常见到人们滑着手机，这证明我们对网络无比依恋。

① Klinenberg，2012；Cherlin，2009。

② Klinenberg，2012。

③ 出处同上。

④ 出处同上。

我们置身一个庞大、多元化的社交网络，广交天下朋友。[①]男女老幼都没有与外界脱节，而是时刻关注其他人的动向。

但这不是当今社会才有的现象。我们的祖先也爱广交朋友。几年前，我有幸随坦桑尼亚的狩猎－采集民族哈扎人出行，傍晚时分，我将小帐篷搭在他们的草屋旁边，白天跟着他们外出。一天早上，我随14名妇女去草原采摘浆果。她们一路有说有笑。但一回到村子，男女便分开休息，虽然相隔不远，但互不干扰。每逢干旱季节，他们会到长年不干涸的小池塘边相会，和500名亲朋好友交流。

渴望建立和维持亲情、友情和业务关系是人的天性。现如今，我们仰仗科学技术广交朋友。此举催生了一种新型的家庭结构——社团。社团由非亲非故但经常交流的朋友构成，成员因生日之类的节日聚会走到一起，一方有难的时候会互相帮助——构成了以友情而非血缘结成一个亲情网。

社会学者埃里克·克里南伯格所谓的“独闯天下”，也许能让更多的人找到真爱，除非他们摆脱不了一种捉摸不透、带来不幸的新东西——抗抑郁药物。

① 出处同上。

这个世道究竟怎么了？

大脑中并不存在唱独角戏的物质。某个化学物质活跃性增加，其他化学物质会做出相应的调整。众所周知，促进大脑中血清素系统的药物常常抑制多巴胺的循环，而多巴胺的循环与热恋有关。①

我推测，抗抑郁药物有损多巴胺通路的活性，也抑制人的激情。这类药物包括百忧解(Prozac)、左洛复（Zoloft）、帕罗西汀（Paxil，即选择性5-羟色胺再摄取抑制剂），及新一代药物西酞普兰（Celexa）和依地普仑（Lexapro）。

我的假设还需要许多科学研究的佐证。我非常乐见有这类研究展开。自从我和精神病学者安迪·汤姆森合作了一篇研究这种关联性的文章后②，读者纷纷发来电子邮件，和我探讨这个话题。

其中一人写道，她与男友交往了8个月，但在服用帕罗西汀6周以后，她对他提不起爱的感觉了。另一位写道，依地普仑毁了他的婚姻，让他的妻子感觉不到爱。有人写道，服西酞普兰4周后，男朋友突然弃她而去，说是他丧失了那份激情。还有人说，妻子服用文拉法辛后不久，就对他冷眉冷眼，几乎看不到笑脸。一位女性的信生动地写道，她丈夫服用选择性5-羟色胺再摄取抑

① Meston和Frohlic，2000。

② Fisher和Thomson，2007。

制剂后不久，变得冷漠无情，跟换了个人似的，这药让她想起了电影《天外魔花》。

但我们别忘了，没有抗抑郁药物，有的人早上起不了床。一位女人写道，10 多年来，她没有任何激情，虽说药物不利于他们夫妻的感情，但以前的抑郁却让她痛不欲生。还有个男士在服用选择性 5- 羟色胺再摄取抑制剂后，结束了一段办公室恋情，使他能回去陪伴家人，做一位好父亲。

这是一个缺乏爱的世界吗？

目前还没有人系统研究过促血清素抗抑郁药物和掌管浪漫爱情和依附感的大脑系统之间的关系。但数十项研究证明，这些药物扼制了强迫性思维，让人变得迟钝，缺乏激情，并且影响大脑的依附感系统。[①]

美国现在一年要开出 1 亿 5000 万份处方药，而且世界各国都出了仿品。这类药物挽救了无数生命和婚姻。但哈佛医学院精神病学者约瑟夫·葛蓝姆伦却认为，服用抗抑郁药物的患者，75%

① 抗抑郁药物对性欲的副作用会影响一个人对伴侣的感情。连增强降肾上腺素系统和血管收缩素的郁复伸和欣百达等血清素增强剂新药也不利性欲、性唤醒、性表现和高潮。有研究指出，服用促血管收缩素类抗抑郁药物的病人，深受一种以上副作用困扰的人高达 73%（Montejo 等人，2001）。性方面的副作用常常带来严重的后果。性高潮期间，男女可以体会如潮的后叶催产素和血管升压素——催生信任和爱慕的化学物质。没有性，体会不到高潮，也不存在如潮的快感。但女性并非每次性交都能达到高潮，我身边的许多人认为，女性可以借此鉴别伴侣是否体贴，彼此是否默契。这些药物同样不利女性挑选一位合适的伴侣。达到高潮后，男性可以在女性的阴道储存精液——富含促使女性深深爱上或对伴侣一往情深的多巴胺、降肾上腺素、后叶催产素、血管升压素等化学物质。否则，男性便少了暗中相助的助手，结交不了新的女朋友。药物可以改变一个人求爱和性爱的技巧，甚至能影响他的前途。

的人认为“没有这个必要”。[1]

一种对爱情免疫的药物？也许如此。

九号催情药

药物能否催生情愫？

人类炮制催情药的历史长达几百年，甚至上千年。我的几位同仁深信，终有一天，我们能用尖端的药物催生人的情愫。[2] 神经系统科学家拉里·扬便是一位，他最近在《自然》杂志撰文指出：“最近针对异性相吸方面的研究进展表明，要不了多久，一名不择手段的追求者就能悄悄地将催情药撒进我们的饮料。”[3]

不过，我怀疑扬等人忽略了爱的一个主要成分：你的爱情地图。还记得吗，随着岁月的流逝，你有意无意地列了一份意中人的性格、气质和容貌清单；久而久之，随着你阅历的增加，你心中确定了这位意中人的形象。催情药改变不了你的记忆、阅历和心中固定的形象。

一位到北京参会的美国心理学研究生对此深有体会。他疯狂地爱上了另一位并不爱他的研究生同学。于是他邀请她一道乘黄包车。他知道新鲜刺激能激发多巴胺系统——有望改变一个人的

---

① Morais，2004，120 页。

② Earp 等人。

③ Young，2009，148 页。

态度，从而催生情愫。他希望这种情况降临在她身上。黄包车夫蹬着车，飞快地驶上繁忙的大街，避开公共汽车、手推车、自行车和行人。她深情款款地搂着他，开心得一路尖叫。他仿佛看到了希望，心跳加速。但等他们返回宾馆，她却从车座一跃而下，展开双臂喊道："太爽了！黄包车夫帅呆了！"

改变大脑里的化学物质，可以转变一个人的基本感情。但却左右不了这些情感的方向。我们挑选配偶，受我们无数阅历的共同影响，以及被我们的生理反应控制。总之，就算有人极力撮合你和希特勒等恶魔，"催情药"也不会让你爱上他们。

爱在未来

"哦，为了爱，我们不择手段。"诗人威廉·巴特勒·叶芝写道。我曾经说过，早在440万年前，我们的祖先就制定了一条双重生育策略：连续一夫一妻制和暗中私通。我发现21世纪男女关系的一个最大的问题，是我们如何处理相互冲突的欲望：相爱和相守的原始冲动，以及追求自由和新鲜刺激的欲望。

当然，世事发生了很大的变化，我们渐渐将爱情看作社会生活的重点。现如今，许多人对爱情慎之又慎，延长结婚前的了解时间。借助形形色色的自助书、杂志、博客、电视广播脱口秀和治疗师，我们比以往任何时候都更努力地经营爱情和婚姻。门当户对的婚姻成为常态，但夫妻不和也可以分手，今后将出现更多幸福美满的婚姻。中年期的延长，加之新科技的便利，如网上交友和伟哥，我们可以尽情地追求爱情，相爱相守。

不过，婚姻可以选择，爱却不然。阿尔迪爱过，露西爱过，特维基爱过，直立人爱过，尼安得特尔人爱过，你我无不在追求爱情。世界各地的人相爱、相恋。男人和女人就好比两只脚，需要彼此配合才能走得更远。如果我们这个物种能够延续，100 万年后我们的子孙后代还是会相亲相爱。

家庭到时候会不会绝迹？

这倒未必。用人类学者保罗·博安南的一句话说，“家庭是人类社会适应性最强的一个单元，应社会的需求而改变。家庭不像暴风雨中的橡树和松树，一有风吹草动就分崩离析，而是像东方故事中的竹子，遇风让步，风过又挺直了腰杆”。[①]

因此我的结论如下：对将来爱情婚姻的任何预测，都要考虑将来的一个决定性因素：人类对爱情百折不挠的、适应性强的和原始的渴望。

---

① Bohannan，1985。

附录

离婚分布图

图 1：芬兰离婚分布图，1950 年至 1987 年

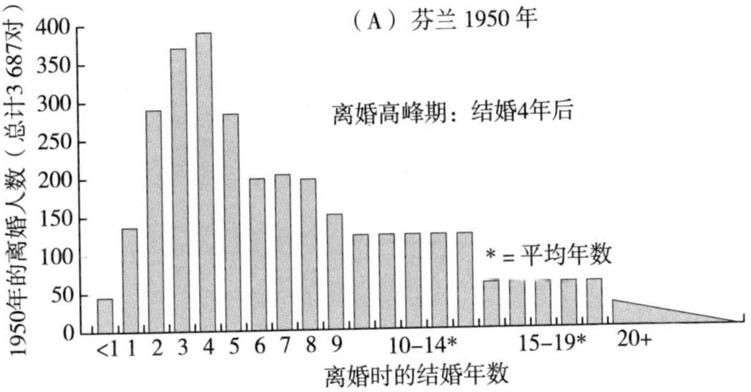

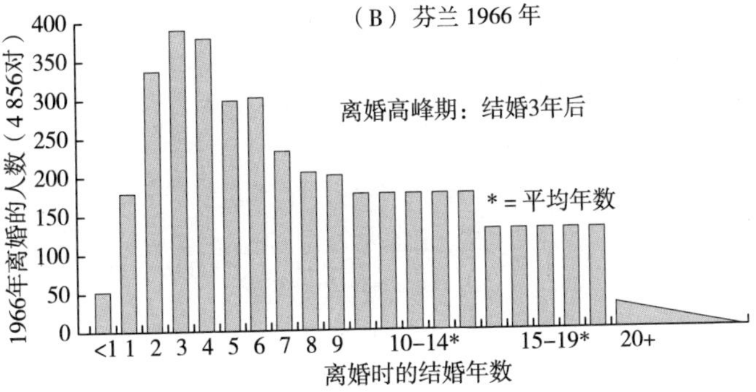

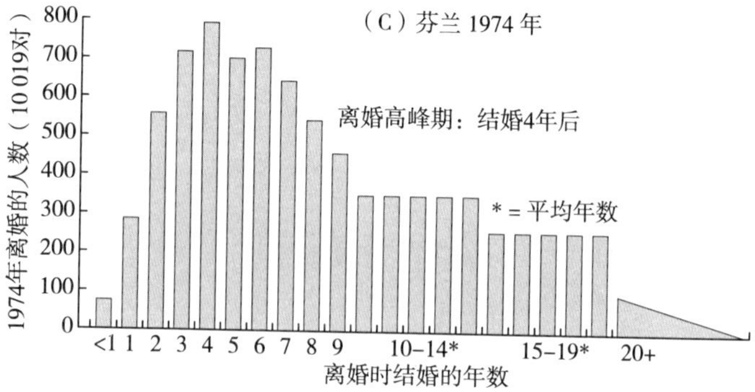

（C）芬兰 1974 年
离婚高峰期：结婚4年后
* = 平均年数
1974年离婚的人数（10 019对）
800
700
600
500
400
300
200
100
0
<1 1 2 3 4 5 6 7 8 9 10–14* 15–19* 20+
离婚时结婚的年数

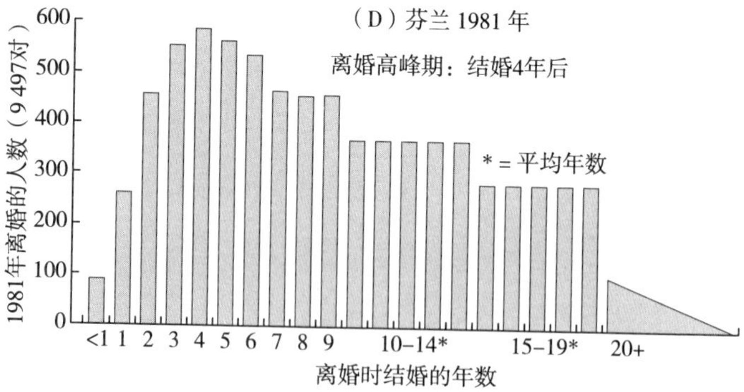

（D）芬兰 1981 年
离婚高峰期：结婚4年后
* = 平均年数
1981年离婚的人数（9 497对）
600
500
400
300
200
100
0
<1 1 2 3 4 5 6 7 8 9 10–14* 15–19* 20+
离婚时结婚的年数

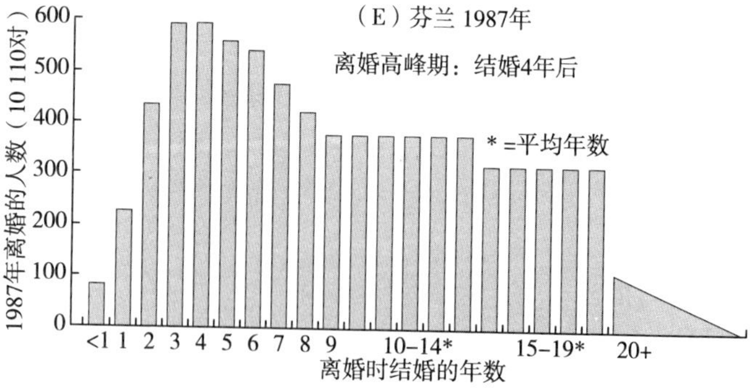

（E）芬兰 1987年
离婚高峰期：结婚4年后
* =平均年数
1987年离婚的人数（10 110对）
600
500
400
300
200
100
0
<1 1 2 3 4 5 6 7 8 9 10–14* 15–19* 20+
离婚时结婚的年数

图 A-E 为联合国人口年鉴中列出的芬兰 5 个年份的离婚概况。1981 年，大多数离婚发生在婚后第 4 个年头。婚后第 10 至 14 和第 15 至 19 年的离婚数据是个平均数，因为原始数据是一个概数。20 年以上一栏是指 20 至 40 年的平均数。其实，离婚随结婚的年数稳定下降。从这些矩形图中不难看出，芬兰的离婚高峰期集中在结婚后 3 至 4 年，尽管最近几十年离婚率逐年上升，但这一格局并没有大的变化。

图 2：1947 年至 1989 年（188 例）的数十年，62 个社会的离婚高峰期

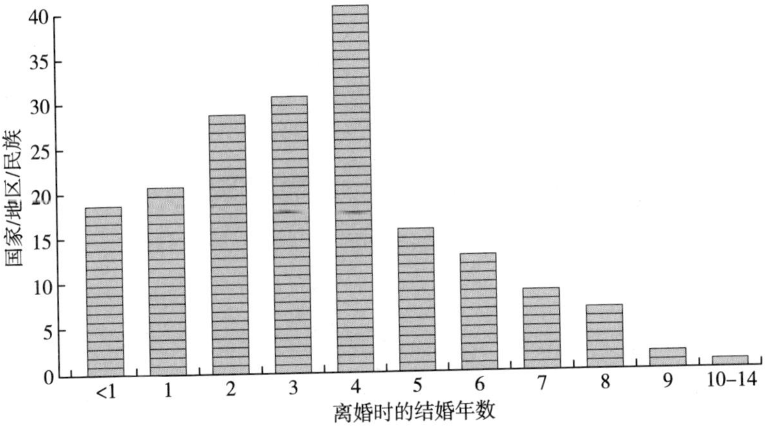

图示为 1947 年至 1989 年间 62 个国家、地区和民族各年份的离婚分布图（188 例）。每个矩形图的离婚高峰期（众数）在主图中以长方形标出。比如芬兰 1981 年，在横轴 4 的位置以长方形表示。从图中可以看出，各个社会的人往往在婚后的第 3 年至第 4 年离婚，第 4 年是离婚高峰期。

图 3：1978 年埃及离婚分布图

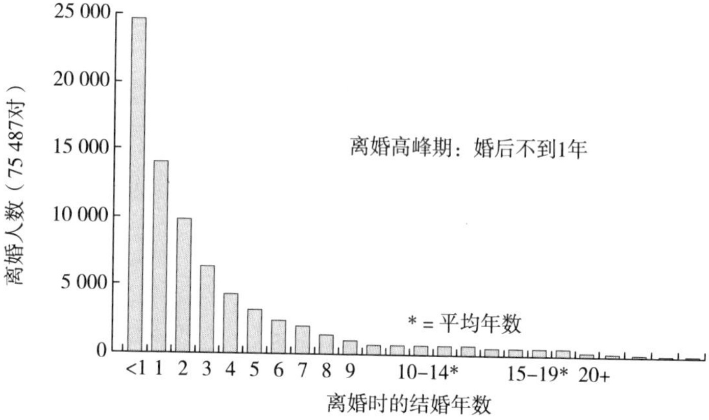

在 1978 年的埃及和 1947 年至 2012 年之间联合国有据可查的所有伊斯兰国家，大多数离婚发生在婚后第 1 年。一对夫妇结婚时间越久，婚姻越稳定。

图 4：1986 年美国离婚分布图

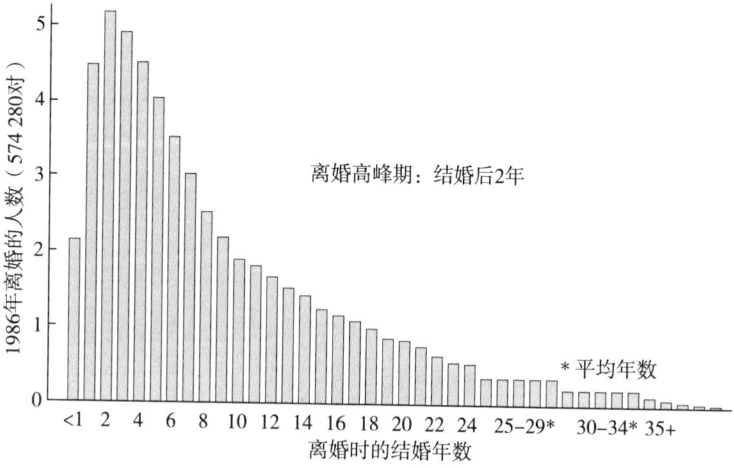

1986 年美国离婚分布图出自美国人口统计局。婚后 25 至 29 年、婚后 30 至 34 年，以及 35 年以上部分的离婚数据是平均数，因为原始数据为一个概数。离婚多半发生在婚后第 2 和第 3 年——一如我研究过的 1960 年至 1989 年的各个年份。这一稳定的离婚高峰期，我在第五章做了详细说明。

图 5：2003 年至 2012 年各国离婚高峰期（85 例）

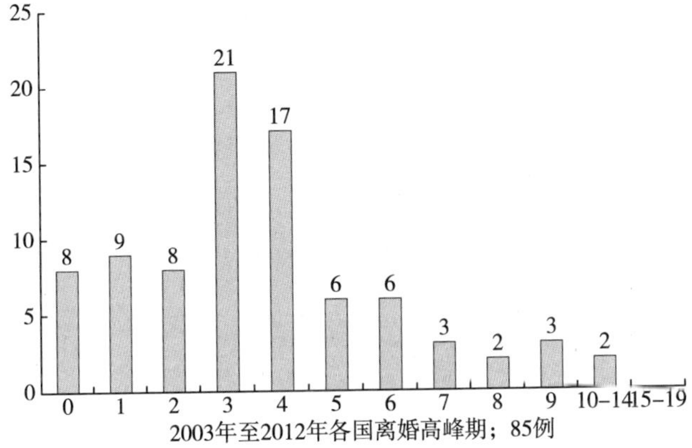

这张离婚分布图分析了 2003 年至 2012 年各年份 79 个国家的离婚高峰期（85 例）。之后将各矩形图的离婚高峰期（众数）放之主表。由于数据收集于前数十年，所以离婚高峰期（众数）并没有多大变化。不论互联网和全球网络的兴起带来了什么样的巨大社会变化，各个社会在婚后第 3 和第 4 年分手的人依然居多。

致谢

感谢希拉里·德尔普雷特，你卓越的研究为本书提供了理论依据。感谢约翰·古尔契精彩地再现了远古夫妇的生活画面。感谢 Match.com 的曼迪·金斯伯格、埃米·卡纳迪等人为我提供的美国单身人士数据，并由贾斯汀·加西亚帮我将资料公之于广大学者和普通读者。承蒙 W. W. Norton 出版社埃米·彻丽好意邀请我修改；阿莱格拉·休斯顿、雷米·考利等 Norton 编校人员为本书付出的心血，我的代理阿曼达·厄本的指点，在此我一并表示感谢。感谢露西·布朗在许多益智项目给予的配合以及不遗余力地为网站（TheAnatomyOfLove.com）做出的奉献，并且通过网站推出了本书中的一些观点。感谢你，李·席尔沃，感谢你为本书中的个性数据所做的复杂严谨的分析；感谢罗伊斯·卡尔顿演讲社和 TED 大会的朋友们帮我宣传本书的观点；感谢格里·奥尔斯特罗姆、汤马斯·坎贝尔·贾森、伊丽莎白·伊思和戴安·戴利让广大企业和医疗团体了解我的初衷。感谢你，克里斯琴·弗雷，你在纽约拍摄的纪录片《无眠》为本书观点做的宣传。我还要感谢洛娜、奥德丽等亲朋好友，感谢你们在本书从构思到付梓这一漫长的过程中付出的耐心和好脾气。最后，对雷·卡罗尔，我深表谢意，感谢这位故人他辛苦撰写的初稿。

英文参考文献

Abi-Rached, L., M. J. Jobin, S. Kulkaini, et al. 2011. The Shaping of Modern Human Immune Systems by Multiregional Admixture with Archaic Humans. *Science* 334: 89.

Abrams, A. 1973. Medieval women and trade. In *Women: From the Greeks to the French Revolution*, ed. S. G. Bell. Stanford: Stanford Univ. Press.

Abu-Lughod, L. 1986. *Veiled sentiments: Honor and poetry in a Bedouin society*. Berkeley: Univ. of California Press.

———. 1987. Bedouin blues. *Natural History*, July, 24–34.

Acevedo, B., and A. Aron. 2009. Does a long-term relationship kill romantic love? *Review of General Psychology* 13(1): 59–65.

Acevedo, B., A. Aron, H. Fisher, L. Brown. 2011. Neural correlates of long-term intense romantic love. *Social Cognitive and Affective Neuroscience* doi: 10.1093/scan/nsq092.

——— 2012a. Neural correlates of marital satisfaction and well-being: Reward, empathy, and affect. *Clinical Neuropsychiatry*, 9 (1): 20–31.

——— 2012b. Neural correlates of long-term intense romantic love. *Social Cognitive and Affective Neuroscience* 7:145–59.

Ackerman, C. 1963. Affiliations: Structural determinants of differential divorce rates. *American Journal of Sociology* 69:13–20.

Ackerman, D. 1990. *The natural history of the senses*. New York: Random House.

Ackerman, S. 1989. European history gets even older. *Science* 246:28–29.

Adams, D. B., A. R. Gold, and A. D. Burt. 1978. Rise in female-initiated sexual activity at ovulation and its suppression by oral contraceptives. *New England Journal of Medicine* 299:1145–50.

Adams, V. 1980. Getting at the heart of jealous love. *Psychology Today,* May, 38–48.

Aharon, I., N. Etcoff, D. Ariely, et al. 2001. Beautiful Faces have Variable Reward Value: fMRI and Behavioral Evidence. *Neuron* 32:537–551.

Aiello, L. C., and P. Wheeler. 1995. The expensive tissue hypothesis: the brain and digestive system in human and primate evolution. *Current Anthropology* 36:199–221.

Ainsworth, M. D. S., M. C. Blehar, E. Waters, and S. Wall. 1978. *Patterns of Attachment: A psychological study of the strange situation*. Hillsdale, NJ: Erlbaum.

Alcock, J. 1987. Ardent adaptationism. *Natural History,* April, 4.

Alemseged, Z., F. Spoor, W. H. Kimbel, et al. 2006. A juvenile early hominin skeleton from Dikika, Ethiopia. *Nature* 443:296–310.

Alexander, M. G., and T. D. Fisher. 2003. Truth and consequences: using the bogus pipeline to examine sex difference in self-reported sexuality. *Journal of Sex Research* 40(1):27–35.

Alexander, R. D. 1974. The evolution of social behavior. *Annual Review of Ecology and Systematics* 5:325–83.

———. 1987. *The biology of moral systems*. New York: Aldine de Gruyter.

———. 1990. *How did humans evolve?* Museum of Zoology, University of Michigan, Special Publication no. 1.

Alexander, R. D., and K. M. Noonan. 1979. Concealment of ovulation, parental care and human social evolution. In *Evolutionary Biology and Human Social Behavior*, ed. N. A. Chagnon and W. Irons. North Scituate, MA: Duxbury Press.

Alford, R. R., and R. Friedland. 1985. *Powers of theory: Capitalism, the state, and democracy*. New York: Cambridge Univ. Press.

Allen, E. S., and D. H. Baucom. 2001. *Patterns of infidelity*. Poster presented at the annual meeting of the Association for Advancement of Behavior Therapy, Philadelphia, PA, November.

Allen, E. S., G. K. Rhoades, S. M. Stanley, et al. 2008. Premarital precursors of marital infidelity. *Family Process* 47: 243–59.

Allen, L. L., P. S. Bridges, D. L. Evon, et al. 1982. Demography and human origins. *American Anthropologist* 84:888–96.

Allen, M. 1981. Individual copulatory preference and the "Strange female effect" in a captive group-living male chimpanzee *(Pan troglodytes)*. *Primates* 22:221–36.

Altschuler, M. 1971. Cayapa personality and sexual motivation. In *Human Sexual Behavior*, ed. D. S. Marshall and R. C. Suggs. Englewood Cliffs, NJ: Prentice-Hall.

Amato, P. R., and C. Dorius. 2010. Fathers, children, and divorce. In *The role of the father in child development*. 5th edition ed. M. E. Lamb, 177–200. New York: John Wiley & Sons.

Ambrose, S. H. 1986. Comment on: H. T. Bunn and E. M. Kroll, Systematic butchery by Plio/Pleistocene hominids at Olduvai Gorge, Tanzania. *Current Anthropology* 27:431–53.

Andersson, M. 1994. *Sexual selection*. Princeton, NJ: Princeton Univ. Press.

Andrews, P. 1981. Species diversity and diet in monkeys and apes during the Miocene. In *Aspects of human evolution*, ed. C. B. Stringer. London: Taylor and Francis.

Andrews, P., and J. E. Cronin. 1982. The relationships of *Sivapithecus* and *Ramapithecus* and the evolution of the orang-utan. *Nature* 297:541–46.

Andrews, P., and J. A. H. Van Couvering. 1975. Palaeoenvironments in the East African Miocene. In *Approaches to primate paleobiology*, ed. F. S. Szalay. Basel: S. Karger.

Andrews, P. W., J. A. Thomson Jr., A. Amstadter, and M. C. Neale. 2012. Primum non nocere: an evolutionary analysis of whether antidepressants do more harm than good. *Frontiers in Evolutionary Psychology* 3:117.

Angier, N. 1990. Mating for life? It's not for the birds or the bees. *New York Times*, August 21.

Apicella, C. L., D. R. Feinberg, and F. W. Marlow. 2007. Voice pitch predicts reproductive success in male hunter-gatherers. *Biology Letters* 3:682–84.

Apostolou, M. 2007. Sexual selection under parental choice: The role of parents in the evolution of human mating. *Evolution and Human Behavior* 28(6): 403–9.

Arensburg, B., A. M. Tillier, B. Vandermeersch, et al. 1989. A middle paleolithic human hyoid bone. *Nature* 338:758–60.

Aron, A., E. Aron, and C. C. Norman. 2001. Self-expansion model of motivation and cognition in close relationships and beyond. In *Blackwell handbook of social psychology: Interpersonal processes*, ed. G. J. O. Fletcher and M. Clark, 478–501. Malden, MA: Blackwell.

Aron, A., H. E. Fisher, D. J. Mashek, et al. 2005. Reward, Motivation and Emotion Systems Associated with Early-Stage Intense Romantic Love: An fMRI study. *Journal of Neurophysiology* 94:327–37.

Aron, E. and A. Aron. 1996. Love and expansion of the self: The state of the model. *Personal Relationships* 3:45–58.

Atwater, L. 1987. College students extramarital involvement. *Sexuality Today*, Nov. 30, 2.

Avery, C. S. 1989. How do you build intimacy in an age of divorce? *Psychology Today*, May, 27–31.

Axelrod, D. I., and P. H. Raven. 1977. Late Cretaceous and tertiary vegetation history in Africa. In *Biogeography and ecology of southern Africa*, ed. M. J. A. Werger. The Hague: Junk.

Badrian, A., and N. Badrian. 1984. Social organization of *Pan paniscus* in the Lomako Forest, Zaire. In *The pygmy chimpanzee*, ed. R. L. Susman. New York: Plenum Press.

Badrian, N., and R. K. Malenky. 1984. Feeding ecology of *Pan paniscus* in the Lomako Forest, Zaire. In *The pygmy chimpanzee*, ed. R. L. Susman. New York: Plenum Press.

Bailey, J. M., and R. C. Pillard. 1991. A genetic study of male sexual orientation. *Archives of General Psychiatry* 48(12): 1089–96.

Bailey, N. W., and M. Zuk. 2009. Same sex sexual behavior and evolution. *Trends in Ecology and Evolution* 24(8): 439–46.

Baker, R. 1996. Sperm wars: the science of sex. New York: Basic Books.

Baker, R. R. and M. A. Bellis. 1995. *Human sperm competition*. London: Chapman and Hall.

Balsdon, J. P. V. D. 1973. Roman women: Their history and habits. In *Women: From the Greeks to the French Revolution*, ed. S. G. Bell. Stanford, CA: Stanford Univ. Press.

Barash, D. P. 1977. *Sociology and behavior*. New York: Elsevier.

Bardis, P. 1963. Main features of the ancient Roman family. *Social Science* 38 (Oct.): 225–40.

Barnes, J. 1967. The frequency of divorce. In *The craft of social anthropology*, ed. A. L. Epstein. London: Tavistock.

Baron-Cohen S. 2003a. *The essential difference: Men, women and the extreme male brain*. London: Allen Lane.

———. 2003b. The extreme male brain theory of autism. *Trends in Cognitive Sciences* 6: 248–54.

Baron-Cohen, S., R. C. Knickmeyer, and M. K. Belmonte. 2005. Sex differences in the brain: Implications of explaining autism. *Science* 310: 819–23.

Barraza, J., and P. J. Zak. 2009. Empathy toward strangers triggers oxytocin release and subsequent generosity. *Annuals of the New York Academy of Sciences* 1167:182–89.

Barrett, N. 1987. Women and the economy. In *The American woman, 1987–88*, ed. Sara E. Rix. New York: W. W. Norton.

Barringer, F. 1989a. U.S. birth level nears 4 million mark. *New York Times*, Oct. 31.
———. 1989b. Divorce data stir doubt on trial marriage. *New York Times*, June 9.
———. 1991. Changes in U.S. households: Single parents amid solitude. *New York Times*, June 7.
Bartels, A., and S. Zeki. 2000. The neural basis of romantic love. *NeuroReport* 11:3829–34.
———. 2004. The neural correlates of maternal and romantic love. *NeuroImage* 21: 1155–66.
Bateman, A. J. 1948. Intra-sexual selection in drosophila. *Heredity* 2:349–68.
Baumeister, R. F. 2000. Gender differences in erotic plasticity: The female sex drive as socially flexible and responsive. *Psychological Bulletin* 126:347–74.
Baumeister, R. F., K. R. Catanese, and K. D. Vohs. 2001. Is there a gender difference in strength of sex drive? Theoretical views, conceptual distinctions, and a review of relevant evidence. *Personality and Social Psychology Reviews* 5:242–73.
Baumeister, R. F., S. R. Wotman, and A. M. Stillwell. 1993. Unrequited love: On heartbreak, anger, guilt, scriptlessness and humiliation. *Journal of Personality and Social Psychology* 64:377–94.
Beals, R. L. 1946. *Cherán: A Sierra Tarascan village.* Smithsonian Institution, Institute of Social Anthropology, Publication no. 2. Washington, DC: Government Printing Office.
Beardsley, R. K., J. W. Hall, and R. E. Ward. 1959. *Village Japan.* Chicago: Univ. of Chicago Press.
Behrensmeyer, K. 1984. Taphonomy and the fossil record. *American Scientist* 72:558–66.
Behrensmeyer, K., and A. P. Hill. 1980. *Fossils in the making.* Chicago: Univ. of Chicago Press.
Belkin, L. 1989. Bars to equality of sexes seen as eroding, slowly. *New York Times*, Aug. 20.
Bell, A. P., and S. Weinberg. 1978. *Homosexualities: A study of diversity among men and women.* New York: Simon and Schuster.
Bell, D. 1980. Desert politics: Choices in the "marriage market." In *Women and Colonization*, ed. Mona Etienne and Eleanor Leacock. New York: Praeger.
Bell, J. 1995. Notions of love and romance among the Taita of Kenya. In *Romantic Passion: A universal experience?* ed. W. Jankowiak. New York: Columbia Univ. Press.
Bell, S. G., ed. 1973. *Women: From the Greeks to the French Revolution.* Stanford, CA: Stanford Univ. Press.
Benbow, C. P., and J. C. Stanley. 1980. Sex differences in mathematical ability: Fact or artifact. *Science* 210:1234–36.
———. 1983. Sex differences in mathematical reasoning ability: More facts. *Science* 222:1029–31.
Benderly, B. L. 1987. *The myth of two minds: What gender means and doesn't mean.* New York: Doubleday.
———. 1989. Don't believe everything you read: A case study of how the politics of sex differences research turned a small finding into a major media flap. *Psychology Today*, Nov., 63–66.

Benshoof, L., and R. Thornhill. 1979. The evolution of monogamy and concealed ovulation in humans. *Journal of Social and Biological Structures* 2:95–106.

Berger, J. 1986. *Wild horses of the Great Basin: Social competition and population size.* Chicago: Univ. of Chicago Press.

Berggren, W. A., and C. D. Hollister. 1977. Plate tectonics and paleocirculation—Commotion in the ocean. *Tectonophysics* 38:11–48.

Bernard, J. 1964. The adjustment of married mates. In *Handbook of marriage and the family,* ed. H. I. Christensen. Chicago: Rand McNally.

Berndt, C. H. 1981. Interpretations and "facts" in aboriginal Australia. In *Woman the gatherer,* ed. F. Dahlberg. New Haven: Yale Univ. Press.

Bernor, R. L. 1985. Neogene palaeoclimatic events and continental mammalian response: Is there global synchroneity? *South African Journal of Science* 81:261.

Berremann, G. 1962. Pahari polyandry: A comparison. *American Anthropologist* 64:60–75.

Bertram, B. C. R. 1975. Social factors influencing reproduction in wild lions. *Journal of Zoology* 177:463–82.

Bester-Meredith, J. K., L. J. Young, and C. A. Marler. 1999. Species differences in paternal behavior and aggression in *Peromyscus* and their associations with vasopressin immunoreactivity and receptors. *Hormones and Behavior* 36: 25–38, 212–21.

Betzig, L. L. 1982. Despotism and differential reproduction: A cross-cultural correlation of conflict asymmetry, hierarchy and degree of polygyny. *Ethology and Sociobiology* 3:209–21.

———. 1986. *Despotism and differential reproduction: A Darwinian view of history.* Hawthorne, NY: Aldine.

———. 1989. Causes of conjugal dissolution: A cross-cultural study. *Current Anthropology* 30:654–76.

Betzig, L., A. Harrigan, and P. Turke. 1989. Childcare on Ifaluk. *Zeitschrift für Ethnologie* 114:161–77.

Bieber, I., H. J. Dain, P. R. Dince, et al. 1962. *Homosexuality: A psychoanalytic study of male homosexuals.* New York: Basic Books.

Binford, L. R. 1981. *Bones: Ancient men and modern myths.* New York: Academic Press.

———. 1985. Human ancestors: Changing views of their behavior. *Journal of Anthropological Archaeology* 4:292–327.

———. 1987. The hunting hypothesis: Archaeological methods and the past. *Yearbook of Physical Anthropology* 30:1–9.

Birdsell, J. B. 1968. Some predictions for the Pleistocene based on equilibrium systems among recent hunter-gatherers. In *Man the Hunter,* ed. R. B. Lee and I. DeVore. New York: Aldine.

———. 1979. Ecological influences on Australian aboriginal social organization. In *Primate ecology and human origins,* ed. I. S. Bernstein and E. O. Smith. New York: Garland STPM Press.

Birkhead, T., and A. P. Moller. 1998. Sperm competition and sexual selection. New York: Academic Press.

Bischof, N. 1975a. A systems approach toward the functional connections of attachment and fear. *Child Development* 46:801–17.

———. 1975b. Comparative ethology of incest avoidance. In *Biosocial anthropology*, ed. R. Fox. London: Malaby Press.

Blake, J. 1989a. *Family size and achievement.* Berkeley: Univ. of California Press.

———. 1989b. Number of siblings and educational attainment. *Science* 245:32–36.

Blumenschine, R. J. 1986. *Early hominid scavenging opportunities: Implications for carcass availability in the Serengeti and Ngorongoro ecosystems.* British Archaeological Reports International Series, no. 283. Oxford: BAR.

———. 1987. Characteristics of an early hominid scavenging niche. *Current Anthropology* 28:383–407.

———. 1989. A landscape taphonomic model of the scale of prehistoric scavenging opportunities. *Journal of Human Evolution* 18:345–71.

Blumler, M. A., and R. Byrne. 1991. The ecological genetics of domestication and the origins of agriculture. *Current Anthropology* 32:23–54.

Blumstein, P., and P. Schwartz. 1983. *American couples: Money, work, sex.* New York: William Morrow.

Blurton-Jones, N. G. 1984. A selfish origin for human sharing: Tolerated theft. *Ethology and Sociobiology* 5:1–3.

Boesch, C., and A. Boesch. 1984. Mental map in wild chimpanzees: An analysis of hammer transports for nut cracking. *Primates* 25:160–70.

Bohannan, P. 1985. *All the happy families: Exploring the varieties of family life.* New York: McGraw-Hill.

Bonnefille, R. 1985. Evolution of the continental vegetation: The palaeobotanical record from East Africa. *South African Journal of Science* 81:267–70.

Borgerhoff Mulder, M. 1990. Kipsigis women's preferences for wealthy men: Evidence for female choice in mammals? *Behavioral Ecology and Sociobiology* 27:255–64.

Botwin, C. 1988. *Men who can't be faithful.* New York: Warner Books.

Bower, B. 1984. Fossil find may be earliest known hominid. *Science News* 125:230.

———. 1985. A mosaic ape takes shape. *Science News* 127:26–27.

———. 1986. The math gap: Puzzling sex differences. *Science News* 130:357.

———. 1988a. Ancient human ancestors got all fired up. *Science News* 134:372.

———. 1988b. Retooled ancestors. *Science News* 133:344–45.

———. 1989. Conflict enters early European farm life. *Science News* 136:165.

———. 1990. Average attractions: Psychologists break down the essence of physical beauty. *Science News* 137:298–99.

———. 1991. Darwin's minds. *Science News* 140:232–34.

Bowlby, J. 1969. *Attachment and loss.* Vol. 1, *Attachment.* New York: Basic Books.

———. 1973. *Attachment and loss.* Vol. 2, *Separation.* New York: Basic Books.

Brain, C. K. 1981. *The hunters or the hunted? An introduction to African cave taphonomy.* Chicago: Univ. of Chicago Press.

Brain, C. K., and A. Sillen. 1988. Evidence from the Swartkrans cave for the earliest use of fire. *Nature,* 336:464–66.

Bramble, D. M., and D. E. Lieberman. 2004. Endurance running and the evolution of *Homo*. *Nature* 432:345–52.

Brand, R. J., C. M. Markey, A. Mills, and S. D. Hodges. 2007. Sex differences in self-reported infidelity and its correlates. *Sex Roles,* 57:101–9.

Brandwein, N., J. MacNeice, and P. Spiers. 1982. *The group house handbook: How to live with others (and love it).* Reston, VA: Acropolis.

Bray, O. E., J. J. Kennelly, and J. L. Guarino. 1975. Fertility of eggs produced on territories of vasectomized red-winged blackbirds. *Wilson Bulletin* 87:187–95.

Briggs, J. L. 1970. *Never in anger: Portrait of an Eskimo family.* Cambridge, MA: Harvard Univ. Press.

Brink, A. S. 1957. The spontaneous fire-controlling reactions of two chimpanzee smoking addicts. *South African Journal of Science* 53:241–47.

Brod, H. 1987. Who benefits from male involvement in wife's pregnancy? *Marriage and Divorce Today* 12 (46): 3.

Bromage, T. G. 1987. The biological and chronological maturation of early hominids. *Journal of Human Evolution* 16:257–72.

Brown, E. 1987. The hidden meaning: An analysis of different types of affairs. *Marriage and Divorce Today* 12 (44): 1.

Brown, F., J. Harris, R. Leakey et al. 1985. Early *Homo erectus* skeleton from West Lake Turkana, Kenya. *Nature* 316:788–92.

Brown, L. L., B. P. Acevedo, and H. E. Fisher. 2013. Neural correlates of four broad temperament dimensions: Testing predictions for a novel construct of personality. *PLoS One* 8(11): e78734.

Brown, P. 1988. *The Body and Society: Men, women and sexual renunciation in early Christianity.* New York: Columbia Univ. Press.

Bullough, V. L. 1976. *Sexual variance in society and history.* Chicago: Univ. of Chicago Press.

Bullough, V. L., and B. Bullough. 1987. *Women and prostitution: A social history.* Buffalo, NY: Prometheus.

Bunn, H. T., and E. M. Kroll. 1986. Systematic butchery by Plio/Pleistocene hominids at Olduvai Gorge, Tanzania. *Current Anthropology* 27:431–53.

Burch, E. S., Jr., and T. C. Correll. 1972. Alliance and conflict: Interregional relations in north Alaska. In *Alliance in Eskimo society*, ed. L. Guemple. Seattle: Univ. of Washington Press.

Burgess, E. W., and L. S. Cottrell. 1939. *Predicting success and failure in marriage.* New York: Prentice-Hall.

Burleson, M. H., and W. R. Trevathan. 1990. Non-ovulatory sexual activity: Possible physiological effects on women's lifetime reproductive success. Paper presented at the annual meeting of the Human Behavior and Evolution Society, Los Angeles.

Burley, N. 1979. The evolution of concealed ovulation. *American Naturalist* 114:835–58.

Burns, G. 1990. The 21st Century Family. *Newsweek Special Edition*, Winter/Spring, 10.

Burton, F. D. 1971. Sexual climax in female *Macaca mulatta.* In *Proceedings of the Third International Congress of Primatology, Zurich 1970*, 3:180–91. Basel: Karger.

Buss, D. M. 1989. Sex differences in human mate preferences: Evolutionary hypotheses tested in 37 cultures. *Behavioral and Brain Sciences* 12:1–49.

———.1994. *The Evolution of Desire: Strategies of human mating.* New York: Basic Books.

———. 2000. *The dangerous passion: Why jealousy is as necessary as love and sex.* New York: Free Press.

Bygott, J. D. 1974. Agonistic behavior and dominance in wild chimpanzees. PhD thesis, Univ. of Cambridge.

———. 1979. Agonistic behavior, dominance and social structure in wild chimpanzees of the Gombe National Park. In *The Great Apes*, ed. D. A. Hamburg and E. R. McCown. Menlo Park, CA: Benjamin/Cummings.

Byrne, G. 1989. Overhaul urged for math teaching. *Science* 243:597.

Cacioppe, S, F. Bianchi-Demicheli, C. Frum, J. G. Pfaus, and J. W. Lewis. 2012. The common neural bases between sexual desire and love: a multilevel kernel density fMRI analysis. *J. S. Med.* 9(4): 1048–54.

Callaway, E. 2011. Ancient DNA reveals secrets of human history: Modern humans may have picked up key genes from extinct relatives. *Nature* 476:136–37.

Campbell, B., ed. 1972. *Sexual selection and the Descent of man, 1871–1971.* Chicago: Aldine.

Camperio-Ciani, A., and E. Pellizzari. 2012. Fecundity of paternal and maternal non-parental female relatives of homosexual and heterosexual men. *PLoS One* 7(12): e51088. doi:10.1371/journal.pone.0051088.

Camperio-Ciani, A., F. Corna, and C. Capiluppi. 2004. Evidence for maternally inherited factors favouring male homosexuality and promoting female fecundity. Royal Society: *Biological Sciences* 271, no. 1554 (Nov. 7, 2004): 2217–21.

Cant, J. G. H. 1981. Hypothesis for the evolution of human breasts and buttocks. *American Naturalist* 117:199–204.

Capellanus, A. 1959. *The art of courtly love.* Trans. J. Parry. New York: Ungar.

Carcopino, J. 1973. The emancipation of the Roman matron. In *Women: From the Greeks to the French Revolution*, ed. S. G. Bell. Stanford: Stanford Univ. Press.

Carmichael, M. S., R. Humbert, J. Dixen, et al. 1987. Plasma oxytocin increases in the human sexual response. *Journal of Clinical Endocrinology and Metabolism* 64(1): 27–31.

Carneiro, R. L. 1958. Extra-marital sex freedom among the Kuikuru Indians of Mato Grosso. *Revista do Museu Paulista* (São Paulo) 10:135–42.

———. 1981. The chiefdom: Precursor of the state. In *The Transition to Statehood in the New World*, ed. G. D. Jones and R. R. Kautz. New York: Cambridge Univ. Press.

———. 1987. Cross-currents in the theory of state formation. *American Ethnologist* 14:756–70.

———. 1991. The nature of the chiefdom as revealed by evidence from the Cauca Valley of Colombia. In *Profiles in cultural evolution*, ed. A. T. Rambo and K. Gillogly. Anthropology Papers, Museum of Anthropology, University of Michigan, no. 85: 167–90.

Carretero, M., J. M. Bermúdez de Castro, and E. Carbonell. 2004. Auditory capacities in Middle Pleistocene humans from the Sierra de Atapuerca in Spain. *Proceedings of the National Academy of Sciences* 101 (27): 9976–81.

———. 1998. Neuroendocrine perspectives on social attachment and love. *Psychoneuroendocrinology* 23: 779–818.

Carter, C. S. 1992. Oxytocin and sexual behavior. *Neuroscience and Biobehavioral Reviews* 1(16): 131–44.

Cavallo, J. A. 1990. Cat in the human cradle. *Natural History*, Feb., 53–60.

Cavallo, J. A., and R. Blumenschine. 1989. Tree stored leopard kills: Expanding the hominid scavenging niche. *Journal of Human Evolution* 18:393–99.

Cetron, M., and O. Davies. 1989. *American renaissance: Our life at the turn of the 21st century.* New York: St. Martin's Press.

Chagnon, N. 1982. Sociodemographic attributes of nepotism in tribal populations: Man the rule breaker. In *Current Problems in Sociobiology,* ed. B. Bertram. Cambridge, UK: Cambridge Univ. Press.

Chance, M. R. A. 1962. Social behavior and primate evolution. In *Culture and the evolution of man,* ed. M. F. A. Montagu. New York: Oxford Univ. Press.

Chance, N. A. 1966. *The Eskimo of North Alaska.* New York: Holt, Rinehart and Winston.

Chase, P. G., and H. L. Dibble. 1987. Middle Paleolithic symbolism: A review of current evidence and interpretations. *Journal of Anthropological Archaeology* 6:263–96.

Cherlin, A. J. 1978. Women's changing roles at home and on the job. *Proceedings of a conference on the national longitudinal surveys of mature women in cooperation with the employment and training administration.* Department of Labor Special Report, no. 26.

———. 1981. *Marriage, divorce, remarriage.* Cambridge, MA: Harvard Univ. Press.

———. 1987. Women and the family. In *The American woman, 1987–88,* ed. S. E. Rix. New York: Norton.

———. 2009. The marriage go-round: The state of marriage and the family in America today. New York: Knopf.

Chesters, K. I. M. 1957. The Miocene flora of Rusinga Island, Lake Victoria, Kenya. *Palaeontographica* 101B:30–67.

Chin, P. 1978. *The family.* Trans. S. Shapiro. Peking: Foreign Languages Press.

Chivers, D. J. 1978. Sexual behavior of the wild siamang. In *Recent advances in primatology.* Vol. 1, *Behavior,* ed. D. J. Chivers and J. Herbert. New York: Academic Press.

Chute, M. 1949. *Shakespeare of London.* New York: E. P. Dutton.

Ciochon, R. L., and J. G. Fleagle. 1987. Part V: *Ramapithecus* and human origins. In *Primate evolution and human origins,* ed. R. L. Ciochon and J. G. Fleagle. New York: Aldine de Gruyter.

Clark, G. 1980. *Mesolithic prelude.* Edinburgh: Edinburgh Univ. Press.

Cohen, M. N. 1977. *The Food crisis in prehistory: Overpopulation and the origins of agriculture.* New Haven: Yale Univ. Press.

———. 1980. Speculations on the evolution of density measurement and population regulation in *Homo sapiens.* In *Biosocial mechanisms of population regulation,* ed. M. N. Cohen, R. S. Malpass, and H. G. Klein. New Haven: Yale Univ. Press.

———. 1989. *Health and the rise of civilization.* New Haven: Yale Univ. Press.

Cohen, R. 1971. *Dominance and defiance: A study of marital instability in an Islamic African society.* Washington, DC: American Anthropological Association.

Cohen, Y. A. 1964. *The transition from childhood to adolescence: Cross-cultural studies of initiation ceremonies, legal systems, and incest taboos.* Chicago: Aldine.

Collier, J. F. 1988. *Marriage and inequality in classless societies.* Stanford, CA: Stanford Univ. Press.

Conkey, M. W. 1983. On the origins of Paleolithic art: A review and some critical thoughts. In *The Mousterian legacy,* ed. E. Trinkaus. Oxford: British Archaeological Reports.

———. 1984. To find ourselves: Art and social geography of prehistoric hunter gatherers. In *Past and present in hunter gatherer societies,* ed. C. Schrire. New York: Academic Press.

Conoway, C. H., and C. B. Koford. 1964. Estrous cycles and mating behavior in a free-ranging band of rhesus monkeys. *Journal of Mammalogy* 45:577–88.

Conroy, G. E., M. W. Vannier, and P. V. Tobias. 1990. Endocranial features of *Australopithecus africanus* revealed by 2 and 3-D computed tomography. *Science* 247:838–41.

Constantine, L. L., and J. N. Constantine. 1973. *Group marriage: A study of contemporary multilateral marriage.* New York: Macmillan.

Coolidge, H. J. 1933. *Pan paniscus,* pygmy chimpanzee from south of the Congo River. *American Journal of Physical Anthropology* 18:1–59.

Coontz, S. 2005. *Marriage: A history.* New York: Viking.

Cooper, J. C., S. Dunne, T. Furey, and J. P. O'Doherty. 2012. Dorsomedial prefrontal cortex mediates rapid evaluations predicting the outcome of romantic interactions. *Journal of Neuroscience* 32(45):15647–56.

Copeland S. R., M. Sponheimer, D. J. de Ruiter, et al. 2011. Strontium isotope evidence for landscape use by early hominins. *Nature* 474:76–78.

Corruccini, R. S., R. L. Ciochon, and H. M. McHenry. 1976. The postcranium of Miocene hominoids: Were Dryopithecines merely "dental apes"? *Primates* 17:205–23.

Corruccini, R. S., and H. M. McHenry. 1979. Morphological affinities of *Pan paniscus. Science* 204:1341–42.

Cowan, A. L. 1989. Women's gains on the job: Not without a heavy toll. *New York Times,* Aug. 2.

Cronin, J. E. 1983. Apes, humans and molecular clocks: A reappraisal. In *New Interpretations of Ape and Human Ancestry,* ed. R. L. Ciochon and R. S. Corruccini. New York: Plenum Press.

Crook, J. H., and S. J. Crook. 1988. Tibetan polyandry: Problems of adaptation and fitness. In *Human Reproductive Behaviour,* ed. L. Betzig, M. B. Mulder, and P. Turke. Cambridge, UK: Cambridge Univ. Press.

Cutler, W. B., G. Preti, A. Krieger, et al. 1986. Human axillary secretions influence women's menstrual cycles: The role of donor extract from men. *Hormones and Behavior* 20: 463–73.

Dahlberg, F., ed. 1981. *Woman the gatherer.* New Haven: Yale Univ. Press.

Daly, M. 1978. The cost of mating. *American Naturalist* 112:771–74.

Daly, M., and M. Wilson, 1978. *Sex, evolution, and behavior: Adaptations for reproduction.* North Scituate, MA: Duxbury Press.

———. 1983. *Sex, evolution, and behavior.* Boston: Willard Grant Press.

———. 1988. *Homicide.* New York: Aldine de Gruyter.

Damasio, H., T. Grabowski, R. Frank, et al. 1994. The Return of Phineas Gage: Clues about the brain from the skull of a famous patient. *Science,* New Series, 264 (5162): 1102–5.

Damon, W. 1988. *The moral child: Nurturing children's natural moral growth.* New York: Free Press.

Daniels, D. 1983. The evolution of concealed ovulation and self-deception. *Ethology and Sociobiology* 4:69–87.

Darwin, C. 1859. *The Origin of Species*. New York: Modern Library.

———. 1871. *The descent of man and selection in relation to sex*. New York: Modern Library.

———. [1872] 1965. *The expression of the emotions in man and animals*. Chicago: Univ. of Chicago Press.

———. 1911. Letter to Asa Gray, 3 April 1860. In *The life and letters of Charles Darwin*, ed. F. Darwin, Vol. 2, 90–91. New York and London: D. Appleton.

Davidson, R. J. 1994. Complexities in the search for emotion-specific physiology. In *The nature of emotion: Fundamental questions*, ed. P. Ekman and R. J. Davidson. New York: Oxford Univ. Press.

Davis, D. E. 1964. The physiological analysis of aggressive behavior. In *Social behavior and organization among vertebrates*, ed. W. Etkin. Chicago: Univ. of Chicago Press.

Davis, E. 1971. *The first sex*. Harmondsworth, UK: Penguin.

Dawkins, R. 1976. *The Selfish Gene*. Oxford: Oxford Univ. Press.

De Castro, J. M. B., M. Martinón-Torres, L. Prado, et al. 2010. New immature hominin fossil from European Lower Pleistocene shows the earliest evidence of a modern human dental development pattern. *Proceedings of the National Academy of Sciences* 107: 11739–44.

De Castro, J. M. B., A. Rosas, E. Carbonell, et al. 1999. A modern human pattern of dental development in lower pleistocene hominids from Atapuerca-TD6 (Spain). *Proceedings of the National Academy of Sciences* 96: 4210–13.

Dediu, D., and S. C. Levinson. 2013. On the antiquity of language: the reinterpretation of Neanderthal linguistic capacities and its consequences. *Frontiers in Psychology* 4 (397): 1–16.

Degler, C. N. 1991. *In search of human nature: The decline and revival of Darwinism in American social thought*. New York: Oxford Univ. Press.

de Lacoste-Utamsing, C., and R. L. Holloway. 1982. Sexual dimorphism in the human corpus callosum. *Science* 216:1431–32.

Delgado, M. R., L. E. Nystrom, C. Fissel, et al. 2000. Tracking the hemodynamic responses to reward and punishment in the striatum. *Journal of Neurophysiology* 84: 3072–77.

Delson, E., ed. 1985. *Ancestors: The hard evidence*. New York: Alan R. Liss.

De Rougemont, D. 1983. *Love in the Western world*. New York: Schocken.

d'Errico, F., C. Henshilwood, G. Lawson, et al. 2003. Archaeological evidence for the emergence of language, symbolism, and music—an alternative multidisciplinary perspective. *Journal of World Prehistory* 17: 1–70.

d'Errico, F., M. Vanhaeren, C. Henshilwood, et al. 2009. From the origin of language to the diversification of languages: What can archaeology and palaeoanthropology say? In *Becoming eloquent: Advances in the emergence of language, human cognition, and modern cultures*, ed. F. d'Errico & J.-M. Hombert, 13–68. Amsterdam: John Benjamins.

De Vos, G. J. 1983. Social behavior of black grouse: An observational and experimental field study. *Ardea* 71:1–103.

De Waal, F. 1982. *Chimpanzee politics: Power and sex among apes*. New York: Harper and Row.

———. 1987. Tension regulation and nonreproductive functions of sex in captive bonobos *(Pan paniscus). National Geographic Research* 3:318–35.

———. 1989. *Peacemaking among primates*. Cambridge, MA: Harvard Univ. Press.

———. 1996. *Good natured: The origins of right and wrong in humans and other animals*. Cambridge, MA: Harvard Univ. Press.

Diamond, L. M. 2008. *Sexual fluidity*. Cambridge, MA: Harvard Univ. Press.

Diamond, M. 1980. The biosocial evolution of human sexuality. Reply to precis of *The evolution of human sexuality*, by Donald Symons. *Behavioral and Brain Sciences* 3:171–214.

Diana, L. n.d. Extra-marital sex in Italy: A family responsibility. Social Science Program, Virginia Commonwealth Univ.

Diana, M. 2013. The addicted brain. *Frontiers in Psychiatry* 4:40.

Dickemann, M. 1979. The ecology of mating systems in hypergynous dowry societies. *Social Science Information* 18:63–95.

Dionne, E. J. 1989. Struggle for work and family fueling women's movement. *New York Times*, Aug. 22.

Dissanayake, E. 1988. *What is art for?* Seattle: Univ. of Washington Press.

Dixson, A. F. 1999. *Primate sexuality*. New York: Oxford Univ. Press.

———. 2009. *Sexual selection and the origins of human mating systems*. New York: Oxford Univ. Press.

Dobs, A. S., A. M. Matsumoto, C. Wang, and M. S. Kipnes. 2004. Short-term pharmacokinetic comparison of a novel testosterone buccal system and a testosterone gel in testosterone deficient men. *Current Medical Research and Opinion* 5:729–38.

Domes, G., M. Heinrichs, A. Michel, et al. 2007. Oxytocin improves "mind-reading" in humans. *Biological Psychiatry* 61: 731–33.

Donaldson, F. 1971. Emotion as an accessory vital system. *Perspectives in Biology and Medicine* 15:46–71.

Dougherty, E. G. 1955. Comparative evolution and the origin of sexuality. *Systematic Zoology* 4:145–69.

Douglas, C. 1987. The beat goes on. *Psychology Today*, Nov., 37–42.

Dozier, R. W. 2002. *Why we hate: Understanding, curbing, and eliminating hate in ourselves and our world*. New York: Contemporary Books.

Draper, P. 1985. Two views of sex differences in socialization. In *Male-female differences: A bio-cultural perspective*, ed. R. L. Hall, et al. New York: Praeger.

Dupâquier, J., E. Hélin, P. Laslett, et al. 1981. *Marriage and remarriage in populations of the past*. New York: Academic Press.

Durden-Smith, J., and D. Desimone. 1983. *Sex and the brain*. New York: Arbor House.

Dychtwald, K., and J. Flower. 1989. *Age wave: The challenges and opportunities of an aging america*. Los Angeles: Jeremy P. Tarcher.

Earp, B. D., A. Snadberg and J. Savulescu. Forthcoming. The medicalization of love. *Cambridge Quarterly of Health Care Ethics*.

East, R. 1939. *Akiga's story: The Tiv tribe as seen by one of its members*. London: Oxford Univ. Press.

Easterlin, R. A. 1980. *Birth and fortune: The impact of numbers on personal welfare*. New York: Basic Books.

Eberhard, W. G. 1985. *Sexual selection and animal genitalia*. Cambridge, MA: Harvard Univ. Press.

———. 1987. Runaway sexual selection. *Natural History*, Dec., 4–8.

———. 1990. Animal genitalia and female choice. *American Scientist* 87:134–41.

Eibl-Eibesfeldt, I. 1970. *Ethology: The biology of behavior*. New York: Holt, Rinehart and Winston.

———. 1989. *Human ethology*. New York: Aldine de Gruyter.

Eisenberger, N. I., M. D. Lieberman, and K. D. Williams. 2003. Does rejection hurt? An FMRI study of social exclusion. *Science* 302:290–92.

Ekman, P. 1980. *The face of man*. New York: Garland STPM Press.

———. 1985. *Telling lies: Clues to deceit in the marketplace, politics, and marriage*. New York: W. W. Norton.

Ekman, P. E., R. Sorenson, and W. V. Friesen. 1969. Pan-cultural elements in facial displays of emotion. *Science* 164:86–88.

Elkin, A. P. 1939. Introduction to *Aboriginal woman: Sacred and profane*, by P. M. Kaberry. London: Routledge and Kegan Paul.

Elliott, R., J. L. Newman, O. A. Longe, and J. F. W. Deakin. 2003. Differential response patterns in the striatum and orbitofrontal cortex to financial reward in humans: A parametric functional magnetic resonance imaging study. *Journal of_Neuroscience 23*(1): 303–7.

Ellis, B., and D. Symons. 1990. Sex differences in sexual fantasy: An evolutionary psychological approach. Paper presented at the annual meeting of the Human Behavior and Evolution Society, Los Angeles.

Ellison, P. 2001. *On fertile ground*. Cambridge, MA: Harvard Univ. Press.

Ember, M., and C. R. Ember. 1979. Male–female bonding: A cross-species study of mammals and birds. *Behavior Science Research* 14:37–56.

Emlen, S. T., and L. W. Oring. 1977. Ecology, sexual selection and the evolution of mating systems. *Science* 197:215–23.

Engels, F. [1884] 1954. *Origin of the family, private property, and the state*. Trans. Ernest Untermann. Moscow: Foreign Languages Publishing House.

Epstein, C. 1988. *Deceptive Distinctions: Sex, gender and the social order*. New York: Russell Sage.

Espenshade, T. J. 1985. Marriage trends in America: Estimates, implications, and underlying causes. *Population and Development Review* 11 (2): 193–245.

Etienne, M., and E. Leacock, eds. 1980. *Women and colonization: Anthropological perspectives*. New York: Praeger.

Evans, M. S. 1987. Women in twentieth-century America: An overview. In *The American Woman: 1987–88*, ed. S. E. Rix. New York: W. W. Norton.

Eveleth, P. B. 1986. Timing of menarche: Secular trend and population differences. In *School-age pregnancy and parenthood: Biosocial dimensions*, ed. J. B. Lancaster and B. A. Hamburg. New York: Aldine de Gruyter.

Fabre-Nys, C. 1997. Male faces and odors evoke differential patterns of neurochemical release in the mediobasal hypothalamus of the ewe during estrus: an insight into sexual motivation. *European Journal of Neuroscience* 9:1666–77.

———. 1998. Steroid control of monoamines in relation to sexual behavior. *Reviews of Reproduction* 3(1): 31–41.

Farah, M. 1984. *Marriage and sexuality in Islam: A translation of al-Ghazālī*'s Book on the Etiquette of Marriage from the Ihyā. Salt Lake City: Univ. of Utah Press.

Fedigan, L. M. 1982. *Primate paradigms: Sex roles and social bonds.* Montreal: Eden Press.

Fehrenbacker, G. 1988. Moose courts cows, and disaster. *Standard-Times* (New Bedford, MA), Jan. 23.

Feinman, S., and G. W. Gill. 1978. Sex differences in physical attractiveness preferences. *Journal of Social Psychology* 105:43–52.

Feld, A., ed. 1990. How to stay married in the 90s. *Bride's*, Dec., 126.

Fennema, E. 1990. Justice, equity and mathematics education. In *Mathematics and gender*, ed. E. Fennema and G. C. Leder. New York: Teachers College Press.

Fennema, E. and G. C. Leder, eds. 1990. *Mathematics and gender.* New York: Teachers College Press.

Field, T. M., R. Woodson, R. Greenberg, et al. 1982. Discrimination and imitation of facial expressions by neonates. *Science* 218:179–81.

Finkel, E. J., P. W. Eastwick, B. R. Karney, et al. 2012. Online Dating: A critical analysis from the perspective of psychological science. *Psychological Science in the Public Interest.* 13: 3–66.

Finn, M. V., and B. S. Low. 1986. Resource distribution, social competition and mating patterns in human societies. In *Ecological Aspects of Social Evolution*, ed. D. I. Rubenstein and R. W. Wrangham. Princeton: Princeton Univ. Press.

Fisher, H. E. 1975. The loss of estrous periodicity in hominid evolution. PhD diss., Univ. of Colorado, Boulder.

———. 1982. *The sex contract: The evolution of human behavior.* New York: William Morrow.

———. 1987. The four-year itch. *Natural History*, Oct., 22–33.

———. 1989. Evolution of human serial pairbonding. *American Journal of Physical Anthropology* 78:331–54.

———. 1991. Monogamy, adultery and divorce in cross-species perspective. In *Man and Beast Revisited*, ed. M. H. Robinson and L. Tiger. Washington, DC: Smithsonian Institution Press.

———. 1992. *Anatomy of love: The natural history of monogamy, adultery, and divorce.* New York: Norton.

———. 1998. Lust, attraction, and attachment in mammalian reproduction. *Human Nature*, 9(1): 23–52.

———. 1999. *The first sex: The natural talents of women and how they are changing the world.* New York: Random House.

———. 2004. *Why we love: The nature and chemistry of romantic love.* New York: Henry Holt.

———. 2006. The drive to love: The neural mechanism for mate choice. In *The Psy-*

chology of Love, 2nd edition, ed. J. R. Sternberg and M. L. Barnes. New Haven: Yale Univ. Press.

———. 2009. *Why him? Why her?* New York: Henry Holt.

———. 2012. We have chemistry! The role of four primary temperament dimensions in mate choice and partner compatibility. *The Psychotherapist* 52 (Autumn 2012): 8–9.

———. 2014. The Tyranny of love: Love addiction—an anthropologist's view. In *Behavioral addictions: Criteria, evidence and treatment.* K. P. Rosenberg and L. C. Feder, eds. 237–60. New York: Elsevier.

———. 2015. Slow love: How casual sex may be improving America's marriages. *Nautilus*, March 5.

———. In preparation. Human divorce patterns: An update.

Fisher, H. E., A. Aron, and L. L. Brown. 2005. Romantic love: An fMRI study of a neural mechanism for mate choice. *Journal of Comparative Neurology* 493:58–62.

———. 2006. Romantic love: A mammalian brain system for mate choice. In "The Neurobiology of Social Recognition, Attraction and Bonding, ed. Keith Kendrick, *Philosophical Transactions of the Royal Society: Biological Sciences* 361:2173–86.

Fisher, H. E., A. Aron, D. Mashek, H. Li, G. Strong, and L. L. Brown. 2002. The neural mechanisms of mate choice: A hypothesis. *Neuroendocrinology Letters* Suppl 4, 23:92–97.

Fisher, H. E., A. Aron, D. Mashek, et al. 2003. Early stage intense romantic love activates cortical-basal-ganglia reward/motivation, emotion and attention systems: an fMRI study of a dynamic network that varies with relationship length, passion intensity and gender. Poster presented at the Annual Meeting of the *Society For Neuroscience*, New Orleans, November 11.

Fisher, H. E., and J. A. Thomson, Jr. 2007. Lust, romance, attachment: Do the side-effects of serotonin-enhancing antidepressants jeopardize romantic love, marriage and fertility? In *Evolutionary Cognitive Neuroscience*, ed. S. M. Platek, J. P. Keenan, and T. K. Shakelford, 245–83. Cambridge, MA: MIT Press.

Fisher, H. E., L. L. Brown, A. Aron, et al. 2010. Reward, addiction, and emotion regulation systems associated with rejection in love. *J. Neurophysiology* 104:51–60.

Fisher, H. E., H. D. Island, J. Rich, D. Marchalik, and L. L. Brown. 2015. Four broad temperament dimensions: Description, convergent validation correlations, and comparison with the Big Five. *Frontiers in Psychology: Personality and Social Psychology* 6:1098.

Fisher, H. E., J. Rich, H. D. Island, and D. Marchalik. 2010. The second to fourth digit ratio: A measure of two hormonally-based temperament dimensions. *Journal of Personality and individual differences* 49 (7):773–77.

Fishman, S. M., and D. V. Sheehan. 1985. Anxiety and panic: Their cause and treatment. *Psychology Today*, April, 26–32.

Flinn, M. V., and B. S. Low. 1986. Resource distribution, social competition and mating patterns in human societies. In *Ecological aspects of social evolution*, ed. D. I. Rubenstein and R. W. Wrangham. Princeton: Princeton Univ. Press.

Foley, R. A., and P. C. Lee. 1989. Finite social space, evolutionary pathways, and reconstructing hominid behavior. *Science* 243:901–6.

Ford, C. S., and F. A. Beach. 1951. *Patterns of sexual behavior*. New York: Harper and Brothers.

Forsyth, A. 1985. Good scents and bad. *Natural History*, Nov., 25–32.
Fortune, R. 1963. *Sorcerers of Dobu*. New York: Dutton.
Fossey, D. 1979. Development of the mountain gorilla *(Gorilla gorilla beringei):* The first thirty-six months. In *The great apes*, ed. D. A. Hamburg and E. R. McCown. Menlo Park, CA: Benjamin/Cummings.
———. 1983. *Gorillas in the mist*. Boston: Houghton Mifflin.
Foucault, M. 1985. *The History of sexuality*. Vol. 2, *The use of pleasure*. Trans. R. Hurley. New York: Pantheon.
Fouts, D. 1983. Louis tries his hand at surgery. *Friends of Washoe* 3(4).
Fox, R. 1972. Alliance and constraint: Sexual selection in the evolution of human kinship systems. In *Sexual selection and the descent of man*, ed. B. Campbell. Chicago: Aldine.
———. 1980. *The Red lamp of incest*. New York: E. P. Dutton.
Fraley, R. C., and P. R. Shaver. 2000. Adult romantic attachment: Theoretical developments, emerging controversies, and unanswered questions. *Review of General Psychology* 4:132–54.
Frank, R. 1985. *Choosing the right pond: Human behavior and the quest for status*. New York: Oxford Univ. Press.
Frascella, J., M. N. Potenza, L. L. Brown, and A. R. Childress. 2010. Shared brain vulnerabilities open the way for nonsubstance addictions: Carving addiction at a new joint? *Annals of the New York Academy of Sciences*, 1187:294–315.
Frayer, D. W., and M. H. Wolpoff. 1985. Sexual Dimorphism. *Annual Review of Anthropology* 14:429–73.
Frayser, S. 1985. *Varieties of sexual experience: An anthropological perspective on human sexuality*. New Haven: HRAF Press.
Frazer, J. G. [1922] 1963. *The golden bough*. New York: Macmillan.
Freud, S. 1918. *Totem and taboo*. Trans. A. A. Brill. New York: Moffat, Yard.
Friedl, E. 1975. *Women and men: An anthropologist's view*. New York: Holt, Rinehart and Winston.
Frisch, R. E. 1978. Population, food intake and fertility. *Science* 199:22–30.
———. 1984. Body fat, puberty, and fertility. *Biological Reviews* 59:161–88.
Frisch, R. E., and R. Revelle. 1970. Height and weight at menarche and a hypothesis of critical weights and adolescent events. *Science* 169:397–99.
Fuller, C. J. 1976. *The Nayars today*. Cambridge, UK: Cambridge Univ. Press.
Furstenberg, F. F., Jr. 1981. Remarriage and intergenerational relations. In *Aging: Stability and changes in the family*. ed. R. W. Fogel et al. New York: Academic Press.
Furstenberg, F. F., Jr., and G. B. Spanier. 1984. *Recycling the family: Remarriage after divorce*. Beverly Hills, CA: Sage Publications.
Gage, R. L. 1979. *Fox family*. New York: Weatherhill/Heibonsha.
Galdikas, B. M. F. 1979. Orangutan adaptation at Tanjung Putting Reserve: Mating and ecology. In *The Great Apes*, ed. D. A. Hamburg and E. R. McCown. Menlo Park, CA: Benjamin/Cummings.
———. 1989. Body weight and reproduction. *Science* 246:432.
———. 1995. *Reflections of Eden: My years with Orangutans of Borneo*. Boston: Little Brown. 144–45.

Galdikas, B. M. F., and J. W. Wood. 1990. Birth spacing patterns in humans and apes. *American Journal of Physical Anthropology* 83:185–91.

Gallup, G. G. 1982. Permanent breast enlargement in human females: A socio-biological analysis. *Journal of Human Evolution* 11:597–601.

Gangestad, S. W., and R. Thornhill. 1997. The evolutionary psychology of extra-pair sex: the role of fluctuating asymmetry. *Evolution and Human Behavior* 18(2): 69–88.

Gangestad, S. W., R. Thornhill, and R. A. Yeo. 1994. Facial attractiveness, developmental stability, and fluctuating asymmetry. *Ethology and Sociobiology* 15:73–85.

Garcia, J. R., and H. E. Fisher. 2015. Why we hook up: Searching for sex or looking for love. In *Gender, sex, and politics: In the streets and between the sheets in the 21st century*, ed. S. Tarrant. New York: Routledge.

Garcia, J. R., J. MacKillop, E. L. Aller, et al. 2010. Associations between the dopamine D4 receptor gene variation with both infidelity and sexual promiscuity. PLoS ONE 5:e14162.

Garcia, J. R., and C. Reiber. 2008. Hook-up behavior: A biopsychosocial perspective. *Journal of Social, Evolutionary and Cultural Psychology* 2(4): 192–208.

Garcia, J. R., C. Reiber, S. G. Massey, and A. M. Merriwether. 2012. Sexual hook-up culture: A review. *Review of General Psychology* 16:161–76.

Gargett, R. H. 1989. Grave shortcomings: The evidence for Neanderthal burial. *Current Anthropology* 30:157–90.

Garver-Apgar, C. E., S. W. Gangestad, R. Thornhill, et al. 2006. "Major histocompatibility complex alleles, sexual responsivity, and unfaithfulness in romantic couples." *Psychological Science* 17 (10): 830–35.

Gaulin, S. J., and J. Boster. 1985. Cross-cultural differences in sexual dimorphism: Is there any variance to be explained? *Ethology and Sociobiology* 6:219–25.

Gaulin, S. J., and R. W. FitzGerald. 1989. Sexual selection for spatial-learning ability. *Animal Behavior* 37:322–31.

Gaulin, S. J., and M. J. Konner. 1977. On the natural diet of primates, including humans. In *Nutrition and the brain*. Vol. 1, ed. R. and J. Wurtman. New York: Raven Press.

Gehlback, F. R. 1986. Odd couples of suburbia. *Natural History*, July, 56–66.

Geschwind, N. 1974. The anatomical basis of hemispheric differentiation. In *Hemispheric function of the human brain*, ed. S. J. Dimond and J. G. Beaumont. New York: John Wiley.

Geschwind, N. G., and A. M. Galaburda. 1985. Cerebral lateralization. Biological mechanisms, associations and pathology: A hypothesis and a program for research. *Archives of Neurology* 42: 428–59.

Gibbons, A. 1990a. Our chimp cousins get that much closer. *Science* 250:376.

———. 1990b. Paleontology by bulldozer. *Science* 247:1407–9.

———. 1991. First hominid finds from Ethiopia in a decade. *Science* 251:1428.

———. 2010. Close encounters of a prehistoric kind. *Science* 328:680–84.

———. 2011. Who were the Denisovans? *Science* 333:1084–87.

Gibbs, H. L., P. J. Weatherhead, P. T. Boag, et al. 1990. Realized reproductive success of polygynous redwinged blackbirds revealed by DNA markers. *Science* 250:1394–97.

Gibson, K. R. 1981. Comparative neuroontogeny, its implications for the development of human intelligence. In *Infancy and epistemology*, ed. G. Butterworth. Brighton, UK: Harvester Press.

Gies, F., and J. Gies. 1978. *Women in the Middle Ages*. New York: Barnes and Noble.

Giese, J. 1990. A communal type of life, and dinner's for everyone. *New York Times*, Sept. 27.

Gilligan, C. 1982a. *In a different voice*. Cambridge, MA: Harvard Univ. Press.

———. 1982b. Why should a woman be more like a man? *Psychology Today*, June, 70–71.

Gilligan, C., and G. Wiggins. 1988. The origins of morality in early childhood relationships. In *Mapping the moral domain*, ed. C. Gilligan, et al. Cambridge, MA: Harvard Univ. Press.

Gingrich, B., Y. Liu, C. Cascio, et al. 2000. D2 receptors in the nucleus accumbens are important for social attachment in female prairie voles (Microtus ochrogaster). *Behavioral Neuroscience* 114(1): 173–83.

Givens, D. B. 1983. *Love signals: How to attract a mate*. New York: Crown.

———. 1986. The big and the small: Toward a paleontology of gesture. *Sign Language Studies* 51:145–70.

Gladkih, M. I., N. L. Kornieta, and O. Soffer. 1984. Mammoth-bone dwellings on the Russian plain. *Scientific American* 251 (5): 164–75.

Glass, S., and T. Wright. 1985. Sex differences in type of extramarital involvement and marital dissatisfaction. *Sex Roles* 12:1101–20.

———. 1992. Justifications for extramarital relationships: The association between attitudes, behaviors, and gender. *Journal of Sex Research* 29:361–87.

Glenn, N., and M. Supancic. 1984. The social and demographic correlates of divorce and separation in the United States: An update and reconsideration. *Journal of Marriage and the Family* 46:563–75.

Glick, P. C. 1975. Some recent changes in American families. *Current Population Reports*, Social Studies Series P-23, no. 52. Washington, DC: U.S. Bureau of the Census.

Goldberg, S. 1973. *The inevitability of patriarchy*. New York: William Morrow.

Goldin, C. 1990. *Understanding the gender gap: An economic history of American women*. New York: Oxford Univ. Press.

———. 1991. A conversation with Claudia Goldin. *Harvard Gazette*, Feb. 1, 5–6.

Goldizen, A. W. 1987. Tamarins and marmosets: Communal care of offspring. In *Primate Societies*, ed. B. B. Smuts et al. Chicago: Univ. of Chicago Press.

Goldstein, B. 1976. *Human sexuality*. New York: McGraw-Hill.

Goldstein, M. C. 1976. Fraternal polyandry and fertility in a high Himalayan village in N. W. Nepal. *Human Ecology* 4 (3): 223–33.

———. 1987. When brothers share a wife. *Natural History*, March, 39–49.

Goleman, D. 1981. The 7,000 faces of Dr. Ekman. *Psychology Today*, Feb., 43–49.

———. 1986. Two views of marriage explored: His and hers. *New York Times*, April 1.

———. 1989. Subtle but intriguing differences found in the brain anatomy of men and women. *New York Times*, April 11.

Golombok, S., and F. Tasker. 1996. Do parents influence the sexual orientation of their children. *Developmental Psychology* 32 (1): 3–11.

Goodale, J. C. 1971. *Tiwi wives: A study of the women of Melville Island, North Australia.* Seattle: Univ. of Washington Press.

Goodall, J. 1968. The behavior of free-ranging chimpanzees in the Gombe Stream Reserve. *Animal Behavior Monographs* 1:161–311.

———. 1970. Tool-using in primates and other vertebrates. *Advanced Studies of Behavior* 3:195–249.

———. 1977. Watching, watching, watching. *New York Times,* Sept. 15.

———. 1986. *The chimpanzees of Gombe: Patterns of behavior.* Cambridge, MA: Belknap Press/Harvard Univ. Press.

———. 1988. *In the shadow of man.* Rev. ed. Boston: Houghton Mifflin.

Goodall, J., A. Bandora, E. Bergmann, et al. 1979. Intercommunity interactions in the chimpanzee population of the Gombe National Park. In *The great apes,* ed. D. A. Hamburg and E. R. McCown. Menlo Park, CA: Benjamin/Cummings.

Goodenough, W. H. 1970. *Description and comparison in cultural anthropology.* Chicago: Aldine.

Goody, J. 1969. Inheritance, property, and marriage in Africa and Eurasia. *Sociology* 3:55–76.

———. 1983. *The Development of the family and marriage in Europe.* Cambridge, UK: Cambridge Univ. Press.

Gordon, A. D. 2006. Scaling of size and dimorphism in primates II: Macroevolution. *International Journal of Primatology* 27: 63–105.

Gorer, G. 1938. *Himalayan village: An account of the Lepchas of Sikkim.* London: Michael Joseph.

Gough, E. K. 1968. The Nayars and the definition of marriage. In *Marriage, family, and residence,* ed. P. Bohannan and J. Middleton. Garden City, NY: Natural History Press.

Gould, J. L. 1982. *Ethology: The mechanisms and evolution of behavior.* New York: W. W. Norton.

Gould, J. L., and C. G. Gould. 1989. *The ecology of attraction: Sexual selection.* New York: W. H. Freeman.

Gould, S. J. 1977. *Ontogeny and phylogeny.* Cambridge, MA: Harvard Univ. Press.

———. 1981. *The mismeasure of man.* New York: W. W. Norton.

———. 1987a. Freudian slip. *Natural History,* Feb., 14–19.

———. 1987b. Steven Jay Gould replies to John Alcock's "Ardent Adaptationism." *Natural History,* April, 4.

Gove, C. M. 1989. Wife lending: Sexual pathways to transcendence in Eskimo culture. In *Enlightened Sexuality,* ed. G. Feuerstein. Freedom, CA: Crossing Press.

Graham, C. A., and W. C. McGrew. 1980. Menstrual synchrony in female undergraduates living on a coeducational campus. *Psychoneuroendocrinology* 5:245–52.

Gray, J. P., and L. D. Wolfe. 1983. Human female sexual cycles and the concealment of ovulation problem. *Journal of Social and Biological Structures* 6:345–52.

Gray, P. B., and J. R. Garcia. 2013. *Evolution and human sexual behavior.* Cambridge, MA: Harvard Univ. Press.

Greeley, A. 1994. Marital infidelity. *Society* 31: 9–13.

Green, R. E., J. Krause, A. Briggs, et al. 2010. A draft sequence of the Neanderthal genome. *Science* 328: 710–26.

Greenfield, L. O. 1980. A late-divergence hypothesis. *American Journal of Physical Anthropology* 52:351–66.

———. 1983. Toward the resolution of discrepancies between phenetic and paleontological data bearing on the question of human origins. In *New Interpretations of Ape and Human Ancestry,* ed. R. L. Ciochon and R. S. Corruccini. New York: Plenum Press.

Gregersen, E. 1982. *Sexual practices: The story of human sexuality.* London: Mitchell Beazley.

Gregg, S. A. 1988. *Foragers and farmers: Population interaction and agricultural expansion in prehistoric Europe.* Chicago: Univ. of Chicago Press.

Gregor, T. 1985. *Anxious pleasures: The sexual lives of an Amazonian people.* Chicago: Univ. of Chicago Press.

Griffin, D. R. 1984. *Animal thinking.* Cambridge, MA: Harvard Univ. Press.

Griffin-Shelley, E. 1991. Sex and love: Addiction, treatment and recovery. Westport, CT: Praeger.

Grine, F. E. 1989. *Evolutionary history of the robust Australopithecines.* New York: Aldine de Gruyter.

Gubernick, D. J. Forthcoming. Biparental care and male-female relations in mammals. In *Infanticide and Parental Care,* ed. S. Parmigiana and F. S. vom Saal. London: Harwood Academic.

Guttentag, M., and P. F. Secord. 1983. *Too many women? The sex ratio question.* Beverly Hills, CA: Sage Publications.

Hagen, E. H. 2011. Evolutionary theories of depression: A critical review. *Canadian Journal of Psychiatry* 56:716–26.

Haidt, J. 2012. The righteous mind: Why good people are divided by politics and religion. New York: Pantheon.

Hall, E. T. 1959. *The silent language.* New York: Doubleday.

———. 1966. *The hidden dimension.* New York: Anchor.

———. 1976. *Beyond Culture.* New York: Doubleday/Anchor.

Hall, J. A. 1984. *Nonverbal sex differences.* Baltimore: Johns Hopkins Univ. Press.

———. 1978. Decoding wordless messages. *Human Nature,* May, 68–75.

Hall, J. A., R. Rosenthal, D. Archer, et al. 1977. The profile of nonverbal sensitivity. In *Advances in Psychological Assessment.* Vol. 4, ed. P. McReynolds. San Francisco: Jossey-Bass.

Hall, R. L. 1982. *Sexual dimorphism in Homo Sapiens: A question of size.* New York: Praeger.

Hall, T. 1987. Infidelity and women: Shifting patterns. *New York Times,* June 1.

Halpern, H. M. 1982. How to break your addiction to a person. New York: McGraw-Hill.

Hamer, D. H., S. Hu, V. L. Magnuson, et al. 1993. A Linkage between DNA markers on the X chromosome and male sexual orientation. *Science* 261: 321–27.

Hames, R. B. 1988. The allocation of parental care among the Ye'kwana. In *Human reproductive behavior: A Darwinian perspective,* ed. L. Betzig, M. Borgerhoff Mulder, and P. Turke. New York: Cambridge Univ. Press.

Hamilton, W. D. 1964. The genetical evolution of social behaviour: I. and II. *Journal of Theoretical Biology* 7:1–52.

———. 1980. Sex versus non-sex versus parasite. *Oikos* 35:282–90.

Hamilton, W. D., P. A. Henderson, and N. A. Moran. 1981. Fluctuation of environment and coevolved antagonist polymorphism as factors in the maintenance of sex. In *Natural Selection and Social Behavior*, ed. R. D. Alexander and D. W. Tinkle. New York: Chiron Press.

Hamilton, W. D., and M. Zuk. 1982. Heritable true fitness and bright birds: A role for parasites? *Science* 218:384–87.

Hammock, E. A., and L. J. Young. 2002. Variation in the vasopressin V1a receptor promoter and expression: Implications for inter- and intraspecfiic variation in social behaviour. *European Journal of Neuroscience* 16:399–402.

Harcourt, A. H. 1979a. Social relationships between adult male and female mountain gorillas in the wild. *Animal Behavior* 27:325–42.

———. 1979b. The social relations and group structure of wild mountain gorillas. In *The Great Apes*, ed. D. A. Hamburg and E. R. McCown. Menlo Park, CA: Benjamin/Cummings.

Harris, H. 1995. Rethinking Heterosexual Relationships in Polynesia: A Case Study of Mangaia, Cook Island. In *Romantic Passion: A Universal Experience?* ed. W. Jankowiak. New York: Columbia Univ. Press.

Harris, John M. Rutgers University. Personal communication.

Harris, M. 1977. Why men dominate women. *New York Times Magazine*, Nov. 13, 46, 115–23.

———. 1981. *America now: The anthropology of a changing culture.* New York: Simon and Schuster.

Harrison, R. J. 1969. Reproduction and reproductive organs. In *The biology of marine mammals,* ed. H. T. Andersen. New York: Academic Press.

Harrison, T. 2010. Apes among the tangled branches of human origins. *Science* 327:532–533.

Hart, C. W. M., and A. R. Pilling. 1960. *The Tiwi of North Australia.* New York: Holt, Rinehart and Winston.

Harwood, D. M. 1985. Late Neogene climate fluctuations in the southern high-latitudes: Implications of a warm Pliocene and deglaciated Antarctic continent. *South African Journal of Science* 81:239–41.

Hassan, F. 1980. The growth and regulation of human population in prehistoric times. In *Biosocial Mechanism of Population Regulation,* ed. M. N. Cohen et al. New Haven: Yale Univ. Press.

Hatfield, E. 1988. Passionate and companionate love. In *The Psychology of Love*, ed. R. J. Sternberg and M. L. Barnes, 191. New Haven: Yale Univ. Press.

Hatfield, E., and R. Rapson. 1987. Passionate love/sexual desire: Can the same paradigm explain both? *Archives of Sexual Behavior* 16:259–78.

———. 1996. *Love and sex: Cross-cultural perspectives.* Needham Heights, MA: Allyn and Bacon.

Hatfield, E. and S. Sprecher. 1986. Measuring passionate love in intimate relationships. *Journal of Adolescence* 9:383–410.

Hausfater, G., and S. B. Hrdy. 1984. *Infanticide: Comparative and evolutionary perspectives.* New York: Aldine.

Hawkes, K., K. Hill, and J. F. O'Connell. 1982. Why hunters gather: Optimal foraging and the Ache of eastern Paraguay. *American Ethnologist* 9:379–98.

Hawkes, K., J. F. O'Connell, N. G. Blurton Jones, et al. 1998. Grandmothering, menopause, and the evolution of human life histories. *Proceedings of the National Academy of Sciences* 95 (3): 1336–39.

Hay, R. L., and M. D. Leakey. 1982. The fossil footprints of Laetoli. *Scientific American,* Feb., 50–57.

Hazan, C., and L. M. Diamond. 2000. "The place of attachment in human mating." *Review of General Psychology* 4:186–204.

Hazan, C., and P. R. Shaver. 1987. Romantic love conceptualized as an attachment process. *Journal of Personality and Social Psychology* 52:511–24.

Heider, K. G. 1976. Dani sexuality: A low energy system. *Man* 11:188–201.

Henley, N. 1977. *Body politics: Power, sex and nonverbal communication.* Englewood Cliffs, NJ: Prentice-Hall.

Henrich, J., R. Boyd, and P. J. Richerson. 2012. The puzzle of monogamous marriage. *Philosophical Transactions of the Royal Society, B: Biological Sciences*, 367ff.

Henry, D. J. 1985. The little foxes. *Natural History,* Jan., 46–56.

Henry, J. 1941. *Jungle people.* New York: J. J. Augustine.

Hess, E. H. 1975. *The tell-tale eye.* New York: Van Nostrand Reinhold.

Hewlett, B. S. 1991. Demography and childcare in preindustrial societies. *Journal of Anthropological Research* 47:1–37.

———. ed. 1992. *Father child relations.* New York: Aldine de Gruyter.

Hiatt, L. R. 1989. On cuckoldry. *Journal of Social and Biological Structures* 12:53–72.

Hill, K. R., R. S. Walter, M. Bozicevic, et al. 2011. Co-residence patterns in hunter-gatherer societies show unique human social structure. *Science* 331:1286–89.

Hite, S. 1981. *The Hite report on male sexuality.* New York: Ballantine.

Hochschild, A., with A. Machung. 1989. *The second shift.* New York: Viking.

Holloway, R. L. 1985. The poor brain of *Homo sapiens neanderthalensis:* See what you please. . . . In *Ancestors: The hard evidence*, ed. E. Delson. New York: Alan R. Liss.

Hopson, J. L. 1979. *Scent signals: The silent language of sex.* New York: William Morrow.

———. 1980. Scent: Our hot-blooded sense. *Science Digest Special,* Summer, 52–53, 110.

Howell, J. M. 1987. Early farming in northwestern Europe. *Scientific American* 257:118–24, 126.

Howell, N. 1979. *Demography of the Dobe !Kung.* New York: Academic Press.

Hrdy, S. B. 1981. *The woman that never evolved.* Cambridge, MA: Harvard Univ. Press.

———. 1983. Heat loss. *Science* 83, Aug., 73–78.

———. 1986. Empathy, polyandry, and the myth of the coy female. In *Feminist approaches to science*, ed. R. Bleier. New York: Pergamon Press.

Hughes, S. M., F. Dispenza, and G. G. Gallup. 2004. Ratings of voice attractiveness predict sexual behavior and body configuration. *Evolution and Human Behavior* 25:295–304.

Hughes, S. M., M. A. Harrison, and G. G. Gallup. 2007. Sex differences in romantic

kissing among college students: An evolutionary perspective. *Evolutionary Psychology* 5 (3): 617–31.
Human Genome Project. 2014.
Hunt, M. M. 1959. *The natural history of love*. New York: Alfred A. Knopf.
———. 1974. *Sexual behavior in the 1970s*. Chicago: Playboy Press.
Hunter, M. S., C. Nitschke, and L. Hogan. 1981. A scale to measure love addiction. *Psychological Reports* 48:582.
Ingalhalikar, M., A. Smith, D. Parker, et al. 2014. Sex differences in the structural connectome of the human brain. *Proceedings of the National Academy of Sciences* 111(2):823–28.
Ingmanson, Ellen, anthropologist, personal communication.
Ipsos Poll. 2014.
Isaac, B. L., and W. E. Feinberg. 1982. Marital form and infant survival among the Mende of rural upper Bambara chiefdom, Sierra Leone. *Human Biology* 54:627–34.
James, S. R. 1989. Hominid use of fire in the Lower and Middle Pleistocene: A review of the evidence. *Current Anthropology* 30:1–26.
Jankowiak, W. R. 1992. *Sex, death and hierarchy in a Chinese city: An anthropological account*. New York: Columbia Univ. Press.
Jankowiak, W. R., and E. F. Fischer. 1992. A cross-cultural perspective on romantic love. *Ethnology* 31 (2): 149–55.
Jankowiak, W. R., and M. D. Hardgrave. 2007. Individual and societal responses to sexual betrayal: A view from around the world. *Electronic Journal of Human Sexuality* 10.
Jankowiak, W. R., S. L. Volsche and J. R. Garcia. 2015. In press. Is the romantic/sexual kiss a near human universal? *American Anthropologist* 117 (3): 535–39.
Jarman, M. V. 1979. Impala social behavior: Territory, hierarchy, mating and use of space. *Fortschritte Verhaltensforschung* 21:1–92.
Jenni, D. A. 1974. Evolution of polyandry in birds. *American Zoology* 14:129–44.
Jespersen, O. [1922] 1950. *Language: Its nature, development and origin*. London: George Allen and Unwin.
Jia, L., and H. Weiwen. 1990. *The story of Peking Man: From archaeology to mystery*. New York: Oxford Univ. Press.
Johanson, D. C., ed. 1982. Pliocene hominid fossils from Hadar, Ethiopia. *American Journal of Physical Anthropology* 57:373–402.
Johanson, D. C., and M. Edey. 1981. *Lucy: The beginnings of humankind*. New York: Simon and Schuster.
Johanson, D. C., and J. Shreeve. 1989. *Lucy's child: The discovery of a human ancestor*. New York: William Morrow.
Johanson, D. C., and T. D. White. 1979. A systematic assessment of early African hominids. *Science* 203:321–30.
Johansson, S. 2013. The talking Neanderthals: What do fossils, genetics, and archeology say? *Biolinguistics* 7:35–74.
Johnson, A. W., and T. Earle. 1987. *The evolution of human societies: From foraging group to agrarian state*. Stanford, CA: Stanford Univ. Press.

Johnson, L. L. 1989. The Neanderthals and population as prime mover. *Current Anthropology* 30:534–35.

Johnson, R. A. 1983. *We: Understanding the psychology of romantic love.* San Francisco: Harper and Row.

Johnson, S. C. 1981. Bonobos: Generalized hominid prototypes or specialized insular dwarfs? *Current Anthropology* 22:363–75.

Jones, E., and K. Hill. 1993. Criteria of facial attractiveness in five populations. *Human Nature* 4:271–96.

Jorgensen, W. 1980. *Western Indians.* San Francisco: W. H. Freeman.

Jost, A. 1972. A new look at the mechanisms controlling sex differentiation in mammals. *Johns Hopkins Medical Journal* 130:38–53.

Jungers, W. 1988. Relative joint size and hominoid locomotor adaptations. *Journal of Human Evolution* 17:247.

Kaberry, P. M. 1939. *Aboriginal woman: Sacred and profane.* London: Routledge and Kegan Paul.

Kagan, J., and S. Lamb, eds. 1987. *The emergence of morality in young children.* Chicago: Univ. of Chicago Press.

Kagan, J., J. S. Reznick, and N. Snidman. 1988. Biological Bases of Childhood Shyness. *Science* 240:167–71.

Kano, T. 1979. A pilot study on the ecology of pygmy chimpanzees, *Pan paniscus.* In *The great apes,* ed. D. A. Hamburg and E. R. McCown. Menlo Park, CA: Benjamin/Cummings.

———. 1980. Social behavior of wild pygmy chimpanzees *(Pan paniscus)* of Wamba: A preliminary report. *Journal of Human Evolution* 9:243–60.

Kano, T., and M. Mulavwa. 1984. Feeding ecology of the pygmy chimpanzees *(Pan paniscus)* of Wamba. In *The pygmy chimpanzee,* ed. R. L. Susman. New York: Plenum Press.

Kantrowitz, B., and P. Wingert. 1990. Step by step. *Newsweek Special Edition,* Winter/Spring, 24–34.

Kapit, W., R. I. Macey, and E. Meisami. 2000. *The physiology coloring book.* New York: Addison Wesley Longman.

Kay, R. F. 1981. The nut-crackers: A new theory of the adaptations of the Ramapithecinae. *American Journal of Physical Anthropology* 55:141–51.

Kelly, R. 1995. *The foraging spectrum.* Washington, DC: Smithsonian Press.

Kimura, D. 1983. Sex differences in cerebral organization for speech and praxic functions. *Canadian Journal of Psychology* 37:19–35.

———. 1989. How sex hormones boost or cut intellectual ability. *Psychology Today,* Nov., 63–66.

Kinsey, A. C., W. B. Pomeroy, and C. E. Martin. 1948. *Sexual behavior in the human male.* Philadelphia: W. B. Saunders.

Kinsey, A. C., W. B. Pomeroy, C. E. Martin, and P. H. Gebhard. 1953. *Sexual behavior in the human female.* Philadelphia: W. B. Saunders.

Kinzey, W. G. 1987. Monogamous primates: A primate model for human mating systems. In *The Evolution of Human Behavior,* ed. W. G. Kinzey. Albany: State Univ. of New York Press.

Kirkendall, L. A., and A. E. Gravatt. 1984. Marriage and family: Styles and forms. In *Marriage and the family in the year 2000*, ed. L. A. Kirkendall and A. E. Gravatt. Buffalo, NY: Prometheus.

Kleiman, D. G. 1977. Monogamy in mammals. *Quarterly Review of Biology* 52:39–69.

Kleiman, D. G., and J. F. Eisenberg. 1973. Comparisons of child and felid social systems from an evolutionary perspective. *Animal Behavior* 21:637–59.

Kleiman, D. G., and J. R. Malcolm. 1981. The evolution of male parental investment in mammals. In *Parental care in mammals*, ed. D. J. Gubernick and P. H. Klopfer. New York: Plenum Press.

Klein, L. 1980. Contending with colonization: Tlingit men and women in change. In *Woman and colonization*, ed. M. Etienne and E. Leacock. New York: Praeger.

Klein, Laura. Pacific University. Personal communication.

Klein, R. G. 1999. *The human career: Human biological and cultural origins*, 2nd edition. Chicago: Univ. of Chicago Press.

Klinenberg, E. 2012. *Going solo: The extraordinary rise and surprising appeal of living alone*. New York: Penguin.

Knickmeyer, R., S. Baron-Cohen, P. Raggatt, et al. 2006. Fetal testosterone and empathy. *Hormones and Behavior* 49: 282–92.

Kohlberg, L. 1969. Stage and sequence: The cognitive-developmental approach to socialization. In *Handbook of socialization theory and research*, ed. D. A. Goslin. Chicago: Rand McNally.

Kohler, W. 1925. *The mentality of apes*. London: Routledge and Kegan Paul. Reprint, New York: Liveright, 1976.

Konner, M. J. 1982. *The tangled wing: Biological constraints on the human spirit*. New York: Harper and Row.

———. 1988. Is orgasm essential? *Sciences*, March–April, 4–7.

Konner, M. J. 2015. *Women after all: Sex, evolution and the end of male supremacy*. New York: W. W. Norton.

Konner, M. J., and C. Worthman. 1980. Nursing frequency, gonadal function, and birth spacing among !Kung hunter-gatherers. *Science* 207:788–91.

Koob, G. F., and N. D. Volkow. 2010. Neurocircuitry of addiction. *Neuropsychopharmacology* 35:217–38.

Kramer, K. L., and R. D. Greaves. 2011. Postmarital residence and bilateral kin associations among hunter-gatherers: Pumé foragers living in the best of both worlds. *Hum Nat* 22:41–63.

Kreider, R. 2006. *Remarriage in the United States*. Poster presented at the annual meeting of the American Sociological Association, Montreal, August 10–14.

Krier, B. A. 1988. Why so many singles? *Los Angeles Times*, June 26.

Kristof, N. D. 1991. Love, the starry-eyed kind, casts spell on China. *New York Times*, March 6.

Kruuk, H. 1972. *The spotted hyena: A study of predation and social behavior*. Chicago: Univ. of Chicago Press.

Kummer, H. 1968. *Social organization of Hamadryas baboons*. Chicago: Univ. of Chicago Press.

Kuroda, S. 1984. Interaction over food among pygmy chimpanzees. In *The pygmy chimpanzee*, ed. R. L. Susman. New York: Plenum Press.

Lacey, W. K. 1973. Women in democratic Athens. In *Women: From the Greeks to the French Revolution*. ed. S. G. Bell. Stanford, CA: Stanford Univ. Press.

Lack, D. 1968. *Ecological adaptations for breeding in birds*. London: Methuen.

Laitman, J. T. 1984. The anatomy of human speech. *Natural History*, Aug., 20–27.

Laitman, J. T., R. C. Heimbuch, and E. S. Crelin. 1979. The basicranium of fossils hominids as an indicator of their upper respiratory system. *American Journal of Physical Anthropology* 51:15–34.

Lampe, P. E., ed. 1987. *Adultery in the United States: Close encounters of the sixth (or seventh) kind*. Buffalo: Prometheus.

Lancaster, J. B. 1979. Sex and gender in evolutionary perspective. In *Human sexuality*, ed. M. Katchadourian. Berkeley: Univ. of California Press.

———. 1986. Human adolescence and reproduction: An evolutionary perspective. In *School-age pregnancy and parenthood*, ed. J. B. Lancaster and B. A. Hamburg. New York: Aldine de Gruyter.

———. 1992. Parental investment and the evolution of the juvenile phase of the human life course. In *The Origins of Humanness*, ed. A. Brooks. Washington, DC: Smithsonian Institution Press.

Lancaster, J. B., and C. S. Lancaster. 1983. Parental investment: The hominid adaptation. In *How humans adapt: A biocultural odyssey*, ed. D. J. Ortner. Washington, DC: Smithsonian Institution Press.

Langlois, J. H., L. A. Roggman, R. J. Casey, et al. 1987. Infant preferences for attractive faces: Rudiments of a stereotype. *Developmental Psychology* 23:363–69.

Latimer, B. M., T. D. White, W. H. Kimbel, et al. 1981. The pygmy chimpanzee is not a living missing link in human evolution. *Journal of Human Evolution* 10:475–88.

Laumann, E. O., J. H. Gagnon, R. T. Michael, and S. Michaels. 1994. *The social organization of sexuality: Sexual practices in the United States*. Chicago: Univ. of Chicago Press.

Lawrence, R. J. 1989. *The poisoning of eros: Sexual values in conflict*. New York: Augustine Moore Press.

Lawson, A. 1988. *Adultery: An analysis of love and betrayal*. New York: Basic Books.

Leacock, E. B. 1980. Montagnais women and the Jesuit program for colonization. In *Women and colonization*, ed. M. Etienne and E. Leacock. New York: Praeger.

———. 1981. *Myths of male dominance*. New York: Monthly Review Press.

———. ed. 1972. *The origins of the family, private property and the state, by Frederick Engels with an introduction by Eleanor Burke Leacock*. New York: International Publishers.

Leakey, M. D. 1971. *Olduvai Gorge*. Vol. 3. London: Cambridge Univ. Press.

Leakey, M. D., and R. L. Hay. 1979. Pliocene footprints in the Laetolil beds at Laetoli, northern Tanzania. *Nature* 278:317–23.

Leakey, M. D., R. L. Hay, G. H. Curtis, et al. 1976. Fossil hominids from the Laetolil Beds. *Nature* 262:460–66.

Lebel, S., E. Trinkaus, M. Faure, et al. 2001. Comparative morphology and paleo-

biology of Middle Pleistocene human remains from the Bau del l'Aubesier, Vaucluse, France. *Proceedings of the National Academy of Sciences* 98, 11097–102.
LeBoeuf, B. J. 1974. Male–male competition and reproductive success in elephant seals. *American Zoologist* 14:163–76.
Le Clercq, C. 1910. *New relation of Gaspesia*, ed. W. F. Ganong. Toronto: Champlain Society.
Leder, G. C. 1990. Gender differences in mathematics: An overview. In *Mathematics and gender*, ed. E. Fennema and G. C. Leder. New York: Teachers College Press.
Lee, R. B. 1968. What hunters do for a living, or, How to make out on scarce resources. In *Man the hunter*, ed. R. B. Lee and I. DeVore. New York: Aldine.
———. 1980. Lactation, ovulation, infanticide, and women's work: A study of hunter-gatherer population regulation. In *Biosocial mechanisms of population regulation*, ed. M. N. Cohen et al. New Haven: Yale Univ. Press.
Lehrman, N. S. 1962. Some origins of contemporary sexual standards. *Journal of Religion and Health* 1:362–86.
———. 1963. Moses, monotheism and marital fidelity. *Journal of Religion and Health* 3:70–89.
Leroi-Gourhan, A. 1975. The flowers found with Shanidar IV: A Neanderthal burial in Iraq. *Science* 190:562–64.
LeVay, S. 1991. A difference in hypothalamic structure between heterosexual and homosexual men. *Science* 253:1034–37.
Levinger, G. 1968. Marital cohesiveness and dissolution: An integrative review. In *Selected studies in marriage and the family*, ed. R. R. Winch and L. L. Goodman. 3rd ed. New York: Holt, Rinehart and Winston.
Lévi-Strauss, C. 1985. *The view from afar*. New York: Basic Books.
Levitan, S. A., R. S. Belous, and F. Gallo. 1988. *What's happening to the American family?* Baltimore: Johns Hopkins Univ. Press.
Lewin, R. 1982. How did humans evolve big brains? *Science* 216:840–41.
———. 1983a. Fossil Lucy grows younger, again. *Science* 219:43–44.
———. 1983b. Is the orangutan a living fossil? *Science* 222:1222–23.
———. 1985. Surprise findings in the Taung child's face. *Science* 228:42–44.
———. 1987a. Africa: Cradle of modern humans. *Science* 237:1292–95.
———. 1987b. Four legs bad, two legs good. *Science* 235:969–71.
———. 1988a. A revolution of ideas in agricultural origins. *Science* 240:984–86.
———. 1988b. Conflict over DNA clock results. *Science* 241:1598–1600.
———. 1988c. DNA clock conflict continues. *Science* 241:1756–59.
———. 1988d. Subtleties of mating competition. *Science* 242:668.
———. 1989. Species questions in modern human origins. *Science* 243:1666–67.
Lewis, H. T. 1989. Reply to Hominid use of fire in the Lower and Middle Pleistocene: A review of the evidence, by S. R. James. *Current Anthropology* 30:1–26.
Lewis, R. A., and G. B. Spanier. 1979. Theorizing about the quality and stability of marriage. In *Contemporary theories about the family*, ed. W. Burr, R. Hill, F. Nye, and I. Reiss. New York: Free Press.
Lewis, T., F. Amini, and R. Lannon. 2000. *A general theory of love*. New York: Random House.

Lieberman, P. 1984. *The biology and evolution of language*. Cambridge, MA: Harvard Univ. Press.

Liebowitz, M. R. 1983. *The chemistry of love*. Boston: Little, Brown.

Lim, M. M., A. Z. Murphy, and L. J. Young. 2004. Ventral striatopallidal oxytocin and vasopressin V1a receptors in the monogamous prairie vole *(Microtus ochrogaster)*. *Journal of Comparative Neurology* 468: 555–70.

Lim, M. M., and L. J. Young. 2004. "Vasopressin-dependent neural circuits underlying pair bond formation in the monogamous prairie vole." *Neuroscience*, 125: 35–45.

Lindburg, D. G. 1982. Primate obstetrics: The biology of birth. *American Journal of Primatology*, Supplement 1:193–99.

Lloyd, E. A. 2005. *The case of the female orgasm*. Cambridge, MA: Harvard Univ. Press.

Lloyd, H. G. 1980. *The red fox*. London: Batsford.

Lloyd, P. 1968. Divorce among the Yoruba. *American Anthropologist* 70:67–81.

London, K. A., and B. Foley Wilson. 1988. D-i-v-o-r-c-e. *American Demographics*, Oct., 22–26.

Lovejoy, C. O. 1981. The origin of man. *Science* 211:341–50.

———. 2009. Re-examining human origins in light of *Ardipithecus ramidus* and the paleobiology of early hominins. *Science* 326:74–8, 85–93.

———. 2010. An enlarged postcranial sample confirms *Australopithecus afarensis* dimorphism was similar to modern humans. *Philosophical Transactions of the Royal Society B*, 365: 3355–63.

Low, B. S. 1979. Sexual selection and human ornamentation. In *Evolutionary biology and human social behavior*, ed. N. A. Chagnon and W. Irons. North Scituate, MA: Duxbury Press.

Low, B. S., R. D. Alexander, and K. M. Noonan. 1987. Human hips, breasts and buttocks: Is fat deceptive? *Ethology and Sociobiology* 8 (4): 249–58.

Lucretius. 1965. *On the nature of the universe*. New York: Frederick Ungar.

Lupyan, G., and R. Dale. 2010. Language structure is partly determined by social structure. *PLoS ONE* 5 (1): e8559. doi:10.1371/journal.pone.0008559.

Maccoby, E. E., and C. N. Jacklin. 1974. *The psychology of sex differences*. Stanford, CA: Stanford Univ. Press.

MacDonald, G., and M. R. Leary. 2005. Why does social exclusion hurt? The relationship between social and physical pain. *Psychological Bulletin* 131(2): 202–23.

Mace, D., and V. Mace. 1959. *Marriage: East and West*. Garden City, NY: Doubleday/Dolphin.

MacKinnon, J. 1979. Reproductive behavior in wild orangutan populations. In *The great apes*, ed. D. A. Hamburg and E. R. McCown. Menlo Park, CA: Benjamin/Cummings.

MacLean, P. D. 1973. *A triune concept of the brain and behaviour*. Toronto: Toronto Univ. Press.

Maglio, V. J. 1978. Patterns of faunal evolution. In *Evolution of African mammals*, ed. V. J. Maglio and H. B. S. Cooke. Cambridge, MA: Harvard Univ. Press.

Mah, K., and Y. M. Binik. 2002. Do all orgasms feel alike? Evaluating a two-dimensional model of the orgasm experience across gender and sexual context. *Journal of Sex Research* 39: 104–13.

Malinowski, B. 1965. *Sex and repression in savage society*. New York: World.
Manning, J. T. 2002. *Digit ratio: A pointer to fertility, behavior, and health*. New Brunswick, NJ: Rutgers Univ. Press.
Manning, J. T., S. Baron-Cohen, S. Wheelwright, and G. Sanders. 2001. The 2nd to 4th digit ratio and autism. *Developmental Medicine and Child Neurology* 43: 160–64.
Manning, J. T. and D. Scutt. 1996. Symmetry and ovulation in women. *Human Reproduction* 11:2477–80.
Manning J. T., D. Scutt, G. H. Whitehouse, et al. 1996. Asymmetry and menstrual cycle in women. *Ethology and Sociobiology* 17:129–43.
Mansperger, M. C. 1990. The precultural human mating system. *Journal of Human Evolution* 5:245–59.
Marazziti, D., H. S. Akiskal, A. Rossi and G. B. Cassano. 1999. Alteration of the platelet serotonin transporter in romantic love. *Psychological Medicine* 29:741–45.
Marks, J. 1989. The hominin clad. *Science* 246:1645.
Marlowe, F. 1998. The nobility hypothesis: The human breast as an honest signal of residual reproductive value. *Human Nature* 9:263–71.
———. 2000. Paternal investment and the human mating system. *Behavioural Processes* 51: 45–61.
———. 2004. Marital residence among foragers. *Current Anthropology* 45:277–84.
———. 2005. Hunter-gatherers and human evolution. *Evolutionary Anthropology* 14:54–67.
———. 2010. The Hadza: Hunter-gatherers of Tanzania. Berkeley: Univ. of California Press.
Marriage and Divorce Today. 1987. The hidden meaning: An analysis of different types of affairs. June 1, 1–2.
———. 1986. May 12, 1.
Martin, M. K., and B. Voorhies. 1975. *Female of the species*. New York: Columbia Univ. Press.
Martin, R. D. 1982. Human brain evolution in an ecological context. 52nd James Arthur Lecture on the Evolution of the Human Brain, American Museum of Natural History, New York.
Martínez, I., J. L. Arsuaga, R. Quam, et al. 2008. Human hyoid bones from the Middle Pleistocene site of the Sima de los Huesos (Sierra de Atapuerca, Spain). *Journal of Human Evolution* 54: 118–24.
Mascia-Lees, F. E., J. H. Relethford, and T. Sorger. 1986. Evolutionary perspectives on permanent breast enlargement in human females. *American Anthropologist* 88:423–29.
Maxwell, M. 1984. *Human evolution: A philosophical anthropology*. New York: Columbia Univ. Press.
Maynard Smith, J. 1978. *The evolution of sex*. Cambridge, UK: Cambridge Univ. Press.
Mazur, A., Susman, E. J., and S. Edelbrock. 1997. Sex differences in testosterone response to a video game contest. *Evolution and Human Behavior* 18(5): 317–26.
McClintock, M. K. 1971. Menstrual synchrony and suppression. *Nature* 229:244–45.
McCorriston, J., and F. Hole. 1991. The ecology of seasonal stress and the origins of agriculture in the Near East. *American Anthropologist* 93:46–69.

McCullough, D. 2001. *John Adams*. New York: Simon and Schuster.

McGinnis, P. R. 1979. Sexual behavior in free-living chimpanzees: Consort relationships. In *The great apes*, ed. D. A. Hamburg and E. R. McCown. Menlo Park, CA: Benjamin/Cummings.

McGrew, W. C. 1974. Tool use by wild chimpanzees in feeding upon driver ants. *Journal of Human Evolution* 3:501–8.

———. 1979. Evolutionary implications of sex differences in chimpanzee predation and tool use. In *The great apes*, ed. D. A. Hamburg and E. R. McCown. Menlo Park, CA: Benjamin/Cummings.

———. 1981. The female chimpanzee as a human evolutionary prototype. In *Woman the gatherer*, ed. F. Dahlberg. New Haven: Yale Univ. Press.

McGuinness, D. 1976. Perceptual and cognitive differences between the sexes. In *Explorations in Sex Differences*, ed. B. Lloyd and J. Archer. New York: Academic Press.

———. 1979. How schools discriminate against boys. *Human Nature*, Feb., 82–88.

———. 1985. Sensory biases in cognitive development. In *Male-female differences: A bio-cultural perspective*. ed. R. L. Hall, et al. New York: Praeger.

McGuinness, D., and K. H. Pribram. 1979. The origin of sensory bias in the development of gender differences in perception and cognition. In *Cognitive growth and development*, ed. M. Bortner. New York: Brunner/Mazel.

McGuire, M., M. Raleigh, and G. Brammer. 1982. Sociopharmacology. *Annual Review of Pharmacology and Toxicology* 22:643–61.

McHenry, H. M. 1986. The first bipeds. *Journal of Human Evolution* 15:177.

McHenry, H. M., and C. J. O'Brien. 1986. Comment on H. T. Bunn and E. M. Kroll, Systematic butchery by Plio/Pleistocene hominids at Olduvai Gorge, Tanzania. *Current Anthropology* 27:431–53.

McMillan, V. 1984. Dragonfly monopoly. *Natural History*, July, 33–38.

McWhirter, N., and R. McWhirter. 1975. *Guinness book of world records*. New York: Sterling.

Mead, M. 1935. *Sex and temperament in three primitive societies*. New York: William Morrow.

———. 1949. *Male and female*. New York: William Morrow.

———. 1966. Marriage in two steps. *Redbook*, July, 47–49, 84, 86.

Mealey, L. 1985. The relationship between social status and biological success: A case study of the Mormon religious hierarchy. *Ethology and Sociobiology* 6:249–57.

Mearns, J. 1991. Coping with a breakup: Negative mood regulation expectancies and depression following the end of a romantic relationship. *Journal of Personality and Social Psychology* 60:327–34.

Meggitt, M. J. 1962. *Desert people: A study of the Walbiri aborigines of central Australia*. Chicago: Univ. of Chicago Press.

Melis, M., S. Spiga, and M. Diana. 2005. The dopamine hypothesis of drug addiction: hypodopaminergic state. *International Review of Neurobiology*. 63:101–54.

Mellars, P. 1989. Major issues in the emergence of modern humans. *Current Anthropology* 30:349–85.

Mellen, S. L. W. 1981. *The evolution of love*. San Francisco: W. H. Freeman.

Mellody, P., A. W. Miller, and J. K. Miller. 1992. *Facing love addiction*. New York: HarperCollins.
Meloy, J. R., ed. 1998. The psychology of stalking: Clinical and forensic perspectives. San Diego, CA: Academic Press.
Meloy, J. R., B. Davis, and J. Lovette. 2001. Risk factors for violence among stalkers. *Journal of Threat Assessment* 1:1–16.
Meloy, J. R., and H. E. Fisher. 2005. Some thoughts on the neurobiology of stalking. *Journal of Forensic Sciences* 50(6):1472–80.
Meston, C. M., and D. M. Buss. 2007. *Why women have sex: Understanding sexual motivations from adventure to revenge (and everything in between)*. New York: Henry Holt.
Meston, C. M., and P. F. Frohlic. 2000. "The Neurobiology of Sexual Function." *Archives of General Psychiatry* 57:1012–30.
Michod, R. E. 1989. What's love got to do with it? *The Sciences*, May–June, 22–28.
Michod, R. E., and B. R. Levin, eds. 1987. *The evolution of sex: An examination of current ideas*. Sunderland, MA: Sinauer.
Miller, A. J., S. Sassler, and D. Kusi-Appouh. 2011. The specter of divorce: Views from working- and middle-class cohabitors. *Family Relations* 60:602–16.
Miller, G. F. 2000. *The mating mind: How sexual choice shaped the evolution of human nature*. New York: Doubleday.
Miller, J. A. 1983. Masculine/feminine behavior: New views. *Science News* 124:326.
Mitterauer, M., and R. Sieder. 1982. *The European family: Patriarchy to partnership from the Middle Ages to the present*. Chicago: Univ. of Chicago Press.
Miyamoto, M. M., J. L. Slightom, and M. Goodman. 1987. Phylogenetic relations of humans and African apes from DNA sequences in the ψη-globin region. *Science* 238:369–72.
Mock, D. W., and M. Fujioka. 1990. Monogamy and long-term pair bonding in vertebrates. *Trends in Ecology and Evolution* 5 (2): 39–43.
Moir, A., and D. Jessel. 1989. *Brain sex: The real differences between men and women*. London: Michael Joseph.
Moller, A. P. 1988. Ejaculate quality, testes size and sperm competition in primates. *Journal of Human Evolution* 17:479.
Money, J. 1980. *Love and love sickness: The science of sex, gender difference, and pair-bonding*. Baltimore: Johns Hopkins Univ. Press.
———. 1986. *Lovemaps: Clinical concepts of sexual/erotic health and pathology, paraphilia, and gender transposition in childhood, adolescence and maturity*. New York: Irvington.
Money, J., and A. A. Ehrhardt. 1972. *Man and woman, boy and girl: The differentiation and dimorphism of gender identity from conception to maturity*. Baltimore: Johns Hopkins Univ. Press.
Montagu, A. 1937. *Coming into being among the Australian aborigines*. London: Routledge.
———. 1961. Neonatal and infant immaturity in man. *Journal of the American Medical Association* 178:56–57.
———. 1971. *Touching: The human significance of the skin*. New York: Columbia Univ. Press.

———. 1981. *Growing young.* New York: McGraw-Hill.

Montejo, A. L., G. Llorca, J. A. Izquierdo, and F. Rico-Villademoros. 2001. Incidence of sexual dysfunction associated with antidepressant agents: A prospective multicenter study of 1022 outpatients. *Journal of Clinical Psychiatry* 62 (3): 1020.

Monto, M., and A. Carey. 2013. A New Standard of Sexual Behavior? Are Claims Associated with the "Hookup Culture" supported by Nationally Representative Data? Paper presented at the American Sociological Association 108th Annual Meeting, Aug. 13.

Morais, R. C. 2004. Prozac Nation: Is the party over? *Forbes*, Sept. 6, 119–24.

Morgan, L. H. 1877. *Ancient society.* New York: World.

Morris, D. 1967. *The naked ape.* New York: McGraw-Hill.

———. 1971. *Intimate behavior.* New York: Bantam.

Morrison, P. 1987. Review of *Dark caves, bright visions: Life in Ice Age Europe* by Randall White. *Scientific American* 256 (3): 26–27.

Morton, Eugene. Dept. of Ornithology, Smithsonian Institution. Personal communication.

Moss, C. 1988. *Elephant memories: Thirteen years in the life of an elephant family.* New York: William Morrow.

Murdock, G. P. 1949. *Social structure.* New York: Free Press.

———. 1965. Family stability in non-European culture. In *Culture and society*, ed. G. P. Murdock. Pittsburgh: Univ. of Pittsburgh Press.

———. 1967. *Ethnographic Atlas.* Pittsburgh: Univ. of Pittsburgh Press.

Murdock, G. P., and D. R. White. 1969. Standard cross-cultural sample. *Ethnology* 8:329–69.

Nadel, S. F. 1942. *A black Byzantium: The kingdom of Nupe in Nigeria.* London: Oxford Univ. Press.

Nadler, R. D. 1975. Sexual cyclicity in captive lowland gorillas. *Science* 189:813–14.

———. 1988. Sexual aggression in the great apes. In *Human sexual aggression*, ed. R. A. Prentky and V. L. Quinsey. *Annals of the New York Academy of Sciences* 528:154–61.

Najib, A., J. P. Lorberbaum, S. Kose, et al. 2004. Regional brain activity in women grieving a romantic relationship breakup. *American Journal of Psychiatry* 161(12): 2245–56.

Nemeroff, C. B. 1998. The neurobiology of depression. *Scientific American* 278:42–49.

Nimuendaju, C. 1946. *The eastern Timbira.* Trans. R. H. Lowie. Univ. of California Publications in American Archaeology and Ethnology, vol. 41. Berkeley: Univ. of California Press.

Nishida, T. 1979. The social structure of chimpanzees of the Mahali Mountains. In *The great apes*, ed. D. A. Hamburg and E. R. McCown. Menlo Park, CA: Benjamin/Cummings.

Nissen, H. J. 1988. *The early history of the ancient Near East, 9000–2000* B.C. Chicago: Univ. of Chicago Press.

Nolen-Hoeksema, S., J. Larson, and C. Grayson. 1999. Explaining the gender difference in depressive symptoms. *Journal of Personality and Social Psychology* 77:1061–72.

Oakley, K. P. 1956. Fire as a Paleolithic tool and weapon. *Proceedings of the Prehistoric Society* 21:36–48.

O'Brien, E. M. 1984. What was the acheulean hand ax? *Natural History,* July, 20–4.

Okonjo, K. 1976. The dual-sex political system in operation: Igbo women and community politics in Midwestern Nigeria. In *Women in Africa: Studies in social and economic change,* ed. N. J. Hafkin and E. G. Bay. Stanford, CA: Stanford Univ. Press.

O'Leary, K. D., B. P. Acevedo, A. Aron, et al. 2011. Is long-term love more than a rare phenomenon?: If so,what are its correlates? *Social Psychological and Personality Science,* 3(2):241–49.

Ophir, A. G., J. O. Wolff, and S. M. Phelps. 2008. Variation in the neural V1aR predicts sexual fidelity and space use among male prairie voles in semi-natural settings. *Proceedings of the National Academy of Sciences* 105:1249–54.

Orians, G. H. 1969. On the evolution of mating systems in birds and mammals. *American Naturalist* 103:589–603.

Ortigue, S., F. Bianchi-Demichelli, S. T. Grafton, et al. 2007. The neural basis of love as a subliminal prime: An event-related functional magnetic resonance imaging study. *Journal of Cognitive Neuroscience* 19:1218–30.

Ortner, S. B., and H. Whitehead. 1981. Introduction: Accounting for sexual meanings. In *Sexual meanings,* ed. S. B. Ortner and H. Whitehead. Cambridge, UK: Cambridge Univ. Press.

Orzeck, T., and E. Lung. 2005. Big-five personality differences of cheaters and non-cheaters. *Current Psychology* 24: 274–86.

Otten, C. M. 1985. Genetic effects on male and female development and on the sex ratio. In *Male–female differences: A bio-cultural perspective,* ed. R. H. Hall et al. New York: Praeger.

Pagels, E. 1988. *Adam, Eve and the Serpent.* New York: Vintage.

Palombit, R. A., R. M. Seyfarth, and D. L. Cheney. 1997. The adaptive value of "friendships" to female baboons: Experimental and observational evidence. *Animal Behavior* 54:599–614.

Panksepp, J. 1998. *Affective neuroscience: The foundations of human and animal emotions.* New York: Oxford Univ. Press.

———. 2003. Neuroscience: Feeling the pain of social loss. *Science* 302:237–9.

Parker, G. A., R. R. Baker, and V. G. F. Smith. 1972. The origin and evolution of gamete dimorphism and the male–female phenomenon. *Journal of Theoretical Biology* 36:529–53.

Pavelka, M. S., and L. M. Fedigan. 1991. Menopause: A comparative life history perspective. *Yearbook of Physical Anthropology* 34:13–38.

Peck, J. R., and M. W. Feldman. 1988. Kin selection and the evolution of monogamy. *Science* 240:1672–74.

Pedersen, C. A., J. D. Caldwell, G. F. Jirikowsk, and T. R. Insel, eds. 1992. *Oxytocin in maternal, sexual and social behaviors.* New York: New York Academy of Sciences.

Peele, S. 1975. Love and addiction. New York: Taplinger.

People. 1986. Unfaithfully yours: Adultery in America. Aug. 18, 85–95.

Perper, T. 1985. *Sex signals: The biology of love.* Philadelphia: ISI Press.

Pew Research Center: Social and Demographic Trends. 2010. The decline of marriage and rise of new families. Nov. 18 http://pewsocialtrends.org/2010/11/18.

———. 2013. Love and Marriage. Feb. 13. http://pewsocialtrends.org/2013/2/13.

Pfaff, D. W., and H. E. Fisher. 2012. Generalized brain arousal mechanisms and other biological, environmental and psychological mechanisms that contribute to libido. In *From the couch to the lab: Trends in Neuropsychoanalysis*, ed. A. Fotopoulou et al. 65–84. Cambridge, UK: Cambridge Univ. Press.

Pfeiffer, J. E. 1982. *The creative explosion: An inquiry into the origins of art and religion.* New York: Harper and Row.

Phillips, R. 1988. *Putting asunder: A history of divorce in Western society.* Cambridge, UK: Cambridge Univ. Press.

Pilbeam, D. 1985. Patterns of hominoid evolution. In *Ancestors: The hard evidence*, ed. E. Delson. New York: Alan R. Liss.

Pinker, S. 2014. The village effect. New York: Spiegel and Grau.

Pitkow, L. J., C. A. Sharer, X. Ren, et al. 2001. Facilitation of affiliation and pair-bond formation by vasopressin receptor gene transfer into the ventral forebrain of a monogamous vole. *Journal of Neuroscience* 21:7392–96.

Pittman, F. 1989. *Private lies: Infidelity and the betrayal of intimacy.* New York: W. W. Norton.

Plavcan, J. M. 2012. Sexual size dimorphism, canine dimorphism and male–male competition in primates. Where do humans fit in? *Human Nature* 23:45–67.

Plooij, F. X. 1978. Tool-use during chimpanzee's bushpig hunt. *Carnivore* 1:103–6.

Posner, R. A. 1992. *Sex and reason.* Cambridge, MA: Harvard Univ. Press.

Potts, R. 1984. Home bases and early hominids. *American Scientist* 72:338–47.

———. 1988. *Early hominid activities at Olduvai.* New York: Aldine de Gruyter.

———. 1991. Untying the knot: Evolution of early human behavior. In *Man and beast revisited*, ed. M. H. Robinson and L. Tiger. Washington, DC: Smithsonian Institution Press.

Power, E. 1973. The position of women. In *Women. From the Greeks to the French Revolution.* ed. S. G. Bell. Stanford, CA: Stanford Univ. Press.

Preti, G., W. B. Cutler, C. R. Garcia, et al. 1986. Human axillary secretions influence women's menstrual cycles: The role of donor extract of females. *Hormones and Behavior* 20:474–82.

Price, D., and J. A. Brown, eds. 1985. *Prehistoric hunter-gatherers: The emergence of cultural complexity.* New York: Academic Press.

Pruetz, J. D. and T. C. LaDuke. 2010. Brief communication: reaction to fire by savanna chimpanzees (*Pan troglodytes verus*) at Fongoli, Senegal: conceptualization of "Fire Behavior" and the case for a chimpanzee model. *American Journal of Physical Anthropology* 141:646–50.

Pusey, A. E. 1979. Intercommunity transfer of chimpanzees in Gombe National Park. In *The great apes*, ed. D. A. Hamburg and E. R. McCown. Menlo Park, CA: Benjamin/Cummings.

———. 1980. Inbreeding avoidance in chimpanzees. *Animal Behavior* 28:543–52.

Quadagno, D. M., H. E. Shubeita, J. Deck, and D. Francoeur. 1981. Influence of male social contacts, exercise and all-female living conditions on the menstrual cycle. *Psychoneuroendocrinology* 6:239–44.

Queen, S. A., and R. W. Habenstein. 1974. *The family in various cultures.* Philadelphia: J. B. Lippincott.

Quinlan, R., and M. Quinlan. 2008. Human lactation, pair-bonds and alloparents: A cross-cultural analysis. *Human Nature* 19:87–102.

Radcliffe-Brown, A. R. 1922. *The Andaman Islanders*. Cambridge, UK: Cambridge Univ. Press.

Raleigh, M., M. T. McGuire, G. L. Brammer, et al. Forthcoming. Serotonergic mechanisms promote dominance acquisition in adult male vervet monkeys. *Brain Research*.

Rancourt-Laferriere, D. 1983. Four adaptive aspects of the female orgasm. *Journal of Social and Biological Structures* 6:319–33.

Rawson, B., ed. 1986. *The family in ancient Rome: New perspectives*. Ithaca, NY: Cornell Univ. Press.

Rebhun, L. A. 1995. Language of love in northeast Brazil. In *Romantic Passion: A Universal Experience?* ed. W. Jankowiak, 252. New York: Columbia Univ. Press.

Reich, D., R. E. Green, M. Kircher, et al. 2010. Genetic history of an archaic hominin group from Denisova Cave in Siberia. *Nature* 468: 1053–60.

Reichard, G. S. 1950. *Navaho Religion*. New York: Bollingen Foundation.

Reik, T. 1964. *The need to be loved*. New York: Bantam.

Reiter, R. R. 1975. Introduction to *Toward an anthropology of women*, ed. R. R. Reiter. New York: Monthly Review Press.

———, ed. 1975. *Toward an Anthropology of Women*. New York: Monthly Review Press.

Reno, P. L., R. S. Meindl, M. A. McCollum, and C. O. Lovejoy. 2003. Sexual dimorphism in *Australopithecus afarensis* was similar to that of modern humans. *Proceedings of the National Academy of Sciences USA* 100: 9404–09.

Repenning, C. A., and O. Fejfar. 1982. Evidence for early date of Ubeidiya, Israel, hominid site. *Nature* 299:344–47.

Retallack, G. J., D. P. Dugas, and E. A. Bestland. 1990. Fossil soils and grasses of the Middle Miocene East African grassland. *Science* 247:1325.

Reynaud, M., L. Karila, L. Blecha, and A. Benyamina. 2010. Is love passion an addictive disorder? *American Journal of Drug and Alcohol Abuse* 36(5): 261–67.

Roberts, L. 1988. Zeroing in on the sex switch. *Science* 239:21–23.

Rodman, P. S. 1988. Orangutans. *Institute of Human Origins Newsletter* 6 (1): 5.

Rogers, S. C. 1975. Female forms of power and the myth of male dominance: A model of female/male interaction in peasant society. *American Ethnologist* 2:727–56.

Rohrlich-Leavitt, R., B. Sykes, and E. Weatherford. 1975. Aboriginal woman: Male and female, anthropological perspectives. In *Toward an anthropology of women*, ed. R. R. Reiter. New York: Monthly Review Press.

Rosaldo, M. Z. 1974. Woman, culture, and society: A theoretical overview. In *Woman, culture, and society*, ed. M. Z. Rosaldo and L. Lamphere. Stanford: Stanford Univ. Press.

Rosaldo, M. Z., and L. Lamphere, eds. 1974. *Women, Culture, and Society*. Stanford, CA: Stanford Univ. Press.

Rose, M., and R. M. Kreider. 2006. *Remarriage in the United States*. Poster presented at the annual meeting of the American Sociological Association, Montreal, Aug. 10–14, by the U.S. Bureau of the Census.

Rose, M. D. 1983. Miocene hominoid postcranial morphology: monkey-like, ape-like, neither, or both? In *New interpretations of ape and human ancestry*, ed. R. L. Ciochon and R. S. Corruccini. New York: Plenum Press.

Rose, R. M., I. S. Bernstein, T. P. Gordon, and S. F. Catlin. 1974. Androgens and aggression: A review and recent findings in primates. In *Primate aggression, territoriality, and xenophobia*, ed. R. L. Holloway. New York: Academic Press.
Rose, R. M., J. W. Holaday, and I. S. Bernstein. 1971. Plasma testosterone, dominance rank and aggressive behavior in male rhesus monkeys. *Nature* 231:366–68.
Rosenberg, L. P., and S. Park. 2002. Verbal and spatial functions across the menstrual cycle in healthy young women. *Psychoneuroendocrinology* 27: 835–41.
Rosenblum, A. 1976. *The natural birth control book*. Philadelphia: Aquarian Research Foundation.
Rosenthal, N. E. 2002. The emotional revolution: How the new science of feelings can transform your life. New York: Citadel Press.
Rossi, A. 1984. Gender and parenthood. *American Sociological Review* 49:1–19.
Rowell, T. E. 1972. Female reproductive cycles and social behavior in primates. In *Advances in the study of behavior*. Vol. 4, ed. D. S. Lehrman et al. New York: Academic Press.
Rudder, C. 2014. *Dataclysm: Who we are when we think no one's looking*. New York: Crown.
Rue, L. L. 1969. *The world of the red fox*. Philadelphia: J. B. Lippincott.
Ruse, M. 1988. *Homosexuality: A philosophical inquiry*. Oxford: Basil Blackwell.
Russell, M. J. 1976. Human olfactory communication. *Nature* 260:520–22.
Russett, C. E. 1989. *Sexual science: The Victorian construction of womanhood*. Cambridge, MA: Harvard Univ. Press.
Rutberg, A. T. 1983. The evolution of monogamy in primates. *Journal of Theoretical Biology* 104:93–112.
Ryan, A. S., and D. C. Johanson. 1989. Anterior dental microwear in *Australopithecus afarensis:* Comparisons with human and nonhuman primates. *Journal of Human Evolution* 18:235 68.
Ryder, N. B. 1974. The family in developed countries. *Scientific American*, March, 123–32.
Sabelli, H. C. 1991. Rapid treatment of depression with selegiline–phenylalanine combination. Letter to the editor. *Journal of Clinical Psychiatry* 52:3.
Sabelli, H. C., L. Carlson-Sabelli, and J. I. Javaid. 1990. The thermodynamics of bipolarity: A bifurcation model of bipolar illness and bipolar character and its psychotherapeutic applications. *Psychiatry* 53:346–68.
Sacks, K. 1971. Comparative notes on the position of women. Paper delivered at the annual meeting of the American Anthropological Association, Washington, DC.
———. 1979. *Sisters and wives: The past and future of sexual equality*. Urbana: Univ. of Illinois Press.
Sade, D. S. 1968. Inhibition of son–mother mating among free-ranging rhesus monkeys. *Science and Psychoanalysis* 12:18–37.
Sahlins, M. 1972. *Stone Age economics*. New York: Aldine.
Sanday, P. R. 1974. Female status in the public domain. In *Woman, culture, and society*, ed. M. Z. Rosaldo and L. Lamphere. Stanford, CA: Stanford Univ. Press.
———. 1981. *Female power and male dominance: On the origins of sexual inequality*. Cambridge, UK: Cambridge Univ. Press.
Sanders, A. R., E. R. Martin, G. W. Beecham, et al. 2015. Genome-wide scan demon-

strates significant linkage for male sexual orientation. *Psychological Medicine* 45 (7): 1379–88.

Sapolsky, R. M. 1983. Endocrine aspects of social instability in the olive baboon. *American Journal of Primatology* 5:365–76.

Sarich, V. M., and J. E. Cronin. 1976. Molecular systematics of the primates. In *Molecular anthropology*, ed. M. Goodman and R. E. Tashian. New York: Plenum Press.

Sarich, V. M., and A. C. Wilson. 1967a. Immunological time scale for hominid evolution. *Science* 158:1200–3.

———. 1967b. Rates of albumin evolution in primates. *Proceedings of the National Academy of Sciences* 58:142–48.

Savage-Rumbaugh, E. S., and B. J. Wilkerson. 1978. Socio-sexual behavior in *Pan paniscus* and *Pan troglodytes*: A comparative study. *Journal of Human Evolution* 7:327–44.

Schaef, A. W. 1989. *Escape from intimacy: The pseudo-relationship addictions*. San Francisco: Harper and Row.

Schaller, G. B. 1972. *The Serengeti lion: A study of predator–prey relations*. Chicago: Univ. of Chicago Press.

Schaller, G. B., and G. R. Lowther. 1969. The relevance of carnivore behavior to the study of early hominids. *Southwestern Journal of Anthropology* 25:307–41.

Schlegel, A. 1972. *Male dominance and female autonomy: Domestic authority in matrilineal societies*. New Haven: HRAF Press.

Schmitt, D. P. 2004a. The big five related to risky sexual behavior across 10 world regions: Differential personality associations of sexual promiscuity and relationship infidelity. *European Journal of Personality* 18:301–19.

———. 2004b. Patterns and universals of mate poaching across 53 nations: The effects of sex, culture and personality on romantically attracting another person's partner. *Journal of Personality and Social Psychology* 86:560–84.

Schmitt, D. P., and D. M. Buss. 2001. Human mate poaching: Tactics and temptations for infiltrating existing mateships." *Journal of Personality and Social Psychology* 80: 894–917.

Schneider, H. K. 1971. Romantic love among the Turu. In *Human sexual behavior*, ed. D. S. Marshall and R. C. Suggs. Englewood Cliffs, NJ: Prentice-Hall.

Schrire, C., ed. 1984. *Past and present in hunter-gatherer societies*. New York: Academic Press.

Schultz, W. 2000. Multiple Reward Signals in the Brain. Nature Reviews. *Neuroscience* 1 (Dec. 2000): 199–207.

Sefcek, J. A., B. H. Brumbach, G. Vasquez, and G. F. Miller. 2006. The evolutionary psychology of human mate choice: How ecology, genes, fertility, and fashion influence mating behavior. In *Handbook of the evolution of human sexuality*, ed. M. Knauth, 125–82. Philadelphia: Haworth Press.

Seligman, J. 1990. Variations on a theme. *Newsweek Special Edition*, Winter/Spring, 38–46.

Service, E. R. 1978. The Arunta of Australia. In *Profiles in ethnology*, ed. E. R. Service. 3rd ed. New York: Harper and Row.

Sexuality Today. 1988. Approaching the male of the species. March 7, 5.

Shackelford, T. K., Besser, A., and A.T. Goetz. 2008. Personality, marital satisfaction, and probability of marital infidelity. *Individual Differences Research* 6 (1): 13–25.

Shepher, J. 1971. Mate selection among second generation kibbutz adolescents and adults: Incest avoidance and negative imprinting. *Archives of Sexual Behavior* 1:293–307.
———. 1983. *Incest—A biosocial view*. New York: Academic Press.
Sherfey, M. J. 1972. *The nature and evolution of female sexuality*. New York: Vintage.
Sherman, J. 1978. *Sex-related cognitive differences: An essay on theory and evidence*. Springfield, IL: Charles C. Thomas.
Shipman, P. 1984. Scavenger Hunt. *Natural History*, April, 20–27.
———. 1986. Scavenging or hunting in early hominids: Theoretical framework and test. *American Anthropologist* 88:27–43.
———. 1987. Studies of hominid–faunal interaction at Olduvai Gorge. *Journal of Human Evolution* 15:691–706.
Shorey, H. H. 1976. *Animal communication by pheromones*. New York: Academic Press.
Short, R. V. 1976. The evolution of human reproduction. *Proceedings of the Royal Society* B, 195:3–24.
———. 1977. Sexual selection and descent of man. In *Reproduction and evolution*, ed. J. H. Calaby and C. Tyndale-Biscoe. Canberra: Australian Academy of Science.
———. 1984. Breast-feeding. *Scientific American*, April, 35–41.
Shostak, M. 1981. *Nisa: The life and words of a !Kung woman*. New York: Random House.
Sibley, C., and J. Ahlquist. 1984. The phylogeny of hominoid primates, as indicated by DNA–DNA hybridization. *Journal of Molecular Evolution* 20:2–11.
Silverman, I., and M. Beals. 1990. Sex differences in spatial abilities: Evolutionary theory and data. Paper delivered at the annual meeting of the Human Behavior and Evolution Society, Los Angeles.
Silverstein, C. 1981. *Man to man: Gay couples in America*. New York: William Morrow.
Simons, E. L. 1985. Origins and characteristics of the first hominoids. In *Ancestors: The hard evidence*. ed. E. Delson. New York: Alan R. Liss.
———. 1989. Human origins. *Science* 245:1343–50.
Simpson-Hebert, M., and S. L. Huffman. 1981. The contraceptive effect of breastfeeding. In *Breastfeeding*, ed. E. C. Baer and B. Winikoff. Special Issue of *Studies in Family Planning* 12 (4): 125–33.
Sinclair, A. R. E., M. D. Leakey, and M. Norton-Griffiths. 1986. Migration and hominid bipedalism. *Nature* 324:307.
Singh, D. 1993. Adaptive significance of waist-to-hip ratio and female physical attractiveness. *Journal of Personality and Social Psychology* 65:293–307.
———. 2002. Female mate value at a glance: Relationship of waist-to-hip ratio to health, fecundity and attractiveness. *Neuroendocrinology Letters* Suppl. 4, 23:81–91.
Singles in America. 2010, 2011, 2012, 2013, 2014. Attitudes and Behaviors of Singles in America collected annually between 2010–14, using a representative sample based on the U.S. Census (Total 25,000+ singles). Data courtesy of Match.com and Helen Fisher.
Slocum, S. 1975. Woman the gatherer: Male bias in anthropology. In *Toward an anthropology of women*, ed. R. R. Reiter. New York: Monthly Review Press.
Small, M. F. 1988. Female primate sexual behavior and conception: Are there really sperm to spare? *Current Anthropology* 29:81–100.

Smith, B. H. 1986. Dental development in *Australopithecus* and early *Homo*. *Nature* 323:327.

Smith, R. L. 1984. Human sperm competition. In *Sperm competition and the evolution of mating systems*, ed. R. L. Smith. New York: Academic Press.

Smuts, Barbara B. 1985. *Sex and friendship in baboons*. New York: Aldine de Gruyter.

———. 1987. What are friends for? *Natural History*, Feb., 36–44.

———. 1992. Male–infant relationships in nonhuman primates: Parental investment or mating effort? In *Father–child relations*, ed. B. Hewlett. New York: Aldine de Gruyter.

Solar, C., M. Nuñez, R. Gutierrez, et al. 2003. Facial attractiveness in men provides clues to semen quality. *Evolution and Human Behavior* 24:199–207.

Solecki, R. S. 1971. *Shanidar: The first flower people*. New York: Knopf.

———. 1989. On the evidence for Neanderthal burial. *Current Anthropology* 30:324.

Solway, J. S., and R. B. Lee. 1990. Foragers, genuine or spurious? *Current Anthropology* 31:109–46.

Sostek, A. J., and R. J. Wyatt. 1981. The chemistry of crankiness. *Psychology Today*, Oct., 120.

Spencer, R. F. 1959. *The North Alaskan Eskimo: A study in ecology and society*. Washington, DC: Smithsonian Institution Press.

Spiro, M. E. 1958. *Children of the kibbutz*. Cambridge, MA: Harvard Univ. Press.

Springer, S. P., and G. Deutsch. 1985. *Left brain, right brain*. Rev. ed. San Francisco: W. H. Freeman.

Steele, J., and N. Uomini. 2009. Can the archaeology of manual specialization tell us anything about language evolution? A survey of the state of play. *Cambridge Archaeological Journal* 19: 97–110.

Stendhal. [1822] 1975. *Love*. Trans. G. Sale and S. Sale. Harmondsworth, UK: Penguin.

Stephens, W. N. 1963. *The family in cross-cultural perspective*. New York: Holt, Rinehart and Winston.

Stoehr, T., ed. 1979. *Free love in America: A documentary history*. New York: AMS Press.

Stone, L. 1990. *Road to divorce: England, 1530–1987*. New York: Oxford Univ. Press.

Strassman, B. I. 1981. Sexual selection, parental care, and concealed ovulation in humans. *Ethology and Sociobiology* 2:31–40.

Straus, L. G. 1989. On early hominid use of fire. *Current Anthropology* 30:488–89.

Stringer, C. B., and P. Andrews. 1988. Genetic and fossil evidence for the origin of modern humans. *Science* 239:1263–68.

Strum, S. 1990. *Almost human: A journey into the world of baboons*. New York: W. W. Norton.

Suggs, R. C., and D. S. Marshall. 1971. Anthropological perspectives on human sexual behavior. In *Human sexual behavior*, ed. D. S. Marshall and R. C. Suggs. Englewood Cliffs, NJ: Prentice-Hall.

Susman, R. L. 1984. The locomotor behavior of *Pan paniscus* in the Lomako Forest. In *The pygmy chimpanzee*, ed. R. L. Susman. New York: Plenum Press.

———. 1989. New hominid fossils from the Swartkrans formation excavations (1979–1986): Postcranial specimens. *American Journal of Physical Anthropology* 79:451–74.

———. 1990. Evidence for tool behavior in the earliest hominids. Paper delivered at the Anthropology Section of the New York Academy of Sciences, Nov. 19.

Susman, R. L., J. T. Stern, Jr., and W. L. Jungers. 1985. Locomotor adaptations in the Hadar hominids. In *Ancestors: The hard evidence*, ed. E. Delson. New York: Alan R. Liss.

Swami, V., and A. W. Furnham. 2008. The psychology of human attraction. New York: Routledge.

Symons, D. 1979. *The evolution of human sexuality*. New York: Oxford Univ. Press.

———. 1982. Another woman that never existed. *Quarterly Review of Biology* 57:297–300.

Symons, D., and B. Ellis. 1989. Human male–female differences in sexual desire. In *The sociobiology of sexual and reproductive strategies*, ed. A. E. Rasa, C. Vogel, and E. Voland. New York: Chapman and Hall.

Tafoya, M. A., and B. H. Spitzberg. 2007. The dark side of infidelity: Its nature, prevalence, and communicative functions. In *The dark side of interpersonal communication*. 2nd edition, ed. B. H. Spitzberg and W. R. Cupach, 201–42. Mahwah, NJ: Lawrence Erlbaum Associates.

Tanner, N. M. 1981. *On becoming human*. Cambridge, UK: Cambridge Univ. Press.

Tanner, N. M., and A. L. Zihlman. 1976. Women in evolution. Part I: Innovation and selection in human origins. *Signs: Journal of Women in Culture and Society* 1:585–608.

Tavris, C., and S. Sadd. 1977. *The Redbook report on female sexuality*. New York: Delacorte.

Taylor, S. E., L. C. Klein, B. P. Lewis, T. L. Gruenewald, R. A. R. Gurung, and J. A. Updegraff. 2000. Biobehavioral responses to stress in females: Tend-and-befriend, not fight-or-flight. *Psychological Review* 107:751–53.

Teleki, G. 1973a. *The predatory behavior of wild chimpanzees*. Lewisburg, PA: Bucknell Univ. Press.

———. 1973b. The omnivorous chimpanzee. *Scientific American*, Jan., 3–12.

Tennov, D. 1979. *Love and limerence: The experience of being in love*. New York: Stein and Day.

Textor, R. B. 1967. *A cross-cultural summary*. New Haven: HRAF Press.

Thomas, E. M. 1993. *The hidden life of dogs*. New York: Houghton Mifflin.

Thomas, H. 1985. The Early and Middle Miocene land connection of the Afro-Arabian plate and Asia: A major event for hominoid dispersal? In *Ancestors: The hard evidence*, ed. E. Delson. New York: Alan R. Liss.

Thompson, A. P. 1983. Extramarital sex: A review of the research literature. *Journal of Sex Research* 19:1–22.

Thompson-Handler, N., R. K. Malenky, and N. Badrian. 1984. Sexual behavior of *Pan paniscus* under natural conditions in the Lomako Forest, Equateur, Zaire. In *The pygmy chimpanzee*, ed. R. L. Susman. New York: Plenum Press.

Thornhill, R., and J. Alcock. 1983. *The evolution of insect mating systems*. Cambridge, MA: Harvard Univ. Press.

Thornhill, R., and S. W. Gangestad. 1993. Human facial beauty. *Human Nature* 4 (3): 237–69.

Thornhill, R., S. W. Gangestad, and R. Comer. 1995. Human female orgasm and mate fluctuating asymmetry. *Animal Behavior* 50:1601–15.

Tiger, L. 1992. *The pursuit of pleasure*. Boston: Little, Brown.

Tobias, P. V. 1991. *Olduvai Gorge.* Vol. 4, *The skulls, endocasts and teeth of Homo habilis.* New York: Cambridge Univ. Press.

Tofler, A. 1980. *The third wave.* New York: William Morrow.

Torrence, R., ed. 1989. *Time, energy and stone tools.* New York: Cambridge Univ. Press.

Townsend, J. M. 1998. *What women want, what men want.* New York: Oxford Univ. Press.

Trevathan, W. R. 1987. *Human birth: An evolutionary perspective.* New York: Aldine de Gruyter.

Trinkaus, E., and P. Shipman. 1993. *The Neandertals.* London: Pimlico.

Trivers, R. L. 1972. Parental investment and sexual selection. In *Sexual selection and the descent of man, 1871–1971,* ed. B. Campbell. Chicago: Aldine.

———. 1985. *Social evolution.* Menlo Park, CA: Benjamin/Cummings.

Tsapelas, I., H. E. Fisher, and A. Aron. 2010. Infidelity: who, when, why. In *The dark side of close relationships,* Vol. 2, ed. W. R. Cupach and B. H. Spitzberg, 175–96. New York: Routledge.

Tucker, D. M., P. Luu, and D. Derryberry. 2005. Love hurts: The evolution of empathic concern through the encephalization of nociceptive capacity. *Development and Psychopathology* 17:699–713.

Tunnell, G. G. 1990. Systematic scavenging: Minimal energy expenditure at Olare Orok in the Serengeti ecosystem. In *Problem solving in taphonomy,* ed. S. Solomon, I. Davidson, and D. Watson. Santa Lucia, Australia: Univ. of Queensland Press.

Turke, P. W. 1984. Effects of ovulatory concealment and synchrony on protohominid mating systems and parental roles. *Ethology and Sociobiology* 5:33–44.

Turnbull, C. M. 1981. Mbuti womanhood. In *Woman the gatherer,* ed. F. Dahlberg. New Haven: Yale Univ. Press.

Tutin, C. E. G. 1979. Mating patterns and reproductive strategies in a community of wild chimpanzees *(Pan troglodytes schweinfurthii). Behavioral Ecology and Sociobiology* 6:39–48.

Tutin, C. E. G., and R. McGinnis. 1981. Chimpanzee reproduction in the wild. In *Reproductive biology of the great apes,* ed. C. E. Graham. New York: Academic Press.

Tuttle, R. H. 1990. The pitted pattern of Laetoli feet. *Natural History,* March, 61–64.

Tylor, E. B. 1889. On a method of investigating the development of institutions: Applied to laws of marriage and descent. *Journal of the Royal Anthropological Institute* 18:245–69.

Udry, J. R., and N. M. Morris. 1977. The distribution of events in the human menstrual cycle. *Journal of Reproductive Fertility* 51:419–25.

United Nations Statistical Office, Department of Economic and Social Affairs. 1955. Divorce rates per 1000 married couples, 1935–53. *Demographic Yearbook: 1954.* Chart 35. New York: United Nations.

———. 1958. Technical Notes. *Demographic Yearbook: 1954.* New York: United Nations.

———. 1984. *Demographic Yearbook: 1982.* New York: United Nations.

———. 2012a. *Demographic Yearbook: 2012.* New York: United Nations.

———. 2012b. Fertility and family planning section, Table: The World Marriage Data. New York: United Nations.

U.S. Bureau of the Census. 1986. *Statistical Abstract of the United States.* 1985, Chart 124. Washington DC.

Van Allen, J. 1976. "Aba Riots" or Igbo Women's War? Ideology, stratification, and the invisibility of women. In *Women in Africa,* ed. N. J. Hafkin and E. G. Bay. Stanford, CA: Stanford Univ. Press.
Van Couvering, J. A., and J. A. H. Van Couvering. 1975. African isolation and the Tethys seaway. In *Proceedings of the VI Congress of the Regional Committee on Mediterranean Neogene Stratigraphy.* Bratislava: Slovak Academy of Science.
Van Couvering, J. A. H. 1980. Community evolution and succession in East Africa during the Late Cenozoic. In *Bones in the making,* ed. A. Hill and K. Berensmeyer. Chicago: Univ. of Chicago Press.
van den Berghe, P. L. 1979. *Human family systems: An evolutionary view.* Westport, CT: Greenwood Press.
Vandiver, P., O. Soffer, B. Klima, and J. Svoboda. 1989. The origins of ceramic technology at Dolni Vestonice, Czechoslovakia. *Science* 246:1002–8.
Van Gulik, R. 1974. *Sexual life in Ancient China: A preliminary survey of Chinese sex and society from ca. 1500 BC until 1644 AD.* Leiden: E. J. Brill.
Van Hooff, J. A. R. A. M. 1971. *Aspects of the social behavior and communication in human and higher non-human primates.* Rotterdam: Bronder-Offset.
Van Steenberger, H., S. J. E. Langeslag, G. P. H. Band, and B. Hommel. 2013. Reduced cognitive control in passionate lovers. doi 10.1007/s11031-013-9380-3.
Van Valen, L. 1973. A new evolutionary law. *Evolutionary Theory* 1:1–30.
Veit, P. G. 1982. Gorilla society. *Natural History,* March, 48–58.
Velle, W. 1982. Sex, hormones and behavior in animals and man. *Perspectives in Biology and Medicine* 25:295–315.
Verner, J., and M. F. Willson. 1966. The influence of habitats on mating systems of North American passerine birds. *Ecology* 47:143–47.
Villmoare, B., W. H. Kimbel, C. Seyoum, et al. 2015. Early Homo at 2.8 Ma from Ledi-Geraru, Afar, Ethiopia. *Science* 347 (6228): 1352–55.
Vital Statistics of the United States, 1960. 1964. Vol. 3. Table 4–7. Washington, DC: National Center for Health Statistics.
———, *1970.* 1974. Vol. 3. Table 2–4. Rockville, MD: National Center for Health Statistics.
———, *1977.* 1981. Vol. 3. Table 2–17. Hyattsville, MD: National Center for Health Statistics.
———, *1979.* 1984. Vol. 3. Table 2–22. Hyattsville, MD: National Center for Health Statistics.
———, *1981.* 1985. Vol. 3. Table 2–13. Hyattsville, MD: National Center for Health Statistics.
———, *1983.* 1987. Vol. 3. Table 2–10. Hyattsville, MD: National Center for Health Statistics.
———, *1986.* 1990. Vol. 3. Table 2–29. Hyattsville, MD: National Center for Health Statistics.
Vrba, E. S. 1985. African Bovidae: Evolutionary events since the Miocene. *South African Journal of Science* 81:263–66.
Wagner, J., ed. 1982. *Sex roles in contemporary American communes.* Bloomington: Indiana Univ. Press.

Walum, H., L. Westberg, S. Henningsson, et al. 2008. Genetic variation in the vasopressin receptor 1a gene (AVPR1A) associates with pair-bonding behavior in humans. *Proceedings of the National Academy of Sciences* 105 (37): 14153–56.

Wang, Z. X., C. F. Ferris, and G. J. De Vries. 1994. The role of septal vasopressin innervation in paternal behavior in prairie voles (*Microtus ochrogaster*). *Proceedings of the National Academy of Sciences* 91, no. 1: 400–4.

Wang, Z., D. Toloczko, L. J. Young, et al. 1997. Vasopressin in the forebrain of common marmosets (*Calithrix jacchus*): Studies with in situ hybridization, immunocytochemistry and receptor autoradiography. *Brain Research* 768:147–56.

Washburn, S. L., and C. S. Lancaster, 1968. The evolution of hunting. In *Man the hunter*, ed. R. B. Lee and I. DeVore. New York: Aldine.

Washburn, S. L., and R. Moore. 1974. *Ape into man: A study of human evolution*. Boston: Little, Brown.

Watanabe, H. 1985. *Why did man stand up?: An ethnoarchaeological model for hominization*. Tokyo: Univ. of Tokyo Press.

Watson, P. J. and P. W. Andrews. 2002. Toward a revised evolutionary adaptationist analysis of depression: The social navigation hypothesis. *Journal of Affective Disorders* 72:1–14.

Watson, J. C., R. C. Payne, A. T. Chamberlain, et al. 2008. The energetic costs of load-carrying and the evolution of bipedalism. *Journal of Human Evolution* 54:675–83.

Wedekind, C., T. Seebeck, F. Bettens, et al. 1995. MHC-dependent mate preferences in humans. *Proceedings of the Royal Society of London*, 260:245–9.

Weiner, A. B. 1976. *Women of value, men of renown: New perspective in Trobriand exchange*. Austin: Univ. of Texas Press.

Weisman, S. R. 1988. Broken marriage and brawl test a cohesive cast. *New York Times*, Feb. 21.

Weiss, R. 1987. How dare we? Scientists seek the sources of risk-taking behavior. *Science News* 132:57–59.

———. 1988. Women's skills linked to estrogen levels. *Science News* 134:341.

Weiss, R. S. 1975. *Marital separation*. New York: Basic Books.

Werner, D. 1984. Paid sex specialists among the Mekranoti. *Journal of Anthropological Research* 40:394–405.

Westermarck, E. 1922. *The history of human marriage*. 5th ed. New York: Allerton.

———. 1934. Recent theories of exogamy. *Sociological Review* 26:22–44.

Westneat, D. F., P. W. Sherman, and M. L. Morton. 1990. The ecology and evolution of extra-pair copulations in birds. In *Current ornithology*. Vol. 7, ed. D. M. Power. New York: Plenum Press.

White, J. M. 1987. Premarital cohabitation and marital stability in Canada. *Journal of Marriage and the Family* 49:641–47.

White, R. 1986. *Dark caves, bright visions: Life in Ice Age Europe*. New York: American Museum of Natural History.

———. 1989a. Visual thinking in the Ice Age. *Scientific American*, July, 92–99.

———. 1989b. Production complexity and standardization in Early Aurignacian bead and pendant manufacture: Evolutionary implications. In *The human revolution*, ed. P. Mellars and C. B. Stringer. Vol. 1. Edinburgh: Edinburgh Univ. Press.

White, T. D. 1977. New fossil hominids from Laetoli, Tanzania. *American Journal of Physical Anthropology* 46:197–229.
———. 1980. Additional fossil hominids from Laetoli, Tanzania: 1976–1979 specimens. *American Journal of Physical Anthropology* 53:487–504.
———. 1985. The hominids of Hadar and Laetoli: An element-by-element comparison of the dental samples. In *Ancestors: The hard evidence.* ed. E. Delson. New York: Alan R. Liss.
White, T. D., B. Asfaw, Y. Beyene, et al. 2009. *Ardipithecus ramidus* and the paleobiology of early hominids. *Science* 326 (5949): 64, 75–86.
Whiting, B. B. 1965. Sex identity conflict and physical violence: A comparative study. *American Anthropologist* 67:123–40.
Whiting, B. B., and J. W. M. Whiting. 1975. *Children in six cultures.* Cambridge, MA: Harvard Univ. Press.
Whitten, R. G. 1982. Hominid promiscuity and the sexual life of proto-savages: Did *Australopithecus* swing? *Current Anthropology* 23:99–101.
Whyte, M. K. 1978. *The status of women in preindustrial societies.* Princeton: Princeton Univ. Press.
———. 1990. *Dating, mating, and marriage.* New York: Aldine de Gruyter.
Wickler, W. 1976. *The ethological analysis of attachment.* Berlin: Verlag Paul Parey.
Wiederman, M. W. 1997. Extramarital sex: Prevalence and correlates in a national survey. *Journal of Sex Research,* 34: 167–74.
Williams, G. C. 1975. *Sex and evolution.* Princeton: Princeton Univ. Press.
Wilmsen. E. N. 1989. *Land filled with flies: A political economy of the Kalahari.* Chicago: Univ. of Chicago Press.
Wilmsen, E. N., and J. R. Denbow. 1990. Paradigmatic history of San-speaking peoples and current attempts at revision. *Current Anthropology* 31:489–524.
Wilson, E. O. 1975. *Sociobiology: The new synthesis.* Cambridge, MA: Belknap Press/Harvard Univ. Press.
Wilson, H. C. 1988. Male axillary secretions influence women's menstrual cycles: A critique. *Hormones and Behavior* 22:266–71.
Wilson, M., and M. Daly. 1991. The man who mistook his wife for a chattel. In *The adapted mind: Evolutionary psychology and the generation of culture,* ed. J. H. Barkow, L. Cosmides, and J. Tooby. New York: Oxford Univ. Press.
Wittenberger, J. F., and R. L. Tilson. 1980. The evolution of monogamy: Hypotheses and evidence. *Annual Review of Ecology and Systematics* 11:197–232.
Wlodarski, R. 2014. What's in a kiss? The effect of romantic kissing on mate desirability. *Evolutionary Psychology* 12 (1): 178–99.
Wlodarski, R., and R. I. M. Dunbar. 2013. Examining the possible functions of kissing in romantic relationships. *Archives of Sexual Behavior* 42(8): 1415–23.
Wolfe, L. 1981. *Women and sex in the 80s: The Cosmo report.* New York: Arbor House.
Wolpoff, M. H. 1980. *Paleo-anthropology.* New York: Alfred A. Knopf.
———. 1982. *Ramapithecus* and hominid origins. *Current Anthropology* 23:501–22.
———. 1984. Evolution of *Homo erectus:* The question of stasis. *Paleobiology* 10: 389–406.
———. 1989. Multiregional evolution: The fossil alternative to Eden. In *The human revolution,* ed. P. Mellars and C. B. Stringer. Vol. 1. Edinburgh: Edinburgh Univ. Press.

Wolpoff, M. H., J. N. Spuhler, F. H. Smith, et al. 1988. Modern human origins. *Science* 241:772–74.

Wood, B. M., and F. W. Marlowe. 2011. Dynamics of post-marital residence among the Hadza: A kin investment model. *Human Nature* 22:128–38.

Woodburn, J. 1968. An introduction to Hadza ecology. In *Man the hunter*, ed. R. B. Lee and I. DeVore. New York: Aldine.

Wrangham, R. W. 1977. Feeding behavior of chimpanzees in Gombe National Park, Tanzania. In *Primate ecology*, ed. T. H. Clutton-Brock. London: Academic Press.

———. 1979a. On the evolution of ape social systems. *Social Science Information* 18:335–68.

———. 1979b. Sex differences in chimpanzee dispersion. In *The great apes*, ed. D. A. Hamburg and E. R. McCown. Menlo Park, CA: Benjamin/Cummings.

———. 2009. *Catching fire: How cooking made us human*. New York: Basic Books.

WuDunn, S. 1991. Romance, a novel idea, rocks marriages in China. *New York Times*, April 17.

Xu, X., A. Aron, L. L. Brown, et al. 2011. Reward and motivation systems: A brain mapping study of early-stage intense romantic love in Chinese participants. *Human Brain Mapping* 32(2): 249–57.

Yerkes, R. M., and J. H. Elder. 1936. Oestrus, receptivity and mating in the chimpanzee. *Comparative Psychology Monographs* 13:1–39.

Young, L. J. 1999. Oxytocin and vasopressin receptors and species-typical social behaviors. *Journal of Hormones and Behavior* 36:212–21.

———. 2009. Love: Neuroscience reveals all. *Nature* 457:148.

Young, L. J., Z. Wang, and T. R. Insel. 1998. Neuroendocrine bases of monogamy. *Trends in Neuroscience* 21:71–5.

Young, L. J., J. T. Winslow, R. Nilsen, and T. R. Insel. 1997. Species differences in V1a receptor gene expression in monogamous and nonmonogamous voles: Behavioral consequences. *Behavioral Neuroscience* 111:599–605.

Zak, P. J. 2008. The neurobiology of trust. *Scientific American* 298 (6): 88–95.

———. 2012. *The moral molecule: The source of love and prosperity*. New York: Dutton.

Zak, P. J., R. Kurzban and W. T. Matzner. 2005. The neurobiology of trust. *Annals of the New York Academy of Sciences* 1032:224–27.

Zak, P. J., A. A. Stanton, and S. Sahmadi. 2007. Oxytocin increases generosity in humans. *PLoS ONE* 2:54–71.

Zeki, S., and J. P. Romaya. 2010. The brain reaction to viewing faces of opposite- and same-sex romantic partners. *PLoS ONE* 5(12): e15802. doi:10.1371.

Zentner, M. R. 2005. Ideal mate personality concepts and compatibility in close relationships: A longitudinal analysis. *Journal of Personality and Social Psychology* 89 (2): 242–56.

Zietsch, B. P., and P. Santtila. 2013. No direct relationship between human female orgasm rate and number of offspring. *Animal Behavior* 89:253–55.

Zihlman, A. L. 1979. Pygmy chimpanzee morphology and the interpretation of early hominids. *South African Journal of Science* 75:165–68.

———. 1981. Women as shapers of the human adaptation. In *Woman the gatherer*, ed. F. Dahlberg. New Haven: Yale Univ. Press.

Zihlman, A. L., J. E. Cronin, D. L. Cramer, and V. M. Sarich. 1987. Pygmy chimpanzee as a possible prototype for the common ancestor of humans, chimpanzees and gorillas. In *Interpretations of ape and human ancestry*, ed. R. L. Ciochon and R. S. Corruccini. New York: Plenum Press.

Zihlman, A. L., and N. Tanner. 1978. Gathering and hominid adaptation. In *Female hierarchies*, ed. L. Tiger and H. Fowler. Chicago: Beresford Book Service.

Zilhão, J. 2010. Neanderthals are us: Genes and culture. *Radical Anthropology* 2010 (4): 5–15.

Zimen, E., ed. 1980. *The red fox: Symposium on behavior and ecology*. The Hague: Junk.

Zuckerman, M. 1971. Dimensions of sensation seeking. *Journal of Consulting and Clinical Psychology* 36:45–52.

Zuckerman, M., M. S. Buchsbaum, and D. L. Murphy. 1980. Sensation seeking and its biological correlates. *Psychological Bulletin* 88:187–214.

Zuckerman, M., J. A. Hall, S. W. DeFrank, and R. Rosenthal. 1976. Encoding and decoding of spontaneous and posed facial expressions. *Journal of Personality and Social Psychology* 34:966–77.

Zuckerman, Sir S. 1932. *The social life of monkeys and apes*. London: Butler and Turner.